W0357511

K.

Tobias Jones

Italien – das dunkle Herz des Südens

Eine kritische Liebeserklärung

Aus dem Englischen
von Christian Kennerknecht

verlegt bei Kindler

Die deutsche Übersetzung folgt
der amerikanischen Ausgabe, die im Frühjahr 2004
im Verlag Farrar, Straus and Giroux,
New York erscheint.

1. Auflage März 2004
Copyright © 2004 by Kindler Verlag GmbH, Berlin
Die Originalausgabe erschien 2003 unter dem Titel
«The Dark Heart of Italy» im Verlag Faber & Faber, London
Copyright © 2003 by Tobias Jones
Redaktion Sibylle Auer
Gesetzt aus Sabon PostScript QuarkXPress 4.1
bei KCS GmbH, Buchholz/Hamburg
Druck und Bindung GGP Media, Pößneck
Printed in Germany
ISBN 3 463 40456 7

Inhalt

Für Erica Muller

Vorwort

«Italienreisende», schrieb Stendhal im Jahr 1824, «neigen alle dazu, sich in den Schilderungen des Landes auf das Reich des Unbelebten zu beschränken; ihre Darstellungen handeln nur von Baudenkmälern, Ruinenstätten und den erhabenen Erscheinungen der Natur in diesem glücklichen Land.»[1] Auch heute hat sich daran kaum etwas geändert. Die Menschen interessieren sich vor allem deshalb für Italien, weil sie fasziniert sind von der Vergangenheit, der Schönheit und Lebenslust des Landes, von römischen Ruinen, der Kunst der Renaissance oder einem besonders beeindruckenden *duomo* oder *palazzo*. Kathedralen und Kanäle bilden die Hauptattraktion für Touristen. Sie sind fasziniert von bedeutenden, geschichtsträchtigen Städten wie Venedig oder Florenz und von der landschaftlichen Schönheit der Toskana und Umbriens. Sonnenanbeter zieht es an die schönen Strände, wo sie bei Pizza, Eis und Chianti das Leben genießen. Die Pfade zu jenen «Baudenkmälern» und «erhabenen Erscheinungen», die schon englische Bildungsbürger auf ihre Grand Tour durch Europa im 19. Jahrhundert genommen haben, sind so ausgetreten, dass ich beschlossen habe, einen anderen Weg zu gehen: Ich wollte über das «lebende» Italien schreiben, ohne meinen Blick vor den dunklen Seiten, den Abgründen zu verschließen.

Irgendjemand schrieb einmal, dass die «Geschichte dort beginnt, wo das Gedächtnis aufhört». In dieser Grauzone ist auch dieses Buch angesiedelt. Ich kam nach Italien zu einer Zeit, als das

Land in einen merkwürdigen, kollektiven Streit über die jüngste Geschichte verwickelt war, als die Menschen zu vergessen oder sich daran zu erinnern versuchten, was in Italien wenige Jahre oder Jahrzehnte zuvor geschehen war. Die so genannte Massaker-Kommission stand nach dreizehn Jahren kurz vor der Aufklärung einer Reihe von Terroranschlägen, die das Land von den späten sechziger bis in die frühen achtziger Jahre, den *anni di piombo*, den «bleiernen Jahren», erschüttert hatten. Gleichzeitig erhellten mehrere, hochgradig politisierte Gerichtsverfahren schlaglichtartig die Kontroversen um die Zeit des politischen Terrorismus. Mir bot sich die einzigartige Gelegenheit, «Terroristen» – Politiker, Intellektuelle oder Militärs –, die Argumente ihrer Verteidigung und ihre ganz persönliche Sicht der Vergangenheit näher kennen zu lernen. Es gab schwere Vorwürfe und empörte Verteidigungsstrategien. Adriano Sofri, einer der Angeklagten, schrieb dazu:

> Ich musste mich dazu überwinden, auf jenes Schlachtfeld zurückzukehren, dem ich schon vor Jahren den Rücken gekehrt hatte. Ich konnte nicht jenen abgeklärten Mann, der ich heute bin, (...) verteidigen, meine guten Manieren und bibliophilen Kostbarkeiten. Ich musste die Person verteidigen, die ich damals war, den scharfzüngigen Hitzkopf und Querdenker. Ich stand vor der Alternative, die Zeitebenen zu vermischen und mich mit der Person zu identifizieren, die ich war, oder aber diese Person zu schmähen und den Bezug zu meiner eigenen Vergangenheit zu verlieren.[2]

Bei meinen Besuchen im Gerichtssaal und bei den Gesprächen mit den Protagonisten hatte ich oft den Eindruck, ich würde die jüngste Geschichte des Landes durch ein Kaleidoskop betrachten. Alle paar Wochen drehte sich die Linse ein Stück weiter, und es bot sich mir ein neues, beunruhigend anderes Bild.

Mittlerweile wurde die Geschichte der «Revolution» zu Beginn der neunziger Jahre, der gegen Korruption gerichteten *Mani-Pulite*-Kampagne komplett umgeschrieben. Der Restaurationsrhetorik zufolge waren gar nicht so sehr die Kreise von Wirtschaft und Politik von der Krankheit der Korruption betroffen, sondern vielmehr die italienische Justiz. Diese «Revolution», die das schmachvolle Ende der Ersten Republik herbeiführte und den Weg frei machte für die Zweite Republik, wurde plötzlich nicht mehr als längst überfälliges, reinigendes Gewitter gesehen, sondern als von «Jakobiner-Richtern» ins Werk gesetzter blutiger Staatsstreich.

Viele Fäden dieser historischen Debatten und der dazugehörigen Skandale laufen in einem Mann zusammen: Silvio Berlusconi, seit Mai 2001 Ministerpräsident von Italien. Ganz gleich, welche Sensationsmeldung durch die Medien geisterte – eine Erfolgsgeschichte, ein Skandal oder für gewöhnlich eine Kombination aus beiden –, immer war Berlusconi oder einer seiner politischen Mitstreiter daran beteiligt. Mir als außenstehendem Beobachter dieser nationalen Geschichtsstunde, des erbitterten Streits zwischen «Faschisten» und «Kommunisten», zwischen «korrupten» Geschäftsmännern und «korrupten» Richtern, wurde klar, dass es nicht nur darum ging, die tragische jüngste Vergangenheit des Landes aufzuarbeiten. Vielmehr standen politische Karrieren auf dem Spiel. Die Debatte wurde deshalb so heftig geführt, weil viele der Beteiligten politische Ambitionen hatten und darauf bedacht waren, sich als Teil des «Neuen Italien» zu präsentieren. Besonders prekär war die Lage für Berlusconi und seine bizarre Koalition: Mit großem Erfolg hatten sie sich bei den Wahlen als naive politische Newcomer verkauft, während die Öffentlichkeit sie zunehmend als die alten Hasen in Politik und Geschäft kennen lernte, die sie in Wirklichkeit ja auch waren. Einem Beobachter zufolge wirkte Berlusconi mehr und mehr wie der «Schmetterling», der in den frühen neunziger Jahren aus der christdemokratischen Raupe geschlüpft war: bunter, flatterhafter, aber im Grunde genommen dasselbe Tier.

Dass ich über Berlusconi zu schreiben begann, war also fast ein Zufall. Ursprünglich wollte ich über die jüngste Geschichte des Landes berichten, über all das, was von Touristen gerne übersehen wird. Aber immer wenn ich mich der Geschichte widmete, drängte sich die Tagespolitik dazwischen. Also richtete ich mein Interesse auf scheinbar neutrale Gegenstände – die Nuancen der Sprache, den Fußball, das Fernsehen, die Kirche –, aber Berlusconi und seine Leute mischten auch dort mit. So wurde Berlusconis Laufbahn zum roten Faden, welcher die Kapitel dieses Buches verbindet. Er ist nun einmal, wie mir klar wurde, der «Eigentümer» des Landes. Einem berühmtem Song zufolge scheint ihm einfach alles zu gehören, vom *Padre Nostro* (dem Vaterunser) bis zur *Cosa Nostra* (der Mafia). Wer in Italien lebt, hat so gut wie keine Chance, sich den Fängen Berlusconis zu entziehen. Egal ob man ins Fußballstadion geht oder sich vor den Fernseher setzt, ob man ein Haus kaufen oder eine Zeitung abonnieren möchte, ob man ein Video ausleiht oder einfach in den Supermarkt zum Einkaufen geht, immer vermehrt man mit großer Wahrscheinlichkeit das Vermögen des *Cavaliere* (welches unlängst auf sieben Milliarden Dollar geschätzt wurde). Man braucht nur im Sommer an einem der Strände zu liegen, und am Himmel erscheint mit Sicherheit ein Flugzeug mit einem Spruchband im Schlepptau, auf dem *Libertà* oder *Forza Italia* zu lesen steht.

Berlusconi gehört zweifelsohne zu den umstrittensten und fragwürdigsten Regierungschefs der Welt. Ein Vorwurf, der in Italien selbst und im Ausland immer wieder gegen seine Regierung erhoben wird, ist der, dass sie aus «Schwarzhemden» und aus «weißen Kragen» bestehe, will sagen aus ehemaligen Faschisten und aus Wirtschaftskriminellen. Die Regierung ruft eine Art moralischer Dauerentrüstung hervor, weil sie, aus welchem Blickwinkel man sie auch immer betrachtet, jedem gängigen Demokratieverständnis zuwiderläuft. Aber Empörung trägt wenig dazu bei, das Phänomen *Forza Italia* zu erklären. Die Partei gibt weder Aufschluss darüber, wer Berlusconi ist, noch darüber, was ihn politisch so attraktiv macht, oder warum ihn Millionen von Italienern gewählt haben. Italien und sein *Presidente* sind zwei Seiten ein und derselben demokratischen Münze, und ich bin vier Jahre lang im Land auf und ab gereist, um wenigstens zu versuchen, beides zu verstehen, das Land und den *Cavaliere*. Ich bin mir darüber bewusst, dass ich die beiden Seiten oft verwechselt und Berlusconi mit Italien gleichgesetzt habe, und ich weiß, dass man leicht der Gefahr erliegt, damit ein schönes Land ganz ungerechtfertigt in einem hässlichen Licht darzustellen. Ich habe mich dennoch für diesen Ansatz entschieden, weil der erdrutschartige Wahlsieg des Jahres 2001 bewiesen hat, wie eng die Verbindung zwischen beiden Seiten ist. Es wäre geradezu absurd gewesen, Berlusconi von seiner Wählerschaft getrennt zu betrachten.

Nun zu den Kapiteln im Einzelnen. «*Parole, Parole, Parole*» ist als «ausführliches Glossar» gedacht, als Erfahrungsbericht eines Ausländers, der es sich zum Ziel gesetzt hat, die Sprache mit all ihren Feinheiten zu erlernen. «Das Rätsel der Piazza Fontana» beschreibt die Arbeit einer parlamentarischen Untersuchungskommission und einen unüberschaubaren, hochgradig politisierten Strafprozess, die beide nicht voneinander zu trennen sind. «Strafstöße und Straffreiheiten» ist eine Annäherung an den italienischen Fußball, der bei aller Kritik noch nicht ganz zu einem hässlichen Geschäft verkommen ist. «Der Fall Sofri» beruht auf einem im Gefängnis geführten Interview mit dem berühmtesten «Mörder» Italiens. «Die Mittel der Verführung» handelt vom Schönheitssinn der Italiener, von der visuellen Kultur des Landes, der Größe des italienischen Films und den Abgründen der «Videokratie» in Form des Fernsehens. «*La Parola e la Pietra*» beschreibt eine Pilgerfahrt zu katholischen und protestantischen Kultstätten und ergründet die engen Beziehungen zwischen dem italienischen Staat und dem Vatikan. «Weniger Steuern für alle» – der Slogan, mit dem Berlusconi den Wahlkampf des Jahres 2001 bestritten hat – ist eine Analyse der Anomalien des Wirtschaftsstandorts Italien. Im Kapitel «*Forzismo*» versuche ich, Gehalt und Gestalt der postdemokratischen Politik Berlusconis zu ergründen; es ist der Versuch, eine politische Partei zu verstehen, die einem unglaublich neu, gleichzeitig aber auch unheimlich bekannt erscheint. In «*Penisola Felice*» beschreibe ich, warum das Leben in Italien, trotz allem, idyllisch und schön sein kann.

Dieses Buch wurde in Großbritannien vor einem Jahr, in Italien vor wenigen Monaten veröffentlicht. In Großbritannien hat die Kritik es höchst wohlwollend aufgenommen, und die Verkaufszahlen – wenn ich das sagen darf – übertrafen alle Erwartungen. Wirklich interessant und faszinierend waren die Reaktionen aber in Italien. Parallel zum Erscheinen der englischen Ausgabe hatte ich einen Artikel über den Niedergang des italienischen Fernsehens für die *Financial Times* geschrieben. Er wurde unter der leicht provokanten Überschrift «Meine italienische TV-Hölle» auf der Titelseite abgedruckt. Die Folge: Mein Name, bis dato in Italien so gut wie unbekannt, war dort über Nacht in aller Munde. Berlusconis Kommunikationsminister bekam einen Platz in den Hauptnachrichten eingeräumt, um mich öffentlich zu diffamieren: Meine Äußerungen, ereiferte er sich wutentbrannt, seien eine «Mischung aus Bigotterie und Marxismus, typisch für ein Land, in dem die zweite Kammer des Parlaments noch Perücken trägt». Über das Wochenende hatte sich eine ganze Phalanx von Nachrichtenmoderatoren der Mediaset-Sender formiert; alle attackierten geifernd den «ausländischen Trotzkisten» und versuchten, Millionen von Zuschauern weiszumachen, das alles sei Teil einer weltumspannenden Verschwörung der Linken gegen den armen Silvio. Für mich war es, um einen Begriff aus dem Fußball zu verwenden, ein unschönes Foul: Anstatt den Ball, das Geschriebene, anzugehen, attackierte man den Spieler, den Autor.

Die englische Version des Buches lag auch in den Buchläden Italiens aus. Das Foto auf dem Einband zeigt Berlusconi, wie er von einem Balkon in Mailand aus, Mussolini gespenstisch ähnlich, die Huldigungen einer begeisterten Menschenmenge entgegennimmt. Im Lauf weniger Monate wurde das Buch zum meistverkauften fremdsprachigen Titel in der Geschichte des italienischen Buchhandels. Es musste mehrmals nachgedruckt werden. Die Menschen trugen das Buch in Bussen und Zügen wie ein Abzeichen gegen einen bestimmten Politiker offen mit sich herum. Die Meinungen über den Inhalt waren unmittelbar abhängig von der jeweiligen

Meinung über Berlusconi: Je nach politischer Einstellung wurde es geliebt oder verketzert. Ich erhielt Einladungen für fast jede Fernseh-Show des Landes, lehnte aber in allen Fällen höflich ab, weil ich mich des Eindrucks nicht erwehren konnte, dass kaum jemand das Buch wirklich gelesen hatte.

Vor ein paar Monaten schließlich erschien es auch auf Italienisch. Abermals kam es zu erbitterten Angriffen und heftiger Kritik. Mit einem flauen Gefühl im Magen beobachtete ich, wie ganze Scharen ergrauter Herren in den Fernsehstudios aufliefen: In pseudoprofessoralem Tonfall dozierten sie lang und breit darüber, warum das Buch «blasphemisch» sei. Ich erinnere mich daran, wie ich wenige Tage nach Erscheinen der italienischen Ausgabe telefonisch eine Pizza bestellen wollte. Kaum hatte ich meinen Namen genannt, herrschte plötzlich Schweigen am anderen Ende der Leitung. Dann hieß es: «Sind Sie dieser Schriftsteller?» Der Ton war gelinde gesagt ziemlich ruppig.

«Ähm, ja, der bin ich.»

«Dann bestell dir deine Pizza gefälligst woanders!» Ich hatte das Gefühl, mir hätte einer in den Magen getreten. In einem kurzen Telefonat mit einem *pizzaiolo* hatte ich die extremsten Gefühlslagen erlebt: Sehnsuchtsvolle Erwartung lobender Kritik prallte auf vernichtende Ablehnung. Ich ließ mich auf einen Stuhl fallen und starrte ins Leere. Vielleicht stimmt es ja, dachte ich; vielleicht habe ich ja wirklich – wie man hierzulande sagt – «in den Teller gespuckt, von dem ich esse». Vielleicht habe ich ein schreckliches Buch geschrieben, auf das man nur mit Verachtung reagieren kann.

Wenige Tage nach der Veröffentlichung jedoch machte ich die gegenteilige, für mich sehr bewegende Erfahrung. Es kamen Briefe. Zuerst nur einer oder zwei, dann Dutzende, jeden Tag. Die Absender stammten aus allen Altersklassen und Schichten. Es dauerte nicht lange, und der Briefträger fragte witzelnd nach Trinkgeld, weil er jeden Morgen buchstäblich körbeweise Post zu mir hinaufschleppen musste. Ein achtzigjähriger Mann aus Benevent schrieb beispielsweise: «Ich habe mein ganzes Leben nur in Italien verbracht. Ich liebe dieses Land, und wenn ich Ihr Buch lese, spüre ich, dass auch Sie Italien lieben. Ich schreibe Ihnen, weil ich meinen Dank ausdrücken möchte für Ihren Mut und Ihre entschlossene Haltung. In klarer und ironischer Sprache beschreiben Sie, was unserem Land in diesen schrecklich turbulenten Zeiten widerfährt.» Das war der Grundtenor Hunderter von Briefen. Andere Verfasser wiesen mich höflich auf mögliche Deutungsfehler oder Lücken in meiner Analyse hin.

Eine Lesereise durch ganz Italien führte mich in fünfzehn Städte. Die Veranstaltungen in Buchhandlungen oder Theatersälen zogen hunderte von Menschen an, und natürlich durften auch die Fernsehkameras nicht fehlen. Wenn ich nach der Lesung mein Buch signierte, bekam ich immer wieder einen Satz zu hören: «Im Fernsehen hieß es immer, das Buch sei eine einzige hämische Attacke auf unser Land. Aber das stimmt nicht, überhaupt nicht!» Umberto Eco nannte mich in einem Artikel einen «sympathischen Lobredner». In Mantua, beim dortigen Literaturfestival, las ich vor tausend Zuhörern im *Palazzo Ducale*. Der Applaus nach der Lesung war so stark, dass ich einfach nicht gehen konnte. Nach einer verlegenen Verbeugung wollten die Bravorufe noch immer nicht enden. Also sagte ich weiter *«grazie, grazie»* ins Mikrofon, bei nicht enden wollendem Applaus.

Eine Woche nach jenem Abend in Mantua saß ich in einem Restaurant in Parma. Wir hatten hervorragend und üppig gespeist. Es war eines jener unscheinbaren Lokale, in welchen der Kellner eine Schürze trägt, weil er gleichzeitig auch der Küchenchef ist. Am Ende des Abends zückte ich meine Kreditkarte. Er sah sie kurz an und fragte mich dann:

«Sind Sie dieser Schriftsteller?» Dabei sah er mich an, als wollte er gleich loslegen.

«Bin ich, ja.»

«Dann geht die Rechnung aufs Haus.» Er lächelte breit und zog ein Exemplar meines Buches unter der Theke hervor. Die Seitenränder wiesen deutliche Flecke auf, Rotwein und Essenspuren. «Unterschreiben Sie einfach hier», sagte der alte Mann und hielt mir das geöffnete Buch hin. Er rief etwas in die Küche, und zwei junge Burschen kamen herausgelaufen. «*Grande Jones!*», sagte einer von ihnen und klopfte mir auf die Schulter. «Du hast eine Menge Freunde hier!»

Ich erzähle das alles nicht aus Eitelkeit, sondern um die Großzügigkeit und Herzlichkeit des italienischen Publikums hervorzuheben, und um zu zeigen, dass es außerhalb der bornierten Fernsehstudios Menschen gibt, die mein Buch verstanden haben und es zu schätzen wissen.

Die Reaktionen auf das Buch in England liefen fast alle nach folgendem Muster ab: «Komm, so kompliziert kann es doch nun wirklich nicht sein!» In Italien dagegen sagten die Menschen meistens: «*Attento,* aufgepasst, Tobia, so einfach kannst du es dir nicht machen!» Ein Land einem anderen näher bringen zu wollen ist offenbar ein schwieriges Unterfangen. Am ehesten ist es vielleicht noch der Arbeit eines Seiltänzers vergleichbar, der nervös von einem Ende zum anderen balanciert. Das Gleichgewicht findet der Akrobat, in diesem Fall der Autor, nur in sich selbst. Das ist auch der Grund, warum ich den Text durchgehend in der Ich-Form geschrieben habe, und nicht, wie Stendhal meinte, «aus Eitelkeit, sondern weil man die Geschichte anders nicht erzählen kann».

«Parole, Parole, Parole»

Das Lateinische ist berühmt für seine Formstrenge und Formvollendung. Daher ist die italienische Literatur beispielhaft für ihren akademischen, formalen Charakter, immer bedacht auf die Vollendung des Ausdrucks und der Sprache. Das Leben in Italien, besonders das politische Leben, ist nur schwer verständlich, wenn man diesen Aspekt übersieht. Politikerreden und Parlamentsdebatten zielen nicht so sehr darauf ab, konkrete Probleme auszumachen und Lösungen vorzuschlagen, sondern darauf, Bilder zu entwerfen (...) Und die ciceronische Rhetorik, ihre Formvollendung, ihr Hang zur Ausarbeitung, ihr Traum von einem Universum perfekter Ausgewogenheit zieht sich wie ein Schatten durch die gesamte italienische Literatur.[1]
Giorgio Tourn

Als ich in Parma ankam, kannte ich nur wenige italienische Wörter, die alle mit klassischer Musik oder Essen zu tun hatten (*adagio*, *allegro*, *prosciutto*), und ich fand mich selbst in der Situation eines Kindes wieder, das seine Umwelt zu begreifen sucht und gleichzeitig lernt, sie zu beschreiben. Da ich nicht verstand, was gesagt wurde, lauschte ich zu Beginn nur dem Klang der Sprache, die sich anhört, als würde ein Maschinengewehr Münzen abfeuern: schnelle Klimpertöne, lange, lange Wörter mit kurzen, rhythmischen Silben. Die Gespräche waren sogar sichtbar: Hände im Dauereinsatz unterstrichen die Worte, wobei die Finger sich merkwürdig bewegten, als ob der Sprecher eine unsichtbare Origami-Kreation in der hohlen Hand formte.

Wenn man die Wörter allmählich versteht, lernt man schnell die Schönheit der Sprache zu schätzen. Personen, Sachen oder Orte, die es wert sind, erhalten einen vielsagenden Beinamen: Fußballspieler, die Prinzen dieser Gesellschaft, werden als *Soldatino* – «kleiner Soldat» (Angelo di Livio) oder *Pendolino* – «kleines Pendel» (der Brasilianer Cafu, quirliger Rechtsaußen beim AC Milan) bezeichnet. Venedig ist *La Serenissima*. Der Süden des Landes heißt *il Mezzogiorno*, der «Mittag». Die Autobahn, die dorthin führt, trägt den Namen *Autostrada del Sole*, «Straße der Sonne». Auch die kleinen Freuden des Alltags haben bedeutungsvolle Bezeichnungen: Milchschaum und Kakaopulver auf einem *cappuccino* heißen so, weil ihr Anblick an die braune Kapuze eines Kapuzinermönchs erinnert. Selbst Wörter mit sexuellem Bezug zeugen von Einfallsreichtum und Witz: schlüsseln, fegen, sägen und, mein persönlicher Favorit, posaunen.

Ein weiterer Unterschied waren schlicht und einfach die Dezibelstärken. Italiener, das wusste ich von vornherein, sind laut. Der *palazzo*, in dem ich wohne, ist ein mittelalterlicher, quadratischer Bau, der heute in Einzelwohnungen aufgeteilt ist, alle mit Fenstern und bröckelnden Balkonen, die auf unseren kleinen Innenhof hinausgehen. Die Auswirkungen dieser simplen Architektur sind schwer zu erklären. Italienische Gemälde mit sonnendurchfluteten Höfen, Loggien und Wäscheleinen hatte ich oft genug gesehen, konnte mir aber nie richtig vorstellen, wie es sich in einer solchen Umgebung lebt. Von einem besonderen Gemeinschaftsgeist kann jedenfalls nicht die Rede sein. Die meisten Wohnungen sind heute Anwaltskanzleien, da das Gerichtsgebäude nur ein paar hundert Meter entfernt ist; auf einer Seite gibt es ein Restaurant, auf der anderen ein Fitness-Studio. Das Entscheidende ist die große Nähe zu den Nachbarn und vor allem zu dem Lärm, den sie machen. Statt die Gegensprechanlage zu benutzen, die gleichzeitig Türklingel ist, beugen sich die meisten aus dem Fenster und palavern lautstark mit ihren Freunden vier Stockwerke weiter unten. Natürlich bekommt der gesamte *palazzo* das Gespräch mit. Ich selbst höre oft Debatten aus den Anwaltskanzleien. Aus dem Fitness-Studio dröhnt permanent Popmusik, und zweimal die Woche kreuzt ein furchterregender Aerobiclehrer auf, dessen laut gebrüllten Anweisungen noch am anderen Ende des Gebäudes zu vernehmen sind. Jeden Nachmittag um Punkt fünf Uhr beginnt die Dame in der Wohnung gegenüber, im Westflügel des Gebäudes, ihre Arpeggios und Arien zu singen. Der Lärm, in den sich immer auch das Knattern irgendeines Mopeds mischt, ist ziemlich gewöhnungsbedürftig, doch nach einer gewissen Zeit erscheinen einem andere Länder unheimlich still, wie tot.

Der nächste große Unterschied zu England bestand darin, dass die Unterhaltungen zuweilen wie Auszüge aus gelehrten Diskussionen in Museen wirkten. Es ist schwer zu erklären, aber die Vergangenheit schien immer präsent zu sein – nicht nur in den zahllosen alten Bauten, sondern auch in den Gesprächen der Menschen. Sogar munteres Kneipengeplauder funktionierten sie um in erhitzte Debatten über irgendein Ereignis im *Seicento* (dem 17. Jahrhundert), oder sie begannen, die Verdienste irgendeines Adligen oder Künstlers aus dem Mittelalter zu erörtern. All dies geschah nie in prahlerischer Absicht, sondern eher beiläufig, als würden sie über einen Nachbarn herziehen: Die Leute ließen sich über die Geschichte der Familie Farnese aus (die Herzöge von Parma, die sogar einen Papst hervorgebracht hatten) oder über die historische Bedeutung von Maria Luigia, der Witwe Napoleons, die drei Jahrzehnte lang Herzogin von Parma war. Sie erklärten die Herkunft des Wortes Parma (es bezeichnet den runden Schild der römischen Legionäre), und weil die Stadt das Zentrum italienischer Ess- und Opernkultur ist – Heimat von Parmaschinken und Parmesan, Geburtsort von Giuseppe Verdi und Arturo Toscanini –, drehte sich das Gespräch oft um jene Themen. Diese Art von Intelligenz, eine Intelligenz, die nie arrogant wirkte, war erstaunlich. Man braucht nur den alten Männern auf der *piazza* zuzuhören, die den ganzen Tag lang Wein süffeln und Karten spielen, um etwas von dieser selbstverständlichen Vertrautheit mit Themen zu spüren, die in anderen Ländern banal erscheinen würden: *prosciutto*, Oper, Trauben. Und der Ton der Diskussionen ist durchaus deftig: «Ich schwöre, als ich das Orchester gehört habe, sind mir die Eier aus dem Saal gerollt.»

Der Erfindungsreichtum der italienischen Sprache zeigt sich am deutlichsten in den beliebten Schimpf- und Schmähtiraden. Sie können unglaublich demütigend sein, und auch ich kam nach einer gewissen Zeit nicht ungeschoren davon: «Lieber Himmel», rief eine alte Dame, als ich unabsichtlich die Ausfahrt aus ihrer Parklücke blockierte, «wenn du so vögelst, wie du parkst, brauchst du dich nicht zu wundern, wenn deine Frau dir Hörner aufsetzt!» Diese verbalen Zweikämpfe sind anfangs schwer erträglich, sobald man sich aber höflich auf sie einlassen kann, werden Streits zu einem normalen, vergnüglichen Zeitvertreib, einem erfrischenden Anfall von Ehrlichkeit.

Das waren jedenfalls meine ersten Eindrücke: der fröhliche Lärm und der Einfallsreichtum der Sprache, die Intelligenz und das sorglos hingenommene Chaos. Allmählich jedoch zeigte sich eine ganz andere Seite. Als Leser von E. M. Forster und D. H. Lawrence hatte ich mir Italien immer als ein Land vorgestellt, in dem Zwänge und Hemmungen von einem abfallen und wo man die heuchlerischen Sitten Großbritanniens hinter sich lassen kann. Für die Schriftsteller aus der Zeit König Edwards war Italien ein Land, das vor Leben und Sinnlichkeit strotzte und deshalb zur Bühne sexuellen Erwachens und fleischlicher Lust werden konnte. Lawrence sprach in diesem Zusammenhang vom «Blut-Wissen» der Italiener:

> Meine große Religion ist ein Glaube an das Blut, das Fleisch, das weiser ist als der Intellekt. Unser Geist kann irren. Aber das, was unser Blut fühlt und glaubt und sagt, ist immer wahr (...) Aus dem Grund lebe ich so gerne in Italien. Die Menschen dort sind so unbewusst. Sie fühlen und begehren nur: Sie wissen nicht.[2]

Je mehr Wörter ich jedoch lernte und je besser ich ihre Herkunft verstand, umso weniger chaotisch erschien mir das Land. Es war vielmehr unfassbar hierarchisch und formell. Selbst die Grußformel *ciao* leitet sich, wie ich herausfand, von dem Wort *schiavo*, Sklave, ab. Das unbeschwerte *ciao*, Italiens berühmtestes Wort, stand ursprünglich für Unterwürfigkeit und Ordnungsliebe. Wer im Veneto einen Laden betritt, wird oft mit «*Comandi*» begrüßt. Damit bringt der Verkäufer dieselben starren Hierarchievorstellungen zum Ausdruck, denn er bittet darum, «befehligt zu werden». In Italien braucht man immer und überall eine «Erlaubnis»: Alle Ausländer – selbst jene aus der EU – brauchen eine Genehmigung, *permesso*, um im Land bleiben zu können; man gebraucht das Wort auch, wenn man als Gast über die Schwelle eines fremden Hauses tritt: *«Ho il permesso di entrare?»* – «Habe ich die Erlaubnis einzutreten?»

Ähnlich verhält es sich mit einem anderen Wort, das immer wieder vorkommt: *sistemare*, in Ordnung bringen oder regeln. Eine Situation hat grundsätzlich *sistemata* zu sein, «geregelt», egal ob es sich um Rechnungen handelt, Probleme oder zwischenmenschliche Beziehungen. Das Wort kann aber auch eine eher kriminelle Bedeutung haben wie in *lui è stato sistemato*, «er ist aus dem Weg geräumt worden». Das unerbittliche Streben nach Ordnung begegnete einem überall: «Alles in Ordnung» heißt *tutto a posto* – «alles an seinem Platz».

Regeln sind in Italien, jedenfalls vordergründig, sehr wichtig. Da Extravaganz nicht gern gesehen wird, gehört *non si fa* zu den am häufigsten gehörten Wendungen, «das tut man nicht». Hiervon sind auf jeden Fall Essen und Kleidung betroffen, die beiden am strengsten reglementierten Bereiche. Andere Wendungen, die mir eine Gänsehaut machten, waren *in regola* oder *le norme*. Anstatt aufregend chaotisch zu sein, machte Italien auf mich mehr und mehr den Eindruck eines konservativen und obrigkeitsgläubigen Landes.

Ich war nach Italien gezogen, weil meine Freundin dort lebte, und ich glaubte, dass wenigstens die Beziehung zweier Menschen sich, wenn schon nicht «frei», so doch außerhalb der gusseisernen Konformität entfalten könne. Aber auch in diesem Punkt musste ich eine herbe Enttäuschung hinnehmen. Seit meiner Ankunft in Parma waren ungefähr drei oder vier Monate vergangen. Da begannen meine Freunde, von meiner *fidanzata* zu sprechen. Bis dahin hatten sie die fragliche Person, meine Freundin, meist als *ragazza* bezeichnet, «mein Mädchen». Dann, fast über Nacht, erschien ihnen *fidanzata* offenbar passender. Ich konsultierte das Wörterbuch und fand *fidanzata* als «Verlobte» übersetzt. Komisch, dachte ich, an einen Heiratsantrag hätte ich mich doch erinnert, und auch im Kreis ihrer Familie oder ihrer Freunde war niemals von einer dauerhaften Verbindung die Rede gewesen.

«Nein, nein», sagte ich mit erhobenem Zeigefinger, der die üblicherweise mir zuteil werdende Ermahnung nachahmte, «sie ist meine *ragazza.*» Die amüsierten Gesichter werde ich nie vergessen. Sie klopften mir auf den Rücken und hatten ihren Spaß dabei, mir zu erklären, warum genau ich nun «verlobt» war. Ich habe es allerdings bis heute nicht ganz verstanden. «Und du warst noch dazu so schnell», meinte Ciccio lachend.

Aber das war nicht das Einzige. Wenn ich einkaufen ging, nannten mich die Leute *giovanotto* oder *ragazzino.* Eigentlich heißt das «junger Mann» beziehungsweise «kleiner Junge», aber ich habe auch gehört, dass damit Leute bezeichnet wurden, die aussahen wie mindestens vierzig. Vielleicht war es ein Kompliment, ich jedoch empfand es von Anfang an als herablassend. Zwanzigjährige, ja sogar Dreißig- oder Vierzigjährige werden auf eine Weise von oben herab behandelt, die ihresgleichen sucht. Es ist schwer zu erklären, aber wer in Großbritannien so um die fünfundzwanzig ist, hat häufig schon ein eigenes Haus, natürlich einen Job und lebt allein oder mit Freunden. Wenn man dann als «young boy» bezeichnet wird, ist das fast eine Beleidigung. In Italien dagegen hatte es den Anschein, als sei man sehr, sehr lange Zeit «jung». Vor fünfunddreißig passiert im Beruf nicht viel, und der entscheidende Karrieresprung erfolgt selten vor dem fünfzigsten Lebensjahr.

Vor einiger Zeit hatte ich einen Sänger und Liedermacher mit außergewöhnlicher Reibeisenstimme für mich entdeckt, den die Italiener als ihren Bob Dylan bezeichnen: Fabrizio De André. Dieser beschrieb in einem Interview genau jene irrwitzigen geriatrischen Strukturen seines Landes: «Wir leben in einer Gesellschaft reicher alter Leute, in der es keinen Platz gibt für die aufstrebende Jugend.» Es gebe keinen «Generationenwechsel», sagte er, weil alte Leute sich bis zu ihrem Tod an alle möglichen Arbeiten klammern, die sehr viel besser von jungen Menschen erledigt werden könnten. Die Jungen sind arbeitslos, außer Stande, eine Familie zu gründen oder zu unterhalten: Und den wenigen, denen es gelingt, Arbeit zu finden, ist es streng verboten, auch nur daran zu denken, ein Haus zu kaufen. Wenn alles gut geht, kaufen sie es mit fünfzig, an der Schwelle zum Rentenalter.[3]

Interessanterweise ist das italienische Wort für «Hierarchie» *gerarchia*; die etymologische Wurzel ist das griechische *hiero*, was so viel wie «heilig» oder «göttlich» heißt, aber im Italienischen kommt zugleich zum Ausdruck, dass Ranghöhe etwas mit Alter zu tun hat.

Mir wurde schon nach wenigen Monaten klar, dass das Land nicht nur erfreulich chaotisch war, sondern gleichzeitig auch *sistemato* und durch und durch hierarchisch. Der Umgang mit Autoritäten gleich welcher Art erforderte ein beunruhigendes Maß an Anbiederung. *Garbo*, wurde mir gesagt, sei eine Eigenschaft, die sich selbst ein Engländer angewöhnen müsse. Gemeint ist eine Art von «Höflichkeit», eigentlich die Fähigkeit, über Widersprüche, Verrat oder Grobheiten hinwegzusehen. Eine andere Eigenschaft, die in Italien besonders Journalisten haben müssen, ist *salamelecco* (aus dem arabischen *salaam aleikum*); das Wort bezeichnet eine unterwürfige und hofierende Haltung. Während der Wochen und Monate, die ich auf Polizeirevieren und Postämtern zugebracht hatte, um den richtigen *permesso*, die «Erlaubnis», zu bekommen, in Italien leben und arbeiten zu dürfen, wurde mir klar, dass es nicht genügte, einfach hereinzuschneien und das entsprechende Formular zu verlangen. Man musste sich einer gewundenen, formellen Sprache voller *svolazzi,* «Schnörkel», bedienen, um dem sonnenbebrillten zuständigen Beamten nicht auf den Schlips zu treten und um zu vermeiden, dass er seine bürokratischen Muskeln spielen ließ. Damit ich überhaupt vorgelassen wurde, musste ich derart schleimige Sätze schreiben, dass es mir schon fast peinlich war: «... in Anbetracht Ihres Ruhms als scharfsinniger politischer Denker und ungeachtet Ihres übervollen Terminkalenders würde ich mich geehrt fühlen, wenn Sie mir freundlicherweise ein Interview gewähren könnten …»

Je mehr ich im italienischen Fernsehen verstand, desto klarer erkannte ich, dass Glaubwürdigkeit im Italienischen von der *parlantina* abhängt. Nirgendwo sonst werden bestimmte Wörter nur ihres idyllischen Klanges wegen so häufig benutzt. *Logorroico*, «im Übermaß geschwätzig» zu sein, gilt mehr als das, was letztendlich gesagt wird; und *accademico* hat nicht die abwertende Bedeutung wie im Englischen, wo derjenige, der «academic» ist, gefährlich nahe an der Bedeutungslosigkeit vorbeischrammt. Die einzige Möglichkeit, sich in ein Gespräch einzuklinken, bestand unweigerlich darin, die Redner zu unterbrechen. Die einzige Möglichkeit, ernst genommen zu werden – besonders als Journalist –, war die, ganze Tiraden von Schachtelsätzen loszulassen und jeden Anspruch auf Prägnanz zu vergessen. Es gibt ein Lied, das mir immer mehr wie die alternative Hymne Italiens schien, einerseits, weil es permanent im Radio lief, aber auch, weil es so passend war: Minas *Parole, Parole, Parole*, ein Song, der vor all dem leeren, bedeutungslosen Geschwätz resigniert.

Die Klischeevorstellung, Deutsche seien gnadenlos sachlich, wenn sie Englisch sprechen, gilt in Italien für Engländer, die Italienisch sprechen, und ganz besonders für Journalisten. «Du kannst unmöglich so direkt sein», kritisierte meine Freundin meine italienische Ausdrucksweise, «du musst das Ganze mehr aufpeppen.» Also musste ich es hinnehmen, dass sich meine Prosa jedes Mal, wenn ich einen Brief schrieb – in der Regel einen Beschwerdebrief an Telecom Italia –, in den erhabenen Aufsatzstil eines blasierten, altklugen Schuljungen verwandelte. Jeder Brief beginnt mit dem Wort *egregio*, das im Englischen so viel wie haarsträubend («egregious») bedeutet, in Italien jedoch als Ehrenbezeigung gilt. Und Ehrenbezeigungen stellen den Schmierstoff dar, auf den es ankommt. Jeder Uniabsolvent wird mit *dottore*, «Doktor», angesprochen, der Manager der Fußball-Nationalelf ist der *commissa-*

rio tecnico, «Technischer Kommissar», und der Wettermann muss mindestens ein *tenente colonnello*, ein Oberstleutnant, sein.

Mehr und mehr faszinierten mich die unterschiedlichen Register im Italienischen, die Art und Weise, wie sich ein und dieselbe Person wunderbar klar ausdrücken konnte, um schon im nächsten Moment ins Überladen-Schwülstige zu kippen. Letzteres hat Italo Calvino die *antilingua* genannt, eine Art bürokratischer, formelhafter Sprache, die «semantischen Terror» ausübt. Es handelte sich dabei um, wie er schreibt, eine «tödliche Ansteckung», bei welcher die tatsächliche Bedeutung auf der Strecke bleibt:

> In der *antilingua* werden die Inhalte beständig relativiert, hinter die Wörter verbannt, die für sich genommen keine Bedeutung haben oder nur eine vage, nicht greifbare.[4]

Ich las in der Regel vier bis fünf Zeitungen am Tag, um mein Italienisch zu verbessern, aber nach vier Stunden sorgfältigen Lesens, mit einem kiloschweren Wörterbuch neben mir, wusste ich mittags über das aktuelle Geschehen keinen Deut mehr als am Morgen. Ich hatte keinerlei Information erhalten. Dabei handelte es sich nicht um Unverständnis meinerseits, sondern um völlige Verwirrung. Es gab so viele Wörter, seitenweise Kommentare, Erläuterung und Untersuchungen, die absolut nichts aussagten. Alles musste gewertet werden, allem wurde widersprochen. Es handelte sich dabei, wie mir gesagt wurde, um ein bekanntes rhetorisches Mittel namens *anacoluto* («Anakoluth»: Satzbruch).

Dies wiederum hat merkwürdigerweise einen bedeutenden Einfluss auf den politischen Diskurs. Es gibt, wie Calvino schreibt, eine Variante des Italienischen, die zur Ausübung von Kontrolle und Herrschaft eingesetzt wird. Politisch zielt diese sprachliche Vernebelung darauf, dass niemand je zum Kern einer Angelegenheit vordringen kann oder voll und ganz versteht, was wirklich vorgeht. Was noch wichtiger ist: Es gibt eine nicht zu übersehende, gefährliche Kluft zwischen den alltäglichen und den offiziellen Formen sprachlicher Verständigung. Einerseits erschien mir das Land auf heitere Weise *alla mano*, will heißen voll und ganz bei sich: laut und quicklebendig und sprachlich immer voll dabei. Kaum jedoch wurde diese Leichtigkeit mit irgendeiner Form von Autorität konfrontiert, verwandelte sie sich in Ehrerbietigkeit, machte das Chaos der Konformität Platz. Ich habe erlebt, wie Freunde, die zu Hause die Lässigkeit in Person waren, sich einen ganzen Vormittag freinahmen, nur um vor einem Gang zum Postamt die notwendigen langen bittstellerischen Reden einzuüben.

Während ich Italienisch lernte, wollten alle um mich herum ausgerechnet Englisch sprechen. Mir war schnell klar, dass es nichts Schickeres im Italienischen gibt als Anglizismen – als wollte man ein gewisses *Savoir-faire* zur Schau stellen. Fast alle Werbeslogans, im Fernsehen oder auf Reklametafeln, sind auf Englisch. Viele DJs sprechen halb Englisch, halb Italienisch, oder sie haben amerikanische Assistenten, die diverse Chat-Shows moderieren. Die Radionachrichten werden manchmal zweisprachig gelesen. Die italienische Mode ist zwar allen anderen überlegen, aber man braucht nur eine x-beliebige Straße entlangzugehen und begegnet Dutzenden von Italienern, die Klamotten mit englischen Aufschriften tragen, oftmals quer über dem Union Jack oder dem Sternenbanner. Man nennt das *esterofilia*, eine Vorliebe für alles Ausländische.

Selbst Fußball, wie Essen und klassische Musik eine der Bastionen des Nationalstolzes, ist von Anglizismen durchdrungen, wie etwa «corner *di Totti*, dribbling *di Delvecchio*, cross, *però Montella è in* offside»; der Trainer wird auch *Il Mister* genannt. Dabei sind die sprachlichen Importe oft zum Schreien schräg. Die vielen Reklametafeln für Sex-Shops an den Ringstraßen der Städte machen Reklame für, wie es dort heißt, *sexy shops*. Ich habe oft versucht zu erklären, was daran so lustig ist – vergeblich.

Unter *petting* verstehen Italiener nicht das, was es normalerweise bedeutet, sondern eine Variante des Vorspiels, bei der es schon ziemlich heftig zur Sache geht. Auch die Politiker geben sich nur allzu gerne kosmopolitisch und streuen alle möglichen englischen Wörter in ihre Reden ein, halten sogar Versammlungen mit dem Titel *Security Day* ab und Parteitage unter dem Motto *I care*.

Manchmal steckt hinter all diesen Anglizismen nichts als *snobismo*, ein Stück lässiger Angeberei, wo es auch ein italienischer Ausdruck getan hätte. Es gibt aber auch Fälle, da weist das Italienische feine Risse auf, konzeptuelle Lücken, bei denen man um einen englischen Begriff nicht herumkommt. Bald nach meiner Ankunft war ich zu einem netten Abend bei Freunden eingeladen, an dem ich den von der Großmutter selbst gemachten Walnusslikör, *nocino*, probierte. Übrigens: wenn etwas *della nonna* ist, von der Großmutter, sei es ein Dessert im Restaurant oder ein feuriger Likör, impliziert das unweigerlich Familie und somit auch *bontà*, Güte. Am Morgen danach stellte ich fest, dass es im Italienischen keine Entsprechung für das Wort «Kater» gibt. Das mag daher kommen, dass die Trinkgewohnheiten hier viel zivilisierter sind als in Großbritannien, und selbst wenn sie es einmal nicht sind, würde sich nie jemand zu einer derartigen Ausschweifung bekennen. Auch für die Worte «herablassend» oder «gönnerhaft», die meines Erachtens die begriffliche Kehrseite zu Unterwürfigkeit bilden, gibt es im Italienischen keine Entsprechung. «Selbstkontrolle» gibt es auch nicht, weshalb der englische Begriff verwendet wird – «self-control».

Die *esterofilia*, die Vorliebe für alles Ausländische, macht auch vor Namen nicht Halt. Meine Freunde mögen an meinem Geschmack verzweifeln, aber einer meiner Favoriten unter den italienischen Schauspielern ist der bullige «Bud Spencer», ein ehemaliger Olympiaschwimmer, dessen richtiger Name Carlo Pedersoli ist. Zusammen mit «Terence Hill», eigentlich Mario Girotti, ging er in den siebziger Jahren nach Amerika, wo er B-Movies drehte, die zwar amerikanisch sein wollten, in denen aber Italiener das Englische bestenfalls radebrechten; anschließend wurden die Filme für das italienische Publikum synchronisiert. Sie sind reiner Slapstick und doch zu Herzen gehend, sie bereicherten den Spaghettiwestern um echtes Beef und befriedigten auf diese Weise die Sehnsucht nach allem Amerikanischen. Auch Vornamen bleiben von derartigen Entwicklungen nicht verschont. Ich hatte eine Stelle als Englischlehrer an der Universität von Parma gefunden, und meine Schüler dort hießen Gian Battista und Maria Immacolata, aber auch William, Tommy und Gladys. Zu den Favoriten gehören außerdem Jessica, JR (dank Dallas) und Deborah. Die beiden bekanntesten Fernsehpersönlichkeiten Italiens heißen «Gerry» und «Mike».

Noch mehr überraschte es mich, dass auch das Russische als Inspirationsquelle für nichtitalienische Vornamen diente – besonders im *Parma rossa*, dem roten Parma, der Hochburg der Kommunisten in der Emilia. Unter den Leuten meiner Altersklasse (jenen in den *anni di piombo*, den «bleiernen Jahren», Geborenen) ist Yuri sicher häufiger als Tobia, und die Yuris wurden auch seltener ausgelacht. Der erste von vielen Spitznamen, die ich bekam, war übrigens *Zio Tobia*, die italienische Entsprechung zu jenem berühmten englischen Farmer Old MacDonald.

Zu den Schwierigkeiten, die ich beim Erlernen der Sprache hatte, kam erschwerend hinzu, dass das Italienische die italienischen Stadtstaaten noch immer nicht ganz durchdrungen hat. Bevor es Radio und Fernsehen gab, sprachen überhaupt nur wenige Menschen korrektes Italienisch als erste Sprache. Kinder von Italienern, die in der ersten Hälfte des letzten Jahrhunderts emigriert waren, kommen oft nach Italien zurück und meinen, sie könnten Italienisch, nur um dann festzustellen, dass die Eltern lediglich ihren Dialekt an sie weitergegeben haben. Die Folgen sind noch heute spürbar. Wenn ich die Teilnehmer meiner Kurse bat, ein englisches Wort ins Italienische zu übersetzen, bekam ich in der Regel ein Dutzend Alternativen angeboten, und die Studenten aus der Lombardei, Sizilien und Venedig stritten sich heftig darüber, was nun korrektes Italienisch sei. Radio und Fernsehen bringen überwiegend Quiz-Shows, in denen die Kandidaten nach der Bedeutung eines ziemlich alltäglichen italienischen Wortes gefragt werden; oder es geht um eine lange vergessene grammatikalische Regel. Ich selbst stellte ab und an beim Abendessen eine simple Frage zu diesem

Thema (die «zweite Vergangenheit» eines bestimmten Verbs beispielsweise), worauf ich meist mehrere Alternativen zur Antwort bekam, ehe alles in Gelächter ausbrach und die Leute zugaben, sie seien sich nicht ganz sicher.

Schuld an all dem sei, so wurde mir gesagt, nur die *piazza*. Das Wort, das für mich bis dahin schlicht und einfach «Platz» bedeutet hatte, birgt versteckte Konnotationen wie etwa in dem Satz «Die Mannschaft sollte ihr Spiel möglichst bald verbessern, denn *Reggio è una piazza calda* (ein ‹heißes Pflaster›)». Der Italiener denkt dabei an unberechenbare Fans oder eine politisch engagierte Bevölkerung. Die *piazza* ist die Stadt schlechthin, ihr symbolisches Zentrum, an dem die Leute zusammenkommen, um zu feiern oder zu demonstrieren. Die *piazza* ist die Seele des Bürgerstolzes, eine Lebenseinstellung, die ebenso in dem Begriff *campanilismo* – das liebevolle Verhältnis zum Kirchturm des Heimatorts – zum Ausdruck kommt. Sie ist das Zentrum des Widerstands gegenüber äußeren, auch gesamtitalienischen Einflüssen. So gern sich die Italiener über Italien lustig machen, so unvorstellbar ist es, dass sie auch nur ein schlechtes Wort über ihre Heimatstadt verlieren. In Italien gibt es eine Art Provinzialität, und das meine ich ohne negativen Beigeschmack, die andernorts undenkbar wäre. Selbst das Wort *paese* kann beides heißen, Land und Stadt, woraus sich schließen lässt, dass Solidarität auf nationaler, aber auch auf lokaler Ebene existiert. Stadtstaaten sind echte Stadt-«staaten», mit eigener Küche, Kultur und Dialekt.

Es zeigte sich mir deutlich, dass «Italien» und «Italienisch» Konzepte sind, die den Stadtstaaten übergestülpt worden waren und die noch immer nicht ganz akzeptiert sind. Das Land besteht wirklich, wie Carlo Levi es nannte, aus «Tausenden von Ländern», deren Bewohner das Beste zweier Welten genießen: die Wärme der Provinz gemischt mit urbaner Weltoffenheit. Die Folge davon ist eine der schönsten Seiten des Lebens in Italien: Die Menschen leben und arbeiten dort, wo sie geboren wurden, anstatt massenhaft in irgendeine weit entfernte Großstadt aufzubrechen. Cousins, Onkel und Großeltern leben in derselben Stadt, sehr oft sogar unter einem Dach. Eine Statistik von 1988/89 besagt, dass 15,2 Prozent der Italiener auch nach ihrer Verheiratung im selben Haus oder im selben *palazzo* wie ihre Mutter leben. 50,3 Prozent leben in demselben *comune*. Nur 13,2 Prozent leben mehr als fünfzig Kilometer vom elterlichen Nest entfernt. An diesen Zahlen hat sich bis heute wenig geändert.

Civiltà, die Gemeinschaft, der Zement der Gesellschaft, war ein Konzept, das mich zunehmend interessierte, da es die Unterschiede zwischen Großbritannien und Italien exemplarisch zusammenzufassen schien. «Hier ist alles so zivilisiert», sagte ich zu italienischen Freunden. «In England betrinken sich die Menschen häufig am Abend, grölen und randalieren. Das Land ist ruppig und eng.» Das meinte ich wirklich: Italien hat sehr viel mehr Kultur als Großbritannien. Junge Männer gehen abends mit ihren Großmüttern am Arm durch die Stadt. Ein Abendessen dauert Stunden, und die Gespräche sind immer überaus geistreich, ohne dass jemand hochtrabend daherredet. Es ist unglaublich, wie höflich und vornehm die Italiener sind. Aber die Vorstellung von *civiltà*, von Gemeinsinn, bleibt in Italien ausschließlich auf die Privatsphäre beschränkt: Haus, Familie, *piazza*, *campanile*. Für Großbritannien gilt das genaue Gegenteil: Vielleicht ist es das Ergebnis von überzogenem Patriotismus, aber «Zugehörigkeit» vollzieht sich in Großbritannien im öffentlichen Rahmen: der Staat, die Krone, das Parlament.

In Italien fehlt diese Art der Verbundenheit mit dem Staat völlig. Dem Begriff «Staat» haftet hier fast immer ein gewisser Ruch an. Das Wort *Stato*, in Bezug auf den Staat als nationales Gebilde, wird meist in kritischem Sinne gebraucht. *Lo Stato* ist der Grund für Klagen und Groll. In Italien gibt es, das ist allgemein bekannt, keinen ausgeprägten Patriotismus. Niemand hegt eine besondere Zuneigung gegenüber Nationalem, in welcher Form auch immer. Die einzige Ausnahme bildet die Fußball-Nationalmannschaft, die *azzurri*. Die Gründung des italienischen Nationalstaats erfolgte so spät, dass viele Menschen die Flagge des Landes lediglich als «heraldisches

Symbol» sehen, «vulgär und unpassend – das Rot schamlos und das Grün absurd». Die Italiener, die ich kennen lernte, brachten in ihren Äußerungen über ihr Land als Nation durchweg das genaue Gegenteil dessen zum Ausdruck, was mir in Großbritannien zu Ohren gekommen war: Statt von einem Land pastoraler Glückseligkeit sprachen sie von einem *caos* – «Durcheinander», einem *incubo* – «Albtraum» und, am häufigsten, von einem *bordello* – «Bordell». Italien, so sagten sie, sei eine «Bananenrepublik», seit Berlusconi sogar eine «Bananendiktatur». Alle waren sehr gastlich, aber schon nach wenigen Stunden erfolgte regelmäßig eine Warnung. Niemand konnte verstehen, warum ich aus Großbritannien fortgegangen war. Einige rieten mir, so schnell wie möglich zurückzukehren. Ausnahmslos sagten alle, Italien sei *bella*, um mir gleich darauf zu erklären, warum es nicht das ist, was es zu sein scheint.

Es gibt, so stellte ich fest, einen offensichtlichen, unerklärlichen Minderwertigkeitskomplex in Bezug darauf, Italiener zu sein. Als ich zum ersten Mal in einem Buchladen stöberte, stieß ich auf mehrere Buchtitel, die Entrüstung über Italien ausdrückten: «Italien, das ungeliebte Land», «Das italienische Desaster», «Das anormale Land». Beim Fernsehen fiel mir auf, dass ein großer Teil der italienischen Filmindustrie offenbar auf das «Entrüstungs»-Genre baut. In zahllosen Filmen treten ehrbare Männer gegen die dunklen, unbekannten Kräfte Italiens an, nur um einen unvermeidlichen frühen Tod zu finden. Die Musikbranche produzierte Songs wie *Non mi sento italiano* («Ich fühle mich nicht als Italiener») oder «You wanna be Americano». Ich sah mir Filme auf Video an, besonders jene mit Alberto Sordi, und begegnete demselben unguten Gefühl in Bezug auf die Identität als Italiener – obwohl Sordi natürlich die Amerika-Gläubigkeit satirisch darstellt und den *esterofilo* sehr viel dümmer erscheinen lässt als den Italiener selbst.

Die Kluft zwischen meinen schwärmerischen Freunden zu Hause in England und der Betroffenheit der Einheimischen in Italien tat sich noch ein Stück weiter auf, als ich die italienischen Klassiker las. Es gab eine Metapher, die durchgehend auf Italien angewandt wurde: «Hure», «Metze», «Bordell». Dante beschrieb sein Heimatland so: «Ach Magd Italien, großen Leids Kastell! / Schiff ohne Steuermann im Wehn der Winde! / Nicht Herrin von Provinzen, nein, Bordell!»[5]

Für Boccaccio war das Land die ehemals hohe, nun gefallene «Frau Welt», *donna del mondo, (Fuggit 'è ogni virtù, spent 'è il valore)*[6], für Machiavelli wiederum eine entstellte und nackte Frau «ohne Führer, ohne gesetzliche Ordnung, geschlagen, geplündert, zerfleischt».[7] So viel zu dem Thema sonnendurchflutetes, himmlisches Land, das ich, nach meiner Shelley- und Byron-Lektüre, erwartet hatte: ein Land, «eine strahlende Ebene zwischen zwei azurblauen Himmeln»,[8] «dessen immer goldene Fluren allein von den Strahlen der Sonne durchpflügt» sind.[9] Ich wollte herausfinden, woher die häufige metaphorische Verwendung des Wortes «Hure» kam, und kam zu dem Schluss, dass wohl die Vorstellung dahinter steckte, dass Italien durch derart viele Hände gegangen war. Bourbonen, Habsburger, rivalisierende Päpste und andere externe Dynastien hatten das Land in so schöner Regelmäßigkeit erobert und «besessen», dass seine entnervten Bewohner den Spruch prägten: *O Franza o Spagna, purché se magna* – wer der politische «Zuhälter» war, spielte keine Rolle, Hauptsache, es gab zu essen. Da Italien erst 1861 politisch geeint wurde, diente es den europäischen Mächten über Jahrhunderte hinweg als Faustpfand. Lange bevor der Imperialismus die Ost- und Westindischen Inseln erreichte, war Italien bereits ein kolonisiertes Land, vergleichbar in etwa dem, was Indien für die Engländer werden sollte: ein «Juwel» in der kaiserlichen Krone, geschätzt wegen seiner Geschichte und Kultur. Natürlich gab es auf der Halbinsel einheimische Herzogtümer und unabhängige Republiken, sie blieben aber umklammert von den Bastionen der Habsburger und Bourbonen. Selbst das «mythologische Italienbild» geht auf fremde Einflüsse zurück: Saturn, von seinem Sohn Jupiter vom Olymp vertrieben, wurde der erste von vielen «fremdländischen Herrschern» Latiums. Die Folge von all dem ist, dass die Prostitutions-Metapher selbst heute noch bemüht und permanent wiederholt wird. Sie wurde zu dem, was Albion für die Engländer darstellt: ein tief verwurzeltes Bild dessen, was Italien für die Italiener einmal gewesen ist. Der Unterschied ist, dass das Bild ausnahmslos negativ ist und die Unsicherheit hinsichtlich der wahren Identität «Italiens» und seiner Zugehörigkeit enthüllt.

Noch ein Grund für die Beliebtheit der Metapher ist die Tatsache, dass das Wort für Bordell (*casino*) auch «Unordnung» und «Konfusion» bedeutet. Konfusion beschreibt den Modus Operandi Italiens schlechthin. Sie ist die Basis für das Machtgefüge und für die Verschwiegenheit. Wer versucht, Licht in das Dunkel zu bringen, verstrickt sich in Fakten, Worten und Dokumenten, in Überzeugungen und Widersprüchen. Das hat zur Folge, dass alle Untersuchungen unweigerlich derart haarsträubende Geschichten zutage fördern, dass sie, selbst wenn sie wahr sind, die ohnehin schon verwirrten Menschen nicht mehr erreichen. Der am häufigsten verwendete Ausdruck zur Beschreibung der italienischen Zustände ist *bel casino*. Er bedeutet «schöne Konfusion» oder auch «schönes Bordell».

Mir war schnell klar, was genau die Italiener an ihrem Staat so abstoßend finden. Italien ist kein religiöses, sondern ein verwaltetes Land. Die vierte Gewalt ist nicht die Presse, sondern eine Macht, die viel schwerfälliger ist, langsamer und zwangsläufig gesichtslos: die Bürokratie. Die Angestellten dort haben den Rang weltlicher Priester. Sie sind es, die Anträge bearbeiten und bewilligen, sie sind es, deren Unterschrift oder Stempel man braucht, um zu überleben. Wie Priester sind sie die Mittelsmänner, die einen in das ersehnte Paradies der «Legalität» geleiten.

Die Postämter und Banken in diesem Land sind wie große leer geräumte Kirchen, heilige Hallen mit hohen Fenstern, durch die schräg das Sonnenlicht fällt. Die Menschen, die wie Erstkommunikanten in der Schlange stehen, machen den Eindruck, als würden sie sich ergeben einer ominösen Obrigkeit nähern. Sie warten jedoch nicht auf die Eucharistie, sondern darauf, große Teile ihres

Einkommens irgendeinem gesichtslosen Monopol zu übertragen. Stunden vergehen, und man rückt näher an den Schalter heran, den Ort der Begegnung mit institutionalisiertem Zinswucher. Urplötzlich, weil hier alles – außer Autofahren – ohne die geringste Spur von Tempo vonstatten geht, aber auch wegen des unorthodoxen Anstehsystems, findet man sich weiter hinten in der Schlange, als man es noch vor einer Stunde gewesen ist. Anfangs rastete ich in solchen Situationen regelmäßig aus, aber mittlerweile genieße ich sie. Mir wurde klar, dass die Italiener zur Post gehen wie die Briten ins Pub. Man trifft alte Freunde und lernt neue kennen, liest die Zeitung oder vertreibt sich einfach die Zeit.

Bürokratie bedeutet «Amtsstuben-Herrschaft» (*bureau-kratos*), und nirgendwo sonst haben die Amtsstuben so viel Macht wie in Italien. Einer neueren Untersuchung zufolge gehen den Italienern zwei Wochen der Jahresarbeitszeit für Behördengänge verloren.[10] Allein das Schlangestehen belief sich nach dieser Untersuchung, bei 25 Behördengängen pro Jahr, auf insgesamt 7000 Minuten jährlich – vorausgesetzt, es ist ein normales Jahr. Wer seinen Arbeitsplatz wechseln oder sich bewerben möchte, sollte sich gleich eine Woche oder noch besser zehn Tage freihalten, um sämtliche erforderlichen Dokumente einzuholen, die *marche da bollo* stempeln zu lassen und so weiter … Es ist so, als würde man versuchen, Konfetti zu fangen: Man jagt von einer Amtsstube in die andere und füllt dabei Formulare und Fragebögen aus. Zweitausend Milliarden Lire, ungefähr eine Million Euro, geben die Italiener pro Jahr aus, nur um sich ihren Status bestätigen zu lassen: Halter eines Kraftfahrzeugs, geschieden, wohnhaft an einer bestimmten Adresse. All das ist nicht nur teuer, sondern kostet obendrein eine Menge Zeit, deshalb der Spitzname *lentocrazia*, «Schneckokratie».

Die gesellschaftliche Bedeutung der Bürokratie beruht zu großen Teilen auf ihrer Politisierung. Die öffentliche Verwaltung war oft so langsam in der Umsetzung von Gesetzen, dass diese überholt waren, noch ehe sie in Kraft getreten waren. Von der Regierung für bestimmte Zwecke bereitgestellte Gelder kamen in der Vergangenheit oftmals nie an und wurden somit zu *residui passivi* (Gelder, für die es keine Verwendung mehr gibt), die pflichtgemäß an die Staatskasse zurückgeleitet wurden. Zeit zu verschwenden, zunichte zu machen, ist die am besten ausgebildete Fähigkeit eines politisierten Beamten. Sie wurde in der Nachkriegsära zu einer Kunstform, die Beamte dazu nutzten, allein mit Hilfe ihrer hartnäckigen Langsamkeit Reformen zu verzögern. Zahllose Historiker haben den Beamtenapparat als Schattenparlament beschrieben: Zu einem Politikum höchsten Ranges wird die Bürokratie auch deshalb, weil Jobs in der öffentlichen Verwaltung so gefragt sind, dass Tausende, ja Millionen von Italienern sich dem Bewerbungsverfahren unterziehen. Gefragt sind die Stellen nicht zuletzt deshalb, weil die Verträge auf unbefristete Zeit, *a tempo indeterminato*, gelten. So kommt es immer wieder vor, dass ambitiöse Eltern Politiker becircen, nur damit ihr Kind in den Genuss jener mit einer öffentlichen Anstellung verbundenen sorglosen Bequemlichkeit kommt. Bei meinen morgendlichen Gängen zum Zeitungskiosk sah ich die kleinen Pavillons regelmäßig voll gepflastert mit Anzeigenblättern, die ausschließlich die neuesten Stellenausschreibungen, den *concorso*, des öffentlichen Dienstes publizierten. An dieser Stelle ist ein weiteres Schlüsselwort der italienischen Politik zu nennen: *clientelismo*, der Brauch, für Familie und Freunde zu sorgen und dabei Außenseiter und Unbekannte aus dem Rennen zu werfen. Mir wurde zwar gesagt, das System sei mittlerweile leistungsbezogener als noch vor wenigen Jahren, besonders im Norden, aber es ist noch immer unwahrscheinlich, ohne entsprechende «Kontakte» eine Stelle zu bekommen; man muss den richtigen Kommunalpolitiker kennen oder man braucht – so hört man immer wieder – die Unterstützung einer *famiglia importante*, einer wichtigen Familie.

Wenn man nicht der Beamtenklasse angehört, beginnt man die Verachtung zu verstehen, welche die Italiener ihrem Staat gegenüber empfinden. Man muss den Staatsbediensteten mit unerträglicher Unterwürfigkeit begegnen, muss vor ihnen katzbuckeln, nur um den kleinsten Dienst erwiesen zu bekommen. Oder aber man braucht *delle conoscenze*, «Bekannte», muss jemanden kennen *con le mani in pasta*, der an der Quelle sitzt.

Eines Tages, ich lebte jetzt ungefähr ein Jahr in Italien, stand ich in einer Schlange im Postamt; ich war erbost, weil ich dem ehemaligen Staatsmonopolisten Telecom Italia riesige Summen für zwei nicht existierende Telefonanschlüsse zahlen musste, die ich bereits vor Monaten beantragt hatte. Ich traf dort einen meiner altersmäßig fortgeschrittenen Studenten, «Lucky» Luciano, und begann meinem Unmut Luft zu machen. Er lachte bloß und schüttelte den Kopf, als sei das gar nichts. Er selbst, sagte er, warte noch immer darauf, dass ihm der Staat achtundzwanzig Millionen Lire (etwa vierzehntausend Euro) an Steuern zurückerstatte, die er in den achtziger Jahren zu viel entrichtet hatte. Die meisten seiner Freunde hatten sich damals um diese Zahlung gedrückt, weil sie wussten, dass die Steuer zurückgenommen werden würde; nur er, ehrlich wie er war, hatte in den sauren Apfel gebissen und bezahlt. Dann begann eine Frau, die neben uns in der Schlange stand, ihr Leid zu klagen; sie war dem Staat bereits in den siebziger Jahren auf den Leim gegangen. Innerhalb weniger Minuten kamen Klagen aus drei parallelen Schlangen, alle hatten sie mit Horrorgeschichten aufzuwarten über die Geldgier des Staates und die Inkompetenz der Bürokraten.

Der Versuch, Vernunft walten zu lassen, ist natürlich so vergeblich wie Don Quichottes Kampf gegen die Windmühlen. «Wir sind keine Staatsbürger», erklärte die Mutter meiner «Verlobten», «sondern Untertanen.» Die Kenntnis dieser Distanz zwischen Regierung und Volk und der daraus resultierenden «Die-da-oben-wir-da-unten»-Mentalität ist elementar, wenn man Italien verstehen will. Weil sich alle so schlecht behandelt fühlen und weil alles so überverwaltet ist, sehen die Menschen kleinere Gesetzesbrüche als gerechtfertigt an. «Ohnmacht angesichts eines geschlossenen politischen Systems, das zu keinem Wandel fähig ist (...) die Negation demokratischer Logik»[11] wurden schon in den siebziger Jahren als wesentliche Gründe für den Terrorismus in Italien genannt. Die Italiener sahen einen «metaphysischen Fluch» darin, italienisch zu sein, jenen knirschend ineffektiven, aber sehr mächtigen «Amtsstuben» ausgesetzt zu sein.

Die Verachtung der Italiener für ihren Staat hat politisch zur Folge, dass der Sinn für die Gemeinschaft und das Gemeinwohl nur minimal ausgeprägt ist. Diese Distanzierung von allem, was mit dem Staat zu tun hat, ist der Nährboden für Individualismus und eine laxe Haltung den Gesetzen gegenüber. Ich kenne kein Land, in dem so viele Menschen den Staat für derart kriminell halten und folgerichtig ein Brechen der Gesetze ebendieses Staates lediglich als ein Kavaliersdelikt betrachten. In wenigen Ländern haben die Menschen eine solch ausgeprägte «Jeder-für-sich»-Mentalität und so viel *menefreghismo*, «Mir-doch-egal-Denken» (zur gestischen Unterstützung streicht man mit der Rückseite der Finger ruckartig vom Hals zum Kinn). Es hat oft den Anschein, als würde jeder nur versuchen, das System zu treffen, anstatt es zu stützen. *Fatta la legge trovato l'inganno* lautet ein weit verbreitetes Sprichwort: kaum werden Gesetze gemacht, ist schon ein Weg gefunden, sie zu umgehen.

Neben der Beschreibung *Italiani, brava gente* («gute Leute») hörte ich auch bald eine andere, weniger schmeichelhafte: *furba gente* («listige Leute»). *Furbo*, so wurde mir erklärt, ist jemand, der aufs Geld schaut und möglicherweise einen Seitenblick auf das seiner Nachbarn wirft; Regeln kümmern ihn nicht im Übermaß. Das ist ein faszinierender Zug – es sei denn, die List richtet sich gegen einen selbst. Die entgegengesetzte Eigenschaft, *ingenuità*, impliziert Leichtgläubigkeit. Natürlich ist es sehr viel besser, *furbo* zu sein, leicht verschlagen, als *ingenuo*, naiv.

Die in Italien gängigen Moralvorstellungen waren für mich völlig neu. Wer etwas darüber wissen will, braucht nur *Die Kultur der Renaissance in Italien* von Jacob Burckhardt zu lesen:

> Ein Machiavelli ist es, der mitten in einer seiner wichtigsten Gedankenreihen es offen ausspricht: ja, wir Italiener sind vorzugsweise irreligiös und böse. – Ein anderer hätte vielleicht gesagt: wir sind vorzugsweise individuell entwickelt; die Rasse hat uns aus den Schranken ihrer Sitte und Reli-

gion entlassen, und die äußeren Gesetze verachten wir, weil unsere Herrscher illegitim und ihre Beamten und Richter verworfene Menschen sind. – Machiavelli selber setzt hinzu: weil die Kirche in ihren Vertretern das übelste Beispiel gibt.[12]

Genau darin liegt die Ironie. Jede Form von Fehlverhalten wird automatisch dadurch entschuldigt, dass man, zu Recht oder zu Unrecht, hochrangigen Politikern oder Kirchenführern die richtig krummen Dinger unterstellt. Das bisschen Steuerhinterziehung oder Bestechlichkeit des kleinen Mannes fallen damit überhaupt nicht mehr ins Gewicht. Das setzt natürlich einen Teufelskreis in Gang: Alle drücken gerne ein Auge zu, und man ist dumm, wenn man dem Beispiel nicht folgt. Urteile sind selten moralischer Natur. Sprachlich beruht das Land, wie in so vielen anderen Bereichen, nicht auf ethischen, sondern auf ästhetischen Prinzipien. Die am häufigsten gebrauchten Epitheta sind nicht «gut» oder «schlecht», sondern «schön» (*bello*) und «hässlich» (*brutto*). Das Adjektiv *bello* erfreut sich derart großer Beliebtheit, dass es einen Begriff wie «gut» völlig verdrängt; wer noch eins draufsetzen möchte, sagt *troppo bello*, um damit zum Ausdruck zu bringen, dass etwas einfach «zu schön» ist. So ist manch einer eher bereit, mangelnde Moral zu tolerieren als mangelnde Eleganz; schön zu sein, an einem schönen Ort oder mit schönen Menschen zusammen zu sein zählt mehr als Rechtschaffenheit. Dieses Besessensein vom äußeren Schein ist der eigentliche Ursprung des Wortes *figura,* «Figur», und seiner Bedeutung: Es bezeichnet das, was jemand darstellt – nicht nur physisch, sondern im Sinne eines schönen oder hässlichen Eindrucks. *Fare una brutta figura*, einen schlechten Eindruck machen, ist nicht unbedingt ein moralischer Fehler, sondern ein Lapsus in der Selbstdarstellung.

Ihre kulturellen Wurzeln hat die Unmoral seltsamerweise in der katholischen Kirche. Dort herrscht die Auffassung, dass es keine Rolle spielt, was man tut, ob man gut ist oder schlecht, solange man regelmäßig zur Beichte geht. Hauptsache, das Schaf schert nicht aus der «Herde» aus und bekundet seine Absicht, sich zu bessern. Der Katholizismus ist allumfassend (der Ursprung des Wortes *katholikos* impliziert genau das): Jeder gehört dazu, was bedeutet, dass jedem auch vergeben wird. Es gibt keine Missetat, die nicht mit einem demütigen Nicken vor purpurfarbenen Talaren oder den Roben der Richter aus der Welt geräumt werden könnte. Politiker können durchaus kriminell sein, und das kann sogar jeder wissen, aber es spielt keine Rolle: Alles wird übertüncht. Die persönliche oder politische Vergangenheit ist schnell vergessen.

Ein bekannter Journalist hatte eine dezidierte Meinung zu diesem Thema. «In Ordnung», sagte er eines Abends, als er mir die Sache erklären wollte, «stell dir ein Land vor, in dem es die ganze Geschichte hindurch immer heißt: ‹So sind die Regeln, halte dich gefälligst daran. Tust du es nicht, und ich erwische dich dabei, dann lass ich dich wieder laufen, aber mach es bloß nicht nochmal.› Ganz bestimmt nicht das beste Rezept für Gesetzestreue. Weißt du, was La Rochefoucauld gesagt hat? ‹Heuchelei ist die Huldigung, welche das Laster der Tugend darbringt.› Heuchler gibt es unter den Italienern kaum. Die Hälfte sind ehrbare Leute, die andere Hälfte ist dagegen so weit entfernt von jeder Moral, dass ihnen nicht einmal die Definition der Begriffe ‹Tugend› oder ‹Laster› bekannt ist.» Das klang etwas extrem, ließ mich aber aufhorchen.

Es hat vielleicht nichts mit «Illegalität» oder «Unmoral» zu tun, aber ich stellte fest, dass in Italien die Einstellung gegenüber Verpflichtungen eine ganz andere ist als in Großbritannien. «Hör endlich auf, dauernd ‹Ich muss› zu sagen», bekam ich von meinen Freunden zu hören. Sie verpassten mir den Spitznamen *Il Calvinista*. Rote Ampeln, Geschwindigkeitsbegrenzungen, Rauchverbotsschilder und die Reihenfolge beim Schlangestehen – alles Vorschriften, die in Großbritannien ziemlich sklavisch eingehalten werden – sieht man in Italien lediglich als Empfehlungen an. Das hat den Vorteil, dass es sich hier einfach angenehmer lebt. Je länger ich in Italien war, desto klarer wurde mir, dass die Leute nicht faul vor sich hin lebten, sondern schlicht und einfach mit mehr Muße. So hatte mein Lieblingskneipier während der Skisaison seinen Laden einmal kurzerhand geschlossen und eine handschriftliche Notiz auf einem Stück Karton hinterlassen: «Wegen Krankheit geschlossen. Erhole mich in den Dolomiten. Wieder gesund am Montag, d. 18.» In Großbritannien lehren der Protestantismus und das schlechte Wetter die Menschen Mores; in Italien schien alles entspannter, einschließlich mancher Regeln.

Je mehr ich Muße und Schönheit, die *bellezza* Italiens genoss, umso raffinierter und künstlicher schien sie mir. Schönheit, so wurde mir gesagt, habe in Italien keineswegs nur den Zweck, einfach «schön zu sein», sondern sei vielmehr als eine Art Kostümierung zu sehen: eine Möglichkeit, den Betrachter zu verführen oder zu betäuben. Das Land Italien, so las ich, sei «ohne seinesgleichen in der Kunst, Illusionen zu erzeugen». *Bisogna far buon viso a cattivo gioco* lautet ein Sprichwort: Der äußere Schein zählt, und darum ist auch «erforderlich, gute Miene zum bösen Spiel zu machen». Die englische Entsprechung «to keep a stiff upper lip» impliziert eine gewisse stoische Grundhaltung, während es dem italienischen Pendant nur darauf ankommt, etwas zu «zeigen». Alles ist aufgemotzt, verschönert und verziert. Der Schriftsteller Luigi Barzini hat dieses Pfauensyndrom so beschrieben:

> Die tristen und leeren Augenblicke des Lebens verlangen, mittels entsprechendem Dekor und Ritual ansprechend und angenehm gemacht zu werden. Das Hässliche ist zu vertuschen, unerfreuliche und tragische Tatsachen haben, soweit wie möglich, unter den Tisch zu fallen. Alles soll zum Funkeln gebracht werden; das einfache Gericht, das durchschnittliche Geschäft, die langweilige Rede, die feige Kapitulation – sie alle müssen durch schöne Worte, durch Ausschmückung und leidenschaftliches Pathos verbrämt und emporgehoben werden.[13]

Zwei Begebenheiten führten mir besonders deutlich vor Augen, wie anders alles war – oder zumindest schien. An einem Sonntagnachmittag saß ich auf der Terrasse eines Hauses im Apennin. Ein Freund setzte den Kaffee auf, der hochkochte wie ein Flugzeug, das donnernd am Himmel erscheint, mit einem Zischen wieder verschwindet und nur einen Kondensstreifen hinterlässt. «Siehst du», sagte der Freund und zeigte lächelnd auf den Puderzucker auf seinem Croissant. «Das sagt alles über die Unterschiede zwischen der englischen und der italienischen Sprache. Ihr nennt das ‹icing sugar›, richtig? Wir nennen es ‹Schleier-Zucker›. Abgesehen davon, dass unser Ausdruck viel eleganter ist als eurer, ist er obendrein auch noch feiner. ‹Eine Eisdecke auf dem Kuchen› ist doch ganz schön übertrieben, oder? Unser Schleier dagegen ist romantisch, schön, geheimnisvoll ...»

Einige Zeit später ging ich in Parma ins Stadion, um mir ein Fußballspiel anzusehen. Die Fans saßen artig auf ihren blau-gelben Kissen, bis der Schiedsrichter offenbar eine Fehlentscheidung traf und alles aufsprang, um ihm lauthals zu verstehen zu geben, seine Frau habe ihm Hörner aufgesetzt: *Arbitro cornuto! Arbitro cornuto!* Die Beschimpfung ist witzig und passend obendrein (in Großbritannien bringt es der Unparteiische gerade mal zum Wichser): Sie impliziert, dass selbst die schwarz befrackte Autorität, die über das Geschehen auf dem Rasen wacht, nicht genau weiß, was vorgeht, sei es auf dem Spielfeld oder im heimischen Ehebett.

Wenn man sich in Parma nach dem Weg erkundigt, könnte man meinen, als Antwort x-beliebige Kalenderblätter präsentiert zu bekommen: den 22. März geradeaus, dann links, und dann rechts geradewegs auf den 20. März. Überall in der Stadt gibt es Gedenktafeln, Denkmäler und Statuen, gemeißelte oder gegossene Abbilder ehemaliger Widerstandskämpfer, die so finster dreinblicken, als säße ihnen der Feind im Nacken. An den Straßenecken werden sozialistische oder kommunistische Zeitungen Seite für Seite öffentlich ausgehängt. Oft trifft man auf Graffitis mit der Aufforderung *Barricatevi!* – Verbarrikadiert euch!», wenn ich mir auch nie ganz sicher bin, ob es sich dabei um eine politische Aussage handelt oder um Reklame für «Le Barricate», das Restaurant um die Ecke.

Vor meinem Umzug nach Italien habe ich nie gehört, dass jemand die Wörter «Faschist» oder «Kommunist» tatsächlich benutzt. In England werden solche Etiketten nur als kritische Übertreibung benutzt oder in Historiker-Debatten über die ersten Jahrzehnte des zwanzigsten Jahrhunderts. In Italien dagegen gibt es noch immer viele Politiker, wenn auch ihre Zahl in den letzten Jahren gehörig abgenommen hat, die sich allen Ernstes und voller Stolz als «Faschisten», «Postfaschisten» oder «Kommunisten» bezeichnen. Selbst auf den Fahnen der politischen Parteien prunken noch immer die Insignien ihrer faschistischen oder kommunistischen Vorläufer, und die Graffitikünstler sind längst auf den Zug aufgesprungen. In Parma gehören Hammer und Sichel zum Alltag; andernorts, ganz besonders in Rom, sind es Hakenkreuze und Keltenkreuze. «Es muss einen Grund dafür geben», schrieb unlängst der Politikwissenschaftler Ernesto Galli Della Loggia, «warum gerade Italien das Mutterland des Faschismus und das der größten kommunistischen Partei der westlichen Welt gewesen ist, und warum die beiden bedeutendsten weltlichen Religionen des zwanzigsten Jahrhunderts einen solch großen Erfolg in Italien hatten.»[14] Seine Erklärung ist, dass die italienische Politik quasireligiös sei und die «Hoffnungen und Ängste» der Menschen ausdrücke. Faschismus und Kommunismus sind jedenfalls in der italienischen Volksseele tief verwurzelt, und ihr Aufeinanderprallen war der Auslöser des italienischen Bürgerkriegs, der *guerra civile*.

Der Begriff «Bürgerkrieg» hat zunehmend (und nicht unumstritten) Eingang gefunden in die Beschreibungen verschiedener Phasen der italienischen Geschichte seit 1943. Zwei Bücher über den Partisanenkrieg zwischen 1943 und 1945 tragen die Titel *La guerra civile* und *La storia della guerra civile*. In jüngster Zeit wird er aber auch auf die Phase des politischen Terrorismus von den späten sechziger bis in die frühen achtziger Jahre angewandt, «einen Bürgerkrieg niedriger Intensität». Jene Jahre werden in Italien *anni di piombo* genannt, «bleierne Jahre». In dieser Zeit kam es zu fast fünfzehntausend Terroranschlägen, denen insgesamt 491 Menschen zum Opfer fielen. Der Bürgerkrieg, so erklärte man mir, sei ein durchgehendes Merkmal der italienischen Geschichte, eine Art ständiger, blutiger Konflikt. Das Land war schon immer in zwei sich bekriegende Hälften geteilt. Man empfahl mir, Dante zu lesen, der (nachdem auch er einen «Bürgerkrieg» erlebt hatte, nämlich den Konflikt zwischen Guelfen und Ghibellinen) folgendes über Italien geschrieben hat:

Auf dir bekriegen sich jetzt überall
Die Lebenden und möchten sich verzehren,
Sie, die umschließt ein Graben und ein Wall.[15]

Je mehr ich mich für diese «Bürger»-Kriege interessierte, für die «Faschisten» und «Kommunisten», die gegeneinander Front machten, umso häufiger stieß ich auf eine weitere elegante Wendung: den *muro di gomma*, jene undurchdringliche «Gummiwand», von der alle Untersuchungen abprallen. Jede Nachforschung zu diesem Thema, so wurde mir gesagt, werde vergeblich sein. Nichts, aber auch gar nichts kommt je an die Öffentlichkeit. *Intrecci* und *trame* mag es ja geben, Fäden und Pfade, welche die Halbinsel kreuz und quer überziehen und Politiker mit der Mafia oder terroristischen Gruppen verbinden, aber sie liegen alle versteckt unter *omissis* (Unterlassungen) und *omertà* (das Schweigen des Mafioso). Wenn dann doch einer vor Gericht gestellt wird, scheint es schon fast die Regel, dass, sollte er *primo grado* verurteilt worden sein, er *secondo grado* (nachdem er Berufung eingelegt hat) oder in *Cassazione* (vor dem Obersten Gerichtshof) wieder freigesprochen wird. Niemand ist je wirklich schuldig, niemand ist je einfach unschuldig. Da man sozusagen neu verkabelt wird, wenn man in Italien lebt, kann man sich nie eine Meinung darüber bilden, ob jemand, selbst der gemeinste Kriminelle, tatsächlich und vor dem Gesetz schuldig ist: Immer heißt es abwiegelnd «schuldig und unschuldig zugleich». Über kurz oder lang ist der Fall ohnehin verjährt, und die Anklage wird fallen gelassen. Deshalb sind auch meine italienischen Freunde, wenn wir uns über Politik unterhalten, so erstaunt und fast neidisch darauf, wie britische Politiker zur Verantwortung gezogen werden. «Er hat sich doch nur bezahlen lassen, um einem Freund zu einem Pass zu verhelfen, und deshalb hat man ihn in die

Wüste geschickt? Unglaublich.» – «Er hat also vor Gericht gelogen, nur damit seine Frau nicht erfährt, dass er sie betrogen hat, und er wurde eingelocht?» Nach einem der jüngsten Skandale in Großbritannien schrieb eine italienische Zeitung auf der Titelseite: «Ein vergleichbares Vorgehen in Italien hätte zur Folge, dass kein Parlamentarier mehr übrig wäre.» Die Italiener wundern sich über zwei Dinge: Erstens ist da das Erstaunen darüber, dass derart «harmlose» Vergehen politisches Fehlverhalten darstellen, zweitens sind sie fassungslos und neidisch, dass mächtige Männer – denn beteiligt sind eigentlich immer nur Männer – für ihr Tun verantwortlich gemacht und ein für alle Mal schuldig gesprochen werden können.

«Du musst dir die Politik so vorstellen», sagte Mario eines Abends, als wir Poolbillard auf italienische Art spielten. «Wenn ihr Briten Pool spielt, dann werden die Kugeln versenkt und bleiben es auch. Hier dagegen kommen sie wieder hoch, das Spiel geht einfach weiter.» Er lachte ziemlich bitter.

Als ich begann, mich mit italienischer Nachkriegsgeschichte zu beschäftigen, stellte sich heraus, dass jedes Verbrechen und jeder politische Vorgang immer von Konfusion, Verdacht und dem «Bazillus der Verschwiegenheit» umgeben ist. Das geht so weit, dass sich ein neuer nationaler Freizeitsport etablieren konnte: die *dietrologia*, «Dahinterologie», wie die wörtliche Übersetzung lautet. Es ist der Versuch, sich im Ausdenken immer abstruserer und immer verworrenerer Verschwörungstheorien zu überbieten. *Dietrologia* ist die

> kritische Analyse der Ereignisse in dem Bestreben, hinter den scheinbaren Gründen die tatsächlichen, versteckten Absichten auszumachen.[16]

La Stampa nannte es «die Wissenschaft der Einbildungskraft, die Kultur des Verdachts, die Philosophie des Misstrauens, die Technik der doppelten, dreifachen, vierfachen Hypothesen». Eine Gesellschaft, in der sich der Schein höchst selten bewahrheitet, kommt um diesen Sport nicht herum. Stendhal schrieb darüber in der *Kartause von Parma*:

> Italienische Herzen werden ja, viel mehr als unsere, von Argwohn und törichten Gedanken gequält, die ihnen ihre feurige Einbildungskraft vorgaukelt.[17]

Das Verschwörungs-Theoretisieren ist wahrscheinlich schuld daran, dass die *misteri d'Italia* den Löwenanteil der heimischen Unterhaltungsindustrie bilden. Ganze Verlage und Filmproduktionsfirmen widmen sich ausschließlich der episch breiten Aufarbeitung der Geheimnisse der italienischen Nachkriegsgeschichte und sichern so ihr Überleben.

Je mehr ich las, umso dunkler und faszinierender schien mir die jüngste italienische Geschichte. Leonardo Sciascia und sein literarischer Mentor, Luigi Pirandello, haben beide ihre Heimat Sizilien und das restliche Italien als Schauplatz von Illusionismus und Verschwiegenheit beschrieben, an denen jedes Verständnis abprallen muss. Für Sciascia haben Sophisterei und Täuschung Italien so sehr im Griff, dass es zu einem «Land ohne Wahrheit [geworden ist] (...) Kein einziger krimineller Vorfall im Umfeld der Politik wurde je aufgeklärt, geschweige denn bestraft.» Viele geschichtliche Darstellungen des modernen Italien beginnen mit einer resignierten Entschuldigung im Vorspann, die besagt, dass sowieso alles unergründlich sei. In dieselbe Kerbe schlagen die Komödien Pirandellos, in denen er sämtliche Versuche, herauszufinden, was in der Welt vorgeht, mit Hohn und Spott übergießt. Die Schauspieler werden zu Puppen, die von unsichtbaren Kräften gelenkt werden. Wegen der allgemeinen Verwirrung wird die Suche nach Beweisen, jenem berühmten «Dokument», ganz und gar vergeblich:

> Ein Dokument könnte bestenfalls dazu dienen, eure blöde Neugier zu befriedigen. Aber das fehlt, und daher seid ihr zu der Qual verurteilt, vor euch nebeneinander hier den Wahn und dort die Wirklichkeit zu haben und das eine nicht vom anderen unterscheiden zu können![18]

Genau diese Seite Italiens, das erkannte ich nach und nach, lag den besorgten Warnungen zugrunde, die mir kurz nach meiner Ankunft zuteil geworden waren. Nichts, so wurde mir wiederholt versichert, werde je klar herauskommen. «Wenn du Journalist bist, vergiss es», schienen sie zu sagen. «Du kannst raten, was passiert ist, aber niemand wird je auch nur in die Nähe der Wahrheit kommen.» Ein italienischer Historiker beispielsweise beschrieb die Nachkriegsgeschichte Italiens als «zum Teil versunken, dunkel, nicht geklärt, weil vielleicht unklärbar, unsagbar, als sei es die Geschichte einer zürnenden Gottheit»[19].

Mir wurde klar, dass es unmöglich ist, wie Pirandello schreibt, Einbildung und Realität voneinander zu unterscheiden. Für die Wörter «history» und «story» gibt es im Italienischen nur ein Wort – *storia*. Ohne nähere Bestimmung oder die Hinzufügung des bestimmten Artikels könnte *storia* eine Geschichte aus dem wahren Leben sein oder pure Phantasie. Genaueres weiß man erst, wenn man fragt, und auch dann kann man die Geschichten häufig kaum glauben. Je tiefer ich eintauchte, umso mehr schien mir die Nachkriegsgeschichte Italiens wie eine Art magischer Realismus, voll gestopft mit Symbolik und surrealen Einsprengseln. Italien, schrieb Pier Paolo Pasolini, sei «ein lächerliches und sinistres Land. Seine Machthaber sind komische Masken in einer blutrünstigen Farce.»[20]

Richtige Verbrechen heißen, angesichts des Ausmaßes von Dramatik und Kompliziertheit, *gialli,* wörtlich: «Gelbe» oder «Thriller». Nachrichtensprecher leiten Meldungen über Mordfälle oder Kidnapping oft aufgeregt mit den Worten *un giallo incredibile* ein. Das ist wahrscheinlich, trotz des Riesenerfolgs von Tomasi di Lampedusas *Leopard*, der Grund, warum es in Italien nur wenige historische Romane gibt, die in der jüngeren Zeit spielen. Die wahre, echte Version könnte einfach nicht überboten werden. Die besten italienischen Autoren der Nachkriegszeit sind sich des «Spannungsmoments» des Alltags sehr wohl bewusst gewesen, in dem der Abstand zwischen Tatsache und Fiktion dünn ist wie ein Blatt Papier. Leonardo Sciascia schrieb über die «untadelige Perfektion» eines tragischen *giallo*, den Mord an Aldo Moro[21], Umberto Eco sagt über dasselbe Ereignis: «Dies wäre lächerlich, wenn der Roman nicht mit Blut geschrieben worden wäre.»[22] Über einen anderen *giallo* der Nachkriegszeit schreibt ein britischer Historiker, das Ereignis scheine «direkt aus einem Bestsellerroman zu kommen».[23]

Als ich allmählich lernte, zwischen Dichtung und Wahrheit zu unterscheiden, stieß ich auf ein sinnlich-üppiges Bild der Verschwiegenheit, das sich in meinem Kopf festsetzte:

> Italien ist tatsächlich wie eine große, mythische Artischocke (...) Eine einzige Blüte, grün und purpur, bei welcher jedes Blatt ein weiteres verbirgt, jede Schicht eine weitere, neidisch versteckte verdeckt. Wer es versteht, die äußeren Blätter zu entfernen, entdeckt auf einer beschwerlichen Reise durch Raum und Zeit unglaubliche Dinge.[24]

Trotz aller Warnungen beschloss ich, diese «beschwerliche Reise» zu unternehmen und das Land «durch Raum und Zeit» zu bereisen.

Das Rätsel der Piazza Fontana

In solchen Stillen siehst du, wo die Dinge
sich gehen lassen, und es scheint, sie geben
bald ihr innerstes Geheimnis preis,
da rückt ein Fehler der Natur heran
zum Greifen nah, der tote Punkt der Welt,
der Ring, der nicht mehr hält,
der Faden, kaum entwirrt, er führt uns
endlich mitten in eine Wahrheit.[1]
Eugenio Montale

Mein erstes Jahr in Italien war die reine Idylle. Jeder Hauch von Melancholie schmolz unter dem weiten blauen Himmel dahin, und alles schien gelassener und kultivierter als in Großbritannien. Ich verdiente ohne große Anstrengung Geld, indem ich Artikel für verschiedene Londoner Zeitungen schrieb: Ich wurde zu Weinproben in die steilen Weinberge an der ligurischen Küste geschickt oder damit beauftragt, die Pastelltöne restaurierter Fresken in Florenz zu begutachten. Wurde das Geld knapp, dann setzte ich mich mit Freunden für ein Plauderstündchen auf Englisch zusammen, und schon war der nächste Skipass in den Alpen gesichert. Am Ende jeder Woche setzte ich mich auf die Piazza Garibaldi, den Hauptplatz von Parma, und trank einen winzigen *caffè*, der mir als Droge ausreichte, um zu erkennen, wie unglaublich entspannt ich war.

Am Wochenende fuhren wir meist in die Berge. Es war, als würde man förmlich hineinsteigen in eines jener berühmten Landschaftsgemälde: Plötzlich waren wir mitten in Arkadien, umgeben von Kindern, die in Seen oder unter Wasserfällen spielten, im Hintergrund das warme, rosafarbene Gemäuer einer entfernten Stadt im Sonnenuntergang. Beim Mittagessen umhüllte uns das rhythmische Zirpen der Grillen, und vor der Hitze schützte uns ein Baldachin aus Glyzinien. Das Essen war wie immer eine Kombination aus Einfachheit und größter Erlesenheit. Die ganz Unersättlichen – und Unermüdlichen – gingen nach einem solchen Mahl einfach in den Obstgarten und pflückten sich einen weiteren Gang.

Es waren paradiesische Tage, aber sie hatten durchaus etwas Weltfremdes. Keiner meiner Texte hatte im Entferntesten etwas mit der italienischen Realität zu tun: alles nur Küche und Kultur, sonst nichts. Im Gegensatz dazu ging es auf den Titelseiten italienischer Tageszeitungen und in ausgedehnten Talk-Shows um etwas ganz anderes. Alle schienen wie versessen auf merkwürdige Geschichten, die eigentlich gar nicht neu waren, alles drehte sich um Verbrechen, die offenbar Jahrzehnte zurücklagen. Da ich nicht vertraut war mit den *misteri d'Italia*, war mir so manche Schlagzeile ein Rätsel: «Sisde versandet den Fall des Monsters von Florenz» zum Beispiel. Das Wörterbuch trägt absolut nichts zum Verständnis dieses Satzes bei. Und wenn man Freunde fragt, stößt man zunächst auf Schweigen, ehe sie sich setzen und zögernd und etwas verlegen erklären, was wirklich hinter der Geschichte steckt. Besagte Schlagzeile bezog sich auf die Entdeckung, dass das «Monster von Florenz», ein Massenmörder, der vor Jahrzehnten Liebespaare in der Toskana abgeschlachtet hatte, angeblich vom Geheimdienst geschützt wurde, weil er im Auftrag einer Clique perverser Aristokraten gehandelt hatte. Andere reißerische Aufmacher beschäftigten sich etwa mit der Entführung und Ermordung Aldo Moros oder mit einer *Gladio* genannten Sache.

Es schien, als seien etliche italienische Journalisten, Wissenschaftler und Richter noch immer damit beschäftigt, Verbrechen zu klären, die Jahre zurücklagen. Die Liste der *misteri* war endlos, ebenso wie die Theorien, die sich um sie rankten. Und was da Woche für Woche an Enthüllungen zutage gefördert wurde – wie jene im Fall des Monsters von Florenz –, raubte einem oft den Atem und schien, im wahrsten Sinn des Wortes, unglaublich. Natürlich war immer der Geheimdienst involviert. In der Regel suchten sich die Vorwürfe ihren Weg ins Parlament, unter dessen Mitgliedern man einen *Grande Vecchio* wähnte, der sich im Nachkriegsitalien insgeheim als Strippenzieher betätigt hatte.

Das alles klingt wie ein schwerer Fall von Paranoia, besonders wenn die Leute versuchen, die *misteri* miteinander zu verknüpfen. Dann kommen Theorien zustande, die eindeutig mehr ins Reich des Übersinnlichen gehören. Macht man sich jedoch die Mühe, Zeitungsausschnitte und Bücher über die *misteri* zu lesen, dann stellt man fest, dass wirklich sehr merkwürdige Dinge passieren. Es liegt nicht einfach daran, dass das mörderische Potenzial in Italien so ausgeprägt wäre oder der Appetit, darüber zu hören oder zu lesen, sondern daran, dass nichts je aufgeklärt wird. Aus genau dem Grund beherrschen noch immer Meldungen über jene ungelösten Verbrechen die Titelseiten der Zeitungen. Trotz des dringenden Wunsches der Menschen, die Wahrheit über die vielen «illustren Toten» Italiens zu erfahren, gab es nie eine adäquate Erklärung dafür, was «wirklich passiert» ist.

In der «Mysterien-Industrie» birgt das Wort *strage*, «Massaker», besonders viele Emotionen. Es wird verwendet, wenn von jenen Bombenanschlägen in Mailand, Brescia und andern Orten die Rede ist, die das Land von den sechziger bis in die achtziger Jahre erschütterten; obwohl alles für eine Beteiligung rechtsextremer, faschistischer Terroristen spricht, wurde nie auch nur ein Verantwortlicher rechtskräftig verurteilt. Den Anschlägen fielen ganz normale Passanten zum Opfer, in Banken, Zügen oder auf Bahnhöfen. So schrecklich die unmittelbaren Folgen auch waren, die weit reichenden Folgen waren vielleicht noch schlimmer: Ein «Bazillus» der Verschwiegenheit und der Heimlichtuerei, der «sich von sich selbst ernährte und den Staat von innen heraus schwächte und korrumpierte»[2], befiel die italienische Demokratie. Die Unergründlichkeit der «Massaker» und der Wunsch, die geheimen Hintergründe dieser faschistischen Anschläge endlich zu verstehen, führten 1988 zur Gründung einer bizarren Parlamentskommission. Sie nennt sich *Commissione Stragi*, die «Massaker-Kommission». Die volle Bezeichnung lautet «Parlamentskommission zur Untersuchung des Terrorismus in Italien einschließlich der Gründe, warum die für die Massaker Verantwortlichen nicht ermittelt werden konnten». Je mehr ich über die «Massaker-Kommission» las, umso interessanter fand ich alles. Mich faszinierte nicht so sehr die historische Aufgabe, vor welche die Kommission gestellt war, sondern etwas ganz anderes. Warum gibt es überhaupt so viele Geheimnisse in Italien? Warum kann kein Journalist, Historiker oder Richter je sagen, was tatsächlich gelaufen ist? Es ging mir nicht darum, die Wahrheit über die Anschläge herauszufinden – ein Unterfangen, das meiner Meinung nach von Anfang an zum Scheitern verurteilt gewesen wäre; vielmehr suchte ich eine Erklärung, warum in Italien offenbar niemals die Wahrheit ans Licht kommt. Wie funktioniert dieser italienische «Schleier» – schön und geheimnisvoll und faszinierend – wirklich?

Zu einer ersten Begegnung mit der *Commissione Stragi* kam es im Sommer 2000, als ich eine Einladung zu einer Pressekonferenz erhielt. Die vier Stunden im Zug nach Rom verbrachte ich damit, Zeitungsausschnitte aus den sechziger und siebziger Jahren zu lesen. Außer den Artikeln gab es auch Fotos, auf denen immer dasselbe zu sehen war: blutbefleckte Gehsteige, Tote mit verkrampften Gliedern, über einem Lenkrad hängende Menschen oder geschundene Körper zu Füßen von Treppenaufgängen. Das Gebäude, in dem die Pressekonferenz stattfinden sollte, befand sich merkwürdigerweise in der via delle Botteghe Oscure, der Straße der «dunklen Läden», die früher immer in einem Atemzug mit der Kommunistischen Partei genannt worden war und die heute der Stützpunkt ihres wiedergeborenen Selbst, der Linksdemokraten, ist. Ich stieg die Stufen zum ersten Stock hinauf. Hier sollte der neueste Report der Kommission präsentiert werden. In dem Raum drängten sich Richter und Politiker, alle berühmt für ihre Versuche, die Anschläge aufzuklären. Der Bericht umfasste gerade einmal 363 bescheidene Seiten. Er trug den Titel *Stragi e Terrorismo in Italia, 1945–1976*.

Natürlich war wieder einmal alles ganz anders als erwartet. Ich blätterte rasch den Stapel Papier auf meinem Schoß durch und bemerkte, dass da etwas faul war. Für das Konvolut verantwortlich zeichneten nicht die zwanzig *deputati* und zwanzig *senatori*, welche die Kommission bildeten, sondern lediglich eine Splittergruppe von acht Mitgliedern, alles Linksdemokraten. Deshalb also die Wahl des Ortes. Der Bericht, der als Zusammenfassung aller neueren Gerichtsverfahren und Untersuchungen präsentiert wurde, ließ an Direktheit nichts zu wünschen übrig: «Die Massaker», so hieß es, «wurden gefördert, unterstützt und organisiert von Männern des italienischen Staatsapparats und Leuten, die eine Verbindung zum amerikanischen Geheimdienst haben.» Der Hauptpunkt des Berichts besagte, die Landung der Amerikaner in Sizilien im Jahr 1943 markiere den Beginn des «Krieges der USA gegen Italien, der mit allen Mitteln eine freie Entscheidung darüber verhindern sollte, welche Kräfte unser Land regieren» würden. Auch der Vatikan kam nicht ungeschoren davon: Der Heilige Stuhl, «der ja schon gegenüber dem Faschismus eine, milde ausgedrückt, ausweichende Haltung eingenommen hat, erklärte sich mit allen möglicherweise notwendigen Maßnahmen seitens der USA einverstanden ...»

Die *Commissione Stragi* sollte den «Friedensprozess» in Italien voranbringen und damit etwas Ähnliches leisten wie die «Wahrheitskommission» in Südafrika. Aber damals in Rom hatte ich eher das Gefühl, ich würde einem Ehekrach beiwohnen, dessen Beteiligte, kaum dass sie einander näher gekommen waren, offenbar kurz vor der Versöhnung einem letzten verbalen Schlagabtausch doch nicht widerstehen konnten. Die Verfasser des Berichts hielten mit ihrer Verachtung der «Kultur der Befriedung» nicht hinter dem Berg. «Wir beabsichtigen nicht, alte Mauern neu zu errichten», erklärte einer der Politiker der demokratischen Linken auf der Pressekonferenz, «wir möchten lediglich Licht in eine Sache bringen, die bisher unter Verschluss gehalten worden ist ...» – «Wir wollen nicht die Geschichte als Schlagstock benutzen», versicherte wiederum Giovanni Pellegrino, der Vorsitzende der Kommission.

Höhepunkt des Dokuments ist die Behauptung, dass der gegenwärtige parlamentarische Führer der *Alleanza Nazionale* (jener Partei, die aus dem *Movimento Sociale Italiano*, der faschistischen Nachkriegspartei, hervorgegangen ist, und die damals zusammen mit Silvio Berlusconis *Forza Italia* die Oppositionskoalition bildete) «seine Vergangenheit nie aufgearbeitet hatte». Senator Maceratini, so hieß es in dem Bericht, bildete die Nahtstelle zwischen der äußersten Rechten und den Neofaschisten und sei ein «Mittelsmann» für «Waffenschieber». «Es liegen Beweise vor», hieß es weiter, «dass Senator Maceratini selbst in den Jahren nach der so genannten ‹Strategie der Spannung› seine politischen Kontakte zu Persönlichkeiten der subversiven Rechten aufrechterhielt, die wegen Mitgliedschaft in einer terroristischen Vereinigung oder wegen versuchter Neugründung der faschistischen Partei bereits rechtskräftig verurteilt waren.»

Die Rechte reagierte schon wenige Minuten nach der Pressekonferenz mit einer Stellungnahme. Gustavo Selva, der wie Maceratini für die *Alleanza Nazionale* im Parlament saß, sagte, die Ergebnisse der *Commissione Stragi* läsen sich wie ein «Dokument der Roten Brigaden». Ein anderer Sprecher nannte sie «stalinistisch», ein weiterer erklärte: «Unfassbar, einer maoistischen Splittergruppe aus den siebziger Jahren würdig.» Senator Maceratini selbst bestätigte, dass er «stolz» sei, im *Ordine Nuovo* aktiv gewesen zu sein. Gefragt, ob es stimme, dass er noch 1997 Kontakte zu Mitgliedern der äußersten Rechten unterhalten habe, antwortete er: «Es ist durchaus möglich, dass es dazu gekommen ist.» Aber dann ereilte ihn noch im richtigen Moment eine Gedächtnislücke als klassisches Mittel der Verteidigung: «Aber meine Erinnerung kann mich auch trügen.» Die ganze Veranstaltung war wie eine Rückkehr zum Kalten Krieg: stereotype Vorwürfe und Zurückweisungen, unüberwindbare Gräben. Von moralisch hoher Warte aus verteilte man Tiefschläge. Es herrschte sogar eine gewisse Aufregung, ein Gefühl der Freude angesichts der Gelegenheit, alte Gräben wieder aufzureißen. Die *Commissione Stragi*, das wurde mir schnell bewusst, war selbst ein Teil des Problems, dessen Lösung sie anstrebte. Sie erweckte jene alten Geister zu neuem Leben, die sie eigentlich begraben wollte. Wieder einmal wurde mir klar, dass es in Italien nichts gibt, was nicht durch und durch politisch wäre, am wenigsten die Geschichte.

«Glauben Sie, dass das wahr ist?», fragte ich einen der italienischen Reporter neben mir. Der hob prompt das Kinn und zog betont langsam die Schultern hoch. «*E che ne so io*?», «Was weiß ich denn?» Er sah mich an und lächelte, als sei die Frage ziemlich albern. Später ging ich mit einem Freund einen trinken. «Natürlich ist es wahr. Auch in Italien bleibt von solchen Geschichten etwas hängen», sagte er. «Das Problem ist nur, dass so viel hängen bleibt, dass es niemanden mehr kümmert.»

Es gibt einen Platz in Mailand, dessen Name auf den Titelseiten älterer Zeitungsausgaben immer wieder zu lesen ist. In der Mitte der *piazza* befindet sich ein Brunnen, der ihr den Namen gegeben hat: Piazza Fontana. Sie wirkt eher wie eine überfüllte Nebenstraße, die eigentlich woanders hinführt. Und richtig: Ein paar hundert Meter weiter, auf der Piazza del Duomo, starren die Menschen zu den frei schwebenden Stützpfeilern des Doms empor. Rucksacktouristen flechten sich farbige Kordeln ins Haar und teilen sich die Bänke mit älteren, ernsthafteren Touristen, die den Reiseführer aufgeschlagen auf den Knien haben. Die Piazza Fontana nebenan bleibt vom Tourismus unberührt.

Dabei bezeichnet der Bombenanschlag, der dort stattgefunden hat, für Historiker den Wendepunkt in der italienischen Nachkriegsgeschichte. Das ungeheure Rätsel jener Bombe vom 12. Dezember 1969 wurde zu einem Symbol dafür, dass etwas faul ist im Staate Italien, und so wird diese *strage* immer wieder neu untersucht, in der Hoffnung, wie Corrado Stajano schrieb, «den Schlüssel zu finden für das Verständnis der Geschichte der letzten zwanzig [mittlerweile dreißig] Jahre». Wer den Anschlag auf der Piazza Fontana versteht, so lautet eine Theorie, der kommt der finsteren

Wahrheit des modernen Italien auf die Spur. Die Vorgänge wurden zu einer Art historischem Heiligen Gral, der, wenn er denn je gefunden würde, zum Quell segens-, aber auch schreckensreicher Enthüllungen würde. Die Bombe wurde zu einem Infektionsherd, der das Land immer weiter vergiftet. Viele von denen, die möglicherweise eine Erklärung für die Vorgänge des 12. Dezember und der Tage und Jahre danach gefunden hätten, fanden selbst Eingang in Italiens lange Liste der «illustren Toten». Verdächtige, Zeugen, *carabinieri* und Richter, alle wurden sie weitere, indirekte Opfer der Bombe von der Piazza Fontana, der «Mutter aller Massaker», zu Opfern eines Teufelskreises wechselseitiger Beschuldigungen. Mit jedem neuen Toten wurde eine Aufklärung des Falles immer dringlicher und gleichzeitig immer unwahrscheinlicher.

Wenn man im Frühling auf Mailand zufährt, ist die Luft in den Vororten voll von weißen *piumini* – Pappelpollen –, die wie zu groß geratene, unechte Schneeflocken in der Sonne tanzen. In der Innenstadt finden sich in regelmäßigen Abständen, eingezwängt zwischen schicken Boutiquen, schmale Bars, die nur aus Spiegeln und Chrom zu bestehen scheinen. Männer und Frauen trinken *caffè* in fingerhutgroßen Portionen. Wenn man an den breiten Boulevards der Stadt oder an ihren schmalen Kanälen entlangschlendert, hat sie eher etwas Teutonisches denn Mediterranes: gedrängte Enge, geschäftsmäßiges Treiben. Von Baugerüsten regnen Funken, Straßenbahnen rattern vorbei. In der Stadt gibt es Arbeit und Wohlstand. Sie ist Sitz der beiden berühmtesten Industrien des Landes: Mode und Fußball. Hier befindet sich auch die *borsa*, die Börse des Landes, und oft sieht man kleine Menschenansammlungen vor den Banken, wo große Bildschirme der Außenwelt die neuesten Börsenkurse verkünden. Mailand, das werden Ihnen viele stolze Lombarden sagen, ist die wahre Hauptstadt Italiens.

Ich stehe auf der Piazza Fontana und lese die beeindruckende Marmortafel an der Außenwand der *Banca Nazionale dell'Agricoltura*, die an die Opfer des Anschlags erinnert. Sie wurde anlässlich des zehnten Jahrestags dort angebracht und verurteilt den «gemeinen Angriff» (keinerlei Hinweis auf ein ideologisches Motiv) im Namen von «Freiheit und Gerechtigkeit». Alle Namen der insgesamt sechzehn Personen, die ums Leben gekommen waren, sind feinsäuberlich aufgelistet. Zwei Jahre zuvor, 1977, war auf der Rasenfläche gegenüber der Bank eine viel kleinere, heute still vor sich hin rostende Gedenktafel aufgestellt worden: «Zu Ehren von Giuseppe Pinelli, Anarchist und Bahnarbeiter. Unschuldig ermordet auf dem Gelände des Polizeihauptquartiers am 16. 12. 1969. Die Studenten und Demokraten Mailands.» Trotz der Versuche des sozialistischen Bürgermeisters, die zweite Tafel in den achtziger Jahren entfernen zu lassen, ist sie noch immer da, ein stiller Zeuge der offenen Wunde dieses Landes.

Jetzt, mehr als drei Jahrzehnte nach der Explosion der Bombe, hat wieder ein Prozess begonnen – der achte mittlerweile. Zyniker unter den Journalisten bezeichnen den Versuch als eine Jagd auf Gespenster, die den Schauplatz schon lange verlassen haben, oder – schlimmer – als unverantwortliches Rückzugsgefecht seitens der Linken. Diese hegen noch immer einen unbegründeten Groll gegenüber vermeintlichen Faschisten, die sich heute längst als seriöse Politiker der demokratischen Mitte erwiesen hätten. Das Verfahren, so tönen sie, komme zu spät, um überhaupt noch relevant oder von Nutzen zu sein. Mittlerweile seien die Ereignisse des Jahres 1969 so weit weg, dass sie wie steinerne Vorfahren wirkten, an die man sich schmunzelnd, wehmütig oder gar nicht mehr erinnerte. Andere dagegen sehen in den Vorgängen auf der Piazza Fontana eine der Shoa vergleichbare Symbolkraft, ein derart ungeheuerliches Abweichen von der Normalität, dass sie sich gezwungen fühlen, «Zeugnis abzulegen», damit die Ereignisse und die Anschuldigungen immer präsent bleiben. Einige kampfmüde Aktivisten der Linken halten es sogar für möglich, dass die Wahrheit bewusst zurückgehalten und das Thema Piazza Fontana in die Vergangenheit gerückt wird: *Piazza Lontana*, «Piazza Weit Entfernt».

Das Piazza-Fontana-Verfahren bot mir, wie die *Commissione Stragi*, eine Gelegenheit, zu beobachten, wie Geschichte geschrieben und umgeschrieben und dabei zum Zankapfel für jene Politiker wurde, die entweder selbst unter Anklage standen oder die Angeklagten verteidigten. Darüber, dass die Bombe von der Piazza Fontana die geschichtliche Entwicklung Italiens bestimmt hat, sind sich alle einig. Darüber hinaus jedoch finden die Rechte und die Linke des Landes in keinem Punkt zusammen. Selbst in der Debatte um ein Ereignis aus dem Jahr 1969 ist kein Kompromiss möglich! Allein die Erwähnung der Piazza Fontana bringt Rechte und Linke gegeneinander auf und führt zu lauten Unmutsäußerungen auf beiden Seiten des Parlaments. Ich konnte einfach nicht verstehen, warum ein so weit zurückliegendes Ereignis so vielen Menschen immer noch so viel bedeutete. Dazu kam, dass die Zahl der Opfer, im Vergleich zu anderen Anschlägen überall auf der Welt, eher niedrig war.

Eine Formulierung der *Commissione Stragi* ließ mich erahnen, warum die Piazza Fontana so viel bedeutete. In der gesamten Nachkriegszeit nahm – in den Worten des Vorsitzenden der Kommission – keine der sich bekriegenden Parteien Italiens den Finger jemals so richtig vom Abzug. Der Satz klingt melodramatisch, aber er deckt sich genau mit dem, was mir wieder und wieder berichtet worden war. Seit dem 8. September 1943, so hieß es, erschüttere ein «Bürgerkrieg» das Land (wenn auch nur zwischen den extremsten politischen Gruppierungen des Landes). Der Fall Piazza Fontana war die italienische Parallele zum *Bloody Sunday*, jenem Tag im Januar 1972, als britische Truppen das Feuer auf Demonstranten in Nordirland eröffneten: ein schreckliches Ereignis, bei dem Zivilisten zum Opfer einer verborgenen, tiefer gehenden kriegerischen Auseinandersetzung wurden. Ich beschloss, in die Geschichte einzutauchen, um zu verstehen, was der 8. September 1943 wirklich bedeutete.

Am 10. Juli 1943 landeten Streitkräfte der Alliierten auf Sizilien, um von dort aus die Bombardierung Roms am 19. Juli einzuleiten. Innerhalb einer Woche war die einundzwanzig Jahre dauernde

Herrschaft Benito Mussolinis zu Ende: Der *Gran Consiglio del Fascismo* wurde einberufen und sprach dem *Duce* mit neunzehn zu sieben Stimmen das Misstrauen aus; tags darauf, am 25. Juli, forderte König Vittorio Emanuele III. den Diktator zum Rücktritt auf. Nach fünfundvierzig Tagen – Eisenhowers Truppen machten sich gerade bereit, an den Stränden von Salerno an Land zu gehen – unterzeichnete Italien in einem Waffenstillstandsabkommen die bedingungslose Kapitulation. Am selben Tag, dem 8. September, rief Marschall Badiglio das italienische Volk dazu auf, die Alliierten nicht länger zu bekämpfen. Der *voltafaccia,* der Seitenwechsel, war am 30. Oktober beendet, dem Tag, an dem der König Deutschland, dem ehemaligen Verbündeten Italiens, den Krieg erklärte.

In den folgenden achtzehn Monaten, bis zum eigentlichen Tag der Befreiung, dem 25. April 1945, erschütterte ein gnadenloser Bürgerkrieg Italien. Benito Mussolini war verhaftet und auf dem Berg Gran Sasso in den Abruzzen gefangen gesetzt worden. Deutsche Fallschirmjäger unter Führung des SS-Kommandeurs Otto Skorzeny befreiten ihn und stellten ihn an die Spitze der *Repubblica Sociale Italiana,* die ihren Regierungssitz in Salò am Gardasee hatte und deshalb auch Republik von Salò genannt wird. Ihr Herrschaftsgebiet reichte im Süden bis nach Rom, das an die Deutschen gefallen war, und Neapel. Die angrenzenden Gebiete wurden von den Alliierten kontrolliert, die von dort aus zur Eroberung der Halbinsel in Richtung Norden ansetzten.

Das Land war geteilt zwischen den Alliierten im Süden und den Deutschen im Norden: Da Vittorio Emanuele und Marschall Badoglio das Lager gewechselt hatten, war es für die italienische Bevölkerung und das Militär schwierig zu entscheiden, welches Regime denn nun das rechtmäßige sei. In diesem Machtvakuum wurde der Bürgerkrieg geboren: Er entstand aus einem Gefühl der Unsicherheit darüber, was oder wer nun das wahre «Italien» repräsentiere. Die Schärfe der Auseinandersetzung ergab sich schon allein daraus, dass beide Parteien, sowohl die Anhänger der deutschen Besatzer als auch die Partisanen, die gegen sie angetreten waren, einander des Verrats bezichtigen konnten. Für Erstere stellten die Partisanen klassische Überläufer (*voltagabbane*) dar, Opportunisten, die Mussolini und Italien gleichermaßen verraten hatten; für die Partisanen dagegen hatten die Unterstützer der Republik von Salò König und Vaterland verraten.

Am Partisanenkrieg im Norden waren insgesamt 82 000 Menschen beteiligt. Die *Comitati di Liberazione Nazionale (CLNAI)* gründeten einige unabhängige Republiken im Norden, die von den Alliierten in den «Protokollen von Rom» anerkannt wurden; zusätzlich erhielten die Widerstandskämpfer monatlich 160 Millionen Lire. Im Gegenzug unterstanden die CLNAI dem Oberkommando der Alliierten. Die grausamen Vergeltungsmaßnahmen der Nationalsozialisten sind in den «Todesmarsch» betitelten Aufzeichnungen des SS-Obersturmbannführers Walter Reder dokumentiert: Der «Marsch» begann am 12. August 1944 in Sant'Anna di Stazzema, wo die Nationalsozialisten 560 Männer, Frauen und Kinder umbrachten, und endete am 1. Oktober in Marzabotto, wo 1830 Einwohner sterben mussten. Aber die Gräueltaten blieben nicht auf eine Seite beschränkt; am 6. Juli 1945, fast drei Monate nach der Befreiung Italiens, erschossen 51 ehemalige Widerstandskämpfer bei Schio faschistische Gefangene. Noch Jahre nach dem Waffenstillstand verübten beide Seiten immer neue Racheakte.

Die Bürgerkriegsjahre 1943/44 sind Voraussetzung für das Verständnis des Piazza-Fontana-Anschlags und der nachfolgenden Zeit des «Bürgerkriegs», des Terrorismus in den *anni di piombo*. In beiden Fällen war Norditalien der Schauplatz, auf dem sich die zwei Seelen des Landes bekriegten. Sogar einige Protagonisten waren dieselben, hatten doch viele der in den Nachkriegsjahren für eine ganz andere Politik kämpfenden Faschisten (etwa Prinz Junio Valerio Borghese oder Pino Rauti) in der Ära der Republik von Salò Blut geleckt. Zudem hinterließ der Automatismus, mit dem das Land zwischen 1943 und 1945 der Gewalt erlag, «eine Grundbereitschaft zu politischem Terror, gespeist von anarchistischen, faschistischen und kommunistischen Lehren, aber auch von offenen

Rechnungen, die die Anhänger jener Lehren noch zu begleichen hatten».[3] Darüber hinaus lieferte der Bürgerkrieg auch ein Musterbeispiel dafür, wie Menschen sich gegen ein verkommenes Staatswesen erheben und über die moralische Rechtfertigung von Widerstand diskutieren. Jahre später war das Thema wieder virulent, als die Menschen zu fragen begannen: «Wie und warum ist Gewalt legitim, wenn sie ohne eindeutige institutionelle Absicherung angewandt werden muss?»[4]

Für viele Linke war die italienische Nachkriegspolitik eindeutig ein Zeichen dafür, dass es noch offene Rechnungen aus dem Bürgerkrieg geben musste. Der deutsche und italienische Faschismus als internationales Feindbild war rasch durch den Kommunismus russischer Prägung ersetzt worden, und die Alliierten waren einzig darauf bedacht, den Partisanengeist Norditaliens in Schach zu halten. In diesem Klima konnten unmittelbar nach dem Krieg jene «sozialen Gruppen, die das faschistische Regime unterstützt hatten, einflussreiche Stellen, die sie bereits früher besetzt hielten, erneut einnehmen»[5], und die enormen Brüche in der italienischen Gesellschaft wurden schnellstmöglich zugekleistert. 1946 erfolgte eine Amnestie für 40 000 Faschisten, die in der Zeit des Bürgerkriegs die schlimmsten Verbrechen begangen hatten; ausgeschlossen waren nur solche Täter, denen besonders abscheuliche Taten vorgeworfen wurden. In einem ausgesprochen infamen Fall stufte ein Gericht die vielfache Vergewaltigung einer Partisanin durch Angehörige der «Schwarzen Brigaden» nicht als abscheulich genug ein; den Worten des Richters zufolge sei «eine derart widerliche Tat keine Qual für das Opfer, sondern nur die schlimmstmögliche Verletzung von Ehre und Anstand einer Frau, auch wenn selbige in gewisser Weise ‹vogelfrei› war, da sie Kurierdienste für die Partisanen geleistet hatte»[6].

Die Devise lautete: *colpire in alto, indulgere in basso:* die Granden des Faschismus zur Verantwortung zu ziehen, das Fußvolk dagegen laufen zu lassen. Selten jedoch wurden Angehörige selbst höchster militärischer und politischer Ränge bestraft. Entsprechende Untersuchungen belegen die erschreckende Kontinuität hinsichtlich der Besetzung öffentlicher Stellen zwischen der Herrschaft Mussolinis und der Ersten Republik: 1960 beispielsweise hatten von 64 obersten Provinzpräfekten alle außer zweien bereits unter Mussolini gedient, ebenso alle 241 stellvertretenden Präfekte und 135 *questori* (regionale Polizeichefs), und noch 1973 hatten 95 Prozent der höheren Beamten ihren Dienst bereits zu Zeiten des *Duce* angetreten.[7] Ein ehemaliger Offizier der Geheimpolizei Mussolinis, OVRA, bekam sogar eine Stelle im Innenministerium.

Den demokratische Prozess im Italien der Nachkriegszeit behinderte aus ebendiesen Gründen der weit verbreitete Glaube, dass ein *tradimento* im Raum stand: Italien habe die ehemaligen Partisanen unter den Bevölkerungsmitgliedern «betrogen». Es herrschte die Auffassung, wie der Historiker Sergio Zavoli sagt, dass «die Ideale des Widerstands aus dem so genannten parlamentarisch-demokratischen Kompromiss ausgeschlossen wurden, obschon ein Pakt mit der neofaschistischen Rechten, repräsentiert vom *Movimento Sociale Italiano* (MSI), problemlos möglich war».[8] Der MSI stand mehr als 50 Jahre lang symbolhaft für den andauernden Flirt des italienischen Staates mit dem Faschismus, und viele sehen allein in seiner Existenz einen schlagenden Beweis dafür, dass Italien unfähig ist, sich seiner dunklen Vergangenheit zu stellen. Im Juli 1960 beispielsweise wählte der MSI bei einem Parteitag in Genua Carlo Emanuele Basile zum Vorsitzenden, genau jenen Mann, der während der Republik von Salò als faschistischer Präfekt der Stadt für die Erschießung von Partisanen und Antifaschisten verantwortlich gewesen war.

Da das Land nie von seinen faschistischen Elementen gereinigt worden war, spukten die Mythen und Symbole des Widerstands ständig in den Köpfen jener herum, die sich später der *lotta armata*, dem bewaffneten Kampf, anschließen sollten. Renato Curcio, Gründer der *Brigate Rosse*, der Roten Brigaden, verlor einen Onkel, der gegen die Faschisten gekämpft hatte. Jahre später im Gefängnis erinnerte er sich in einem Brief an seine Mutter an ebenjenen Onkel, der mich auf seinen Schultern getragen hatte. Seine klaren und immer lächelnden Augen waren weit in die Ferne gerichtet, auf eine Zukunft freier und gleicher Menschen. Und ich habe ihn geliebt wie einen Vater. Und ich habe jenes Gewehr wieder aufgenommen, das nur der Tod, der durch die mörderische Hand der Nazi-Faschisten zu ihm kam, ihm entwinden konnte.[9]

Derart idealisiert und verklärt, wurden die italienischen Partisanen zu Vorbildern für die kommende Generation. Die Reihen der Linken – Künstler oder bewaffnete Kämpfer – füllten sich in den sechziger und siebziger Jahren mit Norditalienern, die entweder selbst gekämpft oder Verwandte im Widerstand verloren hatten. Ihre Vergangenheit erfüllte sie mit Stolz; eine in den frühen siebziger Jahren neu gegründete Guerillagruppe, der *Gruppo di azione partigiana,* gab eine Zeitschrift heraus, die sich passenderweise *Nuova Resistenza*, neuer Widerstand, nannte. Ein anderes Mitglied der *Brigate Rosse*, Alberto Franceschini, dessen Großvater am Partisanenkrieg beteiligt gewesen war, sprach von dem «roten Band, das uns mit den Partisanen verknüpft».[10]

Die Jahre nach dem Zweiten Weltkrieg waren zunächst Jahre der *bonaccia,* wie Italo Calvino die Zeit der Ruhe vor dem nächsten Sturm bezeichnete. Bei der Volksabstimmung über die Monarchie im Jahr 1946 entschied sich eine knappe Mehrheit für die Republik als Staatsform, und als zwei Jahre später die neue italienische Verfassung ratifiziert wurde, gingen die männlichen Mitglieder der königlichen Familie ins Exil nach Portugal. In den folgenden Jahrzehnten vollzog sich ein rasanter Umbau des Landes von einer überwiegend agrarisch geprägten zu einer Industriegesellschaft: Zwischen 1950 und 1970 fiel der Prozentsatz der in der Landwirtschaft Tätigen von 42 auf 17 Prozent. Als 1961 ein noch von den Faschisten stammendes Gesetz gegen Abwanderung außer Kraft gesetzt wurde, zogen innerhalb weniger Jahre Millionen von Italienern vom Land in die Städte und aus dem agrarisch geprägten *Mezzogiorno,* dem Süden, in den industrialisierten Norden. Die Christdemokraten überraschten mit einem Wirtschaftswunder, dessen tragende Säulen die Auto-, Stahl- und Bauindustrie sowie ein dichtes Netz halbstaatlicher Betriebe waren.

Aber die Traditionalisten begannen längst «mit den Säbeln zu rasseln». Diese Metapher passt nur zu gut auf das bedrohliche Gehabe und die Gerüchte, mit denen die äußerste Rechte das Land daran erinnerte, dass es sie noch gab. Bereits 1964 war es zu einem konfusen Versuch der Machtergreifung gekommen, einer Art schleppendem Staatstreich des Geheimdienstes und seines Chefs. Da die drei Mittelmeerländer Griechenland, Spanien und Portugal – aus nahe liegenden Gründen Vorbilder für Italien – in den späten sechziger und frühen siebziger Jahren alle von Militärregimes regiert wurden, war die italienische Linke wie gelähmt vor Angst vor einem möglichen Staatsstreich der Rechten. Der Film *Vogliamo i colonnelli*, wörtlich übersetzt: «Wir wollen die Obersten», brachte diese Angst offenkundig und ironisch zum Ausdruck. Jenes Säbelrasseln und die panische Reaktion darauf bildeten den Hintergrund zu den *anni di piombo*, die sowohl für Rechte als auch Linke geprägt waren von der Vorstellung, das Land stehe kurz vor einem gewaltsamen Umsturz, vor dem sie es bewahren müssten.

Im Dezember 1969 prägte der Italienkorrespondent der britischen Wochenzeitung «The Observer» eine Wendung, die in Bezug auf die Rechte bald zum Schlagwort werden sollte: «Strategie der Spannung». Gemeint war die anhaltende Destabilisierungskampagne faschistischer Kräfte, die damit einen Staatsstreich herbeiführen wollten – die so genannte Griechische, später auch Chilenische Lösung. «Teile der äußersten Rechten und des Staatsapparats», schrieb der «Observer»-Journalist, «planen einen Militärputsch in Italien, ermuntert und unterstützt von den Machthabern in Griechenland. 24 Stunden vor der Explosion der Piazza-Fontana-Bombe war die neue Ausgabe eines Wochenmagazins erschienen, auf dessen Titel fett die italienische Trikolore prangte. Innen war zu lesen: «Die Streitkräfte könnten jederzeit aufgefordert werden, die Ordnung in der Republik wiederherzustellen. Das wäre kein Staatsstreich, sondern Ausdruck des politischen Willens (...) Ist nicht das gegenwärtige Chaos darauf zurückzuführen, dass die staatlichen Institutionen ungenügend arbeiten und überholt sind?» Der Vorsitzende der *Confindustria*, eines Zusammenschlusses von Industriellen, hatte ohnehin schon erklärt, dass «das parlamentarische System (...) für die Italiener nicht geschaffen» sei, und beschwor gleich eine «überparteiliche Organisation» und den «mythischen Glauben an Recht und Ordnung» herauf.

Die Monate vor der Bombe waren aufgrund endloser Streikwellen als *autunno caldo*, «heißer Herbst», bezeichnet worden. Die Anzahl der im Lauf des Jahres 1969 an Streiks beteiligten Arbeiter stieg auf über siebeneinhalb Millionen an, die Anzahl der verlorenen Arbeitsstunden bezifferte sich auf über 300 Millionen. Gleichzeitig hatte das Land zwischen dem 3. Januar und dem 12. Dezember 1969 an die 145 Bombenanschläge erlebt. Das unversöhnliche Gegenüber zwischen der Polizei und Demonstranten verschiedenster Couleur hatte bereits die Symbolik und Rhetorik der siebziger Jahre festgelegt: auf der einen Seite Studenten (beispielsweise der Valle-Giulia-Universität in Rom) und streikende Arbeiter (Montagearbeiter bei FIAT und Montedison), auf der anderen Industriekapitäne und *carabinieri*. Nur einen Monat vor der Piazza-Fontana-Bombe wurde in Mailand ein Polizist bei einem Gewerkschaftstreffen getötet. Am 15. November verkündete ein Oberst des Heeres: «Angesichts der gegenwärtigen Unruhen an den Schulen und in den Fabriken hat die Armee die Aufgabe, die inneren Grenzen des Landes zu verteidigen. Mittlerweile ist die Armee das einzige Bollwerk gegen Chaos und Anarchie.» Die Situation in Italien schien festgefahren und ausweglos. Ein liberales Land mit exponentieller Modernisierungsrate sah sich konfrontiert mit Traditionalisten und «Ordnungsmächten», die nach zwei Jahrzehnten noch immer auf Kriegsfuß standen mit der Demokratie. In diesem gesellschaftlichen Klima, so sahen es die Linken Italiens und ausländische Journalisten, schien ein Staatsstreich unvermeidlich, und die Bombe auf der Piazza Fontana hätte der tragische Startschuss dazu sein sollen.

Man weiß so manches über die Ereignisse an jenem Freitagnachmittag im Jahr 1969. Die Bombe war in einer schwarzen Tasche unter einem runden Tisch im Erdgeschoss der *Banca Nazionale dell'Agricoltura* deponiert worden. Zur fraglichen Zeit war die Halle voller Geschäftsleute aus den ländlichen Vororten. Da explodierten sieben Kilogramm Trinitrotoluol, auch TNT genannt, die, einer späteren Aussage zufolge, einen Geruch von Bittermandeln zurückließen. Ein Augenzeuge, ein Kunde der Bank, beschrieb, was passierte: «Ich sah, wie die Menschen um mich herum und vor mir zusammenbrachen. Die hölzernen Bankschalter waren im wahrsten Sinn des Wortes in die Luft geflogen, und überall lagen Glassplitter herum. Viele um mich herum lagen am Boden. Einige waren sicher tot, andere wimmerten.»[11] Tags darauf schrieb eine Zeitung von «einer Hölle aus Kreischen, Schreien, Verzweiflung, Panik und Klagen».[12] Man fand Schuhe, in denen noch die abgetrennten Füße steckten. Insgesamt starben 16 Menschen, 14 von ihnen noch am selben Tag. 88 Menschen wurden verletzt. Am selben Tag erlitten bei einer Explosion in der Mailänder *Banca Commerciale Italiana* weitere sechs Menschen Verletzungen. In Rom forderten Bomben in einem Gang im Untergeschoss der *Banca Nazionale del Lavoro* und vor dem *Altare della Patria* – dem Monument des Vittorio Emanuele II, dem spirituellen Tafelaufsatz des italienischen Staates – ebenfalls Verletzte.

Bei der anschließenden Schleppnetzfahndung gerieten mehrere Mailänder Anarchisten in die Hände der Polizei. Als einer von ihnen, Pino Pinelli, zum Verhör einbestellt wurde, erlaubte er es sich doch tatsächlich, auf seinem Roller hinter der Polizeieskorte herzufahren. Am Montag nach der Explosion hörte ein Journalist gegen Mitternacht im Hof des Polizeihauptquartiers einen dumpfen Aufprall. Der Körper Pinellis war aus dem vierten Stock des Gebäudes gestürzt, fiel gegen eine Mauerkante, prallte von einer weiteren ab und kam schließlich auf dem Boden zu liegen. Pinelli war 72 Stunden lang ununterbrochen, aber ergebnislos befragt worden. Marcello Guida, der für die Koordination der Untersuchung zuständige *questore*, gab vor, Pinellis Alibi sei geplatzt, sein Selbstmord eine «Verzweiflungstat, eine Art Selbstanklage».

Februar 2000, der erste Tag der Piazza-Fontana-Prozesse. Vor dem Gerichtssaal herrscht ein Riesengedränge. Nicht nur Film-Crews und Journalisten haben sich eingefunden, sondern auch ein paar hundert «grunge»-mäßig angezogene Studenten. Die meisten von ihnen rauchen Gras, unter den Augen der gleichgültigen *carabinieri*. Monotone Rhythmen von Bass und Schlagzeug mischen sich mit Versatzstücken der jüngsten Geschichte, die über die Lautsprecheranlage zu hören sind.

Die Schärfe und Entrüstung der Anklage und das fortgeschrittene Alter sowie die Ausflüchte der Angeklagten erinnern an die Atmosphäre eines Naziprozesses, der Jahrzehnte nach dem Kriegsende geführt wird. Zu Beginn der Verhandlung hatte es noch den Anschein, als würden neue erstaunliche Erkenntnisse ans Licht kommen und als sei die lang vermisste Wahrheit endlich gefunden worden. So zumindest stellte die linke Presse die Situation dar und erklärte, Jahrzehnte der *omissis* (Unterlassungen) und *depistaggi* (absichtlich fehlgesteuerte Untersuchungen) hätten nun ein Ende. Der berühmte *muro di gomma,* die «Gummiwand», von der alle früheren Untersuchungen zuverlässig abgeprallt waren, sei nun überwunden, die *omertà* sei zu Ende. Das unergründliche *segreto di Stato,* das Attentat von der Piazza Fontana, stehe kurz davor, in allen bizarren Einzelheiten enthüllt zu werden.

Der Gerichtssaal selbst ist ein ovaler Bunker. Rechts und links an den Wänden sind acht große, vergitterte Zellen aufgereiht, die noch an die *maxiprocessi* erinnern, die hier in den siebziger Jahren stattfanden. Damals standen ganze Terrororganisationen vor Gericht. Auf dem Podium sitzen zwei Richter unter einem beeindruckenden Kruzifix. Links und rechts von ihnen sind die Schöffen platziert, die Schärpen in den Landesfarben tragen. Die Schöffen wiederum sind flankiert von weiteren Schöffen, die allerdings keine Schärpe tragen. Wegen der zu erwartenden Länge des Verfahrens muss für jeden Schöffen ein Ersatz vorhanden sein. Prompt muss schon der Beginn der Verhandlung wegen eines Streikes der Anwälte um eine Woche verschoben werden.

Zuerst befasst sich das Gericht mit der Frage, ob der Prozess nach Catanzaro verlegt werden solle, mehr als tausend Meilen südlich, in Kalabrien. Aufgrund eines «Gesetzes zur öffentlichen Ordnung», das noch aus der Ära des *Duce* stammte, fanden bereits in den siebziger Jahren mehrere Piazza-Fontana-Prozesse in Catanzaro statt. Dort liefen die Verhandlungen unklar und verworren ab, Zeugen gelang es, ins Ausland zu fliehen. «Weißt du», erklärt ein Journalist neben mir auf der Pressebank, «südlich von Rom wird nichts dem Zufall überlassen.» Von düsteren Vorahnungen erfüllt, lässt sich der Richter stundenlang zu diesem Thema aus – ein Sermon, der tags darauf sogar von den seriösesten Zeitungen als «höchst langweilig» bezeichnet wird. Der Antrag auf Verlegung nach Kalabrien wird abgewiesen.

Das Problem des Prozesses ist offenbar, dass niemand, weder Amnesty International noch der Europäische Gerichtshof für Menschenrechte oder die italienische Öffentlichkeit, den *toghe*, den Robenträgern der Justiz, allzu sehr vertraut. Verschleppungstaktiken und widersprüchliche Entscheidungen haben dazu geführt, dass Amnesty International die italienische Justiz unlängst auf die schwarze Liste gesetzt hat, und 1999 erhielt Italien die meisten Rügen vom Europäischen Gerichtshof für Menschenrechte. Ende 2003 lagen dem Europäischen Gerichtshof noch 7000 Fälle aus Italien zur Bearbeitung vor, was mehr als 20 Prozent der Gesamtauslastung ausmacht. Hinzu kommt, dass die italienische Justiz auf eine Weise politisiert ist, wie es in anderen modernen Demokratien undenkbar wäre. Italienische Gerichte gleichen in ihrer Arbeit deshalb oft eher «Revolutionsgerichten» und verbreiten wie seinerzeit Robespierre und die Sansculotten willkürlich Terror nach allen Richtungen. Um politische Feinde auszuschalten, reicht es, diese zu beschuldigen und sie dadurch den fast stillstehenden Mühlen der Justiz auszusetzen. Die Möglichkeit der gerichtlichen Anordnung eines Haftprüfungstermins gibt es nicht. Der Einsatz von Verleumdungen und anderen schmutzigen Taktiken in der Politik wird *giustizialismo* genannt, eine Bezeichnung, die sicher mit dafür verantwortlich ist, dass die lange kriminelle Vergangenheit vieler Politiker mit einem Augenzwinkern abgetan wird: Wenn man darauf hinweist, dass derzeit 50 Politiker der ersten und zweiten Kammer (insgesamt 950 Abgeordnete und Senatoren) *inquisiti,* also in ein Verfahren verstrickt sind, zucken die Leute nur mit den Schultern: «Das ist Sache der Gerichte.» Die meisten Menschen, mit denen ich über das Piazza-Fontana-Verfahren gesprochen habe, sagten, dass möglicherweise persönlicher Groll dahinter stehe, und dass die Gerichte nicht zu unterscheiden wüssten zwischen *perseguire* und *perseguitare* – zwischen «verfolgen» und «anklagen».

Niemand gibt vor zu glauben, Justiz und Politik seien voneinander getrennt; wird jemand rechtskräftig verurteilt, dann sieht er oder sie das im Allgemeinen nicht als Bestrafung im moralischen Sinn an, sondern gewissermaßen als Wahlniederlage, als einen vorübergehenden Rückschlag. Man hat kein Verbrechen begangen, sondern nur ein gegen sich gerichtetes Urteil kassiert. Die Menschen werden das ohnehin vergessen. Das Piazza-Fontana-Verfahren erschien mir weniger als eine Rekonstruktion der Vergangenheit, weniger als ein «Zurechtrücken vergangener Fehlentscheidungen», sondern vielmehr als eine Fortsetzung der Politik mit den Mitteln der Justiz. Vielleicht war es Zufall, vielleicht aber auch nicht, dass der Fall zu einer Zeit vor Gericht kam, als Italien seine erste linke Regierung seit dem Krieg hatte. Auch die Rechte hatte ein klares Interesse am Ausgang des Verfahrens. Obwohl der Fall politisch höchst heikel war, traten zwei Parlamentsabgeordnete der *Forza Italia* als Verteidiger auf. Einer der beiden trug sogar jeden Tag die Parteinadel am Revers. Da gab es weder ein Gespür für einen möglichen Interessenkonflikt noch das Bedürfnis, Judikative und Legislative voneinander zu trennen.

Der andere Grund, warum man der Justiz grundsätzlich mit einer gesunden Portion Misstrauen begegnet, liegt in der Kultur des *pentitismo*. Ursprünglich dazu gedacht, die Zungen linksextremer Terroristen zu lösen, indem man ihnen die Gelegenheit zu «Reue» und Denunziation gab, ist *pentitismo* mittlerweile nur mehr ein billiges Mittel, um Feinde anzuschwärzen. Zur Zeit der Entstehung dieses Buches gab es 1171 *pentiti*, die sich quasi über Nacht von Wilderern in hoch geschätzte Wildhüter der Justiz verwandelt haben; viele von ihnen warteten mit Geständnissen auf, die kaum einen vom Hocker hauen. Im Süden werden die Opfer meist irgendwelcher Kontakte zur Cosa Nostra bezichtigt; im Norden wirft man den Beschuldigten gerne vor, am bewaffneten Kampf der siebziger Jahre, der *lotta armata*, teilgenommen zu haben. Besonders berüchtigt war ein Fall in den achtziger Jahren, als ein *pentito* den berühmten TV-Moderator Enzo Tortora beschuldigte, zusammen mit der Camorra, der neapolitanischen Mafia, in Kokaingeschäfte verwickelt zu sein. In einer Art Schauprozess wurde Tortora zu zehn Jahren Haft verurteilt. Er wurde zwar später freigesprochen, starb aber bald darauf. Seine Urne trägt einen Ausspruch von Leonardo Sciascia: *Che non sia un' illusione*, «Lass es keine Illusion sein».

Zwischen den Sitzungen sehe ich mir eine Dokumentation aus den späten achtziger Jahren an. Darin fragt ein Journalist den grauhaarigen Anarchisten Pietro Valpreda – das «Monster», das zunächst als Bombenleger verurteilt worden war, aber 1975 freigesprochen wurde –, wo oder wann die Wahrheit verloren gegangen sei. Er setzt eine ernste Miene auf und antwortet: «Das war unmittelbar nach dem Anschlag, sobald die in Rom ihre Richter abberufen hatten (...) Ich glaube, dass seitdem die Wahrheit völlig abhanden gekommen ist (...), wenn auch immer mal noch was auftaucht, allerdings nur in verneinender Form (...). Es heißt nicht: ‹Ich habe das und das gemacht›, sondern ‹Ich kann mich nicht erinnern›, ‹Ich wäre dazu nie in der Lage›.»

Die Anklage in dem neuen Piazza-Fontana-Verfahren behauptet, dass das Massaker in der Bank Teil des systematischen Terrors italienischer Faschisten war. «Es ist durchaus möglich», schrieb Guido

Salvini in seiner *Istruttoria*, der ausführlichen Anklageschrift, die jedem Verfahren vorausgeht, «dass die Bomben vom 12. Dezember 1969 den Boden für einen Staatsstreich vorbereiten sollten, der bereits für Ende desselben Jahres geplant war. Sie sollten ein Klima der Angst und der Orientierungslosigkeit in breiten Kreisen der Bevölkerung schaffen.» Salvini identifizierte die faschistische Bewegung, den damals von Pino Rauti angeführte *Ordine Nuovo*, «als die Organisation, die an der Durchführung des Anschlags vom 12. Dezember 1969 und der vorausgegangenen federführend beteiligt war (...), und die anschließend im Dunkeln operierte und verantwortlich ist für das Blutbad vor der *questura* von Mailand am 17. 5. 1973, sehr wahrscheinlich auch für das Blutbad auf der Piazza della Loggia in Brescia, für die Serie schwerwiegender und weniger schwerwiegender versuchter Anschläge, darunter einige gerade noch vereitelte auf Züge zu Beginn der achtziger Jahre». Umfassender hätte man sich die Anklage nicht wünschen können: Eine mehr als ein Jahrzehnt währende Anschlagsserie geht erklärtermaßen zurück auf das Konto einer eindeutig faschistischen Organisation und, indirekt, auf das ihres Führers Pino Rauti.

Zwei der Beschuldigten, Delfo Zorzi und Carlo Maria Maggi – beides Mitglieder des *Ordine Nuovo* –, kommen aus dem Veneto. Zorzi, der japanischer Staatsbürger ist und nicht ausgeliefert wurde, fehlt während der gesamten Verhandlung. Aus Respekt vor der von ihm gewählten Staatsbürgerschaft nennt er sich heute Roi Hagen und lebt als reicher Geschäftsmann in Tokio, nachdem er in den achtziger und neunziger Jahren italienische Designermode nach Japan importiert und dort verkauft hatte. 1969 war er zweiundzwanzig Jahre alt. Einer seiner Schulfreunde beschrieb ihn Salvini gegenüber als «sehr charakterstarken Menschen, oft hart, sehr brutal und ohne die Gefühle, die normale Menschen überkommen, wenn sie Blut sehen (...) Er war verschlossen, introvertiert und sehr zurückhaltend, hatte auch einen Hang zum Mystizismus»[13]. Zorzi hatte in Neapel orientalische Sprachen studiert und dann das erste Karate-Studio im Veneto eröffnet. Bei einer Razzia in seinem Haus stieß die Polizei auf ein beträchtliches Waffenarsenal: eine P38, eine Beretta, eine Smith&Wesson und etliche Rationen Sprengstoff. Er wirkte, als sei er den Schriften von Julius Evola entstiegen, dem faschistischen Philosophen im Nachkriegsitalien schlechthin: eine besoffene Mischung aus Neonazismus und orientalischer Spiritualität. «Sechs Millionen Juden sind nicht genug», hieß es auf einem Plakat, das er überall im Veneto anbringen ließ.

Wenn Zorzi durch Abwesenheit glänzt, so ist der andere Beschuldigte – Carlo Maria Maggi – dafür umso präsenter. In einem cremefarbenen Anzug und mit dunkler Sonnenbrille sitzt er in der ersten Reihe des Saales. 1969 war er fünfunddreißig und Arzt in einem Krankenhaus in Venedig. Neben seinem Beruf war Maggi außerdem Vorsitzender des *Ordine Nuovo* im Veneto. Er war regelmäßiger Gast auf der Schießanlage am Lido und Mitglied bei den *Figli del sole*, den «Sonnenkindern», einer Organisation, die zur Sommer- und Wintersonnwende auf Berggipfeln hölzerne Swastikas abbrennt. Im November 1991 wurde Maggi zu sechs Jahren Freiheitsstrafe verurteilt, weil er zwischen 1969 und 1982 am «Wiederaufbau der faschistischen Partei» mitgewirkt hatte.

Die Beschuldigung beruht natürlich auf der Aussage zweier *pentiti*. Carlo Digilio, auch *Zio Otto* genannt («Onkel Acht», wegen seiner Vorliebe für die Lebel-8-Pistole), war jahrelang Informant für die CIA im Veneto gewesen. Sein Kontaktmann – ein gewisser «David Carret» – wird während der gesamten Verhandlung immer wieder erwähnt, obwohl er nie identifiziert oder ausfindig gemacht wurde. Digilio, Sprengstoffexperte beim *Ordine Nuovo*, behauptet, den Kauf von Plastiksprengstoff bei einem Experten für Tiefseebergungen in Venedig in die Wege geleitet zu haben. Nachdem Zorzi die Ware in Empfang genommen hatte, wenige Tage vor dem Piazza-Fontana-Anschlag, zeigte er Digilio angeblich drei Armeekisten auf der Rückbank von Maggis Auto. Sie enthielten einsatzbereiten Sprengstoff, «mindestens ein Kilo in den kleineren, etwas mehr in der größeren». Später soll sich Zorzi gegenüber Digilio gebrüstet haben: «Ich war dabei, als die Bombe in der *Banca*

Nazionale dell'Agricoltura deponiert wurde.» Der andere *pentito* in dem Fall ist Martino Siciliano, einer von Zorzis Mitschülern an der Raimondo-Franchetti-Schule. «Das Ding haben wir gedreht, als Organisation», prahlte Zorzi angeblich Siciliano gegenüber, wenige Tage nach dem Mailänder Anschlag.

Die Beschuldigungen gehen aber noch viel weiter. Die Anklage und einige Historiker behaupten, der eigentliche Drahtzieher des Piazza-Fontana-Anschlags sei das Innenministerium gewesen. «Der Anschlag an der Piazza Fontana», schrieb ein Armeegeneral, «wurde in gewisser Weise vom ‹Amt für Sonderaufgaben› des Innenministeriums organisiert. Der Geheimdienst SID hatte die Aufgabe, die Spuren zu verwischen.»[14] Der Verdacht konzentriert sich auf Elvio Catenacci, einen Mann aus ebenjenem Amt für Sonderaufgaben. Catenacci hatte, der Anklage zufolge, Delfo Zorzi angeworben; nach dem Anschlag hatte er sofort einen seiner Leute nach Mailand geschickt, mit dem Auftrag, die Spuren gründlich zu verwischen. Die Vermutung, der Geheimdienst könne irgendwie verwickelt sein, tauchte bereits in den siebziger Jahren immer wieder auf: Zwei der Rechtsradikalen, die man ursprünglich für das Attentat verantwortlich gemacht hatte, Franco Freda und Giovanni Ventura, waren eng mit Guido Giannettini befreundet, einem Oberst aus dem SID. Alle drei wurden 1981 zu lebenslanger Haft verurteilt, alle drei wurden später freigesprochen.

Es waren also nicht allein Faschisten des *Ordine Nuovo*, die die Bombe gelegt hatten, sondern sie handelten obendrein im Auftrag des Innenministeriums, des Geheimdienstes und eines mysteriösen CIA-Agenten aus dem Veneto. Ohne Rücksicht auf das schwebende Verfahren hat die *Commissione Stragi* die Ergebnisse der neuen Untersuchungen ausposaunt und den Anschlag in gewohnt robuster Rhetorik als *strage atlantica di Stato* bezeichnet. Den Worten des Vorsitzenden der *Commissione Stragi* zufolge war der Piazza-Fontana-Anschlag nicht die obskure Tat extremistischer Terroristen, sondern vielmehr ein raffinierter Anstoß zu einem politischen Machtwechsel:

> Wir hatten es im Jahr 1969 mit einem Phänomen zu tun, (...) das viele Jahre lang als rechtsextrem, neofaschistisch eingestuft wurde. Aber im Nachhinein zeigte sich, dass es keinen Alleinverantwortlichen gab, sondern ein Zentrum, das Stimmung machte, zur Tat ermunterte, Geld und Know-how zur Verfügung stellte. Der Wandel des Rechtsradikalismus war ein Phänomen, das von gewissen Sparten des Geheimdienstes forciert wurde (...) eingebettet in eine strategische Dimension internationaler Zielsetzungen.[15]

Auf der von der Anklage vorgelegten Zeugenliste befand sich sogar George Bush senior. Es war eine große Geschichte, aber ich – wie alle anderen auch – hatte keine Ahnung, ob sie sich mit *der* Geschichte deckte.

Der «Selbstmord» Pino Pinellis, des Anarchisten in Polizeigewahrsam, wurde zu einem Tod, der «verlegen» machte, sein Name löste «kollektive Reue» aus. So beschrieb Camilla Cederna im Jahr 1970 den Tod des mutmaßlichen Attentäters. Als die Berichte der Polizei über das Geschehen im Lauf des Jahres immer verworrener wurden, begann eine Hand voll Journalisten, die offizielle Version des Todesfalls zu hinterfragen. Sie glaubten nicht mehr an die Geschichte von dem anarchistischen Bombenleger, der Reue zeigt und aus einem Fenster im vierten Stock des Polizeigebäudes springt. Die *controinformazione* stellte den Selbstmord Pinellis zunehmend als Schimäre hin, sprach immer deutlicher davon, dass er wohl eher zum Selbstmord gezwungen und rasch zum Sündenbock für viel zwielichtigere politische Kräfte gemacht worden sei. Der bis dahin unbekannte Bahnarbeiter hatte Unsterblichkeit erlangt als der Anarchist, der einen schrecklichen, «zufälligen Tod» erleiden musste. Diese Formulierung, die Dario Fo übernahm und damit berühmt machte, stammt aus dem Obduktionsbericht vom Juli 1970. An den Hauswänden tauchten Parolen auf wie «*Calabresi è assassino*» «Calabresi ist ein Mörder» (Calabresi war der Polizeikommissar, der die Vernehmung Pinellis leitete) oder «*Valpreda è innocente, la strage è di Stato, unico giudice il proletariato*» («Valpreda ist unschuldig, das Massaker hat der Staat verübt, der einzige Richter ist das Proletariat»).

Während die Untersuchungen über die wahren Hintergründe des Piazza-Fontana-Anschlags stattfanden, versuchten zwei sich zeitlich überschneidende Gerichtsverfahren, Licht in die Vorgänge jener Nacht zu bringen, in der Pino Pinelli starb. Der erste Prozess begann im Oktober 1970. *Commissario* Luigi Calabrese hatte Pio Baldelli verklagt, den Herausgeber der links gerichteten Zeitschrift *Lotta Continua* («Andauernder Kampf»), die wiederholt behauptet hatte, die Polizei habe den Verdächtigen zum Selbstmord gezwungen. Im zweiten Fall beschuldigten die Witwe und die Mutter Pinellis die für das Verhör verantwortlichen Beamten des Mordes. Einziges Ergebnis dieser Verfahren war ein beunruhigendes Durcheinander aus Ungereimtheiten und Widersprüchen. Nach der Exhumierung und erneuten Obduktion von Pinellis Leiche mehrten sich die Anzeichen dafür, dass der Todessprung eher ein «passiver» denn ein «aktiver» gewesen war: Die Arme wiesen keinerlei Verletzungen auf; auch wer freiwillig in den Tod springt, hält jedoch die Arme schützend vor den Kopf. Niemand hatte einen Schrei gehört, als Pinelli in die Tiefe stürzte. Es gab Anzeichen für einen Schlag in den Nacken, was möglicherweise erklärt, warum die Polizei zwei Minuten vor dem «Suizid» einen Krankenwagen anforderte. Niemand konnte erklären, warum das Fenster mitten im Winter geöffnet war oder warum vier Polizisten Pinellis angeblichen Todessprung nicht verhindern konnten. Einer der Polizisten gab vor, er habe einen von Pinellis Schuhen zu fassen bekommen, als dieser sprang, obwohl er beide Schuhe anhatte, als er gefunden wurde. Die Prozesse fanden jedoch ein abruptes Ende, als der *commissario* im Mai 1972 auf dem Gehsteig vor seinem Haus mit fünf Schüssen ermordet wurde.

Ich beginne mich an die regelmäßigen Fahrten nach Mailand aufs Gericht zu gewöhnen. Immer dieselben Züge, über und über mit Graffiti besprüht und in den Regenbogenfarben einer Benzinpfütze schillernd. Drinnen Zigarettenrauch, der sich in Spiralen nach oben schraubt, ehe der Fenstersog ihn erfasst. Tastenspielereien: Alle haben den Blick starr aufs Handy gerichtet, schreiben und empfangen emsig Nachrichten, experimentieren mit den Klingeltönen, sodass der ganze Waggon von einer atonalen, elektronischen Klangwolke erfüllt ist. Wenn der Zug durch die Poebene rattert, tauchen einzelne Pappelreihen im Blickfeld auf, die wie die Zähne eines Kammes aussehen. Nähert man sich Mailand, erheben sich links die Ausläufer des Apennin und rechts die Alpen, aber fast das ganze Jahr über werden sie verborgen von einem gipsfarbenen Himmel und dem Nebel der Ebene.

Der Gerichtssaal hat das falsche Pathos einer modernen Kirche: Der Raum ist nicht in der Lage, die Bedeutung und Würde dessen widerzuspiegeln, was sich in ihm abspielt. Journalisten tippen Kurzmeldungen in ihre Laptops; Anwälte verdrücken sich kurz für eine Zigarettenpause. Japanische Fernsehkameras laufen pausenlos, denn Delfo Zorzi hält sich, auf der Flucht vor dem Gesetz, in Tokio auf. Heute findet unter Eid die erste Vernehmung des *pentito*, Carlo Digilio statt. Da er unlängst einen Schlaganfall erlitten hat, wird er per Videokonferenz aus einer Klinik am Gardasee zugeschaltet. Schwer zu sagen, ob das nachfolgende Debakel das Ergebnis technischer Inkompetenz oder der bewusste Versuch ist, die Glaubwürdigkeit des Zeugen zu untergraben. Im Gerichtssaal hallen jedenfalls nur die Worte *pronto, pronto* hin und her, bis die Verbindung abbricht. Das eingefrorene Bild auf dem Monitor zeigt einen in sich zusammengesunkenen Mann mit schütterem Haar, der in einem voll gestopften Zimmer in einem Rollstuhl sitzt.

Schließlich steht die Verbindung wieder. Das Frage-und-Antwort-Spiel wird unterbrochen von langen Pausen. Der Vertreter der Anklage verliest lange Verlautbarungen, die Digilio vor Jahren von sich gegeben haben soll, und bittet ihn, sie zu bestätigen. Digilio atmet schwer in sein Mikrofon, ehe er nuschelnd zustimmt. Er bringt Daten und Namen durcheinander und klagt am späten Nachmittag schließlich über die «feuchte, brütende Hitze», sodass sich das Gericht vertagt. Alles zieht in die Bar nebenan, wo es so mancher Anwalt mit der Verschwiegenheit nicht ganz so ernst nimmt. «Für einen ersten Tag war es schlichtweg peinlich, natürlich für die Anklage», sagt Gaetano Pecorella, der von der *Forza Italia* mit Zorzis Verteidigung beauftragt worden ist. Pecorella war in den siebziger Jahren als Opferanwalt aufgetreten. Im Lauf der letzten Verhandlungsmonate 2001 wurde er *presidente della Commissione Giustizia della Camera*, politischer Leiter des Justizwesens. Auch die links gerichtete Presse räumte tags darauf ein, dass es eine «schwierige Vernehmung» gewesen sei.

In den folgenden Tagen und Wochen zeichnet sich Digilios Sicht der Ereignisse mehr und mehr ab: «Ich verspürte weder eine ideologische noch eine politische Nähe», sagt er. «Ich bin dem *Ordine Nuovo* beigetreten, weil mir David Carret im Auftrag der Amerikaner dazu geraten hat. Ich bin Nationalist, ein Mann rechts von der Mitte, das ist alles (...) Wenige Tage vor dem 12. Dezember 1969, an Mariä Empfängnis, bat mich Zorzi, den Sprengstoff in den drei Metallkisten mit englischer Aufschrift zu untersuchen. Sie befanden sich im Kofferraum von *dottor* Maggis Fiat 1100. Ich fragte Zorzi: ‹Wohin willst du denn mit dieser Ladung?› Er antwortete: ‹Nach Mailand.›»

«‹Es war das einzig Richtige, was man tun konnte›», soll Zorzi Digilio zufolge nach dem Anschlag gesagt haben. «Er sprach von dem Massaker auf der Piazza Fontana wie ein Kriegsreporter», fuhr Digilio fort. «Er sprach so, als sei er der führende Kopf dabei gewesen. Er sagte, er allein habe den Mut dazu gehabt, alle anderen seien Schwächlinge.»

Wenige Wochen später sitzt Pino Rauti als Zeuge vor dem hufeisenförmigen Richtertisch und reibt sich in altväterlicher Art die Hände. Der eher kleine Mann trägt einen billigen blauen Anzug. Die pomadisierten Haare sind streng zurückgekämmt, und die Augen scheinen nach außen hin abzufallen. Einer der italienischen Journalisten sagt mir, Rauti spiele die «Andreotti-Eröffnung»: der bedeutende, angesehene Mann, der von gemeinen, niederen Menschen durch die Gerichte gezerrt wird. In den sechziger Jahren war Rauti Vorsitzender des *Ordine Nuovo*: «Das Motto des *Ordine Nuovo* ist dasselbe wie das der SS: ‹Unsere Ehre heißt Treue›», schrieb er damals. Er gibt sich angriffslustig. Den Anwalt der Klägerseite spricht er mehrmals mit einem geringeren Titel an und wird jedes Mal korrigiert. Während der Vernehmung bricht die Journalistin der kommunistischen Tageszeitung *Il Manifesto* in schallendes Gelächter aus und ringt die Hände (eine Geste, die normalerweise verzweifelte Fußballer einsetzen), woraufhin der Richter die Verhandlung unterbricht und die Journalistin des Saales verweist.

Im Jahr 1956 verließ Rauti mit seinen Gefolgsleuten die faschistische Partei, den *Movimento Sociale Italiano*, und gründete ein eigenes «Studienzentrum», den *Ordine Nuovo*. Er sah sich zu diesem Schritt veranlasst, weil der MSI in seinen Augen an Biss verloren hatte; erst 1969 trat er wieder ein. Die neue Bewegung machte keinen Hehl aus ihrem wahren Standpunkt: «Das arische Blut der SS ist noch warm, ebenso wie das der Kamikaze und der Schwarzen Legionäre, die alle im Namen des *Ordine Nuovo* und für den *Ordine Nuovo* fielen.» Bei einer Konferenz im Jahr 1969 präsentierte Rauti ein Papier, in dem die Kommunisten als «Wesen von einem anderen Stern» beschrieben werden, als «außerirdische Science-Fiction-Rasse».

Rauti leugnet zwar, dass er im April 1969, kurz vor der Anschlagsserie im Frühling jenes Jahres, ein Treffen des *Ordine Nuovo* geleitet habe; es ist aber sicher, dass er im Sommer desselben Jahres eine «Bildungsreise» durch das Griechenland Papadopoulos' unternommen hat. Als ein Elektriker öffentlich erklärte, dass er unwissentlich die Zeitzünder für die Bomben des *Ordine Nuovo* geliefert habe, stattete Rauti offenbar einen Besuch in dessen Laden ab, um ihn zum Schweigen zu bringen. Die Frau des Elektrikers hatte Rauti identifiziert. Auf diese Sache vor Gericht angesprochen, erklärt er empört, ein ehrenwerter Politiker würde so etwas nie tun. Im Lauf der Verhandlung zeichnet sich ein Bild ab, das, wenn es denn stimmt, höchst merkwürdig ist. Rauti und seine Faschisten waren keine isolierten Extremisten, sondern Figuren, die in einen strategisch klar umrissenen Plan eingebunden waren. Salvini bezeichnete den *Ordine Nuovo* in seiner Anklageschrift als «eine der Organisationen der extremen Rechten, die sich durch engste Verbindungen zum Staatsapparat auszeichnet». Rautis aggressives Auftreten im Zeugenstand hängt nicht etwa damit zusammen, dass ihm seine faschistische Vergangenheit unangenehm wäre – er steht voller Stolz zu ihr –, sondern weil er sich zu einer kleinen Nummer in einem Spiel degradiert sieht, in dem andere den Ton angeben – und das, nachdem er jahrelang als der gefährlichste Extremist Italiens gegolten hatte. Noch während er vernommen wird, bringen die Zeitungen die Neuigkeit, dass er in den frühen siebziger Jahren Schecks von der amerikanischen Botschaft erhalten habe.

Aber es kommt noch dicker. Als ich in den dunstigen Mailänder Juniabend hinaustrete, sehe ich doch Rauti bei einem gemütlichen Klatsch mit Journalisten. Er erzählt ihnen von den laufenden Verhandlungen mit der Rechtskoalition Berlusconis über eine mögliche Allianz. Das ist zwar eher Wunschdenken, aber eine Verbindung zwischen den beiden gab es schon einmal. Rauti behauptet, er habe Berlusconis *Polo della Libertà* bei den Europawahlen zum Sieg verholfen, als sie gemeinsam in der Provinz Abruzzen, in Caserta und Calabrien angetreten waren. Ich bin erstaunt, nicht weil Rauti an den Rändern einer ziemlich düsteren Rechtskoalition mitmischen könnte, sondern darüber, dass er immer noch auf der politischen Bühne mitmischt – ein Mann, dessen Organisation für beinahe jedes «Massaker» in Italien verantwortlich gemacht wird, lächelnd, im schicken Anzug, mit Journalistinnen flirtend. Ich mische mich in das Gedränge und bitte ihn um ein Interview. Höflich lädt er mich nach Rom ein.

Rom ist eine von Klassizismus gesättigte Stadt. Die Kanaldeckel zieren noch immer die Initialen SPQR, *Senatus Populusque Romanus*. Vor Botschaftsgebäuden und Regierungs-*palazzi* stehen Palmen. Die Graffitis hier unterscheiden sich jedoch grundlegend von denen in Parma: Swastikas und Keltenkreuze, obszöne Parolen gegen «Schwarze» und Juden. Rom ist ein merkwürdiger, schöner Ort, fast bewusst theatralisch. Moderne und Altertum sind hier in perfektem Gleichgewicht. Der Sitz von Rautis neuer Partei *Fiamma tricolore,* «Dreifarbige Flamme», liegt nur einen kleinen Spaziergang vom Vatikan entfernt. Rauti selbst, der Generalsekretär, sitzt aufgeplustert-präsidentenhaft zwischen abgewetzten Fahnen und verblichenen Plakaten.

Im Jahr 1943, mit siebzehn Jahren, kämpfte er freiwillig für Mussolini im, wie er es nennt, «Bürgerkrieg». Bei dem Versuch, nach Spanien zu gelangen, um dort «weiterzukämpfen», nahmen ihn in Algerien 1945 die Engländer fest. Ironischerweise promovierte er, während er in einem Gefängnis in Reggio Calabria einsaß, in Jura. «Ich war ein Dutzend Mal im Gefängnis», sagt er stolz. «Ich gehöre zu den Ausnahmeerscheinungen unter den Politikern. In einer russischen Veröffentlichung hieß es einmal, Rauti, mit seiner Brille, wirke wie ein ganz normaler Buchhalter, sei aber in Wahrheit ein gefährlicher Revolutionär.» Er brüstet sich damit, dass er für die Kommunisten eine «schwarze Bestie» sei, und gefällt sich darin, «Kommunisten» und «Russland» zu sagen, so wie die Linken jedes Mal «Faschist» schreien, sobald sein Name auch nur erwähnt wird.

«Die *anni di piombo*», sagte er, «waren grässliche, dramatische, lähmende, blutige Jahre in der Geschichte des Landes. Aber Reue spüre ich keine. Die Kommunisten haben so viele gerade unserer jungen Leute umgebracht. Nie war Ruhe. Hunderte rechter junger Kämpfer mussten ins Gefängnis. Es waren furchtbare Jahre, in denen unsere Jugend mit Gewalt auf Gewalt reagierte.» Das einzig Gefährliche an Rauti heute sind sein Charme, seine aalglatte Höflichkeit, seine Fähigkeit, Fragen mit freundlichem, manchmal sarkastischem Wortgeplänkel abzutun. Ich frage ihn, wie er mit der Flut von Verfahren umgeht, die in das Dunkel jener Jahre Licht bringen sollen. «Eine gerichtlich feststellbare Wahrheit gibt es nicht», sagt er zuversichtlich. «Es gab Verhandlungen und Revisionsverhandlungen, Freisprüche, Untersuchungen, neue Anklagen. Gegenwärtig scheint die Auffassung vorzuherrschen, dass alles, was im Umfeld der Rechten passiert ist, in gewisser Weise mit der CIA zusammenhängt. Es war wie ein bewusstes Anstacheln gegensätzlicher Extreme, in deren Mittelpunkt der Machtapparat der Christdemokraten stand. Am einen Tag ließ sich die eine Seite etwas zuschulden kommen, am anderen Tag die andere, während die Christdemokraten als diejenigen dastehen, die das System stabilisieren. Und genau in der Zeit hatte die Partei ihren größten Zulauf.»

«Also waren die Faschisten unbewusst die Marionetten der Christdemokraten?»

Er sagt kein Wort, starrt mich nur an und wartet auf die nächste Frage. «Hören Sie», sagt er schließlich, «manche Dinge sind durchaus zum Abschluss gekommen, aber die dunkelsten Vorgänge tragen nach wie vor nur Fragezeichen.»

«Und Ihre eigene Beteiligung?»

«Es stimmt, dass ich vor dreißig Jahren da und dort meine Finger im Spiel hatte, aber ich bin immer freigesprochen worden. Wir sollten Gras drüber wachsen lassen. All diese Verfahren sind lediglich Versuche der Kommunisten, mich und die Rechte zu dämonisieren. Die Zeiten ändern sich», fährt er fort, «niemand trägt mehr dieselben Kleider wie vor dreißig oder fünfzig Jahren. Auch wenn ich das Römische Weltreich vielleicht bewundere, fahre ich trotzdem nicht in der Kutsche, oder? Aber ich sage Ihnen eins: Wir verleugnen als politische Partei nicht unsere Geschichte, wir verleugnen nicht die Ideale, die man gemeinhin ‹Faschismus› nennt. Die Italiener drohen auszusterben, wir haben die niedrigste Geburtenrate der Welt. Ich bin kein Rassist, aber Toleranz hat auch Grenzen. Wir haben einen immensen Zustrom von Einwanderern aus Marokko, Algerien, China. Diese Leute sehen anders aus, riechen, denken, fühlen anders. Warum sollten sie hier am Rande der Gesellschaft leben, wenn sie zu Hause in ihrer eigenen viel besser leben könnten?»

Am Abend sitze ich in einem kahlen Hotelzimmer in der via Venezia und stoße zufällig auf eine perfekte Beschreibung der politischen Verhältnisse in Italien. Sie stammt von einem Kolumnisten des Magazins *Espresso*: «In Italien wird, wie in der Chemie, nichts geschaffen und nichts zerstört, vielmehr wird alles verwandelt.» Anders ausgedrückt: Das Äußere mag sich im Lauf der Zeit ändern, aber die beteiligten Elemente bleiben dieselben. Auf der rechten und der linken Seite der Gleichung, gestern und heute, stehen immer dieselben Leute, nur etwas anders konfiguriert und arrangiert in neuen, verwirrenden Koalitionen. Deshalb das Gefühl von Unwirklichkeit und gesteigerter Wachsamkeit, das einen beschleicht, wenn man Jahrzehnte später über die Anschläge oder die *anni di piombo* schreibt. Einige der Namen, die in den Geschichtsbüchern oder Gerichtsprotokollen vorkommen, sind heute in der Politik noch immer höchst aktiv. Es scheint, als wiege kein Verbrechen, kein Urteil schwer genug, um die Karriere eines Politikers zu beenden, als gebe es kein historisches Ereignis, das nicht locker vergessen werden könnte.

Das wäre alles verständlich, wenn Italien einen echten Friedensprozess durchlaufen hätte. Aber anders als in Südafrika oder Nordirland stellt man sich hierzulande der Vergangenheit nicht, ehe man sie vergisst – grundsätzlich nicht. «Charakteristisch für den Geschichtsunterricht in Italien ist», so der bedeutende Journalist Giorgio Bocca, «dass die zweite Hälfte des Jahrhunderts nicht vorkommt. (...) Die Angst vor der Geschichte scheint angeboren, ganz normale Menschen sind irgendwie zu dem Schluss gekommen, dass es sich nicht empfiehlt, über Geschichte zu sprechen oder etwas darüber zu erfahren, ja dass Geschichte irgendwie ein Ärgernis darstellt.»[16] Das hat zur Folge, dass man sich in keinem anderen Land der Welt so gut darauf versteht, sich zu rehabilitieren und neu zu erfinden. Man nennt das Phänomen *gattopardismo*, nach dem «Leopardismus» Lampedusas, demzufolge alles so scheint, als würde es sich ändern, aber dennoch so bleibt, wie es war. In eine ähnliche Richtung weist der Begriff *trasformismo*, mit dem in der

Regel das «Drehtür-Prinzip» italienischer Regierungen beschrieben wird: Der Concierge und die, die durch die Tür ein und aus gehen, bleiben über Jahrzehnte hinweg immer dieselben.

Schon in den frühen siebziger Jahren, als Rauti und andere Mitglieder des *Ordine Nuovo* als mögliche Verantwortliche für das Attentat an der Piazza Fontana identifiziert worden waren, sah man diesen Anschlag nicht mehr als einzelnen, isolierten Terrorakt, sondern vielmehr im Zusammenhang mit der «Strategie der Spannung». Der Verdacht, dass eine «Strategie» dahinter stecken könnte, wurde erhärtet durch die lange Liste von *cadaveri eccellenti*, «illustren Toten», um welche sich die Zahl der unmittelbaren Opfer des Anschlags zunehmend erhöhte. Das schien ein deutlicher Hinweis darauf, dass das Attentat nicht den Köpfen einiger weniger Fanatiker entsprungen, sondern Produkt genauester Planung einer perfekt organisierten Vereinigung war. *«Cadaveri eccellenti»* ist der Titel eines Films von Francesco Rosi aus dem Jahr 1975, der auf einem Werk von Leonardo Sciascia basiert. Die Handlung ist rein fiktional, aber die Atmosphäre durchaus real: mysteriöse Morde, die alles andere als zufällig scheinen. Der *presidente della Corte d'Assise di Roma* schrieb dazu 1971: «Es muss sofort ein Termin für das Verfahren anberaumt werden. Mir liegt eine Liste von Zeugen vor, die auf mysteriöse Weise zu Tode gekommen sind, und die Öffentlichkeit ist besorgt.»

Pasquale Juliano, ein Kriminalbeamter aus Padua, der gegen Franco Freda, einen weiteren Verdächtigen aus der rechten Szene, ermittelte, wurde wegen angeblicher Nachlässigkeit suspendiert; sein einziger Fürsprecher, ebenfalls ein ehemaliger Polizist, wurde von seiner Frau eines Tages tot im Treppenhaus aufgefunden. Er hatte seinen gewaltsamen Tod selbst vorausgesagt: «Ihr werdet mich mit eingeschlagenem Schädel im Keller finden oder im Liftschacht.» Weitere merkwürdige Todesfälle folgten. Armando Calzolari, Schatzmeister für den *Fronte Nazionale* des «Schwarzen Prinzen», Junio Valerio Borghese, wurde im Dezember 1969 als vermisst gemeldet. Einen Monat später, am 28. Januar 1970, fand man seine Leiche in einem Brunnen außerhalb Roms. Damals vermutete die linke Presse, er sei ermordet worden, weil er zu viel über das Mailänder Attentat wusste. Ein weiteres Opfer, Vittorio Ambrosini, ein achtundsechzig Jahre alter Rechtsanwalt und Bruder des Präsidenten des *Corte Costituzionale*, hatte angedeutet, er kenne die Namen der Täter. Er stürzte im Oktober 1971 aus dem siebten Stock eines Krankenhauses. Sein Tod sollte «als Selbstmord ausgegeben» werden, behauptete im April 1995 ein Ex-Faschist gegenüber Guido Salvini.

Das Problem des Piazza-Fontana-Verfahrens ist, dass es mit jeder Wende verworrener wird. Jahrzehnte später die wahren Zusammenhänge zu ermitteln, kommt dem Versuch gleich, auf Wasser zu schreiben: aussichtslos. Je undurchschaubarer der Prozess wird, umso konfuser wird natürlich auch der zufällige oder professionell interessierte Beobachter. Pellegrino bezeichnet die Geheimdienste jener Jahre, die Organisation *Gladio*, das *Ufficio Affari Riservati* und die *Nuclei di difesa dello Stato,* als Teil «einer umfassenden okkulten Struktur (...), einer polymorphen Realität (...), einer unendlichen Serie ineinander passender Schachteln». Es ist aussichtslos, etwas verstehen zu wollen. Spekulationen und Gerüchte, die von *pentiti* in die Welt gesetzt werden, sind die einzigen, aber untauglichen Führer.

Das andere Problem ist die völlige Losgelöstheit des Prozesses von der Realität. Da sind so viele Worte und kein Funken von gesundem Menschenverstand. Dokumente vervielfältigen sich selbständig und bringen immer mehr Schriftstücke hervor, fern jeglicher Logik. Je länger ich den Prozess verfolge, umso kafkaesker erscheint er mir, und das Juristenchinesisch trägt noch mehr zur Verwirrung bei. Ein Beobachter aus England, der auf der Pressetribüne oft neben mir sitzt, sagt: «Weißt du, dass allein das Kopieren sämtlicher Prozessunterlagen 16 Million Lire kosten würde?» In einem anderen unlängst verhandelten Fall, in dem der ehemalige

Ministerpräsident Giulio Andreotti verurteilt, freigesprochen und dann schließlich zu vierundzwanzig Jahren Haft wegen Beteiligung an der Ermordung des Journalisten Mino Pecorelli verurteilt wurde, kamen 650 000 Kopien zusammen. Die *Commissione Stragi* hat mittlerweile gut eine Million Seiten angesammelt. Natürlich nimmt das Medieninteresse am Piazza-Fontana-Prozess nach den spektakulären Vorwürfen der Anfangsphase unweigerlich ab, weil die Verhältnisse so aberwitzig sind und es zunehmend unmöglich wird, vor lauter Bäumen den Wald noch zu sehen.

Langsam beginne ich zu verstehen, warum in Italien so viele Verbrechen, selbst Morde, einfach unter den Teppich gekehrt werden. Die Suche nach der Wahrheit ist schlichtweg zu widersprüchlich und zu aufwendig. Die immense Papierflut und die Mystifizierung machen es unmöglich zu sagen, was genau geschehen ist. Wie es zu dieser Mystifizierung und Verwirrung kommt, ist einfach zu erklären: In Italien gibt es mehr Gesetze als in irgendeinem anderen europäischen Land. Die älteste Universität der Welt in Bologna wurde zu dem Zweck gegründet, das Reichsgesetzbuch des Kaisers Justinianus, den *Corpus Iuris Civilis*, den *Digesto* und die übrigen römischen Gesetze zu «dechiffrieren». Wichtig ist jedoch nicht das Prinzip der Gesetze, sondern die einzelnen Punkte. Codieren. Decodieren. Wieder codieren. *Quod non est in actis non est in mundo*: Was nicht niedergeschrieben ist, existiert nicht. Wenn ein Geschichtsbuch hierzulande für gut befunden wird, dann nicht, weil die Argumentation überzeugt, sondern weil es *documentato* ist, auf Dokumenten beruht. Nach dem Codice Rocco aus dem Jahr 1931 war sogar ein *certificato di esistenza in vita* erforderlich: Es reichte nicht, einfach am Leben zu sein, man musste es mit einem Dokument beweisen.

In einem der wichtigsten italienischen Romane des 19. Jahrhunderts, Alessandro Manzonis *I promessi sposi*, gibt es einen Rechtsanwalt, der passenderweise *Azzeccagarbugli*, «Trickser» oder «Pedant», heißt. Die Beweisführung bei einem Prozess in Italien stützt sich nicht auf den gesunden Menschenverstand oder auf Präzedenzfälle, sondern darauf, Dokumente hervorzuzaubern, die bereits existierende an Absurdität noch überbieten. Um zu überzeugen, muss man mit massivem Pomp auftreten. Genau so funktioniert die Staatsmacht in Italien: Sie schüchtert die Bürger durch «abgehobene Juristensprache ein, die schon von Natur aus für die meisten nicht zu verstehen ist», schreibt Ernesto Galli Della Loggia.

> Die italienische Staatsmacht entwickelte eine fast selbstverständliche Distanz zur Bevölkerung, da das offizielle Italienisch von der Alltagssprache weit entfernt und verschieden war. Die Justiz trennte sich vom Leben der Menschen. Sie wurde zur Sache von Spezialisten, intellektuell aufbereitet (...), abstrakt. Etwas so Bodenständiges und Demokratisches wie ein angelsächsisches Geschworenengericht wäre undenkbar (...). Die Justiz wird immer eine Sache von Tricksern bleiben mit einer kryptischen, lügnerischen Sprache (...), eine Macht, nur dazu bestimmt, die Schwachen zu täuschen und zu benachteiligen.[17]

Das Ironische daran ist, dass Italien, so schrecklich legalistisch es ist, am Ende doch ein fast gesetzloses Land ist. Wo es so viele Gesetze gibt, können sie beliebig eingesetzt werden. Man kann sie verdrehen, neu gruppieren und neu schreiben. Gesetze oder Fakten sind hierzulande wie Spielkarten: Man braucht sie nur zu mischen und nach Belieben vor sich hinzulegen. «Die Unschuldigen sind immer die mit den besten Anwälten» – dieser Satz gilt zwar überall, aber besonders in Italien.

28. September 2000. Der große Auftritt im Gerichtssaal – *colpo di scena*. Martino Siciliano, der andere *pentito*, um den sich alles im Piazza-Fontana-Prozess dreht, wird aussagen. Siciliano ging in den sechziger Jahren auf dieselbe Schule wie Zorzi und wird beschrieben als «widersprüchlicher Charakter, psychisch auffällig, gespalten zwischen der Zusammenarbeit mit der Justiz, seiner Geldnot und der Furcht vor seinem Ex-Boss, Delfo Zorzi.» In den letzten Jahren hat sich Siciliano selbst mehr oder weniger dem Meistbietenden verkauft: Erst bekam er Arbeit und Geld von Zorzi, dann ein Gehalt und Personenschutz vom italienischen Staat. Zorzi

nennt seinen ehemaligen Freund einen «Falstaff», einen «besoffenen Größenwahnsinnigen» und «Büttel der kommunistischen Justiz».

Dann der Auftritt – aber Siciliano ist plötzlich wie vom Erdboden verschwunden. Seit seiner Ankunft aus Colombia hatte er sich in einem Hotel am Stadtrand von Mailand aufgehalten. In seinem Zimmer blieb lediglich ein Buch mit dem Titel *Wenig Geld, viel Ehre* zurück. Sein Bruder erklärt, Siciliano, der bis dahin endlose Aussagen gemacht hatte, die Hunderte von Seiten füllten, habe das Vertrauen in den Staat verloren, da er wie «ein Penner behandelt worden sei». Es ist unwahrscheinlich, dass die Protokolle dieser von Salvini geführten Verhöre nun noch als Beweismaterial zugelassen werden. In der Presse erfährt man darüber kein Wort. An dem Wochenende unmittelbar nach Sicilianos Verschwinden streiken die Journalisten. Am Montag darauf ist die Presse dann mit ganz anderen Dingen beschäftigt: Goldmedaillen für Italien bei den Olympischen Spielen in Sydney und Siegesmeldungen aus dem Hause Ferrari, liebevoll *cavallino rampante,* ein «sich aufbäumendes Pferdchen» genannt. Das Verschwinden eines weiteren Zeugen zählt da wenig.

Kurze Zeit später bringt das Wochenmagazin *Panorama*, das Silvio Berlusconi gehört, eine bizarre Titelgeschichte: Martino Siciliano, der verschwundene *pentito*, habe die Millionen von Lire keineswegs aus dem offiziellen Schmiergeldfonds bekommen, sondern direkt von Guido Salvini, dem leitenden Richter des Verfahrens, dem er seine Geständnisse unterbreitet habe; dies sei eine Art der finanziellen Zusammenarbeit, die bestenfalls unklug erscheine, sicher aber Zweifel aufkommen lasse an der Glaubwürdigkeit des Zeugen. Ein weiterer Knüller für die Verteidigung ist, dass Carlo Digilio, der kranke Zeuge in der Klinik am Gardasee, auf einem Foto jenen Mann identifiziert hat, der angeblich seine CIA-Kontaktperson gewesen war. Anwälte der Verteidigung jedoch machen den Mann ausfindig und behaupten, der «CIA-Mann» sei in Wirklichkeit ein alter Herr, der in einer Kleinstadt in Kansas lebe. Als die angeblichen Treffen zwischen ihm und Digilio auf dem Markusplatz in Venedig stattgefunden hatten, war er nicht einmal in Italien gewesen.

Das Verfahren gegen die Faschisten drohte zu platzen, und ich war nicht einmal besonders enttäuscht. Meine Wohnung war mittlerweile übersät mit Tausenden von Dokumenten, die alle verblüffende Enthüllungen versprachen, mich in Wirklichkeit aber nur zu einem weiteren Dokument weiterleiteten. Ich verstand allmählich, warum die *misteri* endlose Gerichtsverfahren und Enthüllungsgeschichten hervorbringen, die aber nie zu einem überzeugenden Abschluss kommen. Ich begann auch zu verstehen, warum «Verstehen» in Italien oft nicht möglich ist: Alles ist viel zu politisiert, es gibt keine Objektivität, und hinsichtlich der handelnden Personen gibt es keinen Unterschied zwischen Vergangenheit und Gegenwart. Ich beschloss, meine Fahrten nach Mailand einzustellen. Der Fall Piazza Fontana, der mich monatelang in Atem gehalten hatte, war nur mehr zum Verzweifeln.

Aber es gab noch andere Gründe, die Sache auf sich beruhen zu lassen: Wenn man so viel über Italiens lange Liste «illustrer Toter» schreibt, dann entsteht der Eindruck, in dem Land gebe es nur Mord und Totschlag. Dabei habe ich mich, seit ich nach Parma gekommen war, nie glücklicher oder sicherer gefühlt. So gewaltsam das Land manchmal auch scheinen mag, überwiegend ist es doch paradiesisch und friedvoll.

Wenige Tage nach meinem Entschluss, den Piazza-Fontana-Prozess sausen zu lassen, ging ich zusammen mit Filippo in eine *trattoria*. Seit Monaten war er der kleine Mann im Ohr, der mir den Weg zu interessanten Orten und Menschen wies. Wir saßen an einem blanken Holztisch, zwischen uns einen angeschlagenen Krug Wein. Er presste Zitronensaft auf seinen Pferdetatar mit Kapern, ich hatte eine Portion dampfender Polenta mit Wildschwein vor mir.

«Verstehst du jetzt, warum wir sagen, Italien ist ein ‹Bordell›?», fragte er nach unserem Gespräch über die Piazza Fontana.

«Ich glaube ja», sagte ich. «Zumindest verstehe ich langsam, worum es geht. Aber ...» Ich versuchte zu erklären, warum mich die Metapher nicht mehr überzeugte. «Mir scheint das alles zu negativ. Ich bin überglücklich hier und habe nicht das Gefühl, in einem ‹Bordell› zu sein. Ich würde gern über einfachere Dinge schreiben. Zum Beispiel über ...» Mir fiel nichts ein, und ich warf einen suchenden Blick über seine Schulter. Da sah ich die Reihe knalliger gelb-blauer Trikots hinter der Bar. «Das ist es! Ich muss über Fußball schreiben.»

Filippo legte die Gabel weg und lachte schallend, ungefähr eine Minute lang. Dann wandte er sich an die Leute am Nebentisch, um sie an dem Witz teilhaben zu lassen. «Er sagt», dabei zeigte er auf mich, «er sagt, er will über etwas Einfacheres schreiben, über etwas, das Italien schmeichelt!» Er machte eine dramatische Pause. «Also schreibt er über *Fußball*!» Lautes, lang anhaltendes Gelächter auch dort.

«Zio Tobia», sagte Filippo schließlich und klopfte mir auf den Rücken, «wenn du über Fußball schreibst, findest du höchstens ein anderes *bel casino*!»

Strafstöße und Straffreiheiten

Der Ball wird liebkost, gezähmt, gestoßen nach Gesetzen, die, obschon spontan, einer sublimen, abstrakten, phantastischen Geometrie gehorchen, deren Form die besten menschlichen Eigenschaften ausdrückt: Großzügigkeit, Zusammengehörigkeitsgefühl, Altruismus, Freundschaft, Mut, Vertrauen, Hoffnung, Leichtgläubigkeit, Phantasie, Klugheit, gespielte Naivität, Planung, Wildheit, Offenheit. [1]
Gianni Brera

Bei schönem Wetter bietet die Zitadelle einen idyllischen Anblick. Der gedrungene, achteckige Bau liegt ungefähr zweihundert Meter von meinem Haus entfernt. Hier wachsen Hecken und Bäume, unter denen sich Liebespaare verstecken. Ganz oben laufen Jogger in ihren schicken Anzügen um die Befestigungsanlagen herum, immer darauf bedacht, im Tempo mit den schönsten Frauen mitzuhalten. Die Bank genau über dem Haupteingang ist für Stammgäste reserviert: Männer mittleren Alters, die sich hier plaudernd den ganzen Tag über die Zeit vertreiben. In einer Ecke unterhalb liegt ein Spielplatz, auf den die *parmigiani* gerne ihre Enkelkinder bringen. In einer anderen Ecke befindet sich ein Basketballfeld. Die Spieler sind gekleidet, als hätten sie zu viel MTV geschaut.

Das Beste ist, dass man dort gegen Abend, wenn die Büros und Bibliotheken schließen, immer Leute trifft, die gerne kicken. Sie gehen im Schatten der warmen, rosigen Ziegelmauern auf und ab und warten, bis genügend Interessenten eintrudeln – was immer klappt. Oft sind die Spieler gar nicht aus Parma, nicht einmal aus Italien: Marokkaner, Senegalesen, Albaner. Kaum ist ein Dutzend zusammen, steht einer auf, teilt die Mannschaften ein, und wir spielen bis Sonnenuntergang.

Es ist komisch, dass sich einem gerade beim Fußballspielen nationale Klischeevorstellungen aufdrängen. Die Afrikaner, die zur Zitadelle kommen, sind ausnahmslos brillante Taktierer, hünenhaft und ausgezeichnete Sprinter. Die Albaner sind muskulös. Ab und an versuchen englische Studenten, die ein Auslandsjahr in Italien verbringen, ihr Glück, und sie sind in der Regel sehr englisch: schnelle, gute Pässe, aber technisch nicht viel auf dem Kasten. Am interessantesten sind jedoch die Italiener. Spontan heißen sie dich willkommen. Wenn sie dann merken, dass du Engländer bist, tun sie so, als hätten sie Vorbehalte: «Mamma mia, doch kein englischer Fußballer!» Ihr spielerischer Ernst ist unglaublich: Sie sprinten über den Rasen und flüstern sich dabei Tipps zu, oder sie signalisieren einem nur mit den Augen, wohin man den Ball spielen soll. Fouls kommen bei ihnen so gut wie nicht vor; passiert doch mal eines aus Versehen, dann helfen sie dir auf, verbeugen und entschuldigen sich. Oft halten sie mitten im Spiel inne, um dir zu erklären, was genau du falsch machst: «Tobia, dir springen die Eier in die Kehle, sobald du allein dem Torwart gegenüberstehst. Bleib ruhig, schieß den Ball ins Netz, und versuch nicht, den Keeper zu ermorden, okay?» Anschließend in der Kneipe ist es – dank ihrer Gastfreundlichkeit und Großzügigkeit – normalerweise unmöglich, auch nur eine Runde auszugeben. Vergessen Sie, nur für eine Minute, die fahnenwogenden Stadien im Flutlicht: Wer in den Parks spielt, erfährt etwas von der Noblesse italienischen Fußballs.

Am anderen Ende der Skala, ganz oben, sieht sich der italienische Fußball jedoch endloser Kritik ausgesetzt. Fast ausnahmslos hört man, er sei nicht mehr das, was er einmal war. «Es ist kein großes *spettacolo* mehr.» Alle sagen, in Spanien und England spiele man besser. Dort hätten die Spieler mehr Biss, sagen die Leute, trauten sich mehr und seien einfallsreicher. Genau das sagt man in England auch: In Italien und Spanien spielen sie besser. Der Rasen ist anderswo immer grüner. Jedes Land – ausgenommen vielleicht Brasilien und Spanien – beschwert sich über seinen Fußball. Wenn in England heute besserer Fußball gespielt wird als vor zehn Jahren, dann ist das zu großen Teilen italienischen Spielern wie Paolo Di Canio, Gianluca Vialli und vor allem Gianfranco Zola zu verdanken. Wenn heute englische Kicker am Abend vor einem Samstags-Spiel nicht mehr ins Pub gehen, dann hauptsächlich deshalb, weil Trainer wie Arsene Wenger und Claudio Ranieri ihnen die Grundzüge eines vernünftigen Ess- und Trinkverhaltens beigebracht haben. Ohne ausländische Unterstützung jedenfalls wäre der englische Fußball noch heute finsteres Mittelalter.

Als ich 1999 nach Italien kam, war ich wirklich erstaunt über die Schönheit und Eleganz des italienischen Fußballs. Es war Frühling, mein erster in Parma, und ich besuchte zwei Halbfinale. Eines war die *Coppa Italia* gegen Inter Mailand, das andere der UEFA-Cup gegen Bordeaux. An der Stelle muss man wissen, dass ich Everton-Fan bin. Ich bin der Mannschaft zwanzig Jahre lang durch ganz Großbritannien nachgereist. Von wenigen ruhmreichen Jahren Mitte der Achtziger abgesehen ist sie vor allem für eines berühmt: wie durch ein Wunder Jahr für Jahr den Abstieg mit Hilfe nur eines Punktes zu verfehlen. Ein Blick auf die Meisterschaftstabellen nach Saisonschluss genügte, um zu wissen, wie es wirklich um den Club stand. Die Mannschaft wurde gern «Wissenschafts-Elf» genannt, dabei war unser Stürmer – ehe ihn Wayne Rooney ablöste – ein zwei Meter großer Schotte namens Duncan Ferguson, der seit kurzem wegen Körperverletzung in Schottlands gefürchtetstem Gefängnis einsitzt. Seine Spezialität war es, Gegner mit Kopfstößen zu attackieren. Jetzt im Nachhinein meine ich mich nicht erinnern zu können, dass er jemals einen Treffer mit dem Fuß gelandet hat.

Als ich nach Parma kam und zwei Halbfinalspiele kurz hintereinander sah, hatte ich das Gefühl, als würde ich nach vielen dunklen Jahren endlich Licht sehen. Italienischer und britischer Fußball sind so unterschiedlich wie Billard und Darts. Im einen Fall bringt jemand mit Verstand und Stil die Kugeln auf dem grünen Filz ins Rollen, im anderen Fall wirft jemand, leicht übergewichtig und heiser, ab und an einen Pfeil in die hoffentlich richtige Richtung. In musikalischen Begriffen ausgedrückt: Britischer Fußball ist wie das Blech im Orchester – laut, polternd, zuweilen beeindruckend, aber meist nicht sehr raffiniert; italienischer Fußball ist den Streichern vergleichbar – elegant schwebend, voller Melodie und Emotionen. Für Parma spielten damals Buffon, Thuram, Sensini, Baggio, Veron, Chiesa und Crespo: die besten Spieler Italiens. Die Mannschaft war hinreißend, schien den Ball überhaupt nie zu verlieren. Sie war beeindruckend, beherrschend. Inter musste vier Tore einstecken. Bordeaux kassierte sechs.

Nach Monaten und schließlich Jahren in der *Curva Nord* erkannte ich, dass es zwei entscheidende Bestandteile des italienischen Fußballs gibt, die dem britischen fehlen: *fantasia* und *furbizia*. Phantasie bezeichnet die Fähigkeit, etwas ganz und gar Unvorhersehbares mit dem Ball anzustellen. Die Briten sehen nur die Möglichkeit, eine Verteidigungslinie zu durchbrechen oder daran vorbeizulaufen, aber sie überlisten sie nie. Beckham ist zwar berühmt für seine Pässe und Durchmärsche, aber Mann gegen Mann ist er nicht gerade überragend. Die Italiener dagegen erzeugen jene Nanosekunden der Überraschung, mit denen sie die gegnerische Verteidigung sprengen. Das kann ein Hackentrick sein, ein eingeschleuster Dummy oder ein vorgetäuschter Gleichgewichtsverlust. Es ist die Seite am Fußball, die nicht gelehrt werden kann. Der Spieler muss aus einer plötzlichen Eingebung, aus dem Bauch heraus agieren, und genau dafür werden die Italiener auch in Großbritannien so bewundert: Sie besitzen einen nicht erklärbaren Genius. Die paar *fantasisti*, die es in den letzten zehn Jahren in Großbritannien gab, lassen sich an einer Hand abzählen: Paul Gascoigne, Paul Scholes (mit Einschränkungen), Ryan Giggs (Waliser) und, heute vielleicht, Wayne Rooney.

Die andere Eigenschaft, die dem britischen Fußball abgeht, ist *furbizia*. Gemeint ist die Fähigkeit, das Spiel mit dem Einsatz trickreicher, aber doch legitimer Taktiken zu den eigenen Gunsten zu beeinflussen. Man braucht nur junge italienische Amateure zu beobachten, um zu erkennen, dass auch sie bereits alle Kniffe von ihren kickenden Vorbildern gelernt haben. Ich sehe manchmal einem meiner jüngeren Studenten zu, der in einer halbprofessionellen Liga spielt, dem hoch gewachsenen Mittelverteidiger Francesco. Einmal, gegen Ende eines Spiels – seine Mannschaft führte mit nur einem Tor Vorsprung –, krümmte er sich und hob die Hand, als habe er gesundheitliche Probleme. Das Spiel war fünf Minuten lang unterbrochen, während Francesco hin- und herhampelte und auf den Rasen starrte. Er deutete auf seine Augen. Die Spielereltern um mich herum murmelten: «Der gute alte Francesco, durch und durch ein Profi.»

Langsam dämmerte es mir, dass er seine Kontaktlinsen suchte. Schließlich wurde das Spiel fortgesetzt, aber nur für ein paar Sekunden, bis zum Schlusspfiff. Danach gratulierte ich ihm zum Sieg. «Ich wusste nicht, dass du Linsen trägst», sagte ich.

«Ich trage natürlich keine», antwortete er und lachte.

Furbizia zeigt sich in jedem x-beliebigen Spiel. Wenn ein Spieler stürzt, greift er instinktiv mit den Händen nach dem Ball, wie um den Schiedsrichter zu zwingen, ihm einen Freistoß zu geben. In Italien mag das angehen, in England jedoch wurde Fabrizio Ravenelli von den eigenen Fans ausgepfiffen, weil er etwas zu viel *furbizia* an den Tag legte: Er machte eine Schwalbe, sobald er im Strafraum war, oder versuchte – und darüber regt sich das Publikum immer besonders auf –, den Schiedsrichter zum Verwarnen eines Gegners zu bewegen. Trickreicher Fußball kennt noch mehr Möglichkeiten: Kein Tor fällt, ohne dass nicht ein paar Verteidiger Beschwerde beim Schiedsrichter oder Linienrichter einlegen. Oder die Spieler bewegen sich nach vorne, wenn der Gegner einen Freistoß vorbereitet. Jede wichtige Schiedsrichterentscheidung zieht eine mindestens fünfminütige Debatte nach sich. Vielleicht handelt es sich dabei um die Eigenart des italienischen Fußballs, welche ein Außenstehender am wenigsten nachvollziehen kann. In England sagen die Leute oft, die Nationalmannschaft verstehe es nicht, zu gewinnen; in Italien, so hat der Sportjournalist Giorgio Tosatti unlängst gesagt, versteht sie es nicht, zu verlieren. Möglicherweise war das auch der Anlass für jenen vernichtenden Ausspruch von Winston

Churchill: «Die Italiener verlieren Kriege, als seien es Fußballspiele; und sie verlieren Fußballspiele, als seien es Kriege».

Die Spieler haben dagegen oft wirklich Format. In England würde sich niemand vor oder nach einem Spiel auf die Wange küssen – in Schottland würde man gar ausgelacht werden. In Italien scheint diese Geste jedoch nur die Würde des Anlasses zu unterstreichen. Ein Spieler, der gegen seine ehemalige Mannschaft ein Tor schießt – in England der Anlass zu Jubel –, hält in Italien mit seiner Begeisterung hinter dem Berg. Alles andere wäre ein Affront gegenüber dem ehemaligen Dienstherrn und den Fans. Manchmal brechen sie nicht nur nicht in Jubel aus, sondern geben sich sogar zerknirscht und verdrücken ein Tränchen – wie Gabriel Batistuta nach seinem ruhmreichen Tor für Roma gegen Fiorentina, einem Tor, dessen Symbolträchtigkeit sich erst später herausstellte, als Fiorentina in Konkurs ging. Begeisterte Kommentatoren beschrieben die Geste als *un gesto bellissimo*.

Einmal lernte ich nach einem Spiel Fabio Cannavaro kennen, den Kapitän von Parma und manchmal auch Kapitän der Nationalmannschaft. Er war ein Gentleman vom Scheitel bis zur Sohle, erhob sich, als ich an den Tisch kam, und rückte mir den Stuhl zurecht. Er wollte wissen, wie das Spiel von den Rängen aus gewirkt hatte, und fragte, ob sie nicht besser 3-5-1-1 anstatt 4-4-2 hätten spielen sollen. Das ganze Spiel wurde analysiert wie ein Schachspiel: die Eröffnungszüge, offene Flanken, die Schlussphase. Man kommt schnell darauf, dass sich die Klischeevorstellungen von Briten und Italienern – die einen reserviert, die anderen impulsiv – umkehren, sobald es um Fußball geht. Die Italiener spielen einen derart kalkulierten Fußball, dass sie meist darüber staunen, wie stürmisch und leidenschaftlich die Briten sind.

Es ist wirklich unglaublich, welchen Stellenwert Taktik hierzulande hat. Ich erinnere mich an die Begegnung mit einem Typen in einem Billard-Salon. Das Gespräch hatte aus irgendeinem Grund eine Wendung zum Thema Religion genommen. «Was bist du nun?», fragte der Typ.

«Ich geh mal davon aus, dass ich *metodista* – Methodist – bin», sagte ich vielleicht ein wenig überbetont. Ich nahm an, er wusste, was ich meinte: Protestant nämlich, Nonkonformist.

«Ah, *fantastico!*» Sein Gesicht begann zu leuchten. «Das ist großartig!» Er schien plötzlich in Fahrt zu kommen, nahm die Kugeln, platzierte sie auf dem Filz und bat mich, die Sache zu erklären. Mir war nicht ganz klar, wie ich die Theologie von John Wesley mit diesen Billard-Utensilien erläutern sollte. Das Missverständnis währte zehn Minuten, erst dann kapierte ich, dass er glaubte, ich würde über taktisch gespielten Fußball sprechen. *Metodo* war eine in den fünfziger Jahren beliebte Taktik auf dem Rasen, das Gegenstück zu *sistema*. In Großbritannien dagegen kennt man taktisches Spielen erst seit der Arbeit ausländischer Trainer wie etwa Arsene Wenger und Sven Goran Ericksson; die bis dahin einzige innovative Technik hatte Graham Taylor eingeführt, der später seltsamerweise Nationaltrainer geworden ist. Sie hieß *Route one* und bestand darin, den Ball so schnell wie möglich nach vorne und einem Stürmer zuzuspielen, der entsprechend groß, aggressiv und furchtlos war: Duncan Ferguson, John Fashanu oder Mark Hately.

Der Grund dafür, dass die Italiener so taktisch spielen können, liegt in einem weiteren Schlüsselbegriff des Fußballvokabulars: *tecnica*. Niemand muss unnötig den Ball in die Ränge schießen – was in England häufig genug vorkommt –, weil die Spieler in der Lage sind, ihn genau dorthin zu spielen, wo sie ihn haben möchten: Sie jonglieren, schneiden an und dribbeln. Sie können einen schnellen Ball auf der Stelle stoppen oder mit dem Einsatz von Brust oder Stollen in einem perfekt ausbalancierten Pass weitergeben. Und in Italien verlässt der Ball, wie die weiße Kugel beim Billard, den Rasen nur, wenn es unbedingt erforderlich ist, etwa wenn die Verteidigung aufgebrochen werden muss. Sie brauchen sich nur ein Spiel in England anzusehen, irgendeines zwischen 1890 und 2003, an dem Everton beteiligt war, und Sie sehen den Unterschied.

Die italienischen Fans haben oft ebenso viel Format wie die Spieler. Tritt beispielsweise ein Star, eine Fußballlegende, gegen die eigene Mannschaft an, dann wird er eher umjubelt als ausgepfiffen. Als der Brasilianer Ronaldo nach einer zweijährigen Verletzungsserie wieder zu Inter Mailand zurückkam und auch noch ein Tor schoss, applaudierten die Fans von Lazio Roma, die das Spiel auf einer Großleinwand in ihrem Stadion, Hunderte von Meilen weiter südlich, mitverfolgten, spontan eine Minute lang. Die Theatralik auf dem Spielfeld findet also ihre unmittelbare Entsprechung in den großen Gesten der Fans: *Fantasisti* werden oft mit minutenlangen stehenden Ovationen bedacht, und die Stimmung im Stadion gleicht plötzlich der in einem großen Theater nach einer bewegenden Szene. Beliebte Kandidaten für diese Art von Verherrlichung sind in der Regel Enrico Chiesa oder Francesco Totti. Wenn Spieler neuen Jagdgründen zustreben, werden sie von ihren ehemaligen Fans nicht mit Hass und Verachtung empfangen wie in England, sondern, in Anerkennung ihrer Leistung, abermals mit stehenden Ovationen.

Die Intelligenz italienischer Fans ist, verglichen mit der britischer, oft außergewöhnlich. Wer ein Fußballspiel im Fernsehen verfolgt, noch dazu mit Freunden, muss das Gefühl haben, er wohne einer ernsthaften Debatte über Literatur bei. Ich habe so manche Stunden auf so mancher Terrasse verbracht und dabei Fans belauscht, die erregt darüber diskutierten, welches Adjektiv die Schönheit bestimmter Spieler am besten beschreibt: «Reinstes Rokoko!», sagt da jemand über einen langhaarigen Mittelfeldspieler mit schmutzigen Knien. «Unsinn, dazu ist er viel zu kämpferisch. Er ist ein Naturmensch, ein edler Wilder!» – «Nein, ich wiederhole, Rokoko. So geschickt, etwas einseitig.»

Zwischen den Spielen beschäftigte ich mich mit dem italienischen Sportjournalismus, der, wie ich feststellte, mit zum besten der Welt gehört. Er ist knallhart und nimmt kein Blatt vor den Mund. Ungeschoren kommt niemand davon. Sogar eine Art Rangliste gibt es, *la pagella*, in der jeder Spieler mit bis zu zehn Punkten benotet wird. Die einzige Zehn, die ich je erlebt habe, bekam allerdings ein Spieler, der einem kollabierten Kollegen Mund-zu-Mund-Beatmung gab; der höchste Wert ist normalerweise die Acht, selbst für einen *fantasista*. Fußballberichterstatter sind fast so berühmt wie die Spieler selbst. Eine der ältesten Fußball-Fernsehsendungen des Landes nennt sich *Il Processo di Biscardi*; darin brüllen sich drei oder vier Männer in erhabener Entrüstung gleichzeitig an. Es klingt lächerlich, ist aber wirklich spannend. Es gibt auch anspruchsvolle, von den «Fußball-Philosophen» des Landes geleitete Sendungen. Woche für Woche reserviert das Fernsehen mehrere Stunden Sendezeit nicht nur für die Übertragung der Spiele, sondern auch für ausgedehnte Dokumentationen über Geschichte und Kultur des *calcio*. Einige Leute beschweren sich, dass es zu viel Fußball im Fernsehen gebe – oder vielmehr nur Geschwätz über Fußball. Ich kann trotzdem nicht genug davon bekommen. Manche Sendungen könnte man glatt für Kriegsdokumentationen halten, wenn man nicht wüsste, dass es um Fußball geht: Weinende Männer beugen sich über sepiafarbene Fotografien und entfalten Briefe aus den fünfziger Jahren. Fußball ist in Italien mehr als nur ein Sport; er ist das Erbe, das heilige Vermächtnis der Nation.

Besonders die Berichte in den Printmedien sind von erstaunlicher Qualität. Nehmen Sie nur Antonio Ghirellis Beschreibung des gestrauchelten argentinischen Genies Diego Maradona: «Ein Champion, geschlagen mit Talent und Wahn gleichermaßen, kapriziös, launisch, nicht reduzierbar auf die elementarsten Anforderungen der Disziplin (...), gierig wie ein Geldverleiher, erhaben wie ein Scheich, umgeben von einem wundersamen Hof von Kofferträgern und Geschäftsleuten, umschwärmt von Frauen und von einer ganzen Stadt zum Denkmal erklärt.»[2] Oder Gianni Breras Beschreibung von Peppìn Meazza: «Er hatte hängende Schultern und Knie wie eine Kuh. In ihm aber schlummerte die katzenartige List eines Trickkünstlers, die plötzlich durchbrach und Gegner und Publikum vor Staunen erstarren ließ.»[3] Derart poetische Schilderungen finden sich in britischen Zeitungen viel seltener, weil dem dortigen Fußball dieses Strahlen tiefer metaphorischer Bedeutung abgeht. Cricket ist das Feld, auf dem der britische Journalismus sein Bestes gibt, nicht der Fußball. Ich frage mich oft, wie Italien heute aussehen würde, wenn sich die Genueser in den neunziger Jahren des 19. Jahrhunderts anders entschieden hätten: Britische Seeleute hatten in der Hafenstadt einen «Cricket-and-Football»-Club gegründet, wohl in der Hoffnung, dass sich eher Ersteres denn Letzteres durchsetzen werde.

Nur eine Seite der Sportberichterstattung fand ich unerträglich: *la moviola,* eine Art und Weise, über Fußball zu berichten, die ich bis dahin nicht gekannt hatte. Aktionen der Spieler werden in Zeitlupe analysiert, vor und zurück, während Experten darüber diskutieren, ob ein Spieler getreten, am Trikot gezerrt oder ob die Abseitslinie übertreten wurde. Es werden Computergrafiken erstellt, die noch mehr Gesprächsstoff liefern. Wenn ich diese schrecklichen Worte nur höre – «ein Strafstoß wäre vielleicht doch gerechtfertigt gewesen» –, wird mir ganz anders. Es ist pure hochgradige Spekulation, die an den Fakten vorbeigeht. Derartige Aussagen schaffen ein Klima des Verdachts, des Missmuts und unnötiger Polemik. Obendrein haben die Leute damit einen Grund, sich über Dinge zu echauffieren, die so unwichtig sind wie nur irgendetwas. So werden Fans herangezogen, die, wie zwei Fußball-Soziologen sich ausdrückten, «bereit sind, einen Volksaufstand wegen einer ungerechten Schiedsrichterentscheidung heraufzubeschwören, den Amtsmissbrauch eines mächtigen Lokalpolitikers dagegen resigniert hinnehmen».[4] Genau das ist das Ironische an der Sache: Da das Empörungspotenzial der meisten Menschen begrenzt ist, kann so mancher Politiker seine Karriere nur deshalb fortsetzen, weil sämtliche Reserven für den Fußball verbraucht wurden. Dank der *pagella*, jener gnadenlosen Bewertungsskala, können Fußballer und Schiedsrichter in Italien nicht mit Gnade rechnen, Politikern dagegen verzeiht man alles.

Ganz allmählich begriff ich, warum die *moviola* so wichtig war. Im Hintergrund nämlich lauert immer der Verdacht, dass Fußball nicht so ganz «hasenrein» sei. Wie überall wuchern auch hier Vermutungen, Verschwörungstheorien, *dietrologia*. Diese Paranoia rührt zum Teil daher, dass der Schiedsrichter in Italien viel wichtiger ist als in Großbritannien, weil die Spieler, bei aller überragenden Grazie, mit der sie den Ball behandeln, voller Tücke sind. Grob geschätzt würde ich sagen, dass es in Italien ungefähr dreimal mehr Verweise gibt als in Großbritannien. Nicht weil es in Italien mehr Fouls gibt – es sind tatsächlich sehr viel weniger –, sondern weil die Spieler instinktiv wissen, wann und wie sie die Schwalbe machen müssen. Das hat natürlich zur Folge, dass die Arbeit des Schiedsrichters höchst diffizil wird, und dass das Misstrauen in seine Entscheidungen und in die Gründe dafür immer abstrusere Formen annimmt. Niemand in Großbritannien kennt auch nur einen einzigen Schiedsrichter mit Namen; in Italien kennt sie jedes Kind.

Die Präsidenten der Mannschaften verhalten sich so, als wollten sie dieses Misstrauen noch verstärken. 1999 schenkte der Präsident von Roma allen Schiedsrichtern der Serie A eine schlichte Rolex zu Weihnachten. Juventus hat einigen Schiedsrichtern heimlich den Urlaub bezahlt; manche Schiedsrichter durften auch, dank der freundlichen Unterstützung diverser Clubs, die Begleitung einer, wie man in Italien sagt, *sexy hostess* genießen. Wie wichtig es ist, einen Schiedsrichter «auf seiner Seite» zu haben, zeigt sich daran, dass sich die führenden Clubs heftig dagegen wehren, die Namen der Schiedsrichter per Los ziehen zu lassen, ein Verfahren, das *sorteggio integrale* genannt wird. Das wäre zu unberechenbar. Stattdessen dürfen nur «verlässliche» Schiedsrichter die Verantwortung für die großen Spiele der großen Clubs übernehmen.

Und so wirft ständig einer dem andern etwas vor, die Verschwörungstheoretiker und die, die jedes Betrugsmanöver abstreiten. Ich habe ganze Abende in alten Weinkellern zugebracht, habe mir ausgefeilte Erklärungen angehört, warum irgendein entscheidendes Tor in den Fünfzigern doch aus dem Abseits erzielt wurde oder warum ein Schiedsrichter, nachdem er dem Fußball den Rücken gekehrt hatte, plötzlich sehr reich geworden war. Wer gegenüber dieser Paranoia auch nur einen Hauch von Skepsis walten lässt, muss sich sagen lassen, er sei naiv oder verstehe trotz aller Fußballkenntnisse nichts von Italien. Es ist kaum zu glauben, wie sehr diese Fußball-Diskussionen fast wörtlich den Debatten über mögliche Verbindungen zur Mafia oder terroristischen Gruppen gleichen; irgendein tapferer Beobachter wagt sich hervor und erklärt, dass die Dinge ganz anders liegen und dass ein böses Spiel gespielt wird. Zuerst wird die Idee als hirnrissig abgetan, dann folgen immer lautere Drohungen, sollte der Ankläger an seinen Beschuldigungen festhalten.

Die weitaus faszinierendste Person im italienischen Fußball ist der Mann, dessen Job darin besteht, Juventus gegen die allwöchentlich auf den Plan tretenden «paranoiden» Nörgler zu verteidigen. Er heißt Luciano Moggi, hat hängende, reptilartige Augenlider und sieht aus, als sei er direkt dem Film «Der Pate» entstiegen. In seiner süffisanten Art verliert er nie die Ruhe, hat aber oft etwas Wildes, besonders wenn er lächelt. Seinen Biss hat er sich in Napoli, in den ruhmreichen Tagen mit Diego Maradona, erworben, und seit seiner Zeit in Turin gilt er als die graue Eminenz des italienischen Fußballs. Im Fernsehen gibt es eine Parodie auf Moggi: einen Mann, der, wenn er eine gegnerische Schachfigur kassiert, diese seelenruhig mit einem Hammer zertrümmert.

Je mehr Fußball ich schaute, umso mehr drängte sich mir der Verdacht auf, dass das wahre Spiel nicht auf dem Rasen stattfindet, sondern in Sitzungszimmern, Korridoren und Präsidentensuiten. Es lässt sich schwer in Worte fassen, aber ich hatte das untrügliche Gefühl, dass *calcio* bei weitem nicht nur darin bestand, einen Ball zu kicken. Für mich, der ich an britische Verhältnisse gewöhnt war, waren die Besitzer von Fußballclubs immer anonym gewesen. In Italien dagegen erschienen sie wie mittelalterliche Barone, die keinen Widerspruch duldeten. Sie gehörten Dynastien an, die sich nicht auf Fußball beschränken, sondern ihre Finger auch in der Politik und in der Welt der Medien hatten.

Fußball zu schauen vermittelte mir den Eindruck, dass Italien in der Hand einiger weniger, sehr mächtiger Oligarchien war. Ein Vergleich mit der Renaissance drängt sich geradezu auf, als ein Dutzend mächtiger Familien das Land unter sich aufteilte. Letztendlich ist alles eine *questione di famiglia,* eine Familienangelegenheit. Dieselben Namen tauchen immer wieder auf, egal ob man über Politik spricht, über Fernsehen oder Fußball, egal ob man eine aktuelle Zeitung oder eine aus den sechziger Jahren liest. Söhne und Brüder, gelegentlich auch die eine oder andere Schwester oder die Mutter steigen ins Fußballgeschäft ein, um von dort aus entsprechend vorgebildet in die Politik überzuwechseln oder die Herausgabe der familieneigenen Zeitung zu übernehmen. Viele Söhne berühmter Clubbosse sind *procuratori,* was bedeutet, dass sie als Agenten an jedem Deal, den ihre Väter tätigen, zu einem gewissen Prozentsatz beteiligt sind. Die Vorstellung eines Interessenkonflikts existiert nicht, dank der Entschlossenheit und dem eisernen Willen, *strapotere,* allumfassende Macht, zu erzeugen.

Meine erste Wohnung in Parma lag im Stadtteil Oltretorrente auf der anderen Seite des Flusses, «*di là dall'acqua*», wie man hier sagt. Ich wohnte mit drei Studenten aus Matera zusammen, aus dem tiefsten Süden also. An unseren Fernsehabenden erklärten sie mir immer, wer die Leute auf dem Bildschirm jeweils waren. «Der da», erklärte Gino, «ist Vittorio Cecchi Gori. Ihm gehört Fiorentina, er ist im Filmgeschäft und besitzt den Sender, den wir gerade schauen. Er hat auch den Film produziert, der nach den Nachrichten kommt.» – «Das ist Massimo Moratti, Erdölmagnat und Besitzer von Inter Mailand. Seine Cousine Letizia ist die ehemalige Vorsitzende der RAI [der staatlichen Rundfunk- und Fernsehanstalt]. Zehn Prozent von Inter», erklärte Gino und lachte dabei über meine Fassungslosigkeit, «gehören Marco Trochetti Provera, der das Team zudem sponsert. Er ist außerdem der Besitzer von Pirelli.» Ein paar Monate später gingen auch der Betreiber meines Mobilfunknetzes sowie das Fußballteam und der Fernsehsender von Cecchi Gori an Tronchetti Provera. Im Lauf der nächsten Wochen schilderte mir Gino die Karrieren von Gianni Agnelli und Silvio Berlusconi, beides milliardenschwere Medienmogule und Besitzer von Fußballmannschaften, und meine Vorstellung bizarrer oligarchischer Machtverhältnisse verfestigte sich immer mehr. Man werfe nur einen Blick auf die Karriere eines Mannes namens Franco Carraro: Er war in den späten sechziger Jahren Präsident von AC Milan, ehe er Präsident der Fußballliga *Legacalcio* und später Präsident des italienischen Fußballverbands *Figc* wurde. Dann wurde er Tourismusminister, dann Bürgermeister von Rom, um anschließend abermals als Präsident von *Legacalcio* in Erscheinung zu treten. Nicht dass daran irgendetwas illegal wäre; es fällt nur auf, dass es kein Gespür für einen Interessenkonflikt gibt. Selbst hinter der Fußballmannschaft des «Herzogtums Parma», ihren Sponsoren und den Inhabern der Film- und Fernsehrechte stecken durchweg diverse Zweige des Parmalat-Imperiums, das wiederum der Familie Tanzi gehört.

Ich habe versucht, diese Verhältnisse meinen Freunden in England zu erklären: «Stellt euch vor, Prince Charles und Tony Blair besäßen jeder eine Fußballmannschaft, ein paar Zeitungen und vielleicht den einen oder anderen Fernsehsender, und ihr bekommt eine Ahnung davon, was hier abgeht. Oder stellt euch vor, der Präsident von Arsenal würde schnell mal Kabinettsminister.» Hierzulande scheint man ohne Probleme zwischen den Jobs hin- und herzuwechseln. Die Welt ist so klein, dass immer wieder dieselben Familiennamen auftauchen. Die Auswirkungen dieser Machtverhältnisse, der Nähe des Fußballs zur Politik und zur Großfinanz sind vielschichtig. Zunächst einmal schaffen solche Zustände ein Klima des Verdachts. Viele Menschen sehen den Fußball in der Hand obskurer Kräfte. *Calcio* ist so eng mit den Mächtigen verwoben, dass ein Schiedsrichter, so argumentieren manche, automatisch eine gewisse *sudditanza psicologica*, eine «psychologische Abhängigkeit», spürt, wenn er ein bestimmtes Spiel pfeift. Am Ende der Partie ist es fast unausweichlich, dass sich der Verlierer darüber beschwert, angesichts der «gegebenen Machtverhältnisse» benachteiligt gewesen zu sein.

Als Massimo D'Alema in den späten neunziger Jahren Ministerpräsident des Landes war, beklagte er die Vorbehalte gegen sein

Team AS Roma und machte das Kartell der Mächte des Nordens dafür verantwortlich, dass in den neunziger Jahren ausschließlich Juventus Turin und AC Milan den *Scudetto,* den Meistertitel, gewonnen hatten. Der Titel sei für Rom angesichts der Vorurteile gegen die Hauptstadt so viel wert wie drei Meisterschaften zusammen. Er nahm damit offen Bezug auf ein Ereignis, das für jeden *romanista* eine offene Wunde darstellt: Es geht um ein entscheidendes Spiel, das drei Tage vor dem Abschluss der Meisterschaft 1981 stattfand. Wieder einmal stand Juventus im Halbfinale, dieses Mal gegen Roma. Wieder einmal fand das Spiel in Turin statt, und den Gästen wurde ein gerechtfertigtes Tor von Ramon Turone aufgrund einer falschen Abseitsentscheidung nicht anerkannt. Hätte Roma dieses Spiel gewonnen, dann wäre dem Verein die Meisterschaft fast sicher gewesen. So aber bekam Juventus den Titel – ein weiteres Beispiel für die schon unheimliche Fähigkeit der *vecchia signora,* der «alten Dame» Juventus, von hanebüchenen Schiedsrichter-Irrtümern zu profitieren. «Der Ball mag rund sein», heißt es in einem berühmten, gegen Juventus gerichteten Spruch von Gianni Rivera, «aber er scheint immer in dieselbe Richtung zu rollen.»

Die Atmosphäre von Verdacht und Spekulationen hat ein weiteres Phänomen zur Folge, das ich aus Italien kenne: lange, formelle Treffen zwischen Schiedsrichtern und Trainern, um Differenzen auszubügeln. Man sieht es immer wieder in den Nachrichten, wie sie in einem Luxushotel zusammenkommen, Hände schütteln, Meinungsverschiedenheiten besprechen und Beschlüsse für die Zukunft fassen. Das soll natürlich für mehr Klarheit sorgen, erscheint aber gleichzeitig wie eine etwas unkluge Nähe zwischen dem neutralen Schiedsrichter und dem parteiischen Trainer.

Wichtiger als Spekulationen über die Schiedsrichter ist jedoch die Tatsache, dass es für die Oligarchen Italiens offenbar keine Grenzen der Parteilichkeit gibt. In Italien wird ein Interessenkonflikt nicht negativ, sondern positiv gesehen. Luciano Gaucci, so stellte ich zu meinem Erstaunen fest, gehören nicht nur die Fußballmannschaft von Perugia, sondern auch die Teams von Catania und

Sambenedettese; Franco Sensi gehörten bis vor kurzem der AS Roma und Palermo; Franco Cimminelli besaß lange Zeit sowohl Torino als auch Lecco. Der wahre Grund für den Dauerverdacht, dämmerte mir, hat weniger mit Schiedsrichtern als mit Oligarchien zu tun. Man nehme nur den Fall der Familie Geronzi. Cesare Geronzi ist der Präsident der Bankengruppe Capitalia, zu der die *Banca di Roma* gehört, einer der großen Geldgeber von Perugia; darüber hinaus hält das Unternehmen Anteile an Roma, Lazio und Parma, und Franco Carraro – dessen Lebenslauf schon oben zur Sprache kam – sitzt natürlich im Vorstand von Capitalia. Eine Tochter von Cesare Geronzi, Benedetta, arbeitet bei *Federcalcio*, eine andere, Chiara, ist *procuratrice* bei der Agentur Gea, die die Interessen vieler Spieler und Schiedsrichter vertritt. Zu den Mitgliedern von Gea gehören auch Alessandro Moggi, der Sohn von Luciano, dem furchteinflößenden Boss von Juventus, und Marcello Lippi, der Sohn des Trainers von Juventus. Mittlerweile ist Adriano Galliani, der Präsident von AC Milan – der wiederum Silvio Berlusconi gehört – auch noch der Chef der *Legacalcio* und selbständiger TV-Unternehmer.

Vielleicht handelt es sich um das sportliche Äquivalent zu *trasformismo*: Von außen betrachtet gibt es zwar einen harten Wettbewerb zwischen zwei Mannschaften, aber in Wirklichkeit scheint sich alles zu überlappen. Das geht so weit, dass sich verschiedene Mannschaften sogar die Spieler teilen. Finanziell gesehen ist das sinnvoll, aber von der sportlichen Seite her ist es absurd. Es ist so, als würde ein Politiker sowohl für die Rechten als auch für die Linken im Parlament sitzen. Adriano, der brillante brasilianische Stürmer, sagte unlängst, dass sein Einsatz für Parma gegen Inter Mailand für ihn ein echtes Derby war, weil er zur Hälfte Inter gehört. Was, so fragt man sich, empfindet er, wenn er gegen Inter spielt? Es kommt auch vor, dass Spieler, die einer Mannschaft ganz gehören, monatsweise oder auch für Jahre an eine andere Mannschaft ausgeliehen werden. Loyal zu sein wird unter diesen Umständen zu einer Gratwanderung. Würde man auch beim Poker so verfahren – passende Karten zu teilen oder im Bedarfsfall auszutauschen –, erntete man im Casino nur Hohn und Spott. Beim Fußball dagegen geht so manches.

Die oligarchischen Machtverhältnisse in der Welt des Fußballs haben weiterhin zur Folge, dass der Sport ohne Wenn und Aber den Anforderungen der modernen Medien unterworfen wurde. Da die Clubbesitzer überwiegend Medienmogule sind, verkörpern und fördern sie die Vereinbarkeit von Fußball und Fernsehen. Im Lauf der neunziger Jahre hat sich das Gesicht des Fußballs dank Bezahlfernsehen und überzogener Deals mit den Sendern von Grund auf gewandelt: Spiele wurden zugunsten der Programmplanung oder der Werbung zeitlich verschoben. Die Namen der Sponsoren verunzieren nicht nur die Spielertrikots, sondern auch den Platz, die Werbeflächen im Stadion und die Trainerbank. Der Anteil der Eintrittsgelder am Gesamteinkommen der Vereine ist drastisch gesunken, während die Fernseheinnahmen exponentiell gestiegen sind. Letztere machen mittlerweile 54 Prozent der Vereinseinnahmen in der Serie A aus. Vittorio Malagutti schrieb dazu vor kurzem: «Die irren Summen sind für den Fußball mittlerweile zu einer Droge geworden.»[5] Die Spiele müssen sich den Sendezeiten unterordnen. Vor ein paar Jahren war ich im Stadio Tardini in Parma. Es herrschte eine Atmosphäre der Wut und der Enttäuschung, weil das Spiel an einem Sonntag zur Mittagszeit stattfand. Die *parmigiani* waren gezwungen, zwischen zwei ihrer Lieblingshobbys zu wählen: entweder mit der Familie gemeinsam zu essen oder mit Freunden Fußball zu schauen. Während die Spieler auf dem Platz einliefen, entrollte jemand ein riesiges Transparent mit der Aufschrift: *La nostra sofferenza, la vostra prepotenza*, «unser Leiden, eure Arroganz».

Die andere Seite des Geschäfts mit dem Fußball ist der rege Handel mit den Spielern, der *calciomercato*. Wenn ich die langen Sommermonate im Apennin verbringe und nichts mehr herbeisehne als den Beginn der neuen Fußballsaison, gilt mein Interesse auch dem *calciomercato*. In Großbritannien gibt es nichts Vergleichbares, die Mannschaften bleiben über Jahre hinweg bestehen. Manchmal kaufen die Manager einen neuen Spieler dazu oder verkaufen einen, aber im Grunde genommen ändert sich wenig. Hier dagegen kann ich nur staunen, wie viele Spieler ständig ge- oder verkauft werden. Oft werden sie, kaum in einer Mannschaft angekommen, bereits zur nächsten weiterverschoben. Die Promiskuität der Präsidenten scheint in diesem Punkt unersättlich. Manche Mannschaften sind von einer Saison auf die nächste kaum wiederzuerkennen. Wer sich auch nur für ein paar Wochen ausklinkt, könnte durchaus beim nächsten Besuch im Stadion feststellen, dass die Hälfte seiner Idole in das gegnerische Lager verkauft worden ist. Der Spielerhandel bildet den Kernbereich des Fußballgeschäfts. Die schnellste Art, Geld zu machen, ist die, einen Spieler zu verkaufen; man kann aber auch einen Spieler kaufen und entgegen allen Regeln der Wirtschaft hoffen, die Inflation würde ewig dauern und man könne innerhalb weniger Monate einen Profit machen. «Wie bei allen Blasen», schrieb unlängst die Börsenzeitung *Il Sole 24 Ore*, «wurden Gewinne nur auf dem Papier gemacht – Gewinne, die von sich selbst zehren, nur damit die Anzahl der Transaktionen und die Preise ständig steigen.» Früher oder später, das wusste jeder, auch wenn er es nicht zugeben wollte, würde die Blase platzen.

Schließlich gibt es noch eine Seite des Fußballgeschäfts, die dem ausländischen Beobachter höchst merkwürdig anmutet. Die Briten sind leidenschaftliche Wetter. In jedem Dorf und jeder Stadt gibt es Buchmacher, die entweder selbständig sind oder zu einer Kette gehören. Sie setzen die Quoten fest, und man sucht sich die Wette mit der höchsten Quote aus, damit man am Ende, sollte man gewinnen, die größtmögliche Summe bekommt. In Italien ist alles ganz anders. Das Wettsystem ist schlichtweg bizarr: Betreiber ist fast immer der Staat, und die Gewinnchancen tendieren gegen null. *Totocalcio*, *totosei* oder *totogol* Geld in den Rachen zu werfen kommt schon fast einer Steuer auf Dummheit gleich. Man macht damit nur die Reichen noch reicher. Und was mich am meisten erstaunte: In jedem *tabaccaio* waren die Wände gepflastert mit Wettscheinen; wollte ich dagegen zu Hause eine Runde Poker oder Billard um Geld spielen, hieß es, das sei gesetzeswidrig. Wetten sei nur legal, wenn der Staat der Buchmacher sei.

Es ist nur ein Verdacht, beweisen lässt sich gar nichts. Aber ein Blick auf die Fakten genügt, und man kennt das Ergebnis: 1:0 für Juventus. Nichts wird diesen Spielausgang noch verändern, nicht einmal ein Tor. Und tatsächlich: In den allerletzten Minuten des entscheidenden vorletzten Spiels der Meisterschaftsrunde 1999/2000 setzt Parmas Fabio Cannavaro zu einem Sprung an, beugt den Oberkörper extrem weit nach vorne und landet einen Kopfball. Dieser prallt unten von der Innenseite des Pfostens ab direkt ins Tor. Im umzäunten Teil des Stadions, der auswärtigen Zuschauern vorbehalten ist, drehen die Fans von Parma schier durch. Sie schwingen blau-gelbe Fahnen und zünden Rauchbomben.

Aber seltsamerweise bleibt es beim 1:0. Das Tor wird nicht anerkannt. Überall um mich herum beginnen empörte *parmigiani*, den Schiedsrichter wüst zu beschimpfen: «*hai guadagnato bene oggi, vè*», «*venduto, cornuto*». Dass er das Tor nicht gegeben hatte, schien besonders abwegig, da die Aktion mit einer Ecke begonnen hatte und somit ein Abseits nicht in Frage kam. Cannavaro stand völlig frei und hatte auch keinen Verteidiger gerempelt. Nach dem Spiel befragt, kann sich der Schiedsrichter nicht erinnern, warum genau er das Tor nicht gegeben hat. Eine Erklärung gibt es nicht, außer vielleicht die Tatsache, dass er die Ecke zuvor zu Unrecht gegeben hatte und, nachdem er den Fehler eingesehen hatte, diesen wieder gutmachen wollte. Die Fans von Lazio, mit ihrer Mannschaft Juventus dicht auf den Fersen, führen sich in Rom entsprechend auf. In einem Demonstrationszug wird der italienische Fußball symbolisch zu Grabe getragen und der *Corriere dello Sport* titelt: «Sorry, aber das ist ein Skandal.»

Es war nicht das erste Mal, dass so etwas passierte. Am Ende der Spielzeit 1997/98 wurde Inter Mailand ein sonnenklarer Strafstoß gegen Juventus verweigert, welcher der Mannschaft den Titel hätte bringen können. Wenige Minuten später sprach der Schiedsrichter Juventus einen Strafstoß zu, woraufhin die Elf aus Turin ihren 25. *scudetto* gewann, den Meistertitel. Wer sich die Statistiken aus dieser Spielzeit ansieht, erkennt schnell, dass Juventus in diesem Jahr am häufigsten gefoult hatte (814-mal), dafür aber die geringste Zahl gelber (65) und roter (3) Karten einstecken musste. Offenbar sind die Schiedsrichter, wie immer wieder gesagt wird, auf der Seite von Juventus.

In den meisten Ländern würde Kritik dieser Art als das Jammern schlechter Verlierer abgetan. Hierzulande besteht jedoch der schwere Verdacht, dass die Schiedsrichter nicht immer so unabhängig sind, wie sie es sein sollten. Wenn schon Richter, Zeitungsverleger und Industrielle offensichtlich politisch an einem Strang ziehen, warum sollte sich dann ein Schiedsrichter nicht mit der einen oder anderen Seite zusammentun? Selbst die sonst nüchterne *La Stampa* bemerkte, der Titel der Saison 1997/98 sei eine bittere Trophäe angesichts des Mangels an Glaubwürdigkeit, unter dem der Club nun litt: «Man kann nicht gleichgültig bleiben angesichts gewisser Zufälligkeiten, die derart einzigartig und, man muss es sagen, ‹nahrhaft› sind (...) Es drängt sich einem der Verdacht auf, dass die Regeln nicht für jeden dieselben sind.» Der Herausgeber der *Gazzetta dello Sport* schrieb sogar, dass es eine «offene Schande» und dass der Schiedsrichter «parteiisch» sei.

Während einer anderen Begegnung zwischen Juventus und Parma im Stadio Tardini in der Spielzeit 1999/2000 gab es eine weitere außergewöhnliche Schiedsrichterleistung zu bestaunen: Ich stehe neben Ciccio auf dem Rang. Wie die meisten Juventus-Anhänger kommt Ciccio aus dem Süden, ungefähr tausend Meilen von Turin entfernt. Er ist sehr klein, reicht mir ungefähr bis zur Brust, gleicht das aber dadurch aus, dass er alles, was ein Juventus-Trikot trägt, aggressiv verteidigt. Wir nippen an dem *liquore al caffè*, der an der Bar verkauft wird, und genießen das parteiische Geplänkel auf den Rängen. Überall um uns herum zünden die Fans riesige Marihuanazigaretten an, was die ausufernde Paranoia rund um den italienischen Fußball zweifelsohne ein Stück weit erklärt. Die Szenerie ist unglaublich: Zigarettenqualm, der sich mit farbigen Rauchschwaden mischt, zwischen Transparenten wehende Fahnen, die schwache Wintersonne eines Januars in Parma. Viele Fans aus dem Süden, aus Apulien und Sizilien, tragen Bomberjacken, die sie als Juventus-Anhänger ausweisen. Die meisten von ihnen, Studenten an der Universität von Parma, haben die Tickets für ihre hiesigen Freunde gleich mit besorgt, weshalb sie nun mitten unter den gesetzten, eher stillen Fans aus Parma stehen, die wie für die Oper gekleidet sind.

«Hör zu, die Sache ist doch sowieso schon gelaufen», sage ich vor dem Anpfiff zu Ciccio. «Jeder weiß, dass der Schiedsrichter das Drehbuch von Juventus längst bekommen hat.»

«Warum musst du deine mangelnde Intelligenz mit solchen Sprüchen unter Beweis stellen?», sagt Ciccio und grinst.

Juventus wird mit einem Freistoß beglückt, der Verteidiger von Parma muss vom Platz. Ciccio weigert sich, von Betrug zu sprechen. Alessandro Del Piero nimmt Aufstellung und setzt den Freistoß sicher in den Kasten. «Zio Tobia, ich bitte dich, du wirkst wie ein dummer, beleidigter Verlierer, wenn du so sprichst!» Er lacht, hüpft auf und ab, freut sich über das Tor und klopft mir obendrein noch auf den Rücken.

«Besser ein beleidigter Verlierer als ein zwielichtiger Gewinner», sage ich in dem Versuch, ihn aufzuziehen.

«Du bist wirklich naiv. Ihr habt es einfach mit dem besseren Gegner zu tun!», meint Ciccio.

«Genau, bei Agnelli angefangen», sagt ein alter *parmigiano* in der Reihe vor uns, dreht sich um und nimmt den Kerl aus dem Süden in Augenschein. Verzweifelt schlägt er auf das blau-gelbe Kissen ein, das er auf den Knien hat.

Seltsam ist – aber ich kann mich da auch täuschen –, dass der Schiedsrichter immer verzweifelter versucht, das Ergebnis zu «besiegeln», je länger das Spiel dauert. Nachdem er bereits einen Strafstoß verhängt hat, schickt er Dino Baggio vom Platz, sodass die «Gelb-Blauen» nur noch zu neunt sind. Baggio bringt klar zum Ausdruck, was er von der roten Karte hält, die sich über seinem Kopf erhebt: Er reibt Daumen und Fingerkuppen aneinander, ein überdeutlicher Hinweis darauf, dass der Schiedsrichter seiner Meinung nach gekauft ist (die Geste sollte ihm eine ausgedehnte Sperrzeit einbringen). Die Häufung der Ungerechtigkeiten ist derart frappant, dass es schwer fällt, nicht an eine Verschwörung zu glauben. Aber es gelingt Parma, das Ruder herumzureißen. Die letzte Spielminute läuft: Steilpass zu Hernan Crespo, der rechts antäuscht und dann mit seinem berühmten linken Fuß feuert. Das Stadion kocht, der Trainer von Parma rennt in seinem Kaschmirmantel auf den Platz und wirft sich auf den mittlerweile ausgestreckt daliegenden Crespo. Delirium: neun Mann gegen elf, und Parma schafft ein Unentschieden. «Wetten, das stand nicht im Drehbuch?», flüstere ich Ciccio zu, der inzwischen den Tränen nahe ist.

Im Lauf der Jahre erkannte ich dann, dass Juventus einfach sehr, sehr viel Glück hat. Wenn ich ein Spiel sah, bei dem die *bianconeri* vor einer Nachspielzeit von zehn Minuten zunächst 2:0 zurück lagen, konnte ich normalerweise garantieren, dass das Spiel mit 2:2 unentschieden ausgehen würde. In der Spielzeit 2002/03 endeten die Spiele sowohl gegen Parma wie gegen Bologna nach diesem Muster. Über Manchester United erzählt man sich einen Witz, der auch gut auf Juventus passen würde: «Was ist ihre größte Stärke? Volle 98 Minuten Spielzeit.»

Vor lauter Rauch weiß man nicht, ob es auch Feuer gibt, ob etwas dran ist an den Gerüchten, italienischer Fußball werde auf einem unebenen Platz gespielt. In der verhängnisvollen Spielzeit 2000/01 kamen die schmutzigen Machenschaften rund um den Fußball schließlich doch ans Licht. Auf dem Spielfeld liefen die Dinge ziemlich schlecht: Kein italienisches Team erreichte das UEFA-Cup-Viertelfinale oder das Viertelfinale der Champions League. Das Wehklagen war groß, als Kommentatoren und Fans klar wurde, dass die traditionell tricksenden Italiener von flinken, frisch draufIosspielenden Mannschaften aus Spanien, England und der Türkei überrundet worden waren – Mannschaften, die viele ihrer Superstars selbst herangezogen und nicht aus Rio importiert hatten. Unverzüglich machten sich nervös gewordene Präsidenten daran, ihre Manager zu feuern: 8 von 18 Teams der Serie A bekamen einen neuen Trainer, die Mannschaft von Parma hatte sogar drei innerhalb dieser einen Spielzeit.

Außerhalb des Platzes liefen die Dinge noch schlechter. Es stellte sich heraus, dass rund um ein Spiel zwischen Atalanta und Pistoiese verdächtige Wetten abgeschlossen worden waren: Verwandte der jeweiligen Spieler hatten große Summen darauf gesetzt, dass Atalanta nach der Halbzeit führen, das Spiel aber insgesamt mit einem Unentschieden enden werde – was natürlich auch genau so eintraf. Sechs Spieler wurden gesperrt: nicht etwa, weil sie selbst gewettet, sondern weil sie die Vorgänge nicht angezeigt hatten. Später wurde ihnen Generalabsolution erteilt. Aber das war nur die Spitze des Eisbergs: Der Trainer von Perugia, Serse Cosmi, berichtete – ohne zu wissen, dass seine Aussage gesendet würde – vor laufender Kamera, was in der Serie C, der Dritten Liga, vorgefallen war: Im Jahr zuvor habe eine bestimmte Mannschaft einen mittleren Tabellenplatz gehabt. Sie war in den Entscheidungsspielen durchgefallen, aber rein rechnerisch vor dem Abstieg sicher. «Da begann sie, die Spiele zu verschenken.» Ein Stürmer einer anderen Mannschaft, fuhr Cosmi fort, stand kurz davor, Torschütze des Jahres zu werden: In der vergangenen Spielzeit hatte er es lediglich auf acht Tore gebracht, in dieser jedoch auf insgesamt 28. «Man arrangierte sich», sagte Cosmi. «Sie verloren 4:3, ihm reichten drei Tore. Wie von einer anderen Welt. Die im Süden sind so, wenn sie wollen, dass jemand Torschütze des Jahres wird.» Cosmi hatte damit nur enthüllt, was jedermann längst vermutet hatte. *«Honi soit qui mal y pense»*, sagte Filippo zu mir und lachte bitter. «Es ist eine Sünde, Sündhaftes zu vermuten, aber hier, beim Fußball, liegt man damit nie falsch.»

Es sollten noch dunklere Wolken aufziehen. Juan Sebastian

Veron war der wahrscheinlich beste Spieler der Serie A. Zusammen mit Parma hatte er den UEFA-Cup und die *Coppa Italia* gewonnen, mit Lazio den *scudetto*. Er, der Argentinier mit Glatze und Spitzbart, spielt in der Lücke zwischen Mittelfeld und den Stürmern und trifft oft aus großer Entfernung. Wenn die Verteidiger ihn blockieren, spielt er den Ball gekonnt einem Angriffsspieler zu. Dann kam das Gerücht auf, dass Veron mit einem falschen Pass spielte. Im Lauf der Spielzeit tauchten immer mehr Namen auf, fast alles Südamerikaner. Der Vorwurf: Sie hatten gefälschte Pässe und fiktive italienische Adoptiv-Großeltern, die ihnen den Zugang zur Serie A erleichterten. Da die Mannschaften nur eine begrenzte Zahl ausländischer Spieler aufstellen dürfen, sind «italianisierte» Spieler gefragt, und ihr Marktwert steigt automatisch um rund 30 Prozent. Das «Vergehen» an sich war nicht besonders schwerwiegend, aber bezogen auf den Fußball kam der Skandal einem Erdbeben gleich. Wieder einmal erschien der italienische Fußball als korrupt. Einige Mannschaften hatten sich an die Regeln gehalten, andere hatten gezielt Spieler importiert und aufgestellt, die gar nicht spielen durften. Es stellte sich heraus, dass die Clubs selbst entweder die Pässe gefälscht oder ignoriert hatten. Es hagelte Beschuldigungen und Verleumdungsklagen. Fabio Capello, der Trainer von AS Roma und natürlich kein Freund von Lazio Roma, stellte sogar öffentlich die Rechtmäßigkeit von Lazios historischem *scudetto* aus der Spielzeit 1999/2000 in Frage. Die Tatsache, dass an die dreißig Spieler in den Skandal verwickelt waren, beschädigte den ohnehin angeknacksten Glauben an die Überlegenheit des Fußballs *all'italiana* noch mehr: In der Serie A, das war jetzt klar, gaben nicht heimische Spieler den Ton an, sondern importierte Stars.

Da so viele Mannschaften Spieler unrechtmäßig aufgestellt hatten, hätte eine Anwendung der Gesetze mitsamt den unweigerlichen Folgen (Punktabzug für die betroffenen Mannschaften, Sperrung von Spielern sowie saftige Geldstrafen) viele Ergebnisse aus der Serie A für null und nichtig erklärt. Das Problem war so vielschichtig, dass niemand so recht wusste, was zu tun war: Sollte man ein Zivilgericht oder ein Sportgericht anrufen? Sollte man die Mannschaften bestrafen oder doch die betroffenen Spieler zur Verantwortung ziehen? Veron selbst, der im Mittelpunkt der Auseinandersetzungen stand, reagierte zunehmend gereizt; plötzlich wurde das ehemalige Zugpferd von Lazio auf dem Spielfeld mehr und mehr zur Schnecke. Später sprach man ihn von jeder persönlichen Schuld frei. Die lästigen Gesetze jedenfalls machten allen Beteiligten das Leben schwer, und es galt, einen Ausweg aus dem Schlamassel zu finden. Man bediente sich einer Lösung, die mir in Italien noch häufig begegnen sollte. Der Gedankengang verläuft in etwa so: «Wenn so viele schuldig sind, dann lasst uns doch das Gesetz ändern, sodass die Leute nicht ‹im Abseits› spielen. Diese Masse von Übeltätern zu verfolgen würde zu einem Kollaps des Systems führen, also verzichten wir darauf.» Die Lösung führte, wie immer, zu einer Vermengung von Recht und Unrecht, zu einer Anpassung der geltenden Regeln an die Mächtigen. Also wurde, mitten in der Saison, das Gesetz, das die Anzahl ausländischer Spieler begrenzte, aufgehoben. Jeder Club durfte jetzt aufstellen, wen er wollte. Die Ehrlichen wurden dafür bestraft, dass sie ohne Tricks gearbeitet hatten und nicht *furbi*, sondern anständig waren; wer sich an die Spielregeln gehalten hatte, italienische Spieler gekauft und die Pässe ausländischer Spieler geprüft hatte, befand sich plötzlich im Nachteil. Es wäre buchstäblich fairer gewesen, die Torpfosten zu verschieben.

Wenige Tage nach der Regeländerung erzielte natürlich ein Ausländer ein entscheidendes Tor. AS Roma war zu Gast bei Juventus und wurde von der «alten Dame» förmlich an die Wand gespielt. Da schickte Capello seinen Star aus Japan, Hidetoshi Nakata, auf den Platz, der prompt ein Tor schoss und die Vorlage für ein weiteres lieferte. Roma hatte sich zurückgemeldet im Spiel und schaffte, allen üblichen Erwartungen zum Trotz, ein 2:2.

Schließlich kam eine weitere Form der Abhängigkeit ans Licht. Der italienische Fußball, so stellte sich heraus, bezog seine Schlagkraft aus verbotenen Substanzen. An Spielern in der Spielzeit

2000/01 durchgeführte Tests ergaben zunächst ein *non-negativo*, dann ein klares *positivo* auf das anabole Steroid Nandrolon. Betroffen waren nicht die Feld-Wald-und-Wiesen-Spieler, sondern die Stars: Fernando Couto, Kicker bei Lazio, sowie Edgar Davids, Mittelfeldspieler bei Juventus. Ein paar Jahre zuvor hatte der kettenrauchende tschechische Trainer Zdenek Zeman behauptet, dass viele Spieler von Juventus praktisch über Nacht verdächtig muskulös geworden seien. Er wurde ausgelacht, bedroht und verklagt, und seine Karriere in Italien war faktisch zu Ende. In der Folge der neuen Hiobsbotschaft standen die Journalisten Schlange um ein Interview mit dem arbeitslosen Trainer, der noch immer in Rom lebte. Zeman wiederholte selbstbewusst seine Anschuldigungen: «Damals stellten sie mich als geisteskrank hin, aber sie wussten sehr wohl, dass ich nicht im entferntesten verrückt war. Sie haben weder mir noch sonst jemandem geglaubt. Ich bin sehr traurig, weil es sehr traurige Zeiten sind für den Fußball.»

Am Tag, als die Meldung durchsickerte, dass Edgar Davids «nicht-negativ» getestet worden war – 50 Tage nach dem eigentlichen Test –, war ich wieder zusammen mit Ciccio im Stadion und sah ein Spiel von Parma gegen Juventus. Kaum wurde der Name Davids über die Lautsprecheranlage verlesen, brach das gesamte Stadion in *drogato*-Rufe aus, «unter Drogen». Dennoch hätte selbst der parteiischste Parma-Anhänger zugegeben, dass Davids der beste Mann auf dem Platz war und im Lauf des Spieles zu voller Form auflief: Stark und subtil zugleich beherrschte er souverän das Mittelfeld mit geschickten Richtungs- und Tempowechseln. Das Spiel ging 0:0 aus. An jenem Abend und den folgenden Wochen kam es in Italien zu endlosen Debatten über die Fälle von *frode sportiva,* von «Betrug im Sport». Es gab Teilgeständnisse und versteckte Anklagen. Sie brach zwar nie so richtig aus, aber die Spannung zwischen den Spielern und ihren jeweiligen Clubs war deutlich spürbar. Die Spieler beteuerten ihre Unschuld («Mein Körper ist die Wohnung meiner Seele», sagte Davids) und gaben vor, die Substanzen seien ihnen untergejubelt worden. Als mögliche

Kontaminationsquelle wurden die Mannschaftsärzte genannt. Dem hielt einer der Medizinmänner entgegen, dass Nandrolon und andere Anabolika ohne Nachweis in Substanzen enthalten sein könnten, die aus England oder Amerika bezogen würden, und dass es nicht immer möglich sei, über die Zusammensetzung der importierten Stoffe Bescheid zu wissen. Moggi, der Krisenmanager bei Juventus, distanzierte sich von der Affäre und betonte, dass Davids an dem Wochenende, als er positiv getestet wurde, mit der niederländischen Nationalmannschaft gespielt hatte, zusammen mit Frank De Boer und Jaap Stam, die beide später ebenfalls positiv auf Nandrolon getestet wurden. Wie immer stellten sich die Beschuldigten als Opfer dar und beriefen sich auf die außergewöhnliche Trägheit des Behördenapparats: Ein Spieler musste 88 Tage vom Test bis zum Ergebnis «nicht negativ» warten. Ein anderer, Mittelfeldspieler bei Mailand, gab indirekt zu, alle Spieler würden leistungssteigernde Substanzen nehmen, und forderte öffentlich eine bessere Information der Spieler – aber nicht etwa über mögliche legale Substanzen, sondern über die zulässige Obergrenze illegaler Substanzen im Körper. Die Clubs versuchten daraufhin sofort, eine Erhöhung der zulässigen Höchstmenge von Nandrolon durchzusetzen, was *Federcalcio* jedoch vereitelte.

Natürlich war die beste Reaktion auf die Krise nicht moralisch, sondern ästhetisch begründet. In keinem anderen Land ist man so stolz darauf, besonders schönen Fußball zu spielen, wie in Italien. Dies aufs Spiel zu setzen wiegt weit schwerer als Dopingvorwürfe oder angeblich manipulierte Spielergebnisse. Der Einsatz von Anabolika war also nicht deshalb verwerflich, weil er illegal war, sondern weil er hässlichen Fußball bewirkte. Ein Sportmoderator – Juventusanhänger – sagte in einer Fernsehdiskussion, das Spiel sei zu «körperlich, zu ruppig» geworden, viel zu englisch. Den Ton gäben Tackle-Spieler an, die Spieler seien insgesamt zu aggressiv, und auf dem Rasen sei kein Platz mehr für die Strahlemänner des italienischen Fußballs, die *fantasisti*. Kraft und Tempo seien inzwischen wichtiger als taktisches Geschick. Anabolika seien nicht *per se* verwerflich, sondern weil sie die *bellezza*, die Schönheit, des italienischen Fußballs bedrohten und ihn mehr und mehr wie seine vulgäre angelsächsische Variante aussehen ließen.

Wie das Fiasko mit den falschen Pässen, so wurde auch der Dopingskandal schnell unter den Teppich gekehrt. Rechtzeitig zu Beginn der darauf folgenden Spielzeit verkürzte man die Sperrfrist für Edgar Davids, wovon niemand wirklich Notiz nahm. Auf der letzten Seite des Sportteils der Zeitungen hieß es knapp, dass die Sperrung des Juventus-Mittelfeldspielers per Gerichtsentscheid auf nur mehr vier Monate verkürzt worden sei. Da ein großer Teil der Zeit während der Sommermonate bereits abgelaufen sei, könne er praktisch sofort wieder antreten. Alle anderen Strafen wurden ebenfalls verkürzt oder aufgehoben, egal, ob sie wegen Passfälschung, geheimer Absprachen oder des Gebrauchs von Nandrolon verhängt worden waren. Die Zeitungen fanden andere Themen, und die Tatsache, dass zwei führende Köpfe von Juventus, *amministratore delegato* Antonio Giraudo und der Mannschaftsarzt Riccardo Agricola, wegen Verabreichens illegaler Pillen und Spritzen an Juventus-Spieler vor Gericht gestellt wurden, fand kaum Erwähnung. Raffaele Guariniello hat die Dopingszene rund um den Ball über Jahre hinweg beobachtet, aber auch seine Untersuchungen werden größtenteils totgeschwiegen. Trotz des tragischen Todes von Gianluca Signorini – er starb an amyatropher Lateralsklerose, der mysteriösen Lou-Gehrig-Krankheit –, und obwohl Guido Vincenzi und Giorgio Rognoni an ähnlichen Symptomen leiden, geht die Show einfach weiter.

Aber der schöne Sport hat noch andere unschöne Seiten aufzuweisen. Es begann, als Arsenal im Rahmen der Champions League zu Gast bei Lazio war. Die Fans von Lazio, politisch seit jeher rechts außen stehend, begannen Patrick Viera von Arsenal auszubuhen, und der Lazio-Verteidiger Sinisa Mihajlovic bezeichnete ihn mehrmals als «Nigger». Der aus Serbien stammende Spieler musste sich für seine rassistische Äußerung beim nächsten Spiel über die Lautsprecheranlage des Stadions öffentlich entschuldigen. Die

Lazio-Fans dagegen genossen die Konfrontation mit den *carabinieri*, die vor dem Stadion Stellung bezogen hatten. Wer je in einem italienischen Fußballstadion gewesen ist, weiß, dass schon ein Feuerzeug, ein paar Münzen, manchmal sogar Schlüssel mit an Sicherheit grenzender Wahrscheinlichkeit von den *carabinieri*, die einen an den Eingängen abtasten, konfisziert werden. Aber trotz solch strenger Sicherheitsmaßnahmen war es möglich, dass unlängst zwei Transparente, beide ungefähr 50 Meter lang, im Stadion von Lazio Roma entrollt werden konnten. Auf einem stand: «Juden! Auschwitz ist eure Stadt, die Öfen eure Wohnungen», auf dem anderen: «Ehre dem Arkan-Tiger» – eine Reverenz an Mihajlovic und seine serbischen Landsleute. Polizeilicher Inkompetenz ist es auch zuzuschreiben, dass jemand mit einem Motorrad einen der spiralförmigen Aufgänge zu den Rängen des Stadio San Siro hinauffahren und das Gefährt dann von dort aus auf die darunter stehenden Fans werfen konnte. Wie das Motorrad überhaupt ins Stadion gelangen konnte, wenn schon Rauchdosen ein Problem waren, konnte sich auch keiner der verblüfften Kommentatoren erklären.

Bei Fußballübertragungen im Fernsehen hatte ich zunehmend das Gefühl, ich würde alte Aufzeichnungen aus dem Großbritannien der siebziger Jahre sehen: Fans, die die Polizei provozieren, Polizisten und Fans im Nahkampf, demolierte Bahnhöfe, in Brand gesteckte Autos. An jedem Samstagabend gab es neue, tränengasumflorte Bilder von geplünderten Geschäften. Nach einem Spiel schlug ein Spieler von Como, Massimo Ferrigno, derart heftig auf seinen ehemaligen Mannschaftskameraden Francesco Bertolotti ein, dass dieser eine Woche lang im Koma lag. Einen Monat später ging im Haus von Corrado Ferlaino, einem der Besitzer von Napoli, eine Bombe hoch, weil der Club nicht gut genug spielte. Mit derselben Begründung bekam der Präsident von Reggina einen Kalbskopf per Post zugesandt. Schlimm war auch die Unzahl von Rauchbomben, die sich die Fans wie einen elegant geschlagenen Tennisball hin- und herwarfen. Der Anblick war recht pittoresk, nur zu nahe durfte man nicht kommen: Einem Polizisten musste ein

Finger amputiert werden. Bei einem noch tragischeren Zwischenfall kam ein Fan ums Leben, als gegnerische Fans bei einem Entscheidungsspiel in Sizilien eine «Papier-Bombe» warfen.

In Italien standen der Fußball und die politische Macht seit jeher in einem engen Verhältnis, und daran hat sich bis heute nichts geändert. Mussolini war wahrscheinlich der erste Politiker, der die Bedeutung dieses Sports für die Politik voll und ganz erfasste. Körperliche Vollkommenheit und sportliches Können prägten die Vorstellung der Faschisten von Männlichkeit in einem Ausmaß, dass sich Millionen italienischer Männer freiwillig von Sportorganisationen drillen ließen. Die Regierung förderte und forderte den Bau von Sportstätten im ganzen Land; bis 1930 gab es bereits mehr als 3000 solcher Sporteinrichtungen. Das Stadion in Bologna wurde 1926 eingeweiht, gefolgt vom Berta-Stadion in Florenz, dem Mussolini-Stadion in Turin und dem Vittoria-Stadion in Bari. Im Fußball errungene Triumphe schlachtete das Regime als Beispiel für die Stärke und Überlegenheit des Faschismus aus. In den dreißiger Jahren wurde Italien zweimal Weltmeister.

Silvio Berlusconi ist natürlich auch deshalb so populär, weil ihm ein Fußballverein gehört. 1986 kaufte er den AC Milan und rettete den Club vor dem Bankrott. Glaubt man der persönlichen Hagiographie des *Cavaliere*, dann erfüllte er sich damit einen Kindheitstraum: «Jeden Sonntag nach der heiligen Messe (...) und den Gesprächen und Gedanken über die Predigt» ging Berlusconi zusammen mit seinem Vater ins Stadion. Selbst in dieser offiziellen Version ist nachzulesen, wie der kleine Silvio lernte, die Regeln zu missachten: am Drehkreuz machte er sich immer «klitzeklein, um mit einem Ticket zu zweit durchzukommen».[6] Kaum hatte Berlusconi den AC Milan gekauft, zeigten zwei seiner Fernsehsender, *Canale 5* und *Italia 1*, ausführliche Werbe-Spots, die, nicht zuletzt dank des einlullenden Kommentars, ein Loblied auf den Verein anstimmten: «Gönnen Sie sich das Geschenk eines ganz neuartigen Sonntags, gönnen Sie sich den blauen Himmel, das Grün des Rasens und das Rot und Schwarz des neuen AC Milan.» Die Zahl der Saisonkarten stieg prompt auf rekordverdächtige 60 000.

Die Erfolge Mailands unter der Ägide Berlusconis können sich sehen lassen. Innerhalb von fünfzehn Jahren kamen zwanzig Trophäen zusammen: *Scudetti*, Europa-Cups, Supercups, internationale Cups. Er brachte drei der größten holländischen Stars zusammen – Marco Van Basten, Ruud Gullit und Frank Rijkaard – und ließ sie mit makellosen, stilsicheren italienischen Verteidigern wie Franco Baresi und Paolo Maldini spielen. Arrigo Sacchi, den damals eher unbekannten Trainer von Parma, holte er zu Milan. Sacchi führte den neuartigen, revolutionären «totalen Fußball» ein; ohne Rücksicht auf die traditionelle Aufstellung werden dabei die Kräfte aller Spieler gebündelt, um Druck auf das Tor des Gegners zu machen. Vorbei die Zeiten, als italienische Mannschaften rein defensiv spielten. Bis dahin hatte für den italienischen Fußball die Glaubenslehre von Annibale Frossi gegolten, der davon überzeugt war, das perfekte Spiel sei die künstlerische und philosophische Entsprechung zu einer weißen Leinwand: 0:0, unentschieden. Später dann wurde Fabio Capello Trainer von Milan, und der Liberianer George Weah erbte den Titel des erfolgreichsten Torjägers. Im Rückblick auf diese Jahre sagt Berlusconi in seiner Wahlkampfbroschüre *Una storia italiana*: «Unser war nicht nur der Sieg einer Fußballmannschaft, sondern auch der Sieg jener Werte, an die wir fest glaubten: Hingabe an eine gemeinsame Sache, Selbstlosigkeit und Ausdauer, Opferbereitschaft, Achtung vor den Gegnern, größte Aufmerksamkeit für jedes Detail. Wir mussten gewinnen, aber auch mit innerer Größe überzeugen, dabei den Gegner respektieren und die Fans für uns begeistern.»[7]

Wie immer jedoch mischen sich auch Skandale in die Erfolgsgeschichte, und in Mailands Trophäen-Schrank findet sich neben Schalen und Pokalen auch so manche Leiche. Das Geschäftsgebaren des Clubs war der Anlass zu einem der vielen Prozesse gegen Berlusconi. Im Sommer 1992 zahlte Milan an Juventus die damals ungewöhnlich hohe Summe von 18,5 Milliarden Lire – rund neun

Millionen Euro – für einen jungen Fußballer namens Gianluigi Lentini. Später stellte sich heraus, dass der Transfer Lentinis Gegenstand zwielichtiger finanzieller Deals gewesen war. Der Präsident von Juventus, der natürlich auch im Parlament in Rom sitzt, behauptete, dass sieben Milliarden Lire der Transfersumme *sotto-banco* – schwarz und ohne dass die Summe im Kaufvertrag auftauchte – auf ein Konto in der Schweiz überwiesen worden seien – also eindeutig ein Fall von Steuerhinterziehung. Dem Spieler selbst wurde das Gehalt von vier Milliarden Lire jährlich auf etwas mehr als eineinhalb Milliarden Lire gekürzt. Laut dem Präsidenten von Juventus Torino lag die Vermutung nahe, dass ihm aus Berlusconis Schmiergeldfonds in der Schweiz «nachgeschenkt» wurde. Als die Finanzdirektoren von Milan die Anzahlung von sieben Milliarden geleistet hatten, verlangten sie aber nicht die übliche Zahlungsbestätigung, sondern Aktien-Anteile an Torino.[8] Das war es letztlich auch, was neutrale Beobachter auf die Palme brachte – mehr als die finanziellen Schiebereien. Es bedeutete, dass Milan in der verbleibenden Spielzeit 1992 die Mehrheitsanteile an einem anderen Club hielt. Berlusconi selbst reagierte auf den Skandal mit Worten, die im Lauf der nächsten zehn Jahre zu einem Refrain werden sollten: «Ich habe das Gefühl, in einem Polizeistaat zu leben (...) Ich fühle mich als Opfer einer Hexenjagd.»[9]

Als Berlusconi im Anschluss an die *Mani-Pulite*-Kampagne in die Politik ging, hatten die Wähler seine Leistungsbilanz bei Mailand vor Augen. Wie immer hatte die Medaille jedoch zwei Seiten: der märchenhafte Erfolg Berlusconis während seiner Präsidentschaft und im Gegensatz dazu die undurchsichtigen finanziellen Deals, für die er sich zu verantworten hatte. Berlusconi rechnete damit, dass die Menschen mehr von seinen Erfolgen geblendet als von den Skandalen schockiert seien, und setzte nicht zum ersten Mal in der italienischen Geschichte auf die Verschmelzung von Politik und Fußball: Seine Partei erhielt den Namen *Forza Italia*. Die Abgeordneten bezeichnete man anfangs als seine *azzurri*. Als er die Gründung der neuen Partei und seine eigene Kandidatur für das

Amt des Ministerpräsidenten ankündigte, bediente sich Berlusconi sogar einer direkt dem Fußball entlehnten Ausdrucksweise: *scendere in campo*, «auf den Platz stürmen». Die Regionalbüros der *Forza Italia* waren oft Fanclubs des AC Milan, welche über die Halbinsel verteilt lagen. Berlusconi, das war klar, beabsichtigte, das Land so zu regieren, wie er seinen Fußball-Club führte – ein Schuss, der auch nach hinten losgehen könnte, je nachdem, ob guter Fußball oder korrekte Buchführung wichtiger ist.

Die enge Verknüpfung von Fußball und Politik ist im Falle Berlusconis allgegenwärtig. Als sich seine erste Regierung im Mai 1994 einem Misstrauensvotum im Parlament stellen musste, spielte der AC Milan zeitgleich in Athen gegen Barcelona um den Cup in der Champions League. An diesem Abend stimmte das Parlament für den Amtsinhaber – Berlusconis Mannschaft lag mit 2:0 in Führung. Am Ende gewannen sie 4:0. Manch einer hat die Analogie zwischen Fußball und Politik noch ein Stück weiter getrieben. Als Romano Prodi 1996 gegen Berlusconi kandidierte, präsentierte er sich als eifriger Radsportler, ein Bild, das in seiner politischen Symbolik an die gute alte Zeit des Verhältniswahlrechts erinnert: eine ganze Schar von Kandidaten, ein Ergebnis, das erst nach monatelangem Treten feststeht, und eine komplizierte Berechnung. Berlusconis Fußballmentalität machte ihn zum idealen Verfechter des neuen Mehrheitswahlrechts, das die Politik in Italien revolutionieren sollte. Plötzlich ging es zu wie beim Fußball: eine Auseinandersetzung zwischen zwei Mannschaften. Man konnte die gegnerischen Fans und ihre Spieler niederschreien, egal ob in der sportlichen oder politischen Arena. Selbst die Sprache der Politiker ist heute gespickt mit Ausdrücken, die vom Fußball stammen. Die Opposition spricht von *pressing sul Governo*; die Regierung sagt im Gegenzug, die Opposition sei *fuorigioco*, «im Abseits».

Eines der ersten Gesetze, das Berlusconi nach seinem Regierungsantritt im Jahr 2001 auf den Weg brachte, war das *falso-in-bilancio*-Gesetz, das Gesetz gegen Bilanzfälschung. Wie so viele seiner dubiosen Gesetzgebungsunterfangen ließ der *Cavaliere* es im

Hochsommer ins Parlament einbringen, wenn den Menschen die Politik weitgehend egal ist. Das neue Gesetz hatte schon die vorhergehende Regierung initiiert, aber es wurde noch um einige Klauseln erweitert, die Berlusconi wie auf den Leib geschnitten waren. Genau jenes Verbrechen, für das sich Berlusconi schon so oft vor Gericht hatte verantworten müssen, ließ er gleich zu Beginn seiner Regierungsverantwortung zu einem geringfügigen Vergehen abmildern. In der Sprache der Bürokraten wurde aus einem bloßen «Gefährdungsdelikt» ein «Verletzungsdelikt». Bilanzfälschung wurde *de facto* entkriminalisiert. Die Verantwortlichen mussten von nun an nur mehr mit einer Geld- anstatt mit einer Haftstrafe rechnen, und auch nur dann, wenn die Aktionäre des betroffenen Unternehmens das Vergehen angezeigt hatten. Diese Zusatzklauseln hatte der Justizausschuss erarbeitet; dessen Vorsitzender, Gaetano Pecorella, sowie ein weiteres Ausschussmitglied, der Anwalt Niccolò Ghedini, sind beide auch Strafverteidiger Berlusconis.

Das Gesetz hatte weit reichende Auswirkungen. Zum einen führte die Tatsache, dass Bilanzfälschung nur dann strafrechtliche Folgen hatte, wenn ein Betroffener – ein Gläubiger oder ein Aktionär – sie anzeigte, dazu, dass Vater Staat keine Chance mehr hatte, Unternehmensgewinne zu besteuern. Zum anderen wurde im Zuge der drastischen Verkürzung der Haftstrafen auch die Verjährungsfrist von fünfzehn auf siebeneinhalb Jahre herabgesetzt. Diese kleine Klausel hatte zur Folge, dass der Fall Lentini, der Berlusconis Fußball-Erfolge so verunziert hatte, vom Tisch war. Er lag viel zu lange zurück, als dass noch ein Hahn danach gekräht hätte.

Eineinhalb Jahre später passierte ein weiteres Gesetz das Parlament, das wie geschaffen war für die Fußballindustrie. Es nannte sich großspurig *decreto salvacalcio* – Gesetz zur Rettung des Fußballs – und lief darauf hinaus, dass die Clubs ihre Schulden über einen Zeitraum von zehn Jahren stunden konnten; damit ließen sich wiederum teure Finanzspritzen legal vermeiden. Clubs, die exorbitante Summen für und an Spieler gezahlt hatten, erkannten plötzlich, dass die Blase geplatzt war. Durch das neue Gesetz bekamen sie mehr Zeit, um ihr Haus in Ordnung zu bringen. Im Grunde genommen war das nichts anderes, als hätte man beschlossen, dass ein Spiel keine neunzig Minuten dauerte, sondern drei Stunden, weil eine Seite im Rückstand war. Antonio Mereu schrieb dazu auf der Titelseite der *Gazzetta dello Sport*: «Mit diesem skandalösen Gesetz wurden Unregelmäßigkeiten legalisiert. Das fügt der Justiz schweren Schaden zu und verdreht Recht und Ordnung.» Wieder einmal zeigte sich, dass die Regeln im Fußball dehnbar waren.

Aus all dem schloss ich, dass das wahre Problem nichts mit Strafstößen zu tun hat und auch nicht mit der Frage, ob die Schiedsrichter ihre Entscheidungen ein Stück weit zugunsten der «alten Dame» des italienischen Fußballs oder der Mannschaft des Ministerpräsidenten treffen. In Wirklichkeit geht es um Strafen, genauer gesagt um deren Nichtvorhandensein. Es geht darum, dass – wie die moralische Minderheit Italiens nicht müde wird zu beklagen – *non paga nessuno*, «niemand bezahlt» und niemand je für irgendetwas bestraft wird. Seit meiner Ankunft in Italien hatte ich gehört, wie sich eine Hälfte des Landes, jene, die sich an die Gesetze hält, über die *furbi* beklagt – die Schlauen, welche die Gesetze nach Bedarf zurechtbiegen und brechen, ohne jemals mit Konsequenzen rechnen zu müssen. In Italien gibt es keine Strafen, außer beim Fußball. Auf Verbrechen folgt nie eine Bestrafung, weil Straffreiheit garantiert ist – zumindest für die Mächtigen. Man kommt mit allem ungeschoren davon. So lange du mitspielst, gerätst du nicht ins Abseits. Da kannst du Nandrolon nehmen, illegale Spieler aufstellen, die Bücher frisieren, faschistische Parolen verbreiten: *non paga nessuno*.

All das ist nicht neu. Kürzlich war ich in Pompei. Es war ein dunstiger Tag, und durch den Smog konnte man den Vesuv in der Ferne gerade so erkennen. Nach Stunden dröger Antikerezeption erreichten wir das *anfiteatro,* das antike Pendant zu einem modernen Stadion. Der Anblick war atemberaubend. Wir konsultierten die vom Kulturministerium herausgegebene «*piccola guida*». «Im

Jahr 59 n. Chr.», las Filippo, «kam es zu einer gewalttätigen Auseinandersetzung zwischen den Fans von Pompei und Nocera, und die Stätte wurde für zehn Jahre gesperrt.» Wir lachten über so viel Ironie, noch mehr über das, was folgte: «Die Strafe wurde nach dem Erdbeben im Jahr 62 aufgehoben.» Schon damals neigten die Fans zur Gewalt, und zunächst drakonische Strafen wurden später klammheimlich zurückgenommen.

Vielleicht ist das alles auch nicht so wichtig. Der italienische Fußball ist und bleibt in seiner Art unvergleichlich: stilvoll, kultiviert und intelligent. Die *azzurri* werden immer zu den heißen Favoriten jeder internationalen Meisterschaft gehören, weil die Jungs auf dem Platz noch immer zu den besten Spielern der Welt gehören – egal, was in den Sitzungszimmern vor sich geht. Dazu kommt, dass ich selbst viel lieber in Italien in Parks oder am Strand Fußball spiele als irgendwo sonst auf der Welt. Vielleicht stimmt es, dass die italienische Variante für den, der Fußball nur vom Zusehen oder aus der Zeitung kennt, manchmal etwas ungewöhnlich, leicht illegal daherkommt. Wer dagegen selbst in Italien spielt, besonders mit bunt zusammengewürfelten Mannschaften auf öffentlichen Plätzen, sieht die Größe des italienischen Spiels: die Spontaneität, die Phantasie, den Humor, die Gastfreundlichkeit gegenüber Menschen jeglicher Herkunft.

Damals begann mich ein ganz anderes Thema zu interessieren – etwas, das ich im Fernsehen gesehen hatte, etwas, über das sich jeder ereiferte, den ich darauf ansprach. Das Schicksal eines Menschen hatte meine Theorie von der Straffreiheit in Italien völlig über den Haufen geworfen. Als wollte man zeigen, dass es doch so etwas wie Gerechtigkeit gab, war ein Mann zu einer exemplarischen Haftstrafe für einen Mord verurteilt worden, den er angeblich im Jahr 1972 begangen hatte, also vor mehreren Jahrzehnten. Hier war es, das seltene Beispiel dafür, dass jemand in Italien tatsächlich zur Verantwortung gezogen werden konnte. Ironischerweise war jedoch in diesem Fall ein Mann verurteilt worden, den Millionen von Italienern für unschuldig halten. Adriano Sofri war zum berühmtesten «Mörder» Italiens geworden. Da sein Fall so eng mit dem Attentat an der Piazza Fontana zusammenhing, fuhr ich nach Pisa, um mit ihm im Gefängnis zu sprechen.

Der Fall Sofri

Und währenddessen dachte er an jene Kontaktleute, die unter einer dünnen Schicht Erde und trockener Blätter in den Tälern des Apennin lagen. Armselige Leute, nichts als schmutzige Angst und als Laster. Und doch spielten sie ihre Todespartie. Auf dem Grat der Lüge zwischen Faschisten und Partisanen spielten sie um ihr Leben.[1]
Leonardo Sciascia

Wenn man Parma in Richtung Südwesten verlässt, erreicht man schnell den *passo della Cisa*, der einen über den Apennin an die Küsten Liguriens und der Toskana bringt. Die schlichtweg atemberaubende Straße führt den Reisenden aus dem Nebel der Ebene heraus: Gestützt auf Betonpfeiler überspannt sie ganze Täler, und ihre langen Tunnel bohren sich in die Berge. Ein paar hundert Meter unterhalb der Autobahn drängen sich malerische Bergdörfer um Kirchtürme; von oben wirken sie wie zufällige Ansammlungen von Streichholzschachteln. Jetzt, im Oktober, sind die Farben hier oben spröde und herbstlich: Weißer Holzrauch wabert zwischen dunkelgrünen Pinien.

Ich fahre zum Gefängnis von Pisa. Wenige Tage zuvor, am 6. Oktober 2000, hatte die Erste Strafkammer des Berufungsgerichts in Rom ihr abschließendes Urteil im Fall eines Mordes verkündet, der vor fast dreißig Jahren, im Mai 1972, geschehen war. Nach elfstündiger Beratung kam das Gericht zu seiner Entscheidung, die es dann um zehn Uhr abends den versammelten Journalisten in knapper Form verkündete: «Das Gericht weist den Antrag auf Wiederaufnahme des Verfahrens zurück.»

Es war der endgültige Schlussstrich unter einen Fall, der das Land in Atem gehalten hatte und der in den neunziger Jahren eine ähnliche politische und symbolische Bedeutung bekommen hatte wie die Dreyfusaffäre in Frankreich ein Jahrhundert zuvor. Jetzt blieb nur noch der Gang zum obersten Gerichtshof – die letzte Gelegenheit, den Fall noch einmal aufzurollen. Schlüge auch dieser Versuch fehl, dann hätte das bereits sechs Monate zuvor verkündete Urteil im «Fall Calabresi» Bestand, und Adriano Sofri verließe das Gefängnis nicht mehr bis zum Jahr 2017. Dann würde die Tat fast fünfzig Jahre zurückliegen.

Der «Fall Sofri» ist in vielerlei Hinsicht das passende Gegenstück zu dem noch laufenden Piazza-Fontana-Verfahren: ein verspäteter und zweifelhafter Versuch, einen Verantwortlichen – dieses Mal die außerparlamentarische Linke – auszumachen für eines der entscheidenden Ereignisse der *anni di piombo*; ein Versuch, nicht nur einen Einzelnen zu belasten, sondern die ganze Bewegung, für die er stand. Wenn das Piazza-Fontana-Verfahren es der Linken ermöglicht hat, auf der Basis verspäteter und verworrener Beweise hysterisch mit dem Finger auf alte Feinde zu zeigen, dann hat der Fall Sofri der Rechten dieselbe Gelegenheit geboten. Der Piazza-Fontana-Anschlag war sozusagen die Voraussetzung für den Mord an Calabresi: Luigi Calabresi war der Polizeibeamte, der Pino Pinelli verhörte, den tatverdächtigen Anarchisten, der durch den Sturz aus dem Fenster der *questura* zu Tode kam. Wie bei so vielen Vorgängen jener Jahre, scheint der Piazza-Fontana-Anschlag der Auslöser für alle weiteren Verbrechen gewesen zu sein. «Die *anni di piombo* begannen mit der Piazza Fontana», schrieb Giorgio Galli in der genuesischen Zeitung *Secolo XIX*, «und so lange die Wahrheit über diesen Anfang nicht feststeht, bleibt sie im Fall Calabresi unvollständig.»

Die Reaktionen auf den Fall Sofri sind meist unbegründete Behauptungen, warum der Angeklagte schuldig oder unschuldig sei; alle Kommentatoren gehören daher unweigerlich entweder dem Lager der *colpevolisti* oder dem der *innocentisti* an. Die Linke sieht im Fall Sofri einen Schauprozess mit einem Angeklagten als Opferlamm der Rechten, die besessen darauf ist, sich am Linksterrorismus der siebziger Jahre zu rächen. «Sie haben ihn lebendig begraben», sagen seine Freunde am Abend der jüngsten Gerichtsentscheidung. Manche flüstern hinter vorgehaltener Hand, dass Sofri, ein Mann von gusseiserner Integrität, der den eigenen Symbolwert kennt, nun vielleicht Selbstmord begehen könnte. Doch der weist diese Möglichkeit bei einer Pressekonferenz am nächsten Morgen entschieden von sich: «Zwei Dinge kommen für mich nicht in Frage: eine Entschuldigung [was einem Schuldeingeständnis gleichkäme] oder Selbstmord.» Sein Bruder, der Hochschullehrer in Bologna ist, erklärt: «Ich hasse dieses Land. Wenn ich nicht ein alter *signore* wäre und am Ende meiner Tage, ich würde weggehen.» Ein Leitartikel in *La Repubblica* bezeichnet das Urteil als «eine Monstrosität (...), die unmenschliche und rohe *vendetta* seitens des Staates». Sofri, so heißt es weiter, sieht sich dem «infamen Vorwurf ausgesetzt, ein Mörder zu sein – schlimmer noch, der Auftraggeber eines Mörders (...) Er wird das Urteil als Todesstrafe betrachten und bis zum Martyrium seine Unschuld beteuern.» Innerhalb weniger Tage startete eine Kampagne, um die Begnadigung Sofris durch den Staatspräsidenten zu erreichen.

Die Rechten rieben sich dagegen die Hände. «Die Gerechtigkeit hat gesiegt», erklärte ein Mitglied der *Alleanza Nazionale*. «Hoffen wir, dass die Sympathisanten von *Lotta Continua* [die Bewegung, deren Anführer Sofri war] nun endlich das Maul halten und sich ihrer mörderischen Geschichte entsinnen, die ja heute von der italienischen Justiz endgültig bestätigt wurde.» Ein anderer Sprecher der *Alleanza Nazionale* sagte, er hoffe auf ein Ende «der alten Unschuldsleier, die Sofri in eine Ikone verwandelt hat, an die nicht einmal er selbst zu glauben scheint».

Die Reaktionen der Politiker waren naturgemäß vielschichtiger. Das Urteil im Fall Sofri hatten Richter gesprochen, die in anderen Zusammenhängen oft als Kommunisten gebrandmarkt worden waren, und die KP lehnte in der zweiten Hälfte der siebziger Jahre jede außerparlamentarische linke Bewegung ab, die den Terrorismus schüren könnte. Gleichzeitig war Sofri in jüngerer Zeit wegen seiner Nähe zu den Sozialisten um Bettino Craxi kritisiert worden, also der Partei, die sich während und nach der Entführung von Aldo Moro für Verhandlungen mit den *Brigate Rosse* ausgesprochen hatte. In den achtziger Jahren waren viele ehemalige *Lotta-Continua*-Leute nach und nach in das Lager Craxis übergewechselt und fanden sich in den neunziger Jahren am äußersten rechten Rand des politischen Spektrums wieder, wo sie mit der *Forza Italia* Berlusconis gemeinsame Sache machten – eine dieser merkwürdigen politischen Entwicklungen, die für Italien so typisch sind.

Die Straße verlässt die Berge am *Golfo dei Poeti*. Ich biege links ab, mache in der Kleinstadt Bocca di Magra Halt und gehe zu einem Mann, der aus der geöffneten Rückklappe seines Kleinlastwagens heraus Crêpes verkauft. Er hat dichtes graues Wallehaar und heißt Leonardo Marino. Er ist der *pentito*, mit dessen Aussage der Fall Sofri steht und fällt. Ich erkläre, dass ich Journalist bin, und stelle ihm ein paar Fragen. Er wiederholt die Phrasen, die ich bereits aus den Zeitungen kenne: Religiös angehauchte Äußerungen über Reue, über sein Bedürfnis, nach all der Zeit die Wahrheit zu sagen. Marino war in den siebziger Jahren aktives Mitglied bei *Lotta Continua* und wurde zu einer Witzfigur für die Linken. Er ist der *pentito*, der Sofri und seine beiden «Komplizen» beschuldigt hat. 1988 beichtete er zuerst seinem Priester, dann der Polizei, dass er an der Ermordung Luigi Calabresis beteiligt gewesen sei. Aber fast jedes Detail, an das er sich erinnerte, war falsch: die Farbe des Autos, der Ort, an dem das Verbrechen geplant wurde, das Wetter. Außer seiner Aussage gab es kaum Beweise, die für eine Verurteilung des Angeklagten ausgereicht hätten. Die so überaus wichtigen *documenti* fehlten in diesem Fall völlig.

Es ist merkwürdig, Marino hier zu sehen, während Sofri im Gefängnis sitzt. Der *pentito* verkauft Crêpes an der toskanischen Küste, als sei nichts geschehen. Im Lauf der ersten Verhandlung gegen Sofri wurde bekannt, dass Marino bereits lange vor seinem offiziellen Geständnis im Jahr 1988 Kontakte zur Polizei gehabt hatte. Dies ließ viele aufhorchen – nicht zuletzt Dario Fo, der darauf mit der politischen Komödie *Marino libero! Marino è innocente,* reagierte –, und führte zu der Vermutung, dass das gesamte Geständnis ein abgekartetes Spiel mit der Polizei war.

Eine Stunde später erreiche ich Pisa. Professoren und Studenten beherrschen das Stadtbild, und man hat das Gefühl, alles sei sehr links. Die altehrwürdige Universität von Pisa, an der schon Galileo Galilei lehrte, und besonders die *Scuola Normale,* von Napoleon nach dem Vorbild der École Normale in Paris gegründet, sind seit langem die Kaderschmiede für zukünftige Staatspräsidenten und Premiers, Philosophen und Wissenschaftler. In den dreißiger Jahren war die Stadt ein Zufluchtsort für den geistigen Widerstand gegen Mussolini: 1937 veröffentlichte Aldo Capitini hier seine *Elementi di un'esperienza religiosa*, einen leidenschaftlichen Aufruf, dem Regime jede Zusammenarbeit zu verweigern; zwei Jahre später brachte sein Kollege Guido Calogero *La scuola dell'uomo* heraus, eine Art Loblied auf die Freiheit. Wenn man durch Pisa streift und über die Brücken geht, die den Arno wie ein Zickzackmuster überqueren, erkennt man schnell, wo das politische Herz der Stadt schlägt: Unter den Parolen, mit welchen die Häuserwände voll gesprüht sind, findet sich immer wieder ein Satz, der angeblich den typischen Humor der Gegend spiegelt: «Lasst uns die Faschisten vom Gesicht der Erde jagen (...) und nicht nur das!» Ein weiteres Beispiel urbaner Graffiti-Kunst findet sich an der Außenmauer des Klosters Sant'Antonio: ein riesiges Wandgemälde, eine farbenfrohe Collage ineinander verschlungener Körper, die Keith Haring hier kurz vor seinem Tod gemalt hat. Wie Parma, so ist auch Pisa voll von Denkmälern, Gedenkstätten und Tafeln, die immer etwas eher Provokantes denn Versöhnliches haben. In der Stadtmitte gibt es einen kleinen Park mit der steinernen Büste eines jungen Mannes namens Franco Serantini. Die Inschrift darunter lautet: «Anarchist, im Alter von 20 Jahren bei einer Demonstration gegen den Faschismus von der Polizei tödlich verletzt». Auf die Wand des gegenüberliegenden Gebäudes hat offenbar erst unlängst jemand gesprüht: «Franco, wir werden dich rächen.»

Die *Casa Circondariale Don Bosco*, das Gefängnis von Pisa, ist ein gedrungener Bau, den man von der Straße aus kaum wahrnehmen würde, wäre da nicht der mit Acrylglas verkleidete Wachturm, in dem ein gelangweilter, uniformierter Beamter sitzt. Innen im Gefängnis stößt man wieder auf eine Gedenktafel, dieses Mal für die bei der Erfüllung ihrer Pflicht zu Tode gekommenen Aufseher. «Ruhet in christlicher Frömmigkeit», heißt es darauf. Die Tafel datiert von 1977. Die lebenden Aufseher sind gut gelaunt und schlecht organisiert, finden das Gewirr von Faxen und fotokopierten Dokumenten, das ich in den vergangenen Monaten an sie und an das Ministerium in Rom geschickt hatte, nur mit Mühe. Am Ende hat alles wie durch ein Wunder doch seine Ordnung, und ich werde über einen Innenhof und durch eine Reihe langsamer hydraulischer Türen geleitet. Im Besuchsraum ist es kalt. In der Ecke sind Plastikstühle bis zur feuchten braunen Decke gestapelt. Ich nehme auf einem der Stühle Platz und warte auf Italiens berühmtesten «Mörder», Adriano Sofri.

In den frühen siebziger Jahren wurden Pino Pinelli und der Polizeikommissar Luigi Calabresi zu Symbolfiguren in einem ungewöhnlichen Stück von Moral und Unmoral. Der eine gab den Helden, der andere den Schurken. Wie Che Guevara wurde Pino Pinelli, den zu Lebzeiten niemand gekannt hatte, nach seinem Tod zu einer Identifikationsfigur der Linken. Sein Name erschien in Slogans auf Hauswänden im ganzen Land: *«Quando votate ricordatevi di Pino Pinelli»* («wenn ihr zur Wahl geht, denkt an Pino Pinelli»), und *Lotta Continua* gab eine Platte mit dem Titel *La ballata di Pinelli* heraus. Calabresi hingegen wurde zum Sündenbock für alle vermeintlichen Ungerechtigkeiten der italienischen Gesellschaft, besonders im Fall Piazza Fontana.

Das Verleumdungsverfahren Calabresi gegen *Lotta Continua* lief noch, da setzte bereits die Vermengung von Fakten und Fiktion ein. Filme und Theaterstücke verstärkten die symbolische Bedeutung des Falles Pinelli/Calabresi. Im Oktober 1970 erschien das

Stück «Zufälliger Tod eines Anarchisten» von Dario Fo. Es beginnt mit der schonungslosen Verurteilung der Polizei und ihrer Version der Ereignisse:

> Wisst ihr, was die Leute von euch denken? Dass ihr zwei notorische Lügner seid, zwei riesige Spaßvögel! Wer soll euch noch glauben (...) außer dem Richter natürlich, der das Verfahren eingestellt hat? Und wisst ihr den Hauptgrund, warum euch niemand glaubt? Weil eurer Darstellung (...) die menschliche Wärme fehlt![2]

Im selben Jahr erhielt Elio Petri für seinen Film «Ermittlungen gegen einen über jeden Verdacht erhabenen Bürger» den Oscar für den besten ausländischen Film; darin geht es um einen Polizisten, der seine Freundin ermordet hat, aber dazu überredet wurde, die Tat nicht zu gestehen. Obwohl Petri die Dreharbeiten schon vor dem Dezember 1969 abgeschlossen hatte, waren die Parallelen zum Fall Calabresi nicht zu übersehen. Ähnliche Parallelen wies der Film «Sacco und Vanzetti» auf, der ein Jahr später in die Kinos kam; die Titelhelden, zwei unschuldige italienische Anarchisten, werden in Amerika zum Tod verurteilt, ein weiterer Anarchist, Andrea Salsado, fällt aus dem vierzehnten Stock eines New Yorker Polizeireviers. Die Stimmung war derart aufgeheizt, dass im Juni 1971 800 Intellektuelle eine Erklärung des Magazins *L'Espresso* unterschrieben, welche Polizisten als «Folterknechte» bezeichnete.

Das ganze Ausmaß der Politisierung der Gesellschaft zeigte sich am 16. April 1970, als die Fernsehnachrichten um kurz nach halb neun Uhr in mehreren Städten unterbrochen wurden. Zu den laufenden Bildern des Tages verkündete eine Stimme aus dem Off die Gründung einer neuen revolutionären Vereinigung:

> Der neue Widerstand der Massen ist geboren, der Aufstand der Arbeiter gegen die Herren und gegen den Staat der Herren ist geboren, der Aufstand gegen den ausländischen Imperialismus ist geboren, der Aufstand der Bevölkerung und der arbeitenden Klassen des Südens ist geboren. Die Brigate Rosse sind geboren, und die Brigate GAP [Gruppi di azione

partigiana] haben sich neu formiert. Der Weg der Reformen, der Weg der kommunistischen Revolution, der Weg der wirklichen Befreiung des Proletariats und der italienischen Arbeiter von der Beherrschung und der Ausbeutung durch italienisches und ausländisches Kapital bringt einen langen und harten Krieg mit sich. Aber die Partisanenbrigaden, die Arbeiter, die Genossenschaften und die revolutionären Studenten marschieren geschlossen und vereint bis zum Sieg.[3]

Die Art der Formulierung ist typisch für Giangiacomo Feltrinelli, den Wortführer der GAP. Melodramatisch und endzeitbewegt, vom Wunsch beseelt, das Erbe der Partisanenbewegung anzutreten. Feltrinelli gehört zu den vielen «Gestrauchelten» der *anni di piombo*, die heute zu Helden verklärt oder lächerlich gemacht werden. Sein Name steht sowohl für die Gewalt wie für das Groteske dieser Jahre. Dank ausgedehnter Waldbesitzungen in Kärnten und der Straßenbauprojekte des Großvaters unter Mussolini, gehörte die Familie Feltrinelli zu den reichsten Italiens. Während des Bürgerkriegs kehrte Giangiacomo Feltrinelli seinem fürstlichen Leben und seiner in Turin ansässigen Familie den Rücken, um auf der Seite der Partisanen zu kämpfen; später trat er in die Kommunistische Partei ein, die er großzügig unterstützte. Im Jahr 1950 gründete Feltrinelli ein «Studienzentrum», etwas später einen Verlag und eine über das ganze Land verteilte Kette von Buchläden. In seinem Verlag erschienen erstmals Giuseppe Tomasi di Lampedusas «Der Leopard» und Boris Pasternaks «Doktor Schiwago». Diese Veröffentlichung brachte Feltrinelli allerdings die harsche Kritik der italienischen und der sowjetischen KP ein. Immer öfter reiste der Verleger nach Kuba und nach Südamerika und veröffentlichte im Gegenzug Bücher über die Guerilla-Bewegungen und über Che Guevara; er war ein enger Freund Fidel Castros und regte den Führer an, seine Autobiographie zu schreiben.

Die Politiker in Rom mit ihren Bäumchen-wechsle-dich-Spielen waren nicht dazu in der Lage, für ein ausreichendes Maß an Stabilität und Kontinuität zu sorgen, was vielleicht verhindert hätte, dass das Land im Guerillakrieg versank. Im Anschluss an den «heißen Herbst» des Jahres 1969 wurden mehrere Gewerkschaftsführer des «Aufrufs zu einer Straftat» bezichtigt. Das führte am 6. Februar 1970 zu einem Generalstreik, in dessen Folge der Ministerpräsident Marino Rumor am 7. Februar zurücktrat. Nach einer Übergangszeit von fünfzig Tagen bildete Rumor eine neue Koalitionsregierung, ehe er im Juli abermals das Handtuch warf. Ausgerechnet zu einer Zeit, in der das Land nichts nötiger gehabt hätte als eine handlungsfähige Regierung, fiel den verschiedenen Gruppierungen innerhalb der Christdemokraten nichts Besseres ein, als sich sinnlos gegenseitig zu bekämpfen.

In jenem Sommer, als die *azzurri*, die italienische Fußballnationalmannschaft, abermals im Finale einer Weltmeisterschaft standen, kam es in Reggio Calabria zu einem ausgedehnten Volksaufstand. Zuvor war bekannt gegeben worden, dass das neue Regionalparlament seinen Sitz nicht mehr, wie ursprünglich zugesagt, in Reggio Calabria, sondern im benachbarten Catanzaro haben sollte. In der bitterarmen Region, in der mehr als 10 000 Menschen arbeitslos waren und viele noch immer in den nach dem Erdbeben von 1908 errichteten Notunterkünften lebten, erregte die Streichung der lange erwarteten und lebensnotwendigen Stellen im öffentlichen Dienst den Zorn der Bevölkerung. Die Bewohner Reggios reagierten mit einer Streikwelle, mit Demonstrationen und Bombenanschlägen, die rasch einen politischen Charakter bekamen. In den Monaten Juli bis September 1970 wurden drei Menschen getötet und 200 verletzt. 425 Personen wurden beschuldigt, die öffentliche Ordnung gestört zu haben. Im selben Zeitraum kam es zu 19 Generalstreiks und 12 Bombenexplosionen; dreizehnmal errichteten die Aufständischen Straßenbarrikaden, vierzehnmal besetzten sie den Bahnhof der Stadt. In der Gegend kam es auch zum zweiten *strage* – «Massaker» – im Zusammenhang mit der «Strategie der Spannung»: Am 22. Juli explodierte bei Gioia Tauro eine Bombe in einem Zug, der *Freccia del Sud* – «Pfeil des Südens». Sechs Reisende kamen ums Leben, 72 weitere wurden verletzt.

Ein Dokumentarfilm von Pier Paolo Pasolini mit dem Titel

12 Dicembre zeigt das Chaos in Reggio während dieser Monate: breite, sonnendurchglühte Straßen ohne Autos und Passanten, nur berittene Polizei, die Waffen oder Wasserwerfer auf Demonstranten richtet. Blockaden an den Straßenecken, schwarzer Rauch, der von brennenden Reifen und Autos aufsteigt. Ab und an rast ein Rettungswagen durch die Trümmer.

Anfänglich beschimpfte die Rechte Demonstranten und Streikende als «Krawallmacher» und «Schurken», begann aber bald, die Unruhen für sich zu nutzen. Ein Gewerkschaftssekretär stellte sich auf die Seite der Demonstranten und gebrauchte dabei den berüchtigten Slogan «*boia chi molla*» (etwa: «ein Verräter, wer aufgibt»). «Es ist unsere Revolte», tönte der *Ordine Nuovo*, «der erste Schritt hin zu einer nationalen Erhebung, die diese obszöne Demokratie niederbrennt.» Der Aufstand war tätsächlich ein Propaganda-Coup für die extreme Rechte, der es gelang, sich als Anwalt des verarmten und vernachlässigten Südens zu präsentieren. Später heimste sie den Lohn dafür an den Wahlurnen ein: 1971 erreichte der neofaschistische *Movimento Sociale Italiano* in Catania 21,5 Prozent der Stimmen, und Ciccio Franco, der Anführer der Revolte, wurde im Jahr darauf Senator für den MSI. In den folgenden Jahren versuchten beide Bewegungen, den *squadrismo,* das Schlägertum, von Reggio in den überwiegend linken und industrialisierten Norden zu exportieren; Faschisten skandierten bei ihren Aufmärschen die gereimte Parole «*L'Aquila, Reggio, Milano sarà peggio*», eine Drohung, dass in Mailand alles noch viel schlimmer kommen werde. Die stetig steigenden Opferzahlen und die Tatsache, dass sich in Italien zwei extrem gewaltbereite Bewegungen gegenüberstanden, verhießen nichts Gutes.

Im Dezember 1970 unternahm eine Gruppe rechtsgerichteter Politiker den Versuch, in Italien eine «autoritäre Lösung» durchzusetzen. Der dubiose Staatsstreich scheiterte, und er war so raffiniert und geheim, dass manche bis heute nicht wahrhaben wollen, dass er überhaupt stattgefunden hat. Für den Coup verantwortlich war Prinz Junio Valerio Borghese, eine der umstrittensten Figuren der italienischen Nachkriegsgeschichte. Im Zweiten Weltkrieg war er Kommandeur der *Decima Mas*, einer für ihre Grausamkeit den Partisanen gegenüber berüchtigte Spezialeinheit der Marine, die auch für Angriffe auf die britische Flotte in Alexandria verantwortlich war. Später verurteilte ihn ein Kriegsverbrechertribunal zu zwölf Jahren Haft. Nach seiner – sehr raschen – Begnadigung wurde Borghese Präsident der neofaschistischen Partei, des *Movimento Sociale Italiano*, ehe er den *Fronte Nazionale* gründete, eine paramilitärische Organisation mit dem Zweck, «einen Damm gegen den roten Terror zu errichten».

Der Staatsstreich fiel in die Zeit nach dem Piazza-Fontana-Anschlag und der darauf folgenden Polarisierung der Gesellschaft und kam insofern nicht ganz unerwartet. 1970 war ein Jahr der Reformen, die zwar die Linke nicht ganz zufriedenstellten, die aber dennoch so weit gingen, dass sie die Traditionalisten unter den Rechten nervös machten: Im Frühjahr hatte die Regierung Regionalverwaltungen eingeführt, und der im Mai erlassene *Statuto dei Lavoratori* verbesserte die rechtliche Situation der Arbeiterschaft. Weit wichtiger war jedoch, dass wenige Tage vor dem Borghese-Staatsstreich das neue Gesetz zur Legalisierung der Ehescheidung, das im November 1969 verabschiedet worden war, in Kraft trat. Der Staatsstreich fand in der Nacht auf den 7. Dezember 1970 statt und erhielt, in Anlehnung an den Decknamen des japanischen Angriffs auf Pearl Harbour vom 7. Dezember des Jahres 1941, die Bezeichnung «*Tora-Tora*». Borghese hatte eine Erklärung an das italienische Volk vorbereitet:

> Italiener! Die lange erhoffte politische Wende, der lange erwartete Staatsstreich, hat stattgefunden. Das politische Modell, das uns fünfundzwanzig Jahre lang beherrscht hat und das Italien an den Rand des wirtschaftlichen und moralischen Ruins gebracht hat, hat aufgehört zu existieren (...) Die Streitkräfte, die Ordnungskräfte, die kompetentesten und repräsentativsten Männer der Nation sind auf unserer Seite, und wir versichern euch, dass die gefährlichsten Gegner – jene, die unsere Heimat ans Ausland verhökern wollten – unschädlich gemacht worden sind. (...) Wir

geben die glorreiche Trikolore wieder in eure Hände und fordern euch auf, einzustimmen in unsere unsterbliche Hymne der Liebe: Italien! Italien! Es lebe Italien![4]

Eine zweihundert Mann starke Truppe rückte aus der Cittaducale-Kaserne im Nordosten Roms aus und marschierte, mit Maschinenpistolen und Handschellen bewaffnet, in Richtung Stadtzentrum. Die Mitglieder eines Fallschirmjägerregiments, das dem Befehl von Sandro Saccucci unterstand – der später Abgeordneter für den MSI wurde –, blieben in ihrem Stützpunkt und warteten dort auf weitere Anweisungen. Im ganzen Land bereiteten sich weitere Gruppen darauf vor, aktiv zu werden. Das Innenministerium wurde besetzt, ein geheimes Waffenlager ausgehoben. Anstelle der Waffen fand man später Attrappen. Als die Truppen jedoch kurz davor standen, die staatlichen Fernsehstudios zu stürmen, stellten sich ihnen plötzlich zwei Unbekannte in den Weg und ordneten sofortigen Rückzug an. Die Operation wurde mit der bizarren Begründung abgebrochen, es würde zu stark regnen.

Offiziell tat man den fehlgeschlagenen Staatsstreich eilends als das Werk einiger weniger verschrobener Spinner ab, als «gemütliches Treffen alter Kameraden», wie General Vito Miceli sich ausdrückte, damals Chef des Geheimdienstes SID und später, wen wundert es, MSI-Abgeordneter. Die Vorstellung, dass es einen Putschversuch gegeben habe, wurde ins Lächerliche gezogen, und außer den Spezialwaffen im Innenministerium gab es ja auch so gut wie keine Beweise. Allmählich stellte sich jedoch heraus, dass der versuchte Staatsstreich durchaus ernst zu nehmen war. General Miceli war im Vorfeld ausreichend informiert worden, ebenso der Stabschef, der bereitwillig Waffen zur Verfügung stellte.

Innerhalb weniger Monate schlossen sich ein paar alte Veteranen aus dem Umfeld von Borgheses misslungenem Putsch zu einer neuen subversiven Vereinigung zusammen, der *Rosa dei Venti* (Windrose). Es war ein Zusammenschluss ehemaliger Armee- und Geheimdienstoffiziere, die sich ebenfalls mit Umsturzplänen trugen. «Das Ziel ist es», hieß es in einem ihrer ersten Manifeste, «gegen die Angeber in der Politik, in Gewerkschafts- und Regierungskreisen zu kämpfen und gegen all jene vorzugehen, die die Verwandlungskünstler dieser faulen Demokratie stützen und mit ihnen kooperieren.»

Borghese starb 1974 im spanischen Exil, im selben Jahr, in dem Miceli wegen seiner Beteiligung an der *Rosa dei Venti* verhaftet wurde. Die an dem von Borghese inszenierten Staatsstreich Beteiligten mussten sich wegen «bewaffneter Erhebung gegen den Staat» vor Gericht verantworten, aber in einem Berufungsverfahren wurde 1984 auch der letzte von ihnen wieder freigesprochen. Wie immer hatte auch dieses Verbrechen keine strafrechtlichen Konsequenzen. In der Folgezeit wurde der Staatsstreich sogar immer öfter als Hirngespinst der Linken dargestellt.

In jedem anderen Land wäre der Putsch, wenn es denn einer war, nichts als eine geschichtliche Sackgasse, ein Beispiel für die Verirrungen von ein paar Politikern und Militärs. In Italien jedoch, wo jede Intrige ein dunkles Geheimnis umgibt, ist das Thema nie zu einem befriedigenden Abschluss gekommen. Auch Jahre und Jahrzehnte nach dem Ereignis kommt es noch zu Geständnissen und Enthüllungen fragwürdiger Kronzeugen, die in der Regel für noch mehr Verwirrung statt für Klarheit sorgen. Der Fall Sofri näherte sich seinem Abschluss, als ein neuer *pentito* auftauchte und behauptete, er habe die entscheidende Information zu einem der vielen «illustren Toten» des Landes: dem Verschwinden und der wahrscheinlichen Ermordung des Journalisten De Mauro im Herbst 1970. Angeblich, so der *pentito*, wurde De Mauro umgebracht, weil er die Pläne für den Staatsstreich aufgedeckt hatte, in den auch die Mafia verwickelt war. Natürlich wusste niemand, ob die Aussagen eines Mafioso mehr als dreißig Jahre nach dem eigentlichen Ereignis glaubwürdig waren, aber im damaligen politischen Klima waren sie nicht ohne Pikanterie: Als die neuen Enthüllungen bekannt wurden, war der Bruder des ermordeten Journalisten gerade Erziehungsminister; auf den Oppositionsbänken saßen zur selben Zeit zwei Angehörige der *Alleanza Nazionale*, Busenfreunde von Borghese, die mit diesem vor dem Putsch auf mehreren Fotos posiert hatten.

1971: Die Figur Pino Pinellis, des Anarchisten, der beim Verhör auf einer Mailänder Polizeiwache zu Tode kam, wurde wie die Che Guevaras mehr und mehr zu einem Mythos, sein Name zu einem Symbol, auf das man sich auf Hauswänden und Spruchbändern tausendfach berief. Zu der Zeit kam es zu einer bizarren Verflechtung der Schicksale jener beiden Männer, welche die Öffentlichkeit für den Tod der beiden Ikonen verantwortlich machte: des Polizeibeamten Luigi Calabrese und des ehemaligen bolivianischen Polizeiobersten Roberto Quintanilla. Letzterer wurde am 1. April 1971 in der Residenz des bolivianischen Konsuls in Hamburg ermordet. Die Tatwaffe, einen Colt des Typs Cobra 38, hatte der Verleger Giangiacomo Feltrinelli 1968 in Mailand gekauft. Presseberichten zufolge soll Feltrinelli die Mörderin, eine Deutsche namens Monika Ertl, in den Monaten vor der Tat mehrmals getroffen haben. Aber natürlich gibt es auch Stimmen, die sagen, die italienische Polizei habe die Treffen raffiniert eingefädelt, genauer gesagt jenes «Büro für Sonderangelegenheiten» im Innenministerium, wo man seit langem verzweifelt daran arbeitete, den reichen Revolutionär einzukreisen. In wenig mehr als einem Jahr sollten sowohl Calabresi als auch Feltrinelli ebenfalls tot sein.

Im Mai 1971 wurde Pinellis Leiche exhumiert, weil man sich von einer erneuten Obduktion neue Beweise für das Verleumdungsverfahren Calabresi gegen den Führer der *Lotta Continua* erhoffte. Am 4. Oktober erging ein Haftbefehl gegen Calabresi. 1975 wurde er jedoch von allen Vorwürfen postum freigesprochen. Das Frühjahr 1972 ist jener Zeitraum der *anni di piombo*, in dem alle Fäden wie in einem dichten, verworrenen Knoten zusammenlaufen. Auf den 3. März fällt der erste spektakuläre Entführungsfall durch die *Brigate Rosse*. Am 16. desselben Monats wurde Enrico Berlinguer zum Führer der Kommunistischen Partei gewählt. Der Verleger Giangiacomo Feltrinelli kam ums Leben, als er angeblich eine Ladung Sprengstoff an einem Strommast bei Mailand befestigen wollte. Im Mai tötete die Polizei bei einer antifaschistischen Demonstration in Pisa den jungen Anarchisten Franco Serantini. Ausgerechnet bei einer Gedenkfeier für Serantini gab Sofri angeblich den Befehl, Calabresi zu töten – wieder ein Polizist, dem natürlich ebenfalls vorgeworfen wurde, einen Anarchisten getötet zu haben.

Der erste Hinweis darauf, dass Luigi Calabresi etwas zugestoßen sein musste, war ein Anruf, der am 17. Mai um neun Uhr fünfzehn in der Zentrale der Mailänder Polizei einging: «In der via Cherubini ist ein Mann erschossen worden. (...) Es handelt sich um *commissario* Luigi Calabresi. (...) Er blutet am Kopf.» Calabresi brach mit Schusswunden im Kopf und im linken Lungenflügel auf dem Gehsteig vor seinem Haus zusammen, neben seinem roten Cinquecento. Ein Journalist, der kurz darauf am Tatort eintraf, erinnerte sich an die «bleierne Atmosphäre. (...) Polizei und *carabinieri* glaubten sich im Krieg gegen linke Gruppen.» Calabresi wurde ins Krankenhaus San Carlo gebracht, wo man eine halbe Stunde später nur noch den Tod feststellte. Der *commissario* war fünfunddreißig Jahre alt und hinterließ eine schwangere Frau und zwei Söhne. Zeugen behaupteten, sie hätten einen blauen Fiat 125 mit dem Kennzeichen Mi-16802 gesehen, der von einer blonden Frau gesteuert wurde. Ein etwa einen Meter achtzig großer Mann hatte die Schüsse abgegeben. *Lotta Continua* bezeichnete den Mord tags darauf als «eine Tat, in der die Ausgebeuteten ihren eigenen Gerechtigkeitswillen wiedererkennen».

Im Jahr 1988 ging dann Leonardo Marino, der Crêpes-Verkäufer aus Bocca di Magra, mit seiner Version der Ereignisse an die Öffentlichkeit. Marino behauptete, Sofri habe die Ermordung Calabresis im Anschluss an die Gedenkdemonstration für Serantini angeordnet. Noch im selben Jahr, am 28. Juli, kam es zur sensationellen Verhaftung Sofris und seiner beiden «Komplizen». Damit begann eine zwölf Jahre dauernde Serie von geplatzten Prozessen, Wiederaufnahmen, Verhaftungen und Freilassungen bis hin zu jenem abschließenden Urteil vom Oktober 2000. Zum Teil auch wegen der dürftigen Beweislage gegen die ehemaligen *Lotta-Con-*

tinua-Mitglieder kam den symbolhaften Bildern in dem Fall entscheidende Bedeutung zu. Sofri wurde immer wieder als «zu intelligent» beschrieben, als «arrogant»; er empfinde zu wenig Reue in Bezug auf seine harte revolutionäre Rhetorik in den frühen siebziger Jahren. Rechtzeitig zur Prozesseröffnung brachte Gemma Capri, Calabresis Witwe, ein Buch mit dem Titel *Mein Mann Calabresi* heraus. Sie selbst, elegant und blond, war bei jeder Verhandlung und Revision persönlich anwesend.

Von Anfang an zeigte Sofri eine schon fast ins Ästhetische gehende Verachtung gegenüber dem richterlichen Prozedere. Über den ersten Prozess schrieb er: «Die Verhandlung wurde von Tönen und Gesten entstellt, die eher zu einem Ketzergericht als zu einem Zivilprozess passen. Plötzlich machten sich Tränen und Schweiß, Beschimpfungen und Beifall (...) breit und überlagerten die Auseinandersetzung mit den Fakten.» Sofri warf dem Gericht vor, demagogisch und selbstherrlich zu sein. Ohne nachzudenken, hätten sich die Leute von dem *grasso e piangente,* dem fetten und heulenden *pentito* Leonardo Marino täuschen lassen.[5]

Reue dagegen zeigte Sofri, was den Ton seiner Schriften vor Jahrzehnten betraf:

> Die Artikel, welche die Kampagne gegen Calabresi unterstützten, waren unsäglich. (...) Die Artikel in *Lotta Continua* gleichen einer degenerativen Parabel, die nicht nur für diesen Fall steht. (...) Die Gewalt und die Rohheit und auch die Brutalität dessen, was wir schrieben, hing ganz klar zusammen mit unserem Wunsch, wirklich gerechte Verhältnisse herbeizuführen. (...) Nicht zuzulassen, dass das, was unserer Ansicht nach auf der Mailänder Polizeiwache geschehen war, ungesühnt blieb. (...) Im Lauf der Kampagne verselbständigte sich dieser Wunsch, und wir fanden eine Art Gefallen an Beleidigungen, Lynchjustiz und Drohungen.[6]

Ein weiterer Zeuge erklärte im Prozess: «Wir befanden uns im Krieg, das entsprach der perversen Logik dieser Zeit.»

Wie im Piazza-Fontana-Verfahren standen auch hier nicht nur Einzelne unter Anklage, sondern eine große Menge ehemaliger Kollegen und «Extremisten». *Lotta Continua* war die Wiege einer intellektuellen Kaste, die sich heute, Jahrzehnte später, in Italien führende Posten in den Medien und im Parlament erobert hat. Die ehemaligen Kämpfer gehören zu den Stammgästen bei kulturellen Talk-Shows, sie arbeiten als Nachrichtenmoderatoren – größtenteils für Berlusconi –, sie sind Senatoren und Hochschullehrer. Viele von ihnen wurden 1988 von Marino ebenfalls beschuldigt, die Vorwürfe wurden jedoch im Nachhinein fallen gelassen. Somit haben die Mitglieder der *Lotta-Continua*-Lobby nicht nur für die Rehabilitation von Sofris Namen gekämpft, sondern, da sie ja mit im Boot saßen, auch für den eigenen Ruf. Sofri selbst beherrscht das Spiel mit den Medien wie kein Zweiter: Sein Name erscheint mit einer Häufigkeit unter Artikeln in Zeitungen und Magazinen, dass man meinen könnte, er sei der berühmteste Journalist des Landes und nicht sein berühmtester «Mörder».

Es würde zu weit gehen, wenn man behauptet, Sofri habe sich absichtlich in diese Situation manövriert. Aber in seinem hartnäckigen Bestehen auf Gerechtigkeit an Stelle von Freiheit muss er sich bewusst gewesen sein, dass er zu einem Märtyrer dieser Gesellschaft werden würde. Sofri kam ins Gefängnis, so schrieb Giorgio Bocca am 7. Oktober 2000, dem Tag nach der Urteilsverkündung, in *La Repubblica*, «weil er sich weigerte, den Hut vor den Bütteln der Justiz zu ziehen». Jetzt, im Herbst 2000, ist Sofri der einzige von vier ehemals Beschuldigten, der noch immer einsitzt. Der *pentito* Leonardo Marino kam fast sofort nach seiner Aussage auf freien Fuß. Einem der beiden anderen Beschuldigten, Giorgio Pietrostefani, gelang es, im Jahr 2000 nach dem Prozess in Venedig nach Frankreich zu fliehen, wo ihm keine Auslieferung drohte; der andere, Ovidio Bompressi, konnte ebenfalls untertauchen, stellte sich aber später selbst den Behörden und erhielt aus gesundheitlichen Gründen lediglich Hausarrest.

Sofri dagegen hat sich selbst die Rolle des unerbittlichen Kämpfers für Klarheit und Ehrlichkeit zugewiesen, für den Krankheit oder Exil als Ausweg nicht in Frage kommen. Der Fall ist mittlerweile nur mehr sein eigener. Es geht, wie er selbst sagt, nicht «um mein zukünftiges Leben, sondern vielmehr um die Vergangenheit, die viel wertvoller und verwundbarer ist. (...) In dieser Angelegenheit wird möglicherweise nicht nur meine physische Existenz gekapert, sondern auch meine Seele.»[7]

Sofri hat ein beinahe jungenhaftes Gesicht: Er ist sehr entspannt, sehr witzig, bietet mir gleich das Du an. Er spricht mit lauter Stimme und beendet jeden Satz mit einem *capisci?*, «verstehst du?». Er führt sich wie der strenge Professor auf, der er unter anderen Umständen vielleicht geworden wäre. Da mir alle technischen Geräte abgenommen wurden, muss ich seine vielsilbigen Worte mit Lichtgeschwindigkeit niederschreiben.

«Es gibt ein beträchtliches Potenzial öffentlicher Gewaltbereitschaft in Italien», sagt er. «Es ist abnorm, monströs, grotesk. Die Italiener sonnen sich in der Vorstellung, sie seien *bravi ragazzi*, gute Leute, vernünftig und mit einer langen Geschichte. (...) Aber da ist diese unterschwellige Gewalt zwischen Nachbarn, die wie eine Art Fieber unter der Haut lauert.» Er beschreibt diese Atmosphäre mit dem italienischen Begriff *disponibilità alla riscossa*, was so viel wie «Neigung zur Revolte» bedeutet. «In den siebziger Jahren herrschte eine atavistische militante Spannung, die Überzeugung, dass es moralisch geboten sei, nachzudenken und zu handeln. Viele hatten den Eindruck, dass Italien nach dem Zweiten Weltkrieg zweigeteilt worden sei, Katholiken gegen Kommunisten, lauter solche Don-Camillo-Geschichten. Für viele hatte sich der Antifaschismus im Lauf der Geschichte nie so richtig durchgesetzt, ein weiteres Beispiel dafür, dass alles in diesem Land entweder nur halbherzig geschieht oder aber verraten wird.

Aber die Vorstellung eines ‹schleichenden Bürgerkriegs› ist Schönfärberei. Beide Seiten – der Staat und die äußerste Rechte sowie die absurde Kriminalität der Linken – genügten sich selbst. Sie glaubten fatalerweise der eigenen Rhetorik. Das Resultat war ein Bürgerkrieg in den Köpfen, die Simulation eines Bürgerkriegs. Die *anni di piombo* waren nur die Wiederholung der üblichen italienischen Kämpfe, das gewohnte Geplänkel zwischen Stadtstaaten einschließlich Brudermord und Vatermord, eine Art Multiplizierung gegensätzlicher Ansichten, von den Rändern, von den ‹*campanili*› – den ‹Glockentürmen› – aus. Mein Fall beispielsweise ist ein Sturm im Wasserglas. Sicher, er ist schrecklich, aber er ist nicht Teil einer schicksalsträchtigen Begegnung zwischen zwei Seiten. In meinem Fall zeigt sich ganz einfach persönlicher Hass, blanker Hass, in seinem ganzen Schrecken: Es ist der Triumph des Hasses und der Feindseligkeit.»

Sofri gibt den Zyniker, der nichts beschönigt. Ich frage ihn nach seiner Meinung zum neuen Piazza-Fontana-Verfahren. «Die Gefahr besteht darin, dass der Prozess eine Meinung bestätigen könnte, die ich nun gar nicht teile: dass man sich nämlich bis zu einem gewissen Grad Klarheit über den Piazza-Fontana-Anschlag verschaffen kann. Die späte Anerkennung dessen, was die ‹Gegenpropaganda› der Linken damals behauptete, ist höchst merkwürdig. Wenn die ‹Togen› dann auch noch dieselben Worte wie wir damals benutzen und von einem ‹Mord am Staat› sprechen, dann klingt das falsch. Diese Slogans gehörten einfach uns Extremisten. Und die Tatsache, dass der Prozess sich auf sehr zweifelhafte *pentiti* stützt, spricht nicht gerade für ihn. (...) *Pentitismo* ist, wie wir wissen, eine schlüpfrige Angelegenheit.»

Mit jedem Satz entwickelt Sofri hochfliegende Ideen, die er im Lauf des Gesprächs manchmal wieder aufnimmt, manchmal aber auch einfach im Raum stehen lässt. Sein Gedankenreichtum ist faszinierend, noch dazu, da er gespickt ist mit dem Leitmotiv italienischer Intelligenz, dem Konjunktiv. Nahtlos wechselt er zudem von einer Sprache in die andere.

Ich frage ihn, warum kein Historiker, kein Gericht und kein Journalist dazu in der Lage sei, Licht ins Dunkel der italienischen Geschichte zu bringen. «Ich glaube», antwortet er, «dass die Dinge in Wirklichkeit viel einfacher sind. *Dietrologia* saugt man in Italien schon mit der Muttermilch ein. Sie ist die Folge von Paranoia und Eifersucht und ein gefundenes Fressen für jeden wachen Geist. Es ist wie mit Othello und dem Taschentuch von Desdemona: Ein völlig harmloser Gegenstand kann eine Kette endloser Verdächtigungen auslösen. Die Menschen spielen dieses Spiel und brüsten sich gewissermaßen damit. Ich selbst ziehe es vor, eine echte Verschwörung zu übersehen, als überall da eine zu sehen, wo es keine gibt.

Ich behaupte ja nicht, dass keine krummen und undurchsichtigen Dinge laufen: Beim Fußball beispielsweise soll es Absprachen geben. In den meisten Fällen stimmt das wahrscheinlich auch!» Er bricht in schallendes Gelächter aus. «Und der italienische Staat ist ziemlich heruntergekommen, mit seinen Tricks und Betrügereien und schmutzigen Geschäften. Einem vernünftigen Menschen können da nur die Tränen kommen. Wenn man die Dinge beim Namen nennt, samt Fakten und Beweisen, glaubt einem niemand. Wenn etwas so unübersehbar *verosimile* – wahrscheinlich – ist, dann kann es nicht die *verità,* die Wahrheit, sein, das wäre zu einfach: Es wäre zu eindeutig, zu leicht, also kann es nicht stimmen. (...)

Sieh dir meinen Fall an. Ich habe nie behauptet, dass es völlig abwegig sei, dass die äußerste Linke etwas mit der Ermordung Calabresis zu tun hat. Ich habe nur ganz offen gesagt, dass ich selbst nicht dafür verantwortlich gewesen bin, in keiner Weise. So was kann sich nur ein Verrückter ausdenken. Wenn wir von der ‹totalen Mobilmachung› im Herbst 1972 sprachen, dann meinten wir damit, dass eine Vielzahl von Verträgen auf kommunaler Ebene neu verhandelt werden sollte. Wir wollten keinen Mord als Signal zum bewaffneten Kampf.»

Er macht keinen Hehl daraus, dass er die Justiz zutiefst verachtet: «Alles Größenwahnsinnige, bezeichnend für das Allmachtsstreben des italienischen Staates. Die Richter scheinen sich fast für Literaturkritiker zu halten, die einen Roman bewerten sollen. Oder sie geben sich als ‹gute Wächter› aus. Ein einziger monströser Furunkel ist das. Wir von *Lotta Continua* arbeiteten weitgehend im Licht der Öffentlichkeit, zugegebenermaßen manchmal zu dünkelhaft und anmaßend. Für uns war es ein Abenteuer, ein Experiment. Kein Abenteuer in dem Sinn, dass man sich mit einem Gummiband am Fuß von einer Brücke stürzt, nicht im Sinn von Extremsport. (...) Uns schwebte eine Welt des Miteinanders vor, ein Vermischen der Sprachen, ein wechselseitiges Sich-Befruchten der Kulturen. Letzten Endes wurden wir zu Meistern der Nachahmung. Wir imitierten unsere Mitmenschen, einfühlsam, fast schon virtuos. Wir waren so sozial, dass wir uns selbst beinahe verloren.»

Er beschreibt die typische Laufbahn junger Menschen aus bürgerlichem Elternhaus, die sich zur Welt der Arbeiter hingezogen fühlten. «Wir bedienten uns ihrer Sprache, lernten ihre Bräuche, machten uns ihren Kampf zu Eigen. Am Ende erkannten wir, dass unsere Identität dabei auf der Strecke blieb. Wir erkannten, dass wir anfangen mussten, die Dinge ernst zu nehmen. Es änderte sich alles, als die Frauen sich plötzlich zu Feministinnen erklärten. (...) Ein paar von uns versuchten, weiter an der Mimesis festzuhalten, eine Art psychologischer Transvestismus.» Er lacht abermals.

«Heute bilde ich mir meine politische Meinung aus denselben Quellen wie jeder andere auch, aus dem Fernsehen und der Zeitung. Das ist überhaupt das Seltsame, dass die Menschen draußen so leben, als seien sie im Gefängnis, angekettet vor dem Fernseher. Die meisten meiner Artikel muss ich aus dem Gedächtnis schreiben, weil es hier natürlich keine große Bibliothek gibt. Aber es kotzt mich an, wenn die Leute sagen, ich sei freier als sie, weil ich hier drinnen sitzen und meinen Gedanken nachhängen kann. Das Gefängnis ist ein Albtraum – eine Tortur, eine körperliche Qual, sexuelle Verstümmelung. Wir sind wie Aasgeier auf dem Müll der Gesellschaft.»

Nach dem Besuch im Gefängnis setze ich mich in eine Bar und lese die Tageszeitungen. Es ist der fünfundzwanzigste Todestag Francos, und ein Blatt zitiert einen der Leitsprüche des spanischen Diktators: «Herr ist man über das, was man verschweigt, und Sklave dessen, was man sagt.» Ungeachtet seines Urhebers, scheint der Satz auf Sofri zu passen. Er ist der geborene Redner, ein Mann, der die Worte liebt, besonders die eigenen. Wichtigtuerei, Arroganz und der Wunsch, im Mittelpunkt zu stehen, sind auch die Eigenschaften, die man ihm immer wieder vorwirft. Als Intellektueller gehört er, so ein Freund, zu jenen, die in den siebziger Jahren das engagierte «Cowboy-und-Indianer»-Spiel liebten. Und doch findet man kaum jemanden, der nicht «begründete Zweifel» an der Rechtmäßigkeit von Sofris Verurteilung hegte. Manche sagen, er sei höchstens verbal schuldig, weil er mit den Worten allzu sorglos umgegangen sei. Er sei verurteilt worden, weil er einfach zu viel redete, weil er aufschnitt und provozierte. Mir wird klar, dass er buchstäblich der Gefangene seiner eigenen Vergangenheit ist, ein «Sklave» der Worte, die ihm über die Lippen gekommen sind.

Wenige Monate später, Dezember 2000. Mit den im Frühjahr anstehenden Wahlen wird der politische Schlagabtausch zunehmend härter. Zwei Bomben, von welchen eine angeblich auf das Konto von Anarchisten ging und denen die «Antwort» der Faschisten auf dem Fuß folgte, haben dem Staat Schauer über den Rücken gejagt. «Seltsame Dinge geschehen», räumt der Generalsekretär der Linksdemokraten ein, «die Terroristen schießen wieder. (...) Die Spannung ist zurückgekehrt.» Alle befällt ein Déjà-vu-Gefühl, eine Fassungslosigkeit darüber, dass Anschläge dieser Art noch immer geplant und ins Werk gesetzt werden, wo doch alle davon überzeugt waren, dass die *anni di piombo* lange vorbei seien. Es scheint absurd und unwirklich. Ein Journalist äußert sich bestürzt dazu:

> Da sind sie wieder, die Geister, die nach Dynamit stinken. (...) In den meisten Ländern Europas vollzieht sich der Wechsel von rechten und linken Regierungen ohne Probleme für die öffentliche Ordnung und Sicherheit. Nicht so in Italien, wo es offenbar nie ein Ende hat [mit den Bomben]. Es scheint tatsächlich so, als hätte jemand die Uhr zurückgedreht.[8]

Die erste Sprengladung fand man am 18. Dezember, wenige Meter von der Piazza Fontana entfernt, zwischen den Türmen des gotischen Doms von Mailand. Sie befand sich in einer schwarzen Tasche, in unmittelbarer Nähe einer Fußgängerpassage. Der Zeitzünder war auf drei Uhr morgens eingestellt. Man glaubte sofort, die

Handschrift der Anarchisten dahinter zu erkennen, vor allem weil derselbe Sprengstoff – «Vulkan 03» oder «Steinbruchstaub» – auch in anderen, unlängst von Anarchisten gelegten Bomben verwendet worden war. Kurz darauf bekannte sich eine Gruppe namens *Solidarietà Internazionale* zu dem versuchten Anschlag. Die Rechte antwortete umgehend. Am 22. Dezember tauchte kurz nach Mittag ein ehemaliger «schwarzer» Terrorist in den Redaktionsräumen der kommunistischen Tageszeitung *Il Manifesto* in Rom auf. Im vierten Stock fragte er nach dem Weg: «Ich habe ein Paket für *Manifesto* abzugeben.» Aber die Bombe explodierte, noch ehe der Attentäter sein Ziel erreicht hatte. Die Explosion war so stark, dass Türen aus den Angeln flogen. Er selbst erlitt schwere Verletzungen an den Beinen und mehrere Brüche. Ein tags darauf veröffentlichtes Foto zeigte ein vielsagendes Bild: ein einzelner staubiger Schuh, der des Bombenlegers, eines gewissen Andrea Insabato, auf einem Haufen von Schutt, Glas und Papier. Durch Zufall wurde nur Insabato verletzt, *Manifesto* schrieb am folgenden Tag: «Wäre die Bombe nicht zu früh explodiert, sie hätte ein Blutbad angerichtet.»

Insabato hatte eine terroristische Vergangenheit wie aus dem Bilderbuch. In den siebziger Jahren unterhielt er enge Beziehungen zur *NAR*, den ultrarechten *Nuclei Armati Rivoluzionari*, und zu *Terza Posizione*. 1976, im Alter von siebzehn Jahren, feuerte er mit einer Pistole auf das Büro der Kommunistischen Partei in Rom und wurde verhaftet. In die jüngere Zeit gehört ein Zwischenfall aus dem Jahr 1992, als er bei einem Fußballspiel zwischen Lazio und Torino demonstrativ die italienische Flagge verbrannte und dabei «*Ebrei ai forni*», «Juden in die Öfen», rief. Nur wenige Tage vor dem versuchten Anschlag auf *Il Manifesto* hatte er, die palästinensische Flagge schwingend, an einer Sympathiekundgebung für Jörg Haider teilgenommen, der sich auf Einladung des Vatikans in Rom aufhielt.

Am Tag nach dem Anschlag titelte *Il Manifesto* kämpferisch: «*Siamo qui*» – «Wir sind hier». Verantwortlich für den Anschlag sei der «kulturelle Nährboden, der die Neofaschisten salonfähig gemacht und ihnen politische Legitimität verliehen hat.» Der Leitartikel im Inneren des Blattes schlug in dieselbe Kerbe mit der Behauptung, Insabato sei das Produkt der «heuchlerischen Rechten Finis und Berlusconis, die nie den Mut hatte, sich mit ihrer blutigen Vergangenheit auseinander zu setzen, was zumindest ein Teil der nicht institutionalisierten Linken mühevoll und unter Schmerzen getan hat. Das sind jetzt die Folgen. Der Sumpf existiert noch immer, mit seinen straffrei ausgegangenen Anführern und den kleinen Gefolgsleuten.» Der Terrorismus in Italien, so klagte der damalige Ministerpräsident Giuliano Amato, ist ein «Vulkan, der nie erkaltet». Ein Richter, der das Verfahren gegen die «neuen» *Brigate Rosse* leitete, nannte den Terrorismus einen «unterirdischen Fluss (...), der plötzlich und mit noch größerer Gewalt hervorbricht». Er habe etwas «beinahe Physiologisches». Der Schriftsteller und Journalist Alberto Arbasino drückte genau das aus, was offenbar alle im Land meinten: der Terrorismus sei «schnell zu einer ethnischen Angelegenheit geworden, einer typisch italienischen Spezialität, zu einem Teil der Alltagsidylle von *la mamma*, *siesta* und *piazza*.»[9]

Zwei Jahre später, im März 2002, ein ähnliches Gefühl von Déjà-vu. Marco Biagi, der Universitätsprofessor, der das Weißbuch geplanter Änderungen zum Arbeitsrecht verfasst hatte, wurde aus nächster Nähe erschossen, als er in Bologna auf dem Fahrrad nach Hause fuhr. Die Szene unter dem Vordach seines Hauses bot ein vertrautes Bild: Blutlachen, an der Wand der fünfzackige Stern der *Brigate Rosse*, nummerierte Kärtchen auf dem Asphalt an den Stellen, wo man die Kugeln gefunden hatte. In einem 26-seitigen Bekennerschreiben, das bei einer Internet-Nachrichtenagentur eintraf, übernahm eine Gruppierung namens BR-PCC, *Brigate Rosse – Partito Comunista Combattente,* die Verantwortung für den Mord. Wieder einmal kam die Tragödie nicht überraschend: Arbeitsminister Roberto Maroni, Biagis Auftraggeber, meinte hilflos: «Ich kann nicht sagen, dass ich überrascht bin.» Romano Prodi fasste die Situation mit den Worten zusammen: «Die Kette von Bluttaten reißt nicht ab. Es ist eine lange, dunkle Linie, die uns seit vielen Jahren begleitet.» Wie sich herausstellte, wurde Massimo D'Antona, ein anderer Berater des Arbeitsministeriums, drei Jahre zuvor möglicherweise mit derselben Waffe getötet. Wie um die unheimliche Vorstellung eines Komplotts noch zu verstärken, fand man wenige Monate später einen Computerexperten, der an der Untersuchung beider Mordfälle beteiligt gewesen war, erhängt in seiner Wohnung auf.

In meiner Ratlosigkeit machte ich mich über alles her, was Historiker und Soziologen in Untersuchungen zum «Phänomen des Terrorismus» in Italien über die Jahrzehnte hinweg geschrieben haben. Bei vielen findet sich sinngemäß die Aussage, dass der «Terrorismus nur das aufgreift und wiederverwendet, was im Schoß der Nation ohnehin vorhanden ist»[10], was wiederum besagt, dass der Terrorismus im Land eine typisch italienische Prägung aufweist. Viele der frühen Studien zu den *anni di piombo* kommen zu dem Schluss, Italien leide an einer «Bomben-Psychose». Seit den Tagen des *Risorgimento*, so lautete die These, habe es in dem Land eine «lebendige und bedeutsame» Kultur der Gewalt gegeben. Demzufolge liegen die historischen Wurzeln der *anni di piombo* klar auf der Hand: 1894 hatten italienische Anarchisten den französischen Präsidenten ermordet, dann den spanischen Ministerpräsidenten und die Kaiserin von Österreich-Ungarn. 1900 kam König Umberto I. bei einem Attentat ums Leben; 1921 forderte ein Bombenanschlag in einem Theater in Mailand mehr als zwanzig Todesopfer. 1928 kamen achtzehn Menschen bei einem Attentatsversuch auf König Vittorio Emanuele III. zu Tode. Vom *Risorgimento* bis zur *Resistenza* war Gewalt der Katalysator jeder wichtigen Wende in der italienischen Geschichte gewesen. «Keine andere Industriegesellschaft», schrieb ein Historiker 1980 in der *Rivista storica italiana*, «kennt ein terroristisches Phänomen, das in puncto zeitlicher Dauer, räumlicher Ausbreitung, Gewalt und Verwurzelung mit dem Italiens vergleichbar wäre.»

Viele behaupten unterschwellig, die Politiker seien für den Terrorismus verantwortlich gewesen. Manche Beobachter – wie Sergio Flamigni – prangern bestimmte Politiker als unmittelbare Handlanger des Terrorismus an, als sei dieser eine Fortsetzung der Politik mit anderen Mitteln. Aber man braucht gar nicht so weit zu gehen, um zu verstehen, dass der politische Diskurs hierzulande etwas aufweist, das, indirekt oder unbeabsichtigt, den Terrorismus fördert. Die entscheidende Rolle kommt dabei in den siebziger Jahren dem Parlament zu. Das Parlament war lange Zeit ein «conventio ad excludendum», ein unvollständiges Zweiparteiensystem, in dem die eine Partei ständig an der Macht war, die andere ständig davon ausgeschlossen. Oder die Opposition wurde unglücklicherweise vereinnahmt, wurde Teil des *arco costituzionale*, der politischen «Ehe» zwischen Oppositionsparteien. Es gab die «Öffnung nach links» (unter Beteiligung der Sozialisten) oder den «historischen Kompromiss» (unter Beteiligung der Kommunisten). Leonardo Sciascia beschrieb die Christdemokraten in dem Zusammenhang als «rückgratlos, verfügbar, nachgiebig und gleichzeitig zäh, geduldig und hart zupackend. Eine Art Polyp, der die Widersprüche umarmt, um sie in Einigkeit umzukneten und wieder loszulassen.»[11]

Opposition war nicht möglich, und zwar dank eines einzigartigen Aspekts italienischer Politik: *trasformismo*. Angelo Panebianco nannte ihn in seinem Essay *Democrazia sommersa* «ein ungesundes Verhältnis zwischen Regierung und Opposition». Giulio Bollati sah darin die «Fähigkeit, Themen und Formulierungen der Opposition zu übernehmen, um sie jeder Bedeutung zu berauben», und die «Bereitschaft, sich vereinnahmen zu lassen». Sichtbarer Ausdruck all dessen sind «Streitereien in der Öffentlichkeit und Vereinbarungen auf den Korridoren. *Trasformismo* ist Schein, Theater, Gleichgültigkeit gegenüber den diskutierten Fragen. Sein Ziel ist Macht.»[12] Kritikern des italienischen Parlaments zufolge bedeutet *trasformismo*, dass es egal ist, wen man wählt; allen Unterschieden im Wahlkampf zum Trotz spielen die Politiker immer dasselbe geheime Spiel, auf Kosten des Gemeinwesens. Über Jahrzehnte hinweg gab es keine wirkliche parlamentarische Opposition, und so sahen viele Radikale den Ausweg darin, den außerparlamentarischen Weg zu beschreiten, einschließlich aller Abwege. Der Terrorismus war und ist die natürliche Kehrseite des *trasformismo*. Die eine Seite verkörpert den Kompromiss um jeden Preis, die andere ist das völlige, gewaltsame Gegenteil.

Manche Kommentatoren des «bewaffneten Kampfes» verwiesen auf die Entstehung des britischen Parlamentarismus, um aufzuzeigen, was falsch gelaufen war in Italien. Autoren wie Giorgio Galli zitierten Thomas Hobbes und sahen die Geburt des britischen Parlaments als ein Mittel, den Bürgerkrieg in England einzudämmen. Verbaler Schlagabtausch und wechselnde Parteien in der Regierungsverantwortung traten an die Stelle kruderer Konfrontationen. Die repräsentative Demokratie wurde zum «Spiel, das den Bürgerkrieg verhinderte». Dass es diese Art der Auseinandersetzung in Italien nicht gab, hatte zur Folge, dass der latente Bürgerkrieg nie vom Parlament aufgefangen, gespiegelt oder befriedet werden konnte und somit außerhalb des Parlaments weiter wütete. Alberto Arbasino nannte in dem Zusammenhang in einer seiner Meditationen über die siebziger Jahre die «eiserne Faust» des Terrorismus das Gegenstück zum «Treibsand» italienischer Politik. Da das Parlament für eine außerparlamentarische Minderheit nicht in der Lage schien, gewisse Themen anzusprechen, war für sie die einzige Antwort der Einsatz von «Fäusten» oder, schlimmer, Pistolen.

Aber auch nachdem die Trennung zwischen den politischen Lagern klarer geworden ist, werden Politiker indirekt für den Terrorismus verantwortlich gemacht. Mit ihren gegenseitigen Verunglimpfungen, den hysterischen Beschimpfungen «Faschist!», «Kommunist!» in einer erhitzten politischen Debatte liefern Politiker den Terroristen unabsichtlich den Vorwand, den sie brauchen, und die Sprache, die sie verstehen. In diese Richtung zumindest ging die Analyse, der Gerardo D'Ambrosio den Mailänder Bombenanschlag im Jahr 2000 unterzog: «Wir hatten gehofft, dass Bomben als Mittel der politischen Auseinandersetzung ausgespielt hätten. Leider ist dem nicht so. (...) Immer wenn die politische Auseinandersetzung national wie international härter wird, muss man damit rechnen, dass jemand die Situation für sich ausnutzt.»[13]

Aber nicht nur Politiker mit ihrer Verketzerung des Gegners, sondern auch Intellektuelle gerieten in die Kritik: Alberto Arbasino hat von der «Verantwortung und der Verantwortungslosigkeit der Intellektuellen» geschrieben und dabei auf «Grauzonen und Doppeldeutigkeiten» verwiesen. Nicht, dass Universitäten notwendigerweise Kaderschmieden für Terroristen wären, aber in der dort gepflegten unverblümten Sprache – der eigentliche Vorwurf gegen Sofri – gärt und brodelt es. Viele stellten denn auch eine gewisse ideologische Gemeinsamkeit zwischen Terroristen und Intellektuellen fest, einer Gesellschaftsgruppe, die in Italien in höherem Ansehen steht als jede andere. Der wirkliche Unterschied zwischen vielen Terroristen und vielen Intellektuellen bestand jedoch nicht in der Auseinandersetzung über die Ziele, sondern darin, mit welchen Mittel man diese Ziele erreicht.

Andere haben auf den *cattocomunismo* der Terroristen hingewiesen, ihren quasireligiösen, chiliastischen Eifer. Nachdem diese Kämpfer ihren eigentlichen Glauben verloren hatten, versuchten sie, «jene andere Welt in dieser Welt zu verwirklichen», von der «christlichen Totalität zu einer marxistischen Totalität» zu gelangen. Einer dieser links stehenden Gurus hatte beispielsweise von den Kommunisten als einer Rasse gesprochen, die von einer «jungfräulichen Mutter» geboren sei, und von seiner politischen Gruppe als einem «kämpfenden religiösen Orden». «Das Bedürfnis», schrieb ein Journalist, «nach allumfassenden und endgültigen Antworten, die Ablehnung jeden Zweifels sind Katholiken und Kommunisten gleichermaßen zu Eigen.»[14]

Das Ende des Kalten Krieges und die nicht zufällig damit einhergehende Götterdämmerung der *Democrazia Cristiana* ermöglichten eine neue Sichtweise, welche die *anni di piombo* in einen internationalen Zusammenhang stellt. Vor dem Hintergrund des Ost-West-Konflikts war Italien Grenzland, eingekeilt zwischen Warschauer Pakt und NATO. Die Gründe für diese «tragische Grenzerfahrung» waren sowohl geographischer – Italien als Grenzland im wahrsten Sinn des Wortes – wie politischer Natur: Das Land hatte die größte kommunistische Partei in der westlichen Welt; 1946 erhielt sie 19 Prozent der Wählerstimmen, legte mit jeder Wahl zu und erreichte 1976 mit 34,4 Prozent den Höchststand. Historiker beschrieben das Nachkriegsitalien daher als Land an der «neuralgischen Grenze zwischen dem Westen und dem Kommunismus, das während des Kalten Krieges unter ständiger Beobachtung stand und dessen demokratische Entwicklung permanent wachsam beäugt wurde».[15] Der Terrorismus der sechziger und siebziger Jahre wurde als bedrohlich empfunden, weil die von ihm ausgehende Gewalt die Spiegelung des Kalten Krieges war, isolierte Beispiele für einen größeren, globalen Konflikt. So gesehen waren die Terrorakte «Zeichen eines Krieges, Teile eines weltumspannenden Untergrund-Krieges, der immer wieder aufflammt mit all seinem Schrecken und seinen zerstörerischen Folgen (...) und alles zerstört, was ihm in den Weg kommt: den Frieden, die demokratische Auseinandersetzung, die Wahrheit (...) Er flammt auf und vergeht, und lässt Blut und Dunkelheit zurück.»[16]

In diesem Zusammenhang haben manche Beobachter Italien mit Deutschland verglichen, einem weiteren Land, das von der *spaccatura dell'Europa*, der Spaltung eines ganzen Kontinents, betroffen war. Der Unterschied bestand darin, dass in Italien ein «unsichtbarer eiserner Vorhang quer durch die Bevölkerung, die Klassen, das Bewusstsein hindurch verlief» und das Land «in zwei politische, gesellschaftliche, moralische Realitäten zertrümmerte, (...) beinahe in zwei Länder»[17]. Während in Deutschland die Mauer zum konkreten und buchstäblich präsenten Wahrzeichen eines geteilten Landes wurde, war die Kluft, die sich in Italien auftat, feiner und weniger greifbar: Italiens «eiserner Vorhang» blieb weitgehend unsichtbar. Dass der «bewaffnete Kampf» im Wesentlichen ein geheimer war, erfuhr das italienische Parlament 1990, als Giulio Andreotti bekannt gab, dass es seit 1945 eine Truppenpräsenz namens *Gladio* im Land gegeben habe, die «Nachhut» der Alliierten; Untersuchungen ergaben, dass *Gladio* mit Personal, Waffen und Sprengstoff in Terrorakte während der *anni di piombo* verwickelt gewesen war.

Ein ähnlich ernstes Problem war die Tatsache, dass die italienische Außenpolitik der Nachkriegszeit einen unberechenbaren Zickzackkurs verfolgte und zwischen einer proarabischen Politik – Libyens Revolutionsführer Gaddhafi war sogar Großaktionär von FIAT geworden – und einer Unterstützung Israels hin und her schwankte. Terroranschläge in Italien ereigneten sich oft auf unheimliche Weise zeitgleich mit ähnlichen Zwischenfällen auf dem, wie es der Vorsitzende der *Commissione Strage* nannte, «Schachbrett» des Mittelmeerraums, vor allem im Nahen Osten. Somit waren, wie es manche sehen, Italiens *anni di piombo* nicht nur eine Folge des Kalten Krieges, sondern auch des israelisch-arabischen Konflikts.

Aber noch etwas anderes interessierte mich. Dabei ging es eigentlich nicht um Terrorismus, sondern um die so genannten *cronache nere*, die «schwarzen Chroniken», welche die Medien beherrschten. Mittlerweile lebte ich schon seit ein paar Jahren im Land und hatte es mir zur Gewohnheit gemacht, nicht nur die Sendungen über mysteriöse Kriminalfälle mit politischem Hintergrund – wie die Montesi- oder die Mattei-Morde – zu schauen, sondern auch die kriminalistische Aufarbeitung laufender Fälle mitzuverfolgen: Marta Russo, Novi Ligure, Cogne – alles Mordprozesse, die sich über Monate, schließlich Jahre hinzogen und das ganze Land in Atem hielten. Es ist nicht so, dass es in Italien mehr Morde gibt als anderswo. Italien ist nicht einmal, der gängigen Vorstellung im Ausland zum Trotz, ein besonders gewaltsames Land. Es ging mir um das, was nach den Morden passierte: Sie werden für das Theater, das Fernsehen, den Film verwertet, aufgearbeitet in einem Medienrummel aus Blitzlichtern, Interviews und Talk-Shows. Manchmal ist das Ergebnis dieser medialen Verwurstung von hohem künstlerischem und pädagogischem Wert, wie der Film *I cento passi*. Meistens jedoch ist es ziemlich billig. Ein Soziologe hat in den siebziger Jahren darüber geschrieben: «Wir sind fasziniert von der Gewalt (...). Sie wurde ‹ästhetisiert›, fotogen gemacht, nicht unbedingt akzeptiert, aber doch mit jener Faszination ausgestattet, die ihrer hypnotischen Macht zugrunde liegt.»[18]

Das Verbrechen wird zur Sensation, zu einem makabren Schauspiel, so, wie man mit dem Auto langsamer fährt, wenn man an einem schlimmen Verkehrsunfall vorbeikommt. So ist das natürlich überall auf der Welt, aber in gewissen Punkten unterscheidet sich Italien doch sehr: Da ist vor allem die Vermischung von Fakten und Fiktion. Jedermann hierzulande kann sich seine Meinung bilden über Marta Russo, Adriano Sofri, Cogne oder die Gräfin Vacca Agusta, weil wir im Grunde fast nichts über das jeweilige Verbrechen wissen. Es gibt keine harten Fakten, an die man sich halten kann. Zeugenaussagen, Motive, Gericht – alles gerät durcheinander, bis der Fall am Ende nur mehr als Thema für Kneipengespräche und Beute für die Themengier des Fernsehens taugt. Ohne Rücksicht greift man in schwebende Verfahren ein, analysiert und interviewt alles und jeden, Jahre bevor der Fall überhaupt vor Gericht kommt. In letzter Konsequenz bedeutet das, dass die Studios mancher Sender den echten Gerichtssälen den Rang ablaufen. Genau diese Kunst, einen Mord zu dramatisieren, ein scheußliches Verbrechen in ein packendes Fünf-Minuten-Spektakel für die Abendnachrichten zu verwandeln und es dann auch noch zu einer abendfüllenden «Chat-Show» breitzutreten – mit einer Reihe so genannter Experten und langbeiniger Models, die ihre Meinung zur Tatwaffe zum Besten geben – ist durch und durch italienisch. Und je mehr man natürlich über bestimmte Themen spricht, desto weniger blickt man durch, und irgendwann sieht man den Wald vor lauter Bäumen nicht mehr.

Ich erinnere mich daran, dass mir diese Dinge durch den Kopf gingen, als ich im Dezember meine Sachen packte, weil ich über Weihnachten nach England fahren wollte. Aus dem Radio erklang die schöne, beruhigende Stimme von Fabrizio De André. Das Lied aus dem Jahr 1973 heißt *Il bombarolo,* «Der Bombenleger», und ist, wie die Thematik, fest im Seelenhaushalt der Nation verwurzelt. «Intellektuelle von heute», heißt es da, «Idioten von morgen, gebt mir so viel Gehirn zurück, wie ich für meine Hände brauche. Akrobatische Propheten der Revolution, heute packe ich selbst an, ohne Unterricht. (...) Ich habe eine andere Schule gewählt. Ich bin Bombenleger.»

Es war komisch: Eigentlich wollte ich gar nicht nach Hause fahren. Ich wollte meine Freunde und die Familie sehen, aber irgendwie tat es schrecklich weh, Italien zu verlassen, und wenn es nur für ein paar Tage war. Ich war zum *campanilista* geworden, «meinem» Kirchturm so verbunden wie jeder hier. Der Gedanke, von Parma wegzusein – im Volksmund auch *isola felice* genannt, Italiens «glückliche Insel» –, beunruhigte mich. Ich schaute aus dem Fenster und sah, dass es schneite. Große Flocken zitterten wie Moleküle unter einem Mikroskop. Ich konnte zusehen, wie sich das Rot der Dachziegel weiß färbte. Unten auf der Straße packten die Menschen Skier auf ihre Autodächer. Dann, gerade als ich zum Flughafen wollte, kam meine Nachbarin Lucia vorbei und gab mir eine große Tüte mit selbst gemachten *cappelletti,* kleinen, mit Parmesan gefüllten Teigtaschen, die man hier in einer klaren Brühe als Weihnachtsessen serviert. Es war, als wolle sie mich an all das gute Essen erinnern, das ich in Nordeuropa vermissen würde.

Aber es gab da noch etwas, das ich unweigerlich über Weihnachten vermissen würde: die Schönheit des Landes. Die atemberaubende Stilsicherheit, den Schick, den Drang zum *spettacolo.* Als ich im Flugzeug saß, wusste ich, dass ich darüber schreiben musste: über die Ästhetik der Italiener. Denn genau darin lag wohl der Hauptgrund, warum mich die *cronache nere* so sehr beunruhigten: Es waren nicht die Morde allein, sondern die Art der Darstellung im Fernsehen. Ich wusste, dass ich im schönsten Land der Welt lebte, einem Land, dessen Kunst in der westlichen Welt ihresgleichen sucht und dessen Filme zu den größten des zwanzigsten Jahrhunderts gehören. Aber genau das war das Rätsel: Wie kann es sein, dass ausgerechnet das kunstreichste, kultivierteste Land der Welt die schlechteste, abscheulichste Fernsehkultur des ganzen Planeten aufweist?

Die Mittel der Verführung

Man erinnere sich daran, dass Bilder als Mittel der Erziehung typisch für jede absolutistische und paternalistische Gesellschaft waren, vom alten Ägypten bis zum Mittelalter. Ein Bild ist eine unumstößliche visuelle Zusammenfassung mehrerer Schlussfolgerungen (...) Kommunikation über Bilder ist unter anderem extrem eingeschränkt, ja unüberwindbar reaktionär.[1]
Umberto Eco

Ich weiß nicht, ob es an der Reformation liegt, die bilderfeindlich und wortlastig war, oder einfach daran, dass Großbritannien unterm Strich die besseren Schriftsteller, Italien dafür weitaus überlegene Künstler hatte ... In Italien jedenfalls steht das Visuelle, in Großbritannien eher das Literarische im Vordergrund. Vielleicht ist ja das Sprachdickicht der Bürokraten und Advokaten dafür verantwortlich, dass in Italien so wenige Menschen Zeitungen lesen und noch weniger Bücher kaufen oder ausleihen. Jedenfalls veröffentlicht *Istat*, das nationale italienische Statistikinstitut, ungefähr einmal im Jahr die offiziellen Zahlen über den «Bücher-Konsum», und das Ergebnis ist immer das Gleiche: Ein Großteil der erwachsenen Italiener liest nicht einmal ein Buch im Jahr, und mit den Zeitungen ist es nicht viel besser. Um überleben zu können, müssen die *edicole* – die kleinen Kioske an den Straßenecken, die Zeitungen verkaufen – ihr Angebot nicht ganz jugendfrei um Porno-Videos und Magazine von Soft- bis Hardcore erweitern. Regenbogenpresse gibt es kaum, und nur alle zehn Jahre vielleicht wird ein italienischer Roman zu einem Bestseller (die Bücher von Andrea Camilleri waren es zuletzt).

Die Italiener lesen, wenn überhaupt, nur unter Zwang. Wenige meiner Studenten, so mein Eindruck, haben jemals ein Buch nur zum Vergnügen gelesen. Je mehr Zeit man an den Universitäten zubringt, umso klarer erkennt man, dass auch sie ein Teil dessen sind, was die italienischen Medien als das «Problem des Analphabetentums» bezeichnen. Gelehrt wird von der Kanzel herab, nicht in der Gruppe. Ich war in Dutzenden von Hörsälen, in denen der Professor den Studenten aus seinem eigenen Buch vorlas. Unterbrach jemand den Redestrom mit einer Frage, hielt der Professor empört inne, blätterte zurück und las den Satz ohne weitere Erklärung noch einmal. Wer den Stoff vertiefen möchte, kauft das Buch des Professors und lernt die Lektüre auswendig.

Dagegen ist die darstellende Kultur des Landes unübertroffen. Kirchen sind wie Museen: Jeder, der den Dom von Parma betritt, kann mit einer Münze die gesamte Kuppel ausleuchten und die Engel und Apostel bewundern, welche die Mutter Gottes in den Himmel geleiten. Diese «Himmelfahrt der Jungfrau» ist das Werk von Correggio, des berühmtesten Künstlers der Stadt. Tizian sagte darüber: «Man kann die Kuppel umdrehen und mit Gold auffüllen, und selbst das entspräche nicht ihrem wahren Wert.» Charles Dickens zeigte sich bei seinem Besuch ein paar Jahrhunderte später, als die Fresken bereits bröckelten, schon weniger begeistert: «Welch Labyrinth von Armen und Beinen: Haufen von verkürzten Gliedern, kunterbunt untereinander, ineinander, durcheinander. Kein Chirurg, seiner Sinne beraubt, könnte sich das in seinen wildesten Fieberträumen vorstellen.» Jede Woche eröffnet eine neue Kunstausstellung, selbst in den kleinsten Städten um Parma herum. Viele meiner Freunde sind als Bildhauer oder Fotografen groß im Kommen, oder sie sind zumindest als Gasthörer im Fach *Beni Culturali* (Kenntnis und Restaurierung von Kulturgütern) eingeschrieben. Viele erzählen mir stundenlang begeistert, ohne auch nur eine Spur von Anmaßung, warum dieser oder jener Künstler oder Architekt besonders bemerkenswert sei.

Selbst im Alltag ist die visuelle Finesse des Landes stets gegenwärtig. Ich brauche nur aus meinem Fenster zu schauen, und schon eröffnet sich mir ein wunderbares geometrisches Chaos. Kleine Wellen erdfarbener Ziegel, jedes Dach anders geneigt und ausgerichtet als das daneben. Die Stadt macht einen märchenhaften Eindruck, wie aus einem anderen Jahrhundert. Alles ist sorgfältig beleuchtet durch winzige weiße Lämpchen, die bei Nebel wie Kerzen aussehen. Die Einwohner sind mit Fahrrädern unterwegs, die scheinbar seit Generation im Familienbesitz sind. *Palazzi* stützen sich auf Säulen, zart und dünn wie Bleistifte. Die Fassaden der Häuser erstrahlen fast durchgehend in dem weichen, hoheitsvollen Schönbrunner Gelb, das hier «Parma-Gelb» heißt. Die Farbe geht auf Herzogin Maria Luigia, die Witwe Napoleons, zurück, die im frühen neunzehnten Jahrhundert über Parma herrschte. Vielleicht hängt es nur damit zusammen, dass die Sonne so oft scheint: Wer jedenfalls an die regnerischen Abende in hässlichen britischen Städten gewöhnt ist und im Vergleich dazu einen warmen Sonnenuntergang hierzulande sieht, mit Strahlen, die den Marmor küssen und von Sonnenbrillen reflektiert werden, erkennt schnell ein ganzes Spektrum von Farben, das es weiter nördlich nicht gibt.

Die Sorgfalt, mit welcher die Menschen hier Schuhe kaufen, Tischtücher, Handtaschen und Kleidung, ist außergewöhnlich und für einen Ausländer unergründlich. Wenn man einen Blumenstrauß kauft, dauert es mindestens zwanzig Minuten, bis der Florist das fertige Werk präsentiert: Zweige und Blätter werden dazugenommen, Papierstreifen und Bänder gefaltet, eingebunden und wieder entfernt, wenn die Farben vermeintlich doch nicht zusammenpassen. Die Geschäfte sind wie stilisierte Grotten: Salamis hängen wie Fledermäuse von Balken herab, Korridore von frischem Basilikum und Rosmarin säumen den Weg zur Kasse. Beim Kleiderkauf kommt eine Erlesenheit des Geschmacks und der visuellen Nuancierung zum Tragen, die so bisher in meiner Vorstellung gar nicht existierte. Ehe ich nach Italien kam, gab es für mich nur «Grün», bestenfalls noch «Hellgrün» und «Dunkelgrün». Hier jedoch sollte ich wählen zwischen Erbsengrün, Olivgrün, Flaschengrün, Klargrün, Stechendgrün, Wassergrün, Zitronengrün, Salbeigrün und so weiter.

Die Folgen dieser eher visuellen denn literarischen Kultur sind überall zu sehen. Man findet kaum etwas, das auch nur annähernd hässlich wäre, sei es ein Gebäude, ein Gemälde oder vor allem die Art, wie sich die Menschen kleiden. Natürlich stammen die renommiertesten Designerlabels der Welt aus Italien: Versace, Armani, Max Mara, Benetton, Diesel, Dolce & Gabbana. Der hohe Stellenwert, den man Kleidung hierzulande beimisst, bedeutet, dass man in einen Laden gehen, dort Farbe, Schnitt, Machart und Knöpfe des gewünschten Hemdes beschreiben kann und der Verkäufer zielsicher das Passende hervorzaubert. Wie in den Restaurants gilt auch hier: Je heikler und wählerischer man ist, umso mehr wird man hofiert. «Ich hätte gerne ein schwarzes Hemd, eine Mischung aus Seide und Baumwolle, ohne Taschen, die Knopflöcher quer, Doppelmanschette und Haifischkragen. Oh, und möglichst etwas tailliert.» Wer das so hinbekommt, egal wie schlecht sein Italienisch ist, dem ist der Respekt aller Umstehenden gewiss. Der Wortschatz der modisch Versierten ist übrigens, wie jener der Feinschmecker, umfangreich genug, um ein eigenes Wörterbuch zu füllen.

Diese Art Putzsucht erscheint vielleicht wie Eitelkeit, hat aber nichts damit zu tun. Man legt lediglich Wert auf das eigene Erscheinungsbild. Selbst um zwei Uhr morgens stehen Grüppchen von Frauen vor den Schaufenstern und diskutieren die Breite von Sandalenriemchen auf dieselbe liebenswert-hitzige Art, in der sich alte Herren über Verdi unterhalten. Sklavisch halten sie sich an das Diktat der Mode. Wenn die neue Saison beginnt – was praktisch über Nacht passiert –, tragen die *cognoscenti* alle dieselbe neue Farbe: im einen Jahr Flieder, im anderen Gelb. Körperpflege nehmen Männer wie Frauen peinlich ernst. Wenn man aus der Stadt hinausfährt, preisen riesengroße Plakatwände die Vorteile der Haartransplantation an: «Haare in Hülle und Fülle für jeden Kopf», verspricht der Slogan. Gestattet man sich beiläufig ein Kompliment in der Art wie: «Sie sehen aber heute gut aus», kann man durchaus zur Antwort erhalten: «Danke. Ich komme gerade aus dem Solarium.» Mir als Brite wäre das peinlich, aber hier schämt sich niemand, nur weil er oder sie gut aussehen möchte. Bräunungstechniken werden minuziös diskutiert und bewertet. Eine Gebirgsbräune, habe ich erfahren, unterscheidet sich in Ton und Tiefe von einer Strandbräune.

Natürlich ist Schönheit auch in der Sprache allgegenwärtig. Ich spiele manchmal in einem Vorort von Parma Fußball, und nicht nur ich werde in der Umkleidekabine mit Küssen begrüßt: «Hallo, Schöner» oder auch *ciao carissimo* («Hallo, Liebster»).

«Hör mal», sage ich zu Luigi, unserem flinken Flügelmann, als wir eines Samstags unsere Schuhe zuschnürten, «ihr habt doch nächste Woche ein Qualifikationsspiel gegen eine englische Mannschaft?»

«*Sì, bello.*»

«In England?»

«*Sì, bello.*»

«Also, Luigi», versuche ich ihm schonend beizubringen, «sag bloß nicht ‹Schöner› oder ‹Teuerster› zu den englischen Spielern, und gib bloß keinem einen Kuss, hörst du?» Es war, als hätte ich ihm gesagt, die Engländer hätten keine Freunde. Er konnte nicht verstehen, wie Männer so kalt miteinander umgehen konnten, und war sichtlich verstört. «Aber wenn ich meinen neuen Fußballfreunden nicht sagen kann, dass sie schön und nett sind, was soll ich dann sagen?»

«Weiß ich auch nicht. Denk einfach dran, *bello*, dass ihr Italiener viel kultivierter seid als wir.»

Mittlerweile habe ich mich an den guten Stil der Italiener so gewöhnt, dass ich Nordeuropäer schon aus hundert Metern Entfernung erkenne. Sie sind entweder grauhaarig oder haben gar keine Haare. Mit ihren Sonnenbrillen sehen sie schlichtweg peinlich aus. Junge männliche Rucksacktouristen rasieren sich nicht die komplizierten Muster ins Gesicht, die in Italien als weitere Kunstform gelten. Immer wenn ich in den Spiegel schaue, denke ich an Italo Calvinos Beschreibung:

> … alberne und unästhetische Horden von Deutschen, Engländern, Schweden, Holländern und Belgiern (…) Männer und Frauen unterschiedlicher Hässlichkeit, mit diesen Hosen bis zum Knie, mit Socken in Sandalen oder barfuß in geschlossenen Schuhen, manche Kleider mit Blumen bedruckt, Unterwäsche, die hervorlugt, weißes und rotes Fleisch, kein Gespür für guten Geschmack und Harmonie, nicht einmal was die Veränderung der Hautfarbe betrifft.[2]

Nordeuropäer haben einfach weniger Stil, und die Briten, so wird mir oft gesagt, lesen so viel, dass sie darüber vergessen, sich zu waschen. Wie dem auch sei, das Erscheinungsbild britischer Menschen ist wie britischer Fußball: unelegant.

Zu so viel Sinn für Schönheit und Stil gesellt sich fast zwangsweise eine weitere Eigenart: ein latenter, aber deutlich spürbarer Hang zu allem Erotischen. Jede italienische Stadt hat eine Straße, die, wenn die Sonne untergeht und alles einen Gang zurückschaltet, zum Laufsteg für alle wird. Pärchen, Witwen, Kinder und die Draufgänger von der *piazza* flanieren auf und ab, grüßen einander und plaudern mit Freunden. In Parma mustern einen die Leute fast immer von oben bis unten, um Größe und Erscheinungsbild abzuschätzen. Frauen, oft auch Männer, halten den Blick häufig eine Sekunde länger fest, als es sich schickt – was vermutlich Sonnenbrillen unverzichtbar macht. Flirts scheinen der Schmierstoff aller zwischenmenschlichen Interaktion. Frustrierte junge Männer in Italien beschweren sich jedoch ständig darüber, dass überall alles nur *fumo e niente arrosto* («Rauch, aber kein Fleisch») sei, dass also – hart gesagt – die ganze Flirterei zu nichts führt. Was auch immer das Ziel ist, die Reise jedenfalls macht Spaß, weil überall Sirenen ihre Stimmen erheben und zum Hinsehen verführen.

Im Spätfrühling brach in meiner Uniklasse die sexuelle Spannung, die den ganzen langen Winter über unterschwellig vorhanden gewesen war, aus. Maria Immacolata, meine Lieblingsstudentin, kam in den Unterricht, bekleidet mit kaum mehr als einem Chiffon-Sarong über einem höchst minimalistischen Bikini. Sie, die Tochter eines Eiskremmagnaten aus Bari, kam immer als Erste und ging als Letzte. «Was ich hier am meisten vermisse», sagte sie kokett und wohl wissend, dass wir alleine waren und ich ihre bronzefarbene Haut bewunderte, «sind die Wellen.» Zur Veranschaulichung bewegte sie ihr Becken vor und zurück, als hätte sie Sex mit dem Stuhl. Dann sagte sie so beiläufig, als ob sie sich nach der Uhrzeit erkundigte: «Bist du verlobt?» Wenige Tage später fand ich einen herrlich ausführlichen Liebesbrief zusammengerollt im Lenker meines Fahrrads.

Erotik ist überall. Selbst das Einkaufen wird, wenn man von eher puritanischem Schlag ist, zu einer entnervenden Erfahrung. Die Wäscheabteilung der Kaufhauskette *Coin* nennt sich «Kuscheln und Verführen». In Parma gibt es mehr *intimerie*, «intime» Dessousläden, als sonst was. Der Laden mit dem italienweit höchsten Umsatz, umgerechnet auf den Quadratmeter Verkaufsfläche, ist ein Dessousgeschäft am Stadtrand von Parma. Es handelt sich dabei, wie einem schnell klar wird, um eine weitere Kunstform, auf die schwindelerregende Spitze verfeinerter Erotik getrieben. In der eigentlich harmlosen Absicht, Kerzen zu kaufen, wurde ich sogar einmal von einer beflissenen Verkäuferin nach der Art meines Tête-à-têtes gefragt: «Wenn es das erste Mal ist, würde ich Kiefer oder Opium als passenden Duft empfehlen.»

«Aber sie sind nur für mich. Reicht da nicht so was Einfaches wie Vanille?»

«Ah, Sie sind Engländer!», sagte sie wohlmeinend, als verstünde sie plötzlich meine Unwissenheit hinsichtlich der Feinheiten beim Kauf von Wachs.

An der Uni bat ich meine Studenten gelegentlich, einen zehnminütigen Vortrag auf Englisch über ein Thema ihrer Wahl zu halten. Unabhängig voneinander entschieden sich im Lauf eines Jahres drei Mädchen, über Dessous zu sprechen. Der Unterricht wurde so lebendig wie sonst nie. Es gab erhitzte Debatten darüber, bei welcher Gelegenheit ein *perizoma* (ein G-String) passend sei, darüber, ob der unter dem Rock hervorlugende Beinansatz des Höschens noch in Mode sei, und darüber, welcher *push-up* (Wonderbra) zu welcher Brustform passte. Auch die männlichen Studenten waren plötzlich wach geworden, stellten ernsthafte Fragen über die mögliche Zweideutigkeit von Strapsen als Geschenk und über die Stabilität durchsichtiger Strapse.

Dieser erfrischend freie Umgang mit Erotik bedeutet auch, dass es in Italien keine Sexskandale gibt. Politiker stürzen sich, ungeachtet ihrer katholischen Gelübde, stolz auf die strahlendsten Sternchen, was ihrer Glaubwürdigkeit eher nützt als schadet. «Sex und Drogen», in Großbritannien das Traumthema jeder Boulevardzeitung, ist in Italien keine Zeile wert. Ein Mitglied aus Bettino Craxis sozialistischer Ministerriege führte in den achtziger Jahren ein derart lockeres Leben, dass er sogar ein Buch über italienische Diskotheken und deren «Kultur» schrieb. Auch Sandra Milò, «Schauspielerin» und Groupie sozialistischer Kreise, brachte ein Buch über die goldenen Jahre der Ära Craxi heraus. Darin beschrieb sie orgiastische Partys, in deren Mittelpunkt natürlich immer sie selbst und berühmte Politiker standen. Da die meisten Italiener in dieser Hinsicht sehr viel reifer sind als die Briten, würden sie eher mit Neid als mit Empörung reagieren, wenn sie erführen, dass ihr Abgeordneter einen lockeren Lebenswandel pflegt. So nimmt es auch nicht wunder, dass Berlusconis Unterstaatssekretär im Kulturministerium, ein gebildeter Kunsthistoriker namens Vittorio Sgarbi, bewundert wird für seinen feinen Geschmack nicht nur auf dem Gebiet der Renaissancekunst, sondern auch für Frauen der Kategorie «dubiose Schauspielerin». Sein Ruf als Casanova reicht so weit, dass er sogar in Werbespots für eine Kaffeemarke auftritt: darin ist er mit einer hässlichen Frau verheiratet; kaum nimmt er einen Schluck aus der Tasse, schon ist er wieder von den schönsten Nymphen umgeben. Mindestens einmal wöchentlich ist er Gast in einer Talk-Show und gibt seine Meinung über weibliche Formen und das korrekte Benehmen bei einem sexuellen Stelldichein ab. Berlusconi selbst verliebte sich in seine zweite Frau, Veronica Lario, als diese in einer Vorstellung von Fernand Crommelyncks Stück «Der gewaltige Hahnrei» auf offener Bühne strippte.

Die Gefahr, zum Hahnrei zu werden, ist natürlich die andere Seite der Flirt-Kultur. Von einem Flirt zum Seitensprung ist es oft nicht weit, und da Ersteres so ausgiebig praktiziert wird, gibt es auch eine weit verbreitete paranoide Angst davor, Hörner aufgesetzt zu bekommen (was, wie italienische Schiedsrichter wissen, das Schlimmste ist, was einem Mann passieren kann). Ausgiebige Chat-Shows im Fernsehen beschäftigen sich mit der Frage, wie man seinen Partner erfolgreich betrügt. Ein in Italien weit verbreitetes Plakat zeigt eine überdimensionale Lupe und preist die Dienste einer Detektei an: «Können Sie ihr wirklich trauen?», lautet der Slogan. Schmierereien an Häuserwänden machen oftmals nur die Schande eines verhassten Nachbarn publik: «Rinaldi ist ein Hahnrei.» Witze über Gehörnte sind Legion, und es dauert Jahre, bis man die zahllosen Nuancen des Begriffs *cornuto* verstanden hat. Man braucht den endlosen Gesprächen über dieses Thema nur zuzuhören, und es wird klar, dass, bei aller brodelnden Eifersucht, auch eine reifere Haltung gegenüber dem Anspruch, ausschließlich monogam zu sein, existiert: «Hörner sind wie Zähne», lautet ein römisches Sprichwort, «es tut weh, wenn sie wachsen, aber sie verleihen dem Leben die Würze.»

In einer derart «visuell» geprägten Kultur, die das geschriebene Wort scheut, war es unvermeidlich, dass das Fernsehen zur alles beherrschenden Quelle von Infotainment wurde. Der Durchschnittsitaliener verbringt laut *ISTAT* ungefähr 240 Minuten täglich vor der Glotze, mit jährlich steigender Tendenz. Was natürlich bedeutet, dass sie als Instrument politischer Propaganda beispiellos ist. Ich muss an Sofri denken, der gesagt hat, die Italiener außerhalb der Gefängnismauern würden auch nicht anders leben als er, so als seien sie vor dem Fernseher festgekettet. Fernsehen ist allgegenwärtig: In den meisten Kneipen und sogar in Restaurants liefern Fußballübertragungen oder ordinäre Quiz-Shows das Hintergrundgeräusch zu jeder Unterhaltung. Und wer eine beliebige Straße entlanggeht, hört den Lärm von Dutzenden Fernsehgeräten.

Ich hatte mir das Fernsehen anders vorgestellt, eher wie ein weiteres Beispiel für die visuelle Brillanz der Italiener, wie einen Spiegel ihrer Schönheit und Erotik. Stattdessen hatte ich nach dem Einschalten immer das Gefühl, ich hätte einen aufdringlichen Verkäufer in mein Wohnzimmer geladen. Meistens versuchte das Fernsehen, mir irgendetwas zu verkaufen. Die Sendungen werden von Werbebotschaften unterbrochen, schönrednerisch auch «Verbraucher-Rat» genannt; der Moderator geht dazu in einen anderen Teil des Studios und stellt dort ein neues Produkt vor. Ein paar Minuten später folgt dann die richtige Werbeunterbrechung: Der Fernseher wird, zumindest auf den drei Mediaset-Kanälen, währenddessen sogar lauter. Fußballübertragungen werden bei einer Spielpause wegen einer Verletzung oder für einen Freistoß unterbrochen, und es folgt eine «Schaltung zurück nach Rom» für weitere «Verbraucher-Empfehlungen». Die eigentlichen Sendungen wirken nach einer gewissen Zeit eher wie läppische Füllsel zwischen der Werbung statt umgekehrt. 57 Prozent des gesamten Werbeetats in Italien fließen ins Fernsehen; in Großbritannien sind es 33,5, in Deutschland sogar nur 23 Prozent.

Der Grund für diese flächendeckende Werbung besteht darin, dass in keinem anderen europäischen Land die Fernsehgebühren so niedrig sind und so häufig umgangen werden wie in Italien. Fernsehen ist im Grunde genommen gratis, was bedeutet, dass die ökonomischen Kriterien des Marktes auf den Kopf gestellt sind. Der Zusammenhang zwischen Qualität und Kosten ist außer Kraft gesetzt, weil die Zuschauer entweder gar keine oder nur minimale Gebühren zahlen; italienische Fernsehzuschauer kaufen nicht, sie werden gekauft. Wir, die Zuschauer, sind die Ware, welche die TV-Sender an die Werbewirtschaft verkaufen. Wir sind «Anteile» und «Quoten». Mit dem Griff zur Fernbedienung bestimmen wir den Preis – oder vielmehr 5075 streng geheim gehaltene italienische Haushalte. *Auditel* ist jene unglaublich mächtige Institution, welche über die Sehgewohnheiten dieser repräsentativen Haushalte Budgets in Milliardenhöhe steuert. Der Umsatz der Fernsehwerbung beträgt, nach einer konservativen Schätzung, drei Milliarden Euro; jede Äußerung von *Auditel* kann daher finanzielle Berge versetzen. Das bedeutet, dass es im Fernsehen nur noch um Quantität und überhaupt nicht mehr um Qualität geht. Die Sendungen müssen Zuschauerquoten bringen, *lo share* – das bringt Geld. Giovanni Sartori hat bereits 1998 im *Corriere della Sera* über den erschreckenden und schädlichen Einfluss der wichtigsten nichtstaatlichen Einrichtung des Landes geschrieben:

> Mit den jeden Morgen veröffentlichten *Auditel*-Zahlen ist den Fernsehproduzenten ein zeitlicher Horizont von 12 oder 24 Stunden vorgegeben. Das würde für jedes Unternehmen den Tod bedeuten, da Unternehmen langfristig planen müssen, und führt zu einem perversen Wettbewerb. Wir werden nie besseres Fernsehen bekommen, wenn jeden Morgen verkündet wird, dass die Nachrichten auf RAI 1 ‹verloren›, die auf Canale 5 ‹zugelegt› haben, oder dass eine Kultursendung von der Klatschflut bei ‹Harem› 5:1 geschlagen wurde. Weil nämlich schon am nächsten Tag die Nachrichten auf RAI 1 sich verpflichtet fühlen, ihren Spitzenplatz mit Geschichten über eine Kuh mit fünf Beinen oder die Bettgeschichten irgendeiner Berühmtheit zurückzuerobern.[3]

Wichtig ist diese Kritik deshalb, weil sie die Auswirkungen der Quotenhurerei auf den wichtigsten Teil des Fernsehens hervorhebt: die Nachrichten. Die Nachrichtensendungen im italienischen Fernsehen sind seit langem die wichtigsten Nachrichtenlieferanten für alle Medien Italiens, aber sie wurden reduziert auf Klatsch und Prominentengeplänkel. Die Meldungen sind unterlegt mit Popmusik und flotten Sprüchen. Was auch immer in der Welt passiert, die Aufmacher handeln von *maltempo* oder *cronache nere* – schlechtem Wetter oder einem Provinzmörder. Mittlerweile gehören zwei oder drei Meldungen mit barbusigen Frauen zum Standard: eine Kontroverse über die Exfreundin irgendeines Motorradsportlers, die sich für einen Kalender oben ohne hat ablichten lassen (um die Meldung in einen Zusammenhang zu bringen, müssen natürlich die Bilder gezeigt werden). Außerdem gibt es etwas über eine Revuetänzerin, die sich wieder mit dem Stürmer von Inter Mailand versöhnt hat. Was zu einer tiefer gehenden Frage des Nachrichtensprechers führt: «Wie beeinflusst Sex die Leistungen unserer Lieblingssportler?» Es folgt ein Beitrag über Fußballer, die barbusige Mädchen küssen. Und wenn die Nachrichten nicht anzüglich sind, dann verfangen sie sich zwischen Infotainment und Service: Welche neuen Filme und Popsongs gibt es? Im Sommer kommt keine Ausgabe ohne das «Liegestuhl-Interview» aus, ein Slot, in dem sich Strandschönheiten ausgiebig über die neuesten Bräunungstechniken ausbreiten können. Oder es wird ein Sensationsreporter losgeschickt, der, das Mikrofon in der Hand, Urlauber über die neuesten Trends bei den Sandsportarten interviewt: Beach-Volleyball oder Frisbee-Wurftechniken. Und fast immer kollabiert mitten in der Sendung das System, sodass der Sprecher zum Hörer greifen muss: «Entschuldigung, wir haben technische Schwierigkeiten.» Zur Abrundung des Ganzen präsentiert er dann noch die Einschaltquoten vom Vortag, als ob diese von zentraler kultureller Bedeutung seien: «Letzten Abend haben acht Millionen Italiener das neue TV-Drama XY auf ihrem Lieblingskanal gesehen», und es folgt ein Bericht darüber, wie wir genau das Programm verfolgen, das ebenjene Fernsehleute am Abend zuvor gesendet haben. «Hard News» aus Politik und Wirtschaft kommen so gut wie nicht vor.

Der weibliche Körper ist von zentraler Bedeutung für diese Art von Massenhypnose. Alle Unterhaltungssendungen werden von männlichen Moderatoren mittleren Alters präsentiert, die sich mit jungen Assistentinnen umgeben, welche wiederum alle ein verlockendes Dauerlächeln zur Schau tragen und sich ansonsten über ihre niedlichen Bezeichnungen freuen: *letterine* («kleine Buchstaben», in einer auf dem Alphabet basierenden Quizsendung) oder *schiedine* («kleine Statistik», in einer Fußballshow) und so weiter. Brüste sind in einer Art und Weise allgegenwärtig, dass sie langweilen. Eine glamouröse Show ohne eine Truppe tanzender Mädchen im Bikini, oft nicht einmal das, ist undenkbar. An einem der letzten Wahlabende brachte ein Lokalsender eine Politikerdebatte unter der Leitung einer Frau, deren einzige Aufgabe es war – außer den

Herren Kaffee zu servieren –, immer dann ein Kleidungsstück abzulegen, wenn es langweilig wurde. Ein Freund und ich klebten während der langweiligen Diskussion vor dem Fernseher, bis sich die Dame bis zur Taille entblößt hatte. Typischer Gag einer anderen Show ist es, eine Frau im Bikini in eine mit Milch gefüllte, gläserne Badewanne steigen zu lassen. Unter großem Gejohle aus dem Studio zieht sie sich dann, in der Milch vor Blicken geschützt, aus und reicht den Bikini dem aufgeregten Moderator. Jeder Kanal hat sein eigenes Starlet, das in die Abendunterhaltung einführt, dabei die Zuseher mit *cari amici*, «liebe Freunde», anspricht und in die Kamera lächelt, während diese auf ihre ansehnlichen Formen zoomt (die bestens zur Geltung kommen, da sie, die Hände auf dem Rücken, mit den Schultern wackelt und ihr Top durch ein Fenster oben im Ausschnitt zusätzliche Einblicke gewährt).

Die beste Sendung im italienischen Fernsehen nennt sich *Blob* (auf RAI 3, dem Kommunistenkanal) und zeigt Ausschnitte aus den billigsten Sendungen der letzten 24 Stunden. Ein Themenkomplex trägt den Titel *protette*, ein Wortspiel um den Begriff «Titten». Das Konzept funktioniert, weil es vorgibt, schlüpfriges Fernsehen ironisch ins Visier zu nehmen, ohne natürlich darauf zu verzichten, die besten Häppchen erneut zu zeigen: Brüste, die aus knappen Kleidern rutschen, Moderatorinnen beim Stangentanz oder ein berühmter Politiker beim verschämten Genuss eines Schoßtanzes. Zu den bedeutenden Nachrichtenmeldungen gegen Ende des Jahres gehören die Berichte, wer welchen Kalender herausbringt und mit welcher «künstlerischen Interpretation». Dabei werden weichgezeichnete Schauspielerinnen interviewt, die im Hintergrund zwölfmal halb nackt zu sehen sind. Ein paar Wochen später finden sich am Zeitungsstand ganze Reihen dieser, na ja, sexy Kalender, direkt neben dem «Kommunistischen Tagblatt» und diversen Softpornos auf Video.

All das ist nichts im Vergleich zu dem Rummel um die «Miss Italia». Jedes Jahr versammeln sich die schönsten Mädchen aus ganz Italien in Salsomaggiore, einem kleinen Kurort in der Nähe von Parma, um sich den Misswahlen des Landes zu stellen. Der Wettbewerb hält die Nation eine ganze Woche lang in Atem: Freunde wetten auf mögliche Favoritinnen, diskutieren ihre jeweiligen Vorzüge. Und die große Gala zur Endausscheidung am Samstagabend ist natürlich der Renner im Peep-Show-TV. Auch Sophia Loren stellte sich in den fünfziger Jahren der Konkurrenz, gewann den zweiten Preis und wurde «Miss Elegance». Mit der Gründung der *Lega Nord* etablierte sich ein weiterer Wettbewerb mit dem Titel «Miss Padania», die Bezeichnung für den nördlichen Teil Italiens bis einschließlich der Poebene.

Italien, das wird schnell klar, ist das Land, an dem der Feminismus spurlos vorübergegangen ist. Nicht dass es in Italien keine erfolgreichen Frauen gäbe, sie werden nur nicht öffentlich wahrgenommen – es sei denn, ihr Dekolleté ist entsprechend. Man kann sich kaum weibliche Rollenmodelle in Italien vorstellen, die mehr wären als Appetithäppchen im Fernsehen. Das italienische Parlament ist, von wenigen bemerkenswerten Ausnahmen abgesehen, eine reine Männer-Domäne. Eine unlängst durchgeführte Untersuchung analysierte, wie viel Sendezeit auf männliche und weibliche Regierungsminister entfällt: Auf jeweils vier Stunden Plauderei unter Männern kommen nur sieben Minuten, in denen Frauen interviewt werden. Auf Berlusconis Mediaset-Kanälen erhielten die Frauen ganze 57 Sekunden Sendezeit im gesamten Monat Juni – das sind 0,5 Prozent, bezogen auf das Fernsehen insgesamt. Wenn sie nicht gerade als Glittergirls im Fernsehen auftreten, sind Frauen lediglich als Mutter oder Verwandte berühmt. Sie erlangen selten von sich aus einen höheren Bekanntheitsgrad, sondern immer nur dank der verwandtschaftlichen Beziehung zu ihren Männern. Berlusconi zitiert oft seine Mutter: «Wie meine Mutter einmal gesagt hat: Ich bin eine Art Zauberer»; Cecchi Gori, der ehemalige Präsident des AC Fiorentina, saß bei den Spielen immer neben der seinen. Die Nähe einer Mutter vermittelt den Eindruck von Unbescholtenheit.

Ich ging zum Zeitungsstand und besorgte mir eine der Programm-Zeitschriften aus dem Haus des Ministerpräsidenten, *TV*

Sorrisi e Canzoni («Lächeln und Lieder»). Allein der Name des Blattes verweist auf die wichtigsten Bestandteile des Fernsehens: Karaoke und Shows. Fast jede Sendung, egal welchen Inhalts, wird dadurch unterbrochen, dass irgendjemand zum Mikrofon greift und das Publikum zum Mitklatschen nötigt. Die heutigen Unterhaltungssendungen sind klägliche Nachfahren der Sendung *Canzonissima*, einer berühmten Gesangs-Show. Ich bemühte mich, die Unterschiede zwischen den einzelnen Sendungen zu erkennen, aber letztlich schien mir eine wie die andere. Die Künstler waren dieselben, die Lieder waren dieselben (*My Way* oder *Volare* sind die üblichen Favoriten). Auch die Shows boten keine Abwechslung. Es war, als würde man Sesamstraße ohne die witzigen Einlagen schauen. Bei all dem zuckersüßen Unsinn überrascht es kaum, dass die größten Sänger Italiens, Fabrizio De André, Francesco De Gregori und Mina, mit Fernsehauftritten sehr zurückhaltend waren. Fellini wehrte sich jahrelang gegen eine Ausstrahlung seiner Filme im Fernsehen, wohlwissend, dass sie endlos von «Verbraucher-Ratschlägen» unterbrochen würden.

Schließlich machte ich mich daran, den Lebenssaft des Ganzen genauer zu studieren: die Werbung. Erstaunlich ist, in welcher Art und Weise ein auf dem Bild basierendes Medium Bilder produziert, aber keine Ideen. Noch nie zuvor hatte ich so viel Werbung für Schönheitspflegemittel aller Art gesehen, so viele Anzeigen und «Verkaufsinformationen» für Anti-Cellulitis-Cremes, für Elektroden, die Fett abbauen, für Trimmgeräte und teure Kosmetika. «Tun wir was gegen diese unangenehmen Fettpölsterchen», sagt eine Dame – landesweit zu sehen –, «weil es doch so wichtig ist, dass Sie sich schön und gesund fühlen.» Es erscheint ein Po in Nahaufnahme, und kleine Elektroden übertragen Elektroschocks direkt in das Fleisch. Ein Goldesel für die TV-Kanäle ist beispielsweise auch die sexy Dame mittleren Alters, die am Telefon mit einem Zuschauer spricht, dabei ihre Tarotkarten auf dem Tischtuch auslegt und davon schwärmt, wie viel Geld man gewinnen kann, wenn man bestimmte Zahlen im Lotto ankreuzt. Auf anderen festen Sendeplätzen werden ausschließlich Horoskope verlesen oder böse Liebeszauber verliebter Rivalen unschädlich gemacht (präsentiert wird das Ganze von einem entsprechend gewandeten Magier). Berühmt ist auch der Mann, der aufgeregt demonstriert, wie viel Schmuck für wie wenig Geld er verkauft. Dabei legt er vollbusigen Mädchen Kolliers aus Kunststoff an.

Das Problem des italienischen Fernsehens ist mittlerweile so ernst, dass Signora Franca Ciampi, die Frau des Staatspräsidenten, in einem ihrer seltenen Ausbrüche unlängst gesagt hat, das Fernsehen in ihrem Land sei *deficiente*, «schwachsinnig». Freunde, besonders ältere, mit denen ich darüber spreche, sind entsetzt und ratlos angesichts des immer stumpfsinnigeren Programms. Italiens vornehme visuelle Kultur, sagen sie, versinke in einem Sumpf aus Erotik, und was auf dem Fernsehschirm geboten werde, sei ein billiger, bittersüßer Abgesang auf *La dolce vita*: eine Welt ohne moralische Werte, besessen von Berühmtheit und Sex. Die Tragik des italienischen Fernsehens besteht darin, dass es eigentlich überhaupt nicht italienisch ist. Für mich ist «italienisch» der Inbegriff von Intelligenz, Eloquenz und Noblesse; das Fernsehen ist das genaue Gegenteil davon. Ein Teil des Problems und vielleicht auch der Grund dafür, dass das Fernsehen so «unitalienisch» wirkt, sind die Importe: Alle Quiz-Formate, der *Big-Brother*-Rausch und die Reality- und Wie-werde-ich-berühmt-Shows stammen aus dem Ausland. Viele der berühmtesten italienischen Schauspieler sind hauptberuflich Synchronsprecher und dank der Massenimporte ausländischer, überwiegend amerikanischer Filme nie arbeitslos. Nur sind leider fast alle importierten Filme keine Qualitätsfilme, sondern eher von der billigsten Sorte: B-Movies mit fitnessgestählten Körpern, manches auch hart an der Grenze zum Softporno. Das hat zur Folge, dass das Land alle Nachteile, aber keinen der Vorteile des kommerziellen Fernsehens hat. In all der Flut amerikanischer Shows, Filme und Formate fehlt das, worauf Amerika zu Recht stolz sein kann, der investigative Journalismus.

Sicher gibt es auch vieles im italienischen Fernsehen, das bewundernswert ist. *Blob* parodiert das unaufhörliche Zappen des Zuschauers; ihre Macher verwursten das, was wir sonst so sehen, zu einer grandiosen Collage, und die geschickte Montage des Materials liefert obendrein brillante komische Effekte. *Le Iene* («die Hyänen») sind Journalisten mit Biss, die kein Blatt vor den Mund nehmen, und ihre Interviews – bei welchen die Befragten jeweils eine Hälfte des Bildschirms einnehmen – werden irgendwann einmal amüsantes historisches Anschauungsmaterial liefern. Mit ihren Fragen, die wie aus der Maschinenpistole geschossen kommen, und den prompten Antworten – eine Seltenheit –, bilden *Le Iene* ein absolutes Fernseh-Highlight. Viele Sendungen und Filme, die auf RAI 3 und La 7 ausgestrahlt werden, sind von außergewöhnlich hoher Qualität. Das gilt auch für die Sendungen, die mitten in der Nacht ausgestrahlt werden. Was viele lokale Kanäle zu bieten haben, ist ebenfalls atemberaubend. Es gibt eine solche Menge von Lokalsendern, dass Italien von sich behaupten kann, über ein Viertel aller terrestrischen Kanäle weltweit zu verfügen: 640 von insgesamt 2500. Auch die Oper hat ihren Platz im Lokalfernsehen. Im Gegensatz zu den nationalen Kanälen ist das Lokalfernsehen Teil unserer Realität. Wo nationale Kanäle provinziell im schlimmsten Sinn des Wortes sind, sind lokale Sender oftmals provinziell im besten Sinn des Wortes.

Man braucht auch schon allein deshalb nicht übermäßig besorgt zu sein, weil die Italiener auf ihre ganz eigene Art mit dem Fernsehen umgehen. Die Kiste mag zwar oft laufen, aber die Italiener sehen fern in einer eher aktiven denn passiven Weise. In Großbritannien sitzen viele auf dieselbe Art und Weise vor dem Fernseher, wie sie auch ein Buch lesen: konzentriert und schweigend. Hierzulande sind die Zuschauer nicht so träge; wenn ich mit Freunden zusammen fernsehe, kommt es fast immer vor, dass einer *cretino* – «Schwachkopf» – in Richtung des Gerätes brüllt. Der Fernseher ist wie ein nervtötendes Familienmitglied, das man einladen muss, das man aber auch ignorieren kann, wenn es einen zu sehr anödet. Der Stellenwert von Zeitungen und Radio als Informationsmedium im Vergleich zum Fernsehen – das muss auch gesagt werden – mag zwar gering sein, aber das hohe Niveau, das dort geboten wird, macht das kulturelle Defizit zu guten Teilen wieder wett.

Wie immer holte ich mir die Erklärung bei Filippo. «Was du nicht kapierst», sagte er, «und was überhaupt keiner von euch Ausländern kapiert, ist, dass Italien kulturell eine Sackgasse ist. Ihr kommt hierher und bestaunt 500 Jahre alte Gebäude und angeschlagene Statuen und meint, wir seien noch immer auf diesem Niveau. Ich an deiner Stelle würde in die fünfziger und sechziger Jahre zurückgehen. Schalt die Kiste ab und schau dir lieber ein paar alte Filme an.»

«Italien, O Italien», schrieb Lord Byron, «du Land mit der fatalen Gabe der Schönheit.»[4] Die Zeile könnte das Leitmotiv eines Großteils aller italienischen Filme sein. In ihrer Hochzeit in den fünfziger und sechziger Jahren verhielten sich italienische Filmemacher ausgesprochen zweischneidig gegenüber dem pathologischen Bedürfnis des Landes nach Schönheit und Erotik. Eine Reihe von Filmen würdigte sowohl die Größe als auch die Gefahren der visuellen Kultur Italiens. Sie waren Beispiele eines Metakinos, in dem die visuelle Kultur bewundert, hinterfragt und oft demontiert wurde.

Luchino Viscontis Film *Bellissima* ist das Paradebeispiel schlechthin, weil er zwei Fliegen mit einer Klappe schlägt: Er ist, wie aus dem Titel hervorgeht, opulentes und stilvolles Kino, aber inhaltlich geht es darum, wie das für das Kino typische Bedürfnis nach oberflächlicher Schönheit die Gesellschaft untergräbt: Eine Filmcrew ist dabei, eine Mädchenrolle zu besetzen, und eine Mutter riskiert in dem Wunsch, ihr Kind auf der Leinwand zu sehen, den Bankrott ihrer Familie und ihres Gewissens. «Nur der Mensch kriegt einen anderen herum, der gibt», sagt sie zu einem Crewmitglied, das Geld oder Sex von ihr verlangt. Schließlich sieht die Mutter ihr Kind auf der Leinwand, aber nur, indem sie heimlich bei der Vorführung der Probeaufnahmen zuschaut, und sie erlebt, wie sich die Filmcrew über ihre Tochter lustig macht.

Auf derselben Schiene fährt Michelangelo Antonioni, ein weiterer Regisseur des *realismo*. «Mit der Schönheit ist es wirklich eine Last», sagt einer seiner Protagonisten in *La Notte*, während er sich auf dem Totenbett ein Glas Champagner eingießt und die Krankenschwester anhimmelt. «Das Leben wäre so viel einfacher, wenn es kein Vergnügen gäbe», sagt der Schriftsteller Giovanni Pontani in demselben Film, während er, neben sich die eigene Frau, den Auftritt einer Erotiktänzerin verfolgt. Die Umgebung in Antonionis Filmen könnte luxuriöser nicht sein: Sizilien und die Äolischen Inseln in *L'Avventura* (der Titel bezeichnet auch eine rauschhafte Party) oder das opulente Fest vor den Toren Mailands in *La Notte*. In beiden Filmen führen erotische Versuchungen und der Reiz sexueller Untreue zu Verwirrung und Leid. In beiden Filmen fällt der Schatten eines nahen Endes und des Todes auf die frivole Ausgelassenheit, wobei man unweigerlich an «Eros und Thanatos» denkt, die Verbindung von Erotik und Tod, der Auflösung des Selbst. Was den eigentlichen Reiz dieser Filme für den Zuschauer ausmacht – laszive, launische Frauen und moderne, weltgewandte Männer –, verleiht ihnen auch ihre Tragik und die depressive Wirkung: Beziehungen sind nicht von Dauer, alle Freuden sind letztlich schal.

Die Filme Federico Fellinis teilen diese Thematik und oft auch die Schauspieler. *La dolce vita* ist, wie *Bellissima*, ein Film über das eigene Metier: beide feiern und kritisieren die neue glamouröse Welt des Kinos. Und wie *La Notte* ist auch *La dolce vita* ein Film über gescheiterte literarische Ambitionen und darüber, wie das Visuelle an die Stelle des Wortes tritt. Die katholische Kirche brandmarkte den Film bei seinem Erscheinen als obszön, und *L'Osservatore Romano*, das Sprachrohr des Vatikan, bezeichnete ihn gar als «widerlich». Fellini verfolgte dagegen mit dem Film eine moralische Absicht: «Zwischen Engel und Bestie», schrieb er, «verläuft eine vertikale Linie der Spiritualität, auf der wir uns hin- und herbewegen. Jeder Tag, jede Minute birgt die Möglichkeit, Boden zu verlieren, wieder abzufallen in Richtung Bestie.»[5] *La dolce vita* war der Versuch zu unterscheiden zwischen dem, was den Menschen zum Tier oder zum Engel macht. Deshalb ist der Film auch mehr als die billige Momentaufnahme eines lockeren Lebenswandels. Sexualität wird konsequent lächerlich gemacht: Die Diva Sylvia ist lediglich ein «Kätzchen» (vor der berühmten Szene in der *Fontana di Trevi* setzt sie sich sogar eine Katze auf den Kopf). Das Ergebnis ist ein Film, der gleichermaßen erotisch und abstumpfend ist. Seine Szenen sind, wie die Antonionis, eine moderne Mischung aus Sinnlichkeit und Ennui. Alles, besonders die Medienkreise, in denen sich der Journalist Marcello bewegt, scheint aufregend und doch seelenlos.

Pier Paolo Pasolinis berühmtester und sicher auch härtester Film ist ein Versuch, der Fetischierung des Fleisches durch den Faschismus nachzugehen. *Salò* (basierend auf dem Roman «Die hundertzwanzig Tage von Sodom» des Marquis de Sade) spielt in den letzten Tagen des Faschismus in Italien und erzählt von der Rekrutierung von Knaben und Mädchen für eine geplante Orgie. Die Protagonisten werden nicht mit Namen, sondern nur mit ihrem Rang angesprochen (der masochistische Oberfaschist wird durchgehend nur als *il Presidente* bezeichnet). Ein Junge wird als «schwache, angekettete Kreatur» lächerlich gemacht. Das Aussuchen der Sexsklaven vollzieht sich wie auf einem Viehmarkt, bei dem Offiziere des Regimes die Vorzüge und Nachteile der «Ware» abwägen. «Diese Brüstchen könnten einen Toten zum Leben erwecken», heißt es über ein Mädchen; in einem anderen Fall ziehen sie die Lippen eine Mädchens hoch, woraufhin sie wegen ihrer schlechten Zähne prompt abgelehnt wird. Der Film ist eine endlose Aufzählung von Lastern aller Art, nicht nur sexueller. Religiöse Handlungen werden mit dem Tod bestraft; die Erotik ist gesetzmäßig organisiert, sodass der Akt keine Überschreitung, sondern Gehorsam bedeutet. Vor dem Hintergrund von Lounge Jazz vollzieht sich eine pompöse Prachtentfaltung. Einer der feiernden Faschisten verkündet lässig: «Wenn ich darüber nachdenke, bringt mich das zu einigen interessanten Reflexionen.» Die einzig mögliche Schlussfolgerung aus dem Films ist die, dass das Ausleben von reinem Hedonismus zu einer neuen Art von Faschismus führt.

Auch Bernardo Bertolucci stellte das Zusammenspiel von Erotik und Faschismus heraus. *Der große Irrtum* (nach dem Roman von Alberto Moravia) ist, wie alle italienischen Filme, ein atemberaubend stilvolles Werk. Der Film beeinflusste eine ganze Generation amerikanischer Regisseure. Einige Szenen sind durchkomponiert wie ein Gemälde: die langen weißen Bänke der Nervenklinik, die riesigen leeren Räume des Ministeriums, wo einer der Funktionäre des Regimes die auf seinem Schreibtisch sitzende Frau verführt, ihren Rock hochschiebt und die Schenkel streichelt. Eingebettet in die Geschichte eines Mordes zeigt Bertolucci die Sphäre lesbischer Liebe in Paris, das Bordell in Viareggio, sodass, zumindest aus der Sicht des Kinos, der Faschismus in hohem Maße ästhetisiert und erotisch aufgeladen erscheint. Wie Pasolini (dem Bertolucci bei dem Film *Accattone – Wer nie sein Brot mit Tränen aß* assistierte) dekonstruiert Bertolucci Fetischismus und Faschismus und spürt die Verbindungen zwischen beiden auf. Der Faschismus war auch das Thema, das ihn zu seinem vielleicht wichtigsten Film anregte: *Die Strategie der Spinne.* Er wird im Rückblick erzählt: Ein junger Mann ist in das Heimatdorf seines Vaters in der Emilia Romagna zurückgekehrt, um eine zu dessen Ehren aufgestellte Statue zu enthüllen. Er soll den Mörder des Vaters, einen berühmten Antifaschisten, stellen und kehrt auch deshalb in das Dorf zurück, um die Geliebte des Vaters und die ehemaligen Freunde zu besuchen. Erst gegen Ende des Films stellt sich heraus, dass die ganze Geschichte eine Lüge war, und dass ihr Held nicht ganz derjenige ist, als welcher er allen erschien.

Ironischerweise haben gerade Dario Fo und Pier Paolo Pasolini, die beiden Humanisten, die oftmals kein gutes Haar an der katholischen Kirche ließen, oft auf die Religion – oder zumindest auf Kriterien der Moral – zurückgegriffen, um die Entmenschlichung der modernen Gesellschaft zu kritisieren. Sie sahen sich endlosen Vorwürfen ausgesetzt, sie zögen Italien in ihren Stücken und Filmen in den Schmutz. Selbst heute noch rümpft man in katholischen Kreisen die Nase, wenn der Name Dario Fo, immerhin Nobelpreisträger, auch nur geflüstert wird. Dabei waren sie die Ersten, die erkannten, was Sache war: Das Kino und in der Folge das Fernsehen hatten die Geister Erotik und Konsumterror aus der Flasche gelassen. «Der Konsumismus», schrieb Pasolini,

> der zynisch eine reale Welt zerstört und in totale Irrealität verwandelt hat, in eine völlig neue Welt, in der es keine Wahl mehr gibt zwischen Gut und Böse.[6]

Er nannte es einen «kulturellen Genozid». Dario Fo sah in seinem Stück «Große Pantomime mit Flaggen und Puppen» eine Welt voraus, in der die «Zuschauer» durch zu viel Fußball und Werbung im Fernsehen hypnotisiert werden.

In den Anfangsjahren des Fernsehens und des Wirtschaftsbooms erkannten kritische Geister schnell, dass der neue Reichtum des Landes ein trügerisches Morgenrot war. Italo Calvino schrieb über den

> Verdacht, dass unser ganzer zur Schau gestellter Wohlstand nicht mehr ist als dünne Firnis über dem Italien der ärmlichen Hütten in Bergen und Vorstädten, der Auswandererströme und der Marktplätze voller Schwarzhemden.[7]

Erstaunlich ähnlich drückte sich Pasolini aus: «Wissen Sie, wie mir Italien vorkommt: wie eine elende Hütte, deren Besitzer sich einen Fernseher geleistet haben.»[8] Alles ökonomische Streben konzentrierte sich darauf, zuerst einen Fernsehapparat und dann die im Werbefernsehen angepriesenen Waren zu besitzen. Die Folgen waren nach Meinung Pasolinis verheerend:

> Das Fernsehen beendete praktisch (…) das Zeitalter der Gottgläubigkeit, und es begann das Zeitalter des Hedonismus. Es war die Zeit, in der junge Menschen frustriert waren von der Dummheit und der Unerreichbarkeit der Lebensmodelle, die ihnen Schule und Fernsehen vorschlugen. Sie werden unweigerlich und immer häufiger entweder aggressiv

bis hin zur Straffälligkeit, oder aber passiv, bis sie unglücklich sind (was nicht weniger schlimm ist).[9]

Das Fernsehen machte die Menschen unzufrieden, weil es einen Hunger erzeugte, der nie gestillt werden konnte, da er mit der realen Welt nichts zu tun hatte.

All das gilt sicherlich nicht nur für Italien. Aber aus mehreren Gründen ist das italienische Fernsehen doch einzigartig auf der Welt. Zum Teil deshalb, weil der Fernsehkonsum einfach so groß ist; zum Teil, weil das Fernsehen einen Stellenwert genießt, der es gewissermaßen in den Rang eines Familienmitglied erhebt (RAI, die öffentlich rechtliche Anstalt, wird *la mamma* genannt); zum Teil aber auch, weil das Fernsehen vor Jahren mit Bildungssendungen wie *Non è mai troppo tardi* («Es ist nie zu spät») den Analphabetismus in Italien bekämpfte und den Italienern richtiges Italienisch beibrachte. Das Gerät heißt auch *focolare domestico*, wohl weil es den «heimischen Herd» als Ort familiärer Zusammenkunft ersetzt hat. Der Hauptgrund für die Einzigartigkeit der italienischen Fernsehlandschaft ist jedoch, dass der Ministerpräsident des Landes drei nationale Sender besitzt.

Um nachzuvollziehen, wie es dazu kommen konnte, muss man die Umbrüche im italienischen Fernsehen verstehen, die, in etwa zeitgleich mit dem Ende der goldenen Ära des italienischen Kinos, im Juli 1976 einsetzten. Laut einem Beschluss des Verfassungsgerichts behielten damals die Sender der RAI das landesweite Übertragungsmonopol; gleichzeitig wurden erstmals private Lokalsender zugelassen. 1978 ging ein neuer Lokalsender in Betrieb: Telemilano. Er versorgte die Einwohner einer Trabantenstadt mit dem Namen Milano 2; der 3500 Wohnungen umfassende Komplex war im Jahrzehnt zuvor von Berlusconi mit Hilfe anonymer Geldgeber gebaut worden. Bis 1980 stieg die Zahl privater Fernsehsender auf 1300 an, drei Jahre später waren davon nach Aufkäufen und Fusionen immerhin noch über 700 übrig. 1980 setzte sich der Name Canale 5 für Telemilano durch. 1983 kaufte Berlusconi Italia Uno, ein Jahr später Rete 4. Diese drei Sender kauften nach und nach fast sämtliche Konkurrenten auf, sodass schließlich der gesamte Privatfernseh-Sektor unter dem Dach der Mediaset von Silvio Berlusconi vereint war.

Je kleiner das Unternehmen, umso wichtiger sind natürlich die Werbeeinnahmen. Berlusconis Lokalsender wurden deshalb die Vorbilder für das heutige Fernsehen. Programmplanung und Werbung waren in derselben Weise nahtlos miteinander verzahnt wie heute Sendungen unterbrochen werden für «Verkaufsinformationen» und Nachrichtenmeldungen, die reines Product-Placement sind. Anstatt eine Alternative zum Staatsfernsehen zu bieten, überlebten die neuen privaten Fernsehkanäle und ihre Low-Budget-Programme, indem sie sich zu Vehikeln für die Werbeindustrie entwickelten. Oft unterschied sich die Werbesparte kaum von den anderen Geschäftsbereichen des Senders. Der Werbeumsatz der Mediaset-Kanäle befand sich in der Hand von Publitalia, Berlusconis Werbefirma, die 1990 den Gesamtmarkt der Fernsehwerbung zu 24,5 Prozent beherrschte (die Zahl nähert sich heute der 60-Prozent-Marke). Das Arrangement sollte sich zum Leitmotiv für das Geschäftsgebaren Berlusconis entwickeln: Käufer und Verkäufer sind ein und dieselbe Person, die linke Hand schließt einen Deal mit der rechten. Einer von Berlusconis Geniestreichen war der Kauf der italienischen Rechte an Hunderten von amerikanischen Filmen und Seifenopern. Berlusconi gehörte zudem die Videothekenkette Blockbuster in Italien, sodass auch diejenigen, die seine Fernsehprogramme langweilten, die Grenzen seines finanziellen Imperiums nicht verließen.

Ein paar Mediaset-Studios sitzen noch immer in Milano 2. Wenn man dorthin kommt, fühlt man sich wie in der *Truman Show*: Der Ort ist eine unwirkliche, bürgerliche Blase. Wer dort wohnt, muss das eine Million Quadratmeter große Areal nie verlassen: Es gibt eine Apotheke, eine Schule und eine Polizeiwache. Es herrscht eine merkwürdige Kombination aus Beton und Grün vor. Die Wohnblöcke sind rostrot gestrichen und durch Pfade und Brücken verbunden, die sich über Seen und Straßen hinwegschlängeln.

Alles wirkt ein wenig wie aus den Siebzigern, nicht zuletzt die Namen der Blöcke. *Palazzo Aquarius* und so weiter. Die Kanaldeckel tragen die schlichte Prägung M 2 und Edilnord, den Namen von Berlusconis Bauunternehmen. Im Zentrum des Komplexes steht ein Turm mit Satellitenschüsseln und dem Symbol des Mediaset-Imperiums: der Schlange.

Das Gesetz, das der RAI das nationale Sendemonopol sicherte, war in den frühen achtziger Jahren noch in Kraft. Schließlich wurde es geändert, weil es ohnehin schon schamlos gebrochen worden war: Berlusconi sendete nicht landesweit, er sendete einfach dasselbe Programm gleichzeitig im ganzen Land, wenn auch von verschiedenen «lokalen» Sendern aus. *De facto* war es natürlich landesweites Fernsehen, hieß nur nicht so. Die Zuschauer konnten denselben Importfilm in Palermo oder in Parma sehen, weil verschiedene Sender rein zufällig dasselbe Programm ausstrahlten. Da aber eine derartige Sendepraxis illegal war, wurden die Programme einmal abgeschaltet. Der Aufschrei, der daraufhin durch die Fernsehnation ging, die sich um die nächste Folge von *Denver Clan* oder *Dallas* betrogen sah, ermöglichte es Berlusconi, wie er es in den kommenden Jahren noch oft tun sollte, sich als der Mann zu präsentieren, der für «Freiheit» statt «Bevormundung» steht. In seinen Sendern – so betonte man – gab es keine Günstlingswirtschaft, *lottizzazione*, wie bei der RAI, wo Fernsehjobs nur an die Familie und an Freunde mächtiger Politiker vergeben wurden. Traditionellerweise «gehörte» RAI 1 den Christdemokraten, RAI 2 den Sozialisten und RAI 3 den Kommunisten. Bruno Vespa, eine der bedeutendsten Fernsehpersönlichkeiten des Landes, sprach einmal von den Christdemokraten als seinen «Mehrheitseignern». Berlusconi erschien als der Mann der Zukunft, als der kämpferische Unternehmer, der die Italiener vom langweiligen, grauen Staatsfernsehen befreite.

Der parlamentarische Handstreich, mit dem Berlusconis Sendeschwindel legal wurde, nannte sich *Legge 223/90* oder «Mammì»-Gesetz (nach dem Minister für Post und Telekommunikation). Das Gesetz wurde 1984 ins Parlament eingebracht und 1990 schließlich verabschiedet. Es sanktionierte *de facto* die landesweite Ausstrahlung der Berlusconi-Kanäle, beendete für alle Zeiten das Monopol der RAI und schuf das «Duopol» RAI-Mediaset. Aus Protest traten fünf Minister, denen Berlusconis Machtfülle unheimlich wurde, zurück. Der damalige Ministerpräsident war Bettino Craxi, Trauzeuge bei Berlusconis zweiter Heirat und der Pate von Berlusconis Tochter. Eines der vielen Strafverfahren gegen Berlusconi bezieht sich übrigens darauf, dass auf Craxis Auslandskonten als Dank 23 Milliarden Lire eingegangen waren; das Geld stammte von All Iberian, einer obskuren Unterabteilung von Berlusconis Fininvest-Imperium. Berlusconi wurde in erster Instanz wegen Bestechung zu zwei Jahren und vier Monaten Gefängnis verurteilt, aber als das Berufungsverfahren anstand, war das Verbrechen längst verjährt. So wurde Berlusconi zu «Seiner Emittenza», ein ironisches Wortspiel, beruhend auf Eminenz und *emittente*, Sender. Der «Große Verführer» besaß jetzt nicht nur die Produktionsmittel, sondern etwas sehr viel Bedeutenderes: die «Mittel der Verführung».

Die Taktik ist denkbar einfach: Man braucht in jedem Zimmer nur eine kleine Kiste in der Ecke, einen Stecker in der Wand und eine Antenne, um die richtigen Programme zu empfangen. Das mit den «richtigen Programmen» erübrigt sich vielleicht bald: Sollte der Besitzer der «richtigen» Sender auch Regierungschef werden, gehören die Sender der RAI – die politischen und ökonomischen Rivalen – ebenfalls ihm. Der großmütige Medienmogul bezahlt sich selbst für Werbezeit auf seinen eigenen Kanälen, um die eigenen Produkte zu verkaufen. Unaufhaltsam wird er reicher und reicher und damit zu dem Unternehmer, dem die Konsumenten am meisten vertrauen. Bald erkennen sie seinen Orwell'schen Wahlspruch «alt ist schlecht – neu ist gut» und stimmen mit ihm überein. Schließlich sind ihm die Gewohnheiten der Millionen von Fernsehzuschauern so vertraut, dass er sie zu treuen Wählern umpolen kann, die für jede schmutzige Kampagne einer neuen politischen Partei garantiert empfänglich sind.

Wer glaubt, die Tatsache, dass er die Mediaset-Gruppe besitzt, habe Berlusconis Politik nicht beeinflusst, oder seine politische Stellung habe keine Auswirkungen auf Mediaset, der steckte den Kopf schlicht und einfach in die Kathodenröhre. Zynischere Zeitgenossen gestehen vielleicht ein, dass sich Berlusconis Interessen als Politiker und Fernsehunternehmer zuweilen überschneiden, aber zu seiner Verteidigung fügen sie an, dass die RAI schon immer ein Paradies für Vetternwirtschaft und politisch begründete Ernennungen gewesen sei. Sie behaupten, Berlusconi setze nur fort, was seit Jahrzehnten Usus gewesen sei. Tatsächlich ist er sogar ehrlicher, weil er es offen tut. Es gibt jedoch einen bedeutenden Unterschied: Früher machten sich die politischen Parteien das Fernsehen zunutze; Berlusconi tut genau das Gegenteil: Er als Fernsehunternehmer macht sich die Politik zunutze. Für seine Anhänger befähigt ihn gerade die Art und Weise, wie er zu seinem TV-Imperium gekommen ist, für das Amt des politischen Führers: Er hat, sagen sie, *una marcia in più*, einen «Extragang». Er hat das Privatfernsehen praktisch aus dem Nichts geschaffen. Das spricht für, nicht gegen ihn.

Die überzeugendste und natürlich auch nächstliegende Erklärung für Berlusconis politischen Erfolg ist die simple Tatsache, dass er drei Fernsehsender kontrolliert. Mit einem solchen Politiker bekommen Wahlen unweigerlich den Rang eines Fußballspiels, bei dem die eine Mannschaft mit drei Toren Vorsprung an den Start geht. Ein Sieg für die gegnerische Seite, ja sogar ein Unentschieden, ist höchst unwahrscheinlich. Sendungen wie der Parlaments-Rückblick am Sonntag, *Parlamento in,* sind ein einziger parteipolitischer Kniefall. Manche Mediaset-Kanäle sind schlimmer als andere. Ein Nachrichtenmoderator und gleichzeitig Leiter von Rete 4, Emilio Fede, hat wegen der Verehrung für seinen Boss den Spitznamen *Fido*. Meldungen die Opposition betreffend beginnt er gern mit einem Kopfschütteln und flüstert, hörbar: «Diese blöden Sozis.» Ein absolutes Ärgernis auf dem Bildschirm ist der Mann aber nicht wegen seiner politischen Einseitigkeit, sondern vor allem, weil er jede Professionalität vermissen lässt. In einem leistungsbezogenen System würde er sofort gefeuert werden. Er stottert, kichert, flirtet, verliert den Faden. Und trotzdem wurde er zu einem der wichtigsten «Journalisten» des Landes. Rete 4 strahlt jede bedeutende Rede Berlusconis kommentar- und kritiklos in Millionen italienischer Haushalte aus. Die beiden anderen Sender, Italia Uno und Canale 5, sind nur wenig ausgewogener. Auch dort scheinen die Journalisten, wie manche Schiedsrichter, übertrieben ehrfürchtig. Berlusconi richtig in die Mangel zu nehmen käme nicht nur einer Kritik am Befragten gleich, sondern auch an allen Angestellten des Senders, die ja von Berlusconi bezahlt werden. Deshalb werden kritische Fragen einfach nicht gestellt. Berlusconi wurde aus diesem Grund schon mit Mussolini verglichen, beide verfügten über einen Balkon, von dem aus sie ergebene Anhänger anfeuern, begeistern und überzeugen konnten, lediglich mit dem Unterschied, dass Berlusconi, das Oberhaupt der italienischen «Videokratie», keinen wirklichen, sondern einen elektronischen Balkon sein Eigen nennt.

Ich erinnere mich daran, wie ich einmal im Winter eine meiner Lieblingssendungen über Fußball schaute: *Quelli che il calcio*. Es war ein ganz normaler Sonntagnachmittag. Plötzlich durfte der Kommunikationsminister mit einem erbosten Telefonat ins Programm platzen. Er sprach live zur Nation und beschwerte sich wutentbrannt über irgendeinen harmlosen satirischen Beitrag. In diesem Moment war klar, dass das Prinzip der Nichteinmischung faktisch nicht existiert. Wenige Minuten der Arroganz genügten, um die vertikale Struktur der Macht zu entblößen: Sie brach sich anmaßend von oben Bahn. Im Jahr 2002 mahnte Berlusconi von Bulgarien aus drei Journalisten der RAI ab, die «das Fernsehen auf gesetzwidrige Weise benutzt hatten», nur weil sie ihn kritisiert hatten. Seine Argumentation folgte einer eigenen perversen Logik: Da die Sender der RAI staatlich waren und von der Allgemeinheit über Gebühren finanziert wurden, hatten sie neutral zu sein, also unkritisch. Die drei Journalisten wurden prompt vom Bildschirm entfernt. Einer von ihnen, Enzo Biagi, ein eulenhafter Mann, berühmt für seine ausgewogene, rücksichtsvolle Berichterstattung, schrieb kurz danach einen Artikel für die Titelseite des *Corriere della Sera*, in dem er Berlusconi mit dem deutschen Kanzler der Jahre 1933 bis 1945 verglich. Schon Aldous Huxley schrieb in seinem berühmten Vorwort zu *Schöne neue Welt*:

> Die größten Triumphe der Propaganda wurden nicht durch Handeln, sondern durch Unterlassung erreicht. Groß ist die Wahrheit, größer aber, vom praktischen Gesichtspunkt, ist das Verschweigen der Wahrheit.[10]

Skandalös am Fernsehen ist nicht das, was gesendet wird, sondern das, was nicht gesendet wird.

Zu einem weiteren Beispiel dieser Art kam es in Zusammenhang mit dem Urteilsspruch über Cesare Previti. Previti war Jahrzehnte lang Berlusconis Anwalt gewesen und sollte zu elf Jahren Haft wegen Richterbestechung verurteilt werden. Am Vorabend der Urteilsverkündung nun nahm Rete 4 eilends eine Geschichtsdokumentation aus dem Programm, um Berlusconis Verbündetem ungehinderten Zugang zu den Wohnzimmern des ganzen Landes zu verschaffen: Der Sender, Vorreiter der Karawane Berlusconi, übertrug die Pressekonferenz Previtis ohne jeden Vorbehalt. Berlusconis Auftritt vor Gericht eine Woche später – ein laufendes Verfahren, in dem Berlusconi desselben Vergehens beschuldigt wurde –, übertrug derselbe Sender ebenfalls in voller Länge – immerhin 51 Minuten. In just dieser Woche regten dieselben Politiker der *Forza Italia*, die gerade die parlamentarische Immunität einführen wollten, an, die Diffamierung durch Journalisten mit drei Jahren Haft zu bestrafen.

Aber Mediaset-TV ist nicht nur unerträglich parteiisch seinem Boss gegenüber, es hat eine noch viel vertracktere Entwicklung in Gang gesetzt. Das Problematische an Mediaset ist nämlich nicht, dass es politisch im eigentlichen Sinn wäre. Das Problem ist, dass es überhaupt nicht politisch ist, denn das Angebot besteht im Grunde nur aus Brüsten, Fußball und Geld. Auch wer all das schätzt, findet es irgendwann langweilig. Mediaset ist verantwortlich für einen kulturellen und geistigen Supergau. In den Worten von Andrea Camilleri:

> Wäre ich wirklich gläubig – nicht einer von jenen, die nur zur Messe gehen (...), würde ich sagen, Berlusconi ist das Böse. (...) Er hat all das Geld in die schlimmste Art von Fernsehen investiert (...) er hat das kulturelle Niveau des Fernsehens und damit auch das Italiens gesenkt. Das werfe ich ihm vor, weil dieser kulturelle Niedergang der Grund von so vielem ist.[11]

«*Panem et Circenses*», sagt Filippo, «so nannten das die alten Römer: ‹Brot und ein bisschen Show›. Wenn die Massen das bekommen, sind sie glücklich.» Noch verächtlicher äußert sich ein amerikanischer Freund und zitiert dabei Thomas Pynchon: «Wenn sie dich dazu bringen, die falschen Fragen zu stellen, können ihnen die Antworten egal sein!»

> Ein wirklich leistungsfähiger totalitärer Staat wäre ein Staat, in dem die allmächtige Exekution politischer Machthaber und ihre Armee von Managern eine Bevölkerung von Zwangsarbeitern beherrscht, die zu gar nichts gezwungen zu werden brauchen, weil sie ihre Sklaverei lieben[12],

schrieb Huxley in seinem Vorwort weiter.

Das ist traurigerweise genau das Gefühl, das man bekommt, wenn man manchen Italienern beim Fernsehen zusieht. Mediaset ist es gelungen, ganz ohne Zwangsmaßnahmen, wie etwa dem Einsatz von Schlagstock oder Rizinusöl, die Bedingungen für einen Einparteienstaat zu schaffen. Das hochwirksame Opiat Fernsehen reichte aus, eine fast unbesiegbare politische Hegemonie zu schaffen; unbesiegbar deshalb, weil Zuschauer und Wähler bei ihrer Erschaffung Hand in Hand arbeiteten.

Eines Abends saß ich im Pub, im *Dubh Linn* direkt am *duomo*. Mir gegenüber saß Giovanni, der sich noch eine *Diana* anzündete. Er starrte auf die Packung auf dem Tisch und fragte mich, ob es wahr sei, dass der britische Geheimdienst Prinzessin Diana beseitigt habe. Wie Hunderte meiner Studenten war auch er überzeugt davon.

«Nein, nein», sagte ich und war plötzlich verärgert, dass da jemand mein Land schlecht machte. Und doch war das, wenn ich darüber nachdenke, genau das, was ich *seinem* Land antat: Ich glaubte all die Verschwörungstheorien und kapierte absolut nichts, schrieb verleumderische Essays, die Italien im schlechtestmöglichen Licht zeigten. Vielleicht, dachte ich plötzlich, ist an all diesen tragischen Geschichten überhaupt nichts dran. Vielleicht haben sie sich nie zugetragen, und ich bin nur der schlimmsten Krankheit Italiens zum Opfer gefallen: der Paranoia. Vielleicht war ich dem Land gegenüber unfair. Aber diesen Pessimismus und die Paranoia einfach zu ignorieren hätte bedeutet, das, was die Atmosphäre des italienischen Alltags bestimmt, einfach wegzulassen; und ich rechtfertigte mein manchmal galliges Entsetzen über das italienische Fernsehen damit, weil ich überzeugt war, dass eine große Mehrheit der Italiener meine Verachtung teilte.

Giovanni, der wohl sah, dass ich mich allzu sehr in Gedanken verlor, beschloss, ich müsse für eine Weile raus aus Parma. Er lud mich in sein Haus in Apulien, ein paar hundert Kilometer weiter südlich, ein. «Es ist da, wo *padre* Pio gelebt hat», sagte er und erklärte mir, dass es das Konterfei Pater Pios sei, das mir überall begegnete, in Geschäften und auf zahllosen Kaminsimsen, als Zierde von Schlüsselanhängern und Feuerzeugen. Nur Pater Pios Gesicht war noch präsenter in Italien als das Berlusconis. «Du bist reif für eine Pilgerreise», meinte Giovanni und drückte seine Zigarette aus.

La Parola e la Pietra

Italien ist voller alter Bräuche, reich an natürlichen und übernatürlichen Kräften. (...) Wer jedenfalls Gott sucht, der findet ihn (...) wo immer er möchte.
Federico Fellini

Zu Beginn des zwanzigsten Jahrhunderts war San Giovanni Rotondo ein kleines Dorf in einer Senke des zerklüfteten Gargano in Apulien, jener Region, die Absatz und Sporn des italienischen Stiefels bildet. Manfredonia, die nahe gelegene Hafenstadt, war noch bis vor vierzig Jahren ausschließlich über einen Mauleselpfad zu erreichen, der sich zwischen Olivenbäumen hindurch zur Adriaküste hinabschlängelte. Heute ist San Giovanni Rotondo mit mehr als sechs Millionen Besuchern pro Jahr der meistbesuchte Touristenort Italiens. Damit hat es dem französischen Lourdes als beliebtestem Reiseziel für katholische Pilger den Rang abgelaufen. Es hat mehr als hundert Hotels aufzuweisen und bald eine neue, von Renzo Piano entworfene Kirche. Auch ein beeindruckendes neues Krankenhaus gibt es, eines der größten und modernsten Italiens.

Hinter dieser rasanten Entwicklung steckt der am meisten verehrte Sohn von San Giovanni, einer der bekanntesten Italiener des zwanzigsten Jahrhunderts: Pater Pio. Als er am 2. Mai 1999 selig gesprochen werden sollte, stürzte sich fast das ganze Land in die Vorbereitungen für das große Ereignis. Sogar das Serie-A-Spiel zwischen Roma und Inter wurde um einen Tag verschoben. Papst Johannes Paul II. zelebrierte eine im Fernsehen übertragene Messe im Petersdom und reiste dann selbst nach San Giovanni Rotondo, um dort eine weitere Messe zu lesen. Eine Million Pilger waren in mehr als fünftausend Reisebussen (hundert allein aus Polen) und neunzehn Sonderzügen angereist. Im Dorf wurden tausend chemische Toiletten aufgestellt, und mehrere Großbildleinwände umrahmten die beiden Hauptplätze.

Lange bevor San Giovanni Rotondo berühmt wurde, gab es bereits einen Wallfahrtsort ganz in der Nähe, Monte Sant'Angelo: Das Dorf bildete den Endpunkt der Strada dell'Angelo, eines schon im Mittelalter bekannten Pilgerpfads, der von der Normandie über Rom bis nach Apulien führt. Sein Ruhm gründet auf einer Mischung aus örtlicher Überlieferung und Weltuntergangsangst. Man erzählt sich, dass um das Jahr 490 n. Chr. ein Bauer aus der Gegend auf der Suche nach seinem besten Bullen den Weg in die Berge einschlug. Er fand das Tier vor dem Eingang zu einer Höhle an einem gefährlichen Steilhang. Der Bulle wollte sich nicht vom Fleck bewegen, und so schoss der Mann kurzerhand einen Pfeil auf ihn ab: Dieser drehte sich jedoch im Flugwind und grub sich in die Stirn des Mannes. Auf der Suche nach Rat wandte man sich an den Bischof von Sipontum; als dieser bei der Höhle eintraf, erschien ihm der Erzengel Michael und befahl ihm, genau an dieser Stelle einen christlichen Altar zu errichten. Man weiß nicht, wie es dem Mann mit dem Pfeil in der Stirn weiter ergangen ist. Das Resultat seines Missgeschicks war jedenfalls das berühmte *santuario di San Michele*.

Im Jahr 999 n. Chr. pilgerte Kaiser Otto III. zu dem Heiligtum, um mit seinen Gebeten den für das Ende des ersten Jahrtausends vorhergesagten Weltuntergang abzuwenden. Tausend Jahre später führten vergleichbare Ängste und die Seligsprechung von Pater Pio die Menschen abermals an diesen heiligen Ort – nun zu Tausenden.

Am Bahnhof in Manfredonia holt mich mein Freund Giovanni ab, dessen Familie hier lebt. Es ist fast Mitternacht, und er fährt mich zu meinem Hotel. An der Rezeption steht eine Vitrine mit Pater-Pio-Devotionalien – Briefständer, Spiegel, Tagebücher, Teller. Alles ziert das mir mittlerweile bekannte Konterfei: hohe Stirn, grauer

Bart und buschige Augenbrauen, tief sitzende Augen über einer leicht knolligen Nase. Der Mund sieht so aus, als würde er ihn vor Schmerz verziehen. Er wirkt freundlich, aber streng. Ein Ärmel, meist aber ein fingerloser Halbhandschuh bedeckt den Grund für seinen Ruhm: die Wundmale Christi. Für Giovanni ist das alles nur eine Farce. «Die Ecke hier gehörte einmal zu den ärmsten Gegenden Italiens, und jetzt ist sie plötzlich sehr reich geworden, alles nur wegen Pater Pio.»

Pater Pio wurde 1887 als Francesco Forgione in Pietrelcina geboren, einer kleinen Stadt auf halbem Weg zwischen Neapel und Manfredonia. 1910 trat er in den Kapuzinerorden ein, 1916 kam er als Mönch in das Kapuzinerkloster *chiesa di Santa Maria delle Grazie* in San Giovanni Rotondo. Dort blieb er, bis er im Alter von einundachtzig Jahren im September 1968 starb. Fast genau fünfzig Jahre vor seinem Tod, am 20. September 1918, zeigten sich bei ihm als einzigem katholischen Priester die Wundmale Christi. Einen Monat später, am 22. Oktober 1918, beschrieb der Stigmatisierte in einem Brief an seinen Seelenführer, Pater Benedetto, was passiert war:

> Nach der Feier der heiligen Messe wurde ich von der Ruhe übermannt wie von einem angenehmen Traum. Alle inneren und äußeren Sinneswahrnehmungen sowie die Fähigkeiten der Seele befanden sich in unbeschreiblicher Ruhe. Es herrschte tiefes Schweigen um mich herum und in mir. Ein großer Friede folgte, ich wurde aller Eindrücke beraubt, alles stürzte um mich herum ein; dies alles ereignete sich blitzartig. (...) Ich sah, dass meine Hände, Füße und die Seite durchbohrt waren und bluteten. Stellen Sie sich die Pein vor, die ich damals erlebte und weiterhin erlebe, nahezu alle Tage. Die Herzwunde blutet ununterbrochen, besonders von Donnerstagabend bis Samstag. Pater, ich sterbe vor Schmerzen durch die Qualen und durch die darauf folgende Verwirrung, die ich im Innersten meiner Seele empfinde. Ich fürchte zu verbluten, wenn der Herr nicht das Flehen meines armen Herzens erhört und diese Verwundungen von mir nimmt.[1]

Die Stigmatisierungen sowie zahllose Geschichten über Pater Pios Wundertätigkeit sorgten dafür, dass sich sein Ruhm in der Zwischenkriegszeit schnell verbreitete: Es gab Berichte über Bilokation (seine gleichzeitige Anwesenheit an zwei Orten), Wunderheilungen, himmlische Düfte, spontane Bekehrungen und prophetische Visionen. Jeder gläubige Italiener hatte offenbar seine eigene Lieblingsanekdote: Pater Pio segnete einmal einen Stapel mitgebrachter Briefumschläge bis auf einen – beim Öffnen stellte sich heraus, dass er Tippscheine für das Fußballtoto enthielt; Pater Pio kniete nieder, um für König Georg VI. zu beten, kurz bevor dessen Tod gemeldet wurde; Pater Pio erschien während des Zweiten Weltkriegs im Cockpit eines amerikanischen Bombers. Als seine berühmteste Tat gilt, dass er ausgerechnet einen Brief aus Polen nicht übersehen hatte, in dem er darum gebeten wurde, sich für eine todkranke Frau einzusetzen. «Dieser Bitte können wir uns nicht verschließen», soll Pater Pio erklärt haben. Die Frau erholte sich, und der polnische Priester, der sich für sie verwandt hatte, Bischof Wojtyla, sollte später als Papst Johannes Paul II. berühmt werden.

Lange Zeit jedoch waren die Beziehungen zwischen Pater Pio und der Kirchenobrigkeit eher gespannt. Man schickte ihm wiederholt Ärzte ins Haus, die seine Wundmale begutachten sollten, und es gab sogar den Versuch, ihn nach Spanien zu versetzen (was nur eine Intervention des Innenministeriums verhinderte). Zu seinen Bewunderern gehörten immerhin Gabriele D'Annunzio, mit dem er korrespondierte; der Fernsehmoderator Luciano Rispoli, den er traute; und das Revuegirl Lorella Cuccarini, die gerne seinen Namen in ihren Interviews fallen lässt. Das Magazin *Gente* bringt regelmäßig neue Anekdoten über ihn und bietet den Lesern darüber hinaus eine Kassette mit seiner «echten Stimme» an. Auch im Ausland ist er sehr beliebt: Die *Padre Pio Foundation of America* betreibt eine verklärende Website, und in der Vauxhall Bridge Road in London gibt es einen ihm gewidmeten Buchladen.

Im November 1969 kam die Nachricht, dass Pater Pio im *odore di sanità* (dem «Duft der Heiligkeit») verstorben sei, und der Bischof von Manfredonia stellte unverzüglich einen formellen Antrag auf Seligsprechung. Dabei handelt es sich um ein ziemlich verwickeltes Verfahren: Zuerst begutachtet der *Tribunale Diocesano* den Fall und leitet ihn dann weiter an die *Congregazione per le Cause dei Santi* in Rom. Die Theologen und Kardinäle in diesem Gremium beurteilen sämtliche relevanten Schriften und Zeugnisse erneut, und sollten sie dann zu dem Urteil kommen, dass es jemand verdient, als *beato* anerkannt zu werden, verlangen sie noch medizinische Beweise dafür, dass es tatsächlich zu Wundern aufgrund des Einschreitens der betreffenden Person gekommen ist. Nach seiner Seligsprechung wurde Pater Pio im Mai 2002 schließlich heilig gesprochen.

Als Giovanni und ich in San Giovanni Rotondo ankommen, fällt wolkenbruchartiger Regen, und die Stadt – Straßen und die umliegenden Wälder verschwinden in den niedrig hängenden Wolken – sieht aus wie ein neuer Skiort. Überall stehen Kräne, die sich unablässig drehen und Betonteile für den nächsten riesigen Hotelkomplex in Position hieven. Gegenüber von *Santa Maria delle Grazie* beginnen Stufen, die, flankiert von Madonnen- und Padre-Statuen, den Berg hinaufführen. Der Container daneben dient als Studio für die offizielle Radiostation, *La voce di Padre Pio*.

Normalerweise muss man sich drei Stunden lang anstellen, um in die Kirche zu gelangen, aber dank des Regens kommen wir ziemlich schnell hinein. Die Menschenreihe schlängelt sich schweigend durch den Raum, vorbei an Hinweisschildern und Opferstühlen. Alle 15 Minuten kann man mitgebrachte Gegenstände segnen lassen. Es hat sich bereits eine Reihe von Menschen formiert, Eheringe oder Autoschlüssel griffbereit. Das Grabmal des Paters, ein Monument aus massivem Marmor, ist umgeben von schmiedeeisernen Absperrungen. Fotos und Briefe kann man in bereitstehende Kästen werfen. An die zweihundert Menschen haben sich um das Grabmal versammelt; sie entzünden Kerzen, fallen auf die Knie und murmeln Gebete.

Als wir uns der verglasten Zelle von Pater Pio nähern, brechen die Menschen spontan in Ave-Maria-Gebete aus. Die Inschrift über der Zelle zitiert Worte aus Thomas von Kempens Werk *Von der Nachfolge Christi*: «Weltliche Ehren sind immer von Leid begleitet.» Durch die Scheibe hindurch kann man jedes Buch, Bilder und Fotos sehen sowie seinen Kamm, alles bestens erhalten. Das Bett ist frisch gemacht, und daneben stehen seine Sandalen, mindestens Größe 43. Sie sind rötlich schwarz und wegen der blutenden, angeschwollenen Füße fast so breit wie lang. In der Kapelle nebenan bezeichnet eine Plakette seinen Platz in der Bank und die Stelle, an der er stand, als die Wundmale erstmals auftraten. Ein schmales Fenster gibt den Blick auf den Platz vor dem Kloster frei, der noch immer voller Pilger ist. Von hier aus segnete Pater Pio, wie der Papst, die Besucher und hob die Hände, damit auch jeder einen Blick auf seine Verbände werfen konnte.

Draußen regnet es noch immer. Die Läden sind voll gestopft mit *articoli religiosi*; das Angebot reicht von gemalten Bildern und Postkarten bis hin zu Statuen des Wundertäters, die sage und schreibe bis zu vier Millionen Lire kosten, etwa zweihundert Euro. Giovanni lächelt verlegen und erzählt, sein Vater habe ein Haus mit einem großen Garten, drei Stockwerken und einem Lift für eine alte Dame gebaut, die mit diesem Andenkenkitsch reich geworden war. Ich selbst kann aufgrund meiner methodistischen Erziehung wenig mit Bilderkram und Reliquien anfangen. Meine Einwände hier sind jedoch in erster Linie ästhetisch begründet: zu viele halb nackte Frauen, die alle eine Taube in den Himmel steigen lassen, in dem, wie könnte es anders sein, der berühmte Kapuzinerpater sitzt.

Wir gehen zum Krankenhaus, der *Casa di sollievo della sofferenza*, «Haus zur Linderung von Leiden», dessen wuchtige weiße, von der Statue des heiligen Franziskus gekrönte Front das Stadtbild beherrscht. 1940 beschloss Pater Pio den Bau eines Krankenhauses. Der Legende nach soll er den Bau ausschließlich mit gespendeten Münzen finanziert haben, die er persönlich von seinen Besuchern erbat, in seinem Taschentuch sammelte und dann abends auf seinem Bett ausbreitete. In Wirklichkeit hat die UNO im Jahr 1947 250 Millionen Lire zugeschossen. In den Labors des Krankenhauses wurde ein Protein zur Behandlung von Diabetes entdeckt, das zu seinem Ruf beitrug. Kurioserweise können Besucher die Operationssäle und Krankenstationen unter der Leitung eines Führers besichtigen. Am Todestag Pater Pios versammeln sich regelmäßig Zehntausende von Pilgern, die in einer Lichterprozession die ganze Nacht über das Krankenhaus umrunden.

Wir kehren nach Manfredonia in das Haus Giovannis zurück. Sein Vater schüttelt den Kopf, als wir über San Giovanni Rotondo sprechen. Er kannte Pater Pio und beschreibt ihn als *scontroso*, mürrisch. Auch der Fernsehmoderator Luciano Rispoli sagt, dass Pater Pio *burbero, ai limiti della scortesia* gewesen sei – grummelig bis hin zur Unhöflichkeit. Alle sind überzeugt, dass er wohl kaum Gefallen an dem finden würde, was dort heute in seinem Namen geschieht. Sicher hat die Stadt nur mehr sehr wenig Ähnlichkeit mit dem Bild, das ein anderer Geistlicher 1915, im Jahr vor Pater Pios Ankunft, gezeichnet hat: «Mich umgibt tiefe Stille, die zuweilen vom Klang eines Glöckchens am Hals eines Schafes oder einer Ziege unterbrochen wird, welche die Hirten zum Grasen auf den Berg hinter dem Kloster treiben.» Heute haben die *frati cappuccini* eine Website, auf der sie um dicke Beiträge für die neue Kirche bitten und dabei, zur Erhöhung der Spendenfreudigkeit, die nicht zweifelsfrei gesicherten letzten Worte von Pater Pio zitieren: «Baut sie groß!» Bei dem ständigen Geräusch von Kränen und Zementmischern muss ich an die Worte des Priesters in *La dolce vita* denken: «Ein Wunder widerfährt demütigen Herzen in der Stille, nicht in solch lärmendem Durcheinander.»

Am nächsten Tag ist es warm, der Himmel blau und wolkenlos. Wir wollen den *santuario* von Monte Sant'Angelo besuchen, der seine Entstehung dem Mann mit dem Pfeil im Kopf verdankt. Giovanni will jedoch unter keinen Umständen mit dem Auto fahren: Das Städtchen sei ein sehr gefährlicher Ort, wegen der Fehde zwischen zwei Familien, die vor fünfzig Jahren begann; damals wurde Vieh gestohlen, woraufhin man die beiden Söhne der beschuldigten

Familie mit eingeschlagenen Schädeln im Ort auffand. Kein Platz, an dem Giovanni sein schickes Auto abstellen möchte, also nehmen wir den Bus. Die Landschaft auf der Fahrt vom Meer in die Berge ist atemberaubend: Serpentinen bringen uns zu weiß getünchten Häusern, an deren Balkonen sich die Wäsche im Wind bläht. Monte Sant'Angelo scheint älter als San Giovanni zu sein: Die Straßen sind steil und eng, ein labyrinthisches Treppengewirr führt hinauf in den mittelalterlichen Teil. Die roten Ziegeldächer, die man vom Berggipfel aus sehen kann, liegen schiefwinklig aneinander. Von hier aus bietet sich ein weiter Blick über die Adria bis zur albanischen und montenegrinischen Küste. Die örtliche Spezialität spiegelt den Einfluss der katholischen Kirche wider: *ostie ripiene*, wörtlich «gefüllte Hostien» bestehen aus zwei großen, offenbar ungeweihten Oblaten mit eine Füllung aus Mandeln und Honig. In vielen Gassen reiht sich ein Devotionalienstand an den anderen: Direkt neben den Fläschchen, die angeblich *Profumo di Padre Pio* enthalten, finden sich Aschenbecher mit dem Ratschlag für den Benutzer: *Stronzo, smetti di fumare* («Idiot, gib das Rauchen auf»).

Der *santuario di San Michele* ist in den Fels gehauen. «Dies ist das Haus Gottes und das Tor zum Himmel», steht auf Lateinisch über dem Eingang. Der Legende nach soll der Erzengel Michael hier einen Fußabdruck hinterlassen haben, was Tausende von Pilgern dazu bewogen hat, die Umrisse ihrer eigenen Hände und Füße in den Stein zu ritzen. Einige davon, vor allem die mit der günstigsten Position, wurden zu einer Art Schablone, auf die wiederum andere Besucher ihre eigenen Hände legten. Auch ich habe das Gefühl, an einer Schwelle zu stehen, wenn auch nicht in einem strikt religiösen Sinn. Ich bin vielmehr überwältigt, dass über Jahrhunderte hinweg Millionen von Pilgern ihre Hände auf dieselbe Stelle gelegt haben, auf der nun meine Hand liegt, und dass ihre Berührung den harten Stein allmählich abgetragen, geglättet und irgendwie menschlich gemacht hat – vergleichbar den ausgetreten Stufen jahrhundertealter Kathedralen.

Die eingeritzten Initialen und Jahreszahlen wirken beruhigend auf mich, weil mir klar wird, dass es schon vor mehr als tausend Jahren Menschen gab, die, getrieben von Wundern und Weltuntergangsangst, diese beschwerliche Reise unternommen haben. Zweihundert Jahre nach Kaiser Otto III. besuchte der heilige Franz von Assisi den *santuario*, betrat ihn aber nicht, weil er sich unwürdig fühlte. Wir lassen uns natürlich davon nicht abhalten und bewundern die Ikone der Madonna von Konstaninopel und das filigrane Kristallkreuz, ein Geschenk Kaiser Friedrichs II., das einen Splitter vom Kreuz Christi enthalten soll.

Wir verlassen den kalten *santuario* und setzen uns auf eine Mauer mit Blick aufs Meer. In der Brise schweben Möwen, und weit unten können wir eine Flotte von Fischerbooten erkennen, die aus dem Hafen von Manfredonia ausfährt. Ich esse meine *ostie ripiene*, und obgleich ich kein frommer Pilger bin, empfinde ich dennoch die heitere Gelöstheit einer Pilgerfahrt.

Italiener zu sein bedeutet nicht zuletzt, katholisch zu sein. Auch wer selbst nicht gläubig ist, übernimmt hier automatisch die Gebräuche und die Moralvorstellungen der römisch-katholischen Kirche. Sie bietet keine unterschiedlichen Glaubensrichtungen oder Liturgien an, für die sich ein Erwachsener frei entscheiden könnte; sie bietet eine Art zu leben und eine Art zu sterben. Der Katholizismus begleitet die Menschen von der Wiege bis zum Grab. Er beschränkt sich nicht auf Gottesverehrung, sondern reicht bis in die Politik, die Gesellschaft und die Ästhetik. Er dringt in alle Winkel des Landes vor, berührt jeden Lebensabschnitt. «Ich weiß», hat Federico Fellini einmal gesagt, «dass ich der Gefangene von zweitausend Jahren Katholizismus bin. Alle Italiener sind es.» Ähnlich sieht es Hyppolite Taine, der Italien unmittelbar nach der Vereinigung bereist hat: «Die Italiener sind voll und ganz eingestellt auf den Katholizismus. Er ist Teil ihrer Augen, ihrer Ohren, ihrer Vorstellungskraft und ihres Geschmacks.»

Die engen Verbindungen zwischen Italien und dem Katholizismus kommen am deutlichsten in der Sprache zum Ausdruck. Die

Wörter «christlich» oder «Christenheit» hört man in Italien kaum. Sie und auch das, wofür sie stehen, wurden im Italienischen fast vollständig durch «katholisch» oder «Katholizismus» ersetzt. Die Menschen sprechen nicht von den christlichen (ganz zu schweigen von den jüdischen) Geboten, sondern von den «katholischen Geboten». Selbst auf das Wort Katholizismus verzichtet man häufig und spricht stattdessen von «der Kirche», als verstehe es sich von selbst, dass wir von etwas Unteilbarem sprechen: der römisch-katholischen Kirche.

Ich reagierte zunehmend verärgert auf das Diktum *Extra Ecclesiam Nulla Salus*: dass nämlich unrettbar verloren sei, wer nicht der (römisch-katholischen) Kirche angehört. Die Bischöfe sprechen von der katholischen Kirche noch immer als der einzig wahren Kirche Jesu Christi und tun alle anderen Richtungen des Christentums als ketzerisch ab. Viele Kardinäle handeln die jahrtausendealte Geschichte des Judentums und die jahrhundertealte Geschichte des Protestantismus in einem bissigen Nebensatz ab. Da beginnt man zu verstehen, warum das Land so erstaunlich homogen ist: Toleriert wird einzig und allein die katholische Kirche. Kardinäle schreiben Sätze wie: «Nur die Wahrheit hat Rechte» oder «Der Liberalismus grenzt messerscharf an Atheismus». Dieser Absolutismus, das Fehlen religiöser Debatten oder individueller theologischer Deutungsansätze machten mich ratlos. In Buchläden werden protestantische Schriften gar unter dem abschätzigen Stichwort «Sekten» eingeordnet.

Die Kirchenoberen bestehen verbissen darauf, dass nur Rom einen gerechtfertigten Anspruch darauf habe, die Christenheit zu führen. Gewissheit kann es nur hier geben. Während viele protestantische Gemeinden theologische oder geistige Debatten fördern, ist die Debatte hierzulande, sobald «Roma locuta est», sobald Rom gesprochen hat, beendet. Was mich ärgerte, war die Ignoranz, oft auch Intoleranz gegenüber anderen Glaubensrichtungen. «Du bist Protestant?», fragten mich die Leute nervös. «Bedeutet das, du darfst kein Schweinefleisch essen?» Die Intoleranz nicht nur gegenüber anderen Religionen, sondern auch gegenüber anderen Strömungen des Christentums wird leider von den Kirchenoberen gefördert. Den Protestantismus fegen sie vom Tisch, noch bevor jemand ihn verstanden hat. Im August 2000 verkündete der Vatikan in der Erklärung *Dominus Jesus*, dass die katholische Kirche den einzig «gültigen» christlichen Episkopat repräsentiere. Jede andere Ordination – anglikanisch oder reformiert – ist damit schlicht und einfach Ketzerei. Selbst in den Augen vieler katholischer Beobachter war das tiefstes Mittelalter. Der geistige Vater solcher Verlautbarungen ist immer Kardinal Joseph Ratzinger, seines Zeichens Präfekt der Glaubenskongregation, eines Gremiums, das sich als Bollwerk gegen Pluralismus und Toleranz versteht; die Glaubenskongregation ist die direkte Nachfolgeorganisation der «Heiligen Inquisition».

Man erkennt sehr schnell, dass der Katholizismus erzkonservativ ist und – wie Italien selbst – streng hierarchisch. Seine geistige Nahrung erhält er von einem Monarchen und seinem Hofstaat. Über die Rolle des Klerus kann man als Protestant nur staunen. Am allerwenigsten konnte ich jedoch fassen, dass das Prinzip der apostolischen Nachfolge durch einen einzigen, unfehlbaren Menschen verkörpert wurde. Das hat zur Folge, dass dem Priester die Rolle eines Mittlers zukommt, der für die Belange der Gläubigen eintritt. Der persönliche Glaube und seine Interpretation fällt in die Zuständigkeit eines anderen Menschen, und Verhaltensweisen, die in der Bibel keine Rechtfertigung finden, werden verinnerlicht und ritualisiert. Wenn das Christentum für mich nicht eine so tiefe Bedeutung hätte, wäre mir das egal gewesen; aber ich wollte den Katholizismus verstehen, und gleichzeitig brachte er mich völlig aus der Fassung. Er kam mir vor wie eine Art von geistigem Tresor, über den nur Eingeweihte wachten. Sie, nicht die Bibel, halten alle Schlüssel in Händen. Ich gewann mehr und mehr den Eindruck, dass die Basis des Katholizismus in Italien nicht so sehr das Wort der Bibel, die *parola*, ist, als vielmehr die *pietra*, der päpstliche Fels, auf dem die Kirche gebaut ist.

Die offensichtliche Folge des Gewichts der katholischen Kirche ist ein zutiefst verwurzelter Antiklerikalismus unter den Italienern. In der Emilia Romagna gibt es sogar eine Pastaform, die *strozzapreti*, «Priester-Würger». Von dem Heer antiklerikal Gesinnter werde ich oft danach gefragt, was denn die schlimmste Gotteslästerung in englischer Sprache sei. Die Enttäuschung, um nicht zu sagen die Fassungslosigkeit, wenn ich von keinem anständigen Fall von Gotteslästerung zu berichten weiß, ist förmlich greifbar. «Unsere Priester», muss ich dann immer erklären, «sind einfach nicht mächtig genug, als dass wir das Bedürfnis hätten, Gott zu lästern. Dazu müsstest du schon nach Irland gehen.» Wirklich stutzig gemacht hat mich die Tatsache, dass Kirchen in Italien der einzige Ort sind, an dem ich nie jemanden singen gehört habe. Gesang höre ich vielleicht schon, aber nicht die fröhlichen, erhebenden Arien, die man vernimmt, wenn man irgendeine Straße entlanggeht. Es klingt eher eingeschüchtert, traurig. Da die Gemeinde passiv ist und nicht aktiv am Gottesdienst teilnimmt, werden Kirchenlieder größtenteils vom Priester gesungen, nicht von den Gläubigen.

Den Vatikan selbst sehen auch die frömmsten Katholiken als Ort purpurner Prachtentfaltung, von Macht und Prestige, der mit dem Christentum oft nicht mehr das Geringste zu tun zu haben scheint. 1563 beschrieb der venezianische Gesandte in Rom die Atmosphäre im Vatikan so: «Eine kniefällige Haltung gilt hier als Ehrlichkeit, Schwindel als Höflichkeit. Jedes Laster scheint maskiert. Die Verstellung ist die Seele dieses Hofstaats.» Mit seinem Urteil steht der Mann bis heute nicht allein da. Kürzlich haben einige anonyme Priester einen kritischen Insiderbericht über den Vatikan veröffentlicht. «Die Falschheit wird im Vatikan zur zweiten Natur, die die Wahrheit schließlich überlagert. Die Heuchler machen sich zu Lobrednern und Lehrmeistern der falschen Tugenden, zu Verleumdern und Verfolgern der wahren»[2], heißt es darin.

Ich besuchte Gottesdienste und lernte ganz allmählich, genau das zu schätzen, was jahrhundertelang die Zielscheibe des Spotts von Mitteleuropäern und Amerikanern gewesen war: den Ritus. Von Henry James bis zu Charles Dickens, alle hatten den Katholizismus als lächerlichen Pomp kritisiert. Ein Wort scheint ihnen dabei immer auf ihren protestantischen Zungen zu liegen: Heidentum. James beschrieb einen Papst als «diese saft- und kraftlose alte Frau, die ihre lächerlichen Finger über der am Boden ausgestreckten Menge bewegte ...»; schließlich wandte er den Blick ab, «angewidert von der grenzenlosen Obszönität.»[3] Keine Spur nachsichtiger zeigte sich Charles Dickens. Kirchen, sagte er, sähen aus wie «ein Juwelierladen oder wie die Eröffnungsszene einer besonders reich ausgestatteten Pantomime (...) Unendlich viel ergriffener bin ich in englischen Kathedralen gewesen, wenn die Orgel spielte.» Für ihren Geschmack war der Katholizismus zu visuell, zu greifbar, es lag zu viel Weihrauch in der Luft. Dickens konnte das «wahre Heer von Kardinälen und geistigen Würdenträgern in Rot, Gold, Purpur, Violett, Weiß und feinem Leinen»[4] nicht ausstehen. Genau daran aber begann ich Gefallen zu finden: an der folkloristischen Seite, der Atmosphäre von Blut und feuchter Erde, dem goldenen Gefunkel und dem Klicken, wenn sich die elektrischen Kerzen ein- und ausschalteten. Es ist eine eher gefühlte als rational erfasste Religion. Sehen, Berühren und Riechen bilden einen unverzichtbaren Bestandteil des Glaubens; aus dem Grund sind die Kirchen eigentlich Museen, Gehäuse für große Kunst wie für hoffnungslosen Kitsch. Ihren Mittelpunkt bilden oft Reliquienschreine, die man durch enge Gitter hindurch betrachten kann. Sie enthalten eine Hand voll Erde vom Kalvarienberg, die mit dem Blut Christi getränkt ist (in Mantua), das Blut des heiligen Januarius, das sich zu bestimmten Zeiten verflüssigt (in Neapel), oder die sterblichen Überreste des heiligen Nikolaus (in Bari). Im Grunde sind Reliquien jedoch nichts als Instrumente, welche die Morbidität, aber auch die Meditation fördern. Die Kirche greift damit direkt auf die Sinne der Gläubigen zu.

Auch ich sah mich zutiefst zum Nachdenken angeregt, über meinen eigenen Glauben nämlich. Ich wollte erklären, warum es möglich ist, einen christlichen Glauben zu haben, der sich vom Katholizismus grundlegend unterscheidet. Der «Stand der Gnade» – eine Formulierung, die ich, ehe ich nach Italien kam, nie gehört hatte – resultiert in meinen Augen aus einem reinen Gewissen. Er kann mir nicht von jemand anderem verliehen werden. Wenn ich gesündigt habe, dann erlange ich Vergebung, indem ich bereue. Wie die Beichte hier ins Spiel kam, konnte ich nicht verstehen. Sie war wohl früher ein probates Mittel zur Füllung der kirchlichen Schatullen, während sie heute nur mehr dazu dient, abtrünnig gewordene Schafe in der Herde zu halten. In gewisser Hinsicht ist die Beichte vielleicht auch dafür verantwortlich, dass in der italienischen Gesellschaft so viele Vergehen nicht geahndet werden. Auch die Tatsache, dass Italien die niedrigste Geburtenrate Europas hat, scheint mit der Gewohnheit des Beichtens zusammenzuhängen. Was die Flut von Madonnenbildern betrifft, war ich anfangs ratlos. Außerhalb des Katholizismus gibt es jedenfalls nichts Vergleichbares. Protestanten schätzen die Jungfrau Maria als die Mutter Jesu Christi; Verehrung, Kult oder Anbetung sind ihnen jedoch fremd. Da Maria ein Mensch war, betet man sie nicht an, und man bittet sie nicht um Hilfe. Heilige gibt es im Protestantismus durchaus, aber ihre Rolle ist symbolisch, bestenfalls vorbildhaft, in keinem Fall verehrungs- oder anbetungswürdig. Sie sind völlig von Gott getrennt.

In langen Gesprächen mit katholischen Freunden – wirklich tief Gläubigen – begann sich meine anfängliche Verunsicherung zu legen; ich erkannte plötzlich, wie sehr ich mich in gewissen Dingen getäuscht hatte. Der katholische Glaube erschien mir zunehmend – wie alle Religionen – schön und bizarr zugleich, widersprüchlich und doch wiederum stimmig. Obwohl ich die Marienverehrung ablehne, habe ich doch auch ihre Bedeutung begriffen: Genau nachweisen lässt es sich natürlich nicht, aber die Madonna ist möglicherweise der Grund dafür, dass die Vorstellung von der Familie als einer «heiligen Einheit», die andernorts längst verschwunden ist, in Italien überlebt hat. Das ist sicherlich auch der Grund für die große Wertschätzung, welche die Mutterschaft in Italien genießt. Die Ohrenbeichte, das dämmerte mir langsam, bringt eine beneidenswerte Sicherheit mit sich. Sie anerkennt ein Vergehen, transzendiert es jedoch. Ich begann die Arbeit Hunderttausender von Freiwilligen zu bewundern, die, eingebunden in katholische Organisationen, ganze Wochenenden oder Sommerurlaube dafür opfern, Einwanderern, Kranken oder Alten zu helfen. Immer wenn ich mit diesen Freiwilligen ins Gespräch kam, drängten sie mich dazu, nicht die Enzykliken des Vatikans zu lesen, sondern die wesentlich gemäßigteren Worte des Zweiten Vatikanischen Konzils (1962 bis 1965). Die Theologie, die darin zum Ausdruck komme, repräsentiere die wahre Kirche, weil in ihr von einer sozialen, nicht von einer autoritären Religion die Rede sei.

Das Zweite Vatikanische Konzil war der Versuch, eine moderne Magna Charta durchzusetzen, der Versuch, Bischöfe und sogar christliche Laien in kirchliche Entscheidungen miteinzubeziehen. Viele sagen vielleicht, dass Zielsetzungen von dem außergewöhnlichen Konservatismus der heutigen Kirche zunichte gemacht wurden, aber die Dokumente des Zweiten Vatikanischen Konzils sind in ihrer Toleranz und ihrem Engagement noch heute einzigartig. In *Nostra Aetate* vom 28. Oktober 1965 heißt es beispielsweise über nichtkatholische Glaubensbekenntnisse: «Mit aufrichtigem Ernst betrachtet sie [die katholische Kirche] jene Handlungs- und Lebensweisen, jene Vorschriften und Lehren, die zwar in manchem von dem abweichen, was sie selber für wahr hält und lehrt, doch nicht selten einen Strahl jener Wahrheit erkennen lassen, die alle Menschen erleuchtet.»

Ich erinnere mich, dass mich meine Arbeit eines Tages langweilte, dass es mich langweilte, zu Hause zu sitzen und das ständige Brummen des Computers im Ohr zu haben. Ich schaltete die Kiste ab und beschloss, in der King-James-Bibel zu lesen. Ich öffnete sie an der Stelle, an der von der Fremden gegenüber gebotenen Gastfreundschaft die Rede ist. Genau in diesem Moment klingelte es. Dieser Zufall war mir unheimlich, und ich ging zur Tür, neugierig, wer mir da «gesandt» worden war. Vor mir stand ein Priester und fragte höflich, ob er die Wohnung zum bevorstehenden Osterfest segnen dürfe. Ich bat ihn herein. Ich sollte ein Gebet vorlesen (das natürlich von der Verbundenheit gegenüber dem Bischof sprach, bevor Gott überhaupt ins Spiel kam), dann machte er sich daran, die Wohnung zu segnen. Zu meinem eigenen Erstaunen lotste ich ihn sogar an gewisse Gegenstände heran – Computer, Fußballschuhe –, die gar nicht genug Weihwasser abbekommen können. Dann setzten wir uns und stritten eine Stunde lang freundschaftlich über Gott und die Welt.

Der mangelnde Patriotismus in Italien ist möglicherweise darauf zurückzuführen, dass der Vatikan und das Papsttum einst die Feinde des italienischen Staates waren. Mangelnder Stolz oder mangelndes Wohlwollen gegenüber «Italien» hängen eng mit der Feindseligkeit jenes anderen Staates namens Vatikan zusammen. Nach dem *Risorgimento* begegnete der Vatikan der jungen Nation mit Misstrauen. Von seinen Untergebenen verlangte er, den italienischen Staat abzulehnen; an die Katholiken erging unter Androhung der Exkommunikation der Aufruf zum Wahlboykott, verbunden mit warnenden, an die Apokalypse gemahnenden Hinweisen auf die Gefährlichkeit des weltlichen Staates, der den Heiligen Stuhl in die Zange nahm. Noch bis 1920 durfte kein katholisches Staatsoberhaupt aus dem Ausland Rom besuchen, da der Vatikan fürchtete, ein solcher Besuch käme einer Anerkennung des italienischen Staates gleich.

Erst mit der Unterzeichnung der Lateranverträge durch Papst Pius XI. und Mussolini im Jahr 1929 kam es zu geregelten diplomatischen Beziehungen zwischen beiden Staaten und damit zu einer zuweilen erdrückend engen Liaison. Es schien, übrigens nicht zum letzten Mal, als stünde die katholische Kirche rechten Diktatoren näher als der parlamentarischen Demokratie. Wen wundert es da, dass gleich mehrere italienische Kardinäle (Ildefonso Schuster, Kardinal und Erzbischof von Mailand, Kardinal Siri, Erzbischof von Genua, und die Kardinäle Pizzardo, Canali und Ottaviani) stolze Befürworter des Faschismus waren. Dem Ansehen der Kirche nach dem Krieg scheint diese Komplizenschaft jedoch nicht geschadet zu haben. Neben dem Abkommen mit Mussolini gab es ein Konkordat mit dem Naziregime, und Papst Pius XII. reagierte auf den Holocaust mit eisigem Schweigen. Ein ehemaliger Bibliothekar des Vatikans, Alcide De Gasperi, wurde Vorsitzender der neu gegründeten *Democrazia Cristiana*, die dann auch die entscheidenden Wahlen des Jahres 1948 gewann. De Gasperis schlauer junger Sekretär war übrigens Giulio Andreotti; es kursierte der Witz, dass, sobald De Gasperi in die Kirche ging und die Augen zum Gebet schloss, Andreotti sich daran machte, die Dinge mit dem Priester zu regeln. Katholische Organisationen wie die *Azione Cattolica* (die 1954 stolze drei Millionen Mitglieder zählte) stellten weitere historische Führer der Christdemokraten, so etwa Aldo Moro.

Das ausgeklügelte System spiritueller Erpressung und Bestechung ermöglichte es der katholischen Kirche, dem politischen Leben in Italien auf Dauer ihren Stempel aufzudrücken. 1943 beispielsweise drohte sie kommunistischen Wählern mit Exkommunizierung. Guter Brauch war es auch, dass Madonnenbilder ausgerechnet dann zu weinen begannen, wenn Wahlen anstanden, und besonders dann, wenn es so aussah, als könnten die Linken gewinnen. Als 1948 in Neapel die Kommunistische Partei an die Macht zu kommen schien, begannen nicht weniger als sechsunddreißig Madonnen Tränen zu vergießen. Der Fall vermittelt eine klare Vorstellung von der merkwürdigen, klammheimlichen Kontrolle, welche die katholische Kirche über die Politik in Italien ausübt, und davon, wie es ihr auf unheimliche Art und Weise gelingt, an die Spiritualität der Menschen zu appellieren und sich diese für rein politische Zwecke nutzbar zu machen. Abtreibung und Ehescheidung wurden zwar in den siebziger Jahren nach schweren Kämpfen legalisiert, aber es gibt noch immer ein paar merkwürdige Gesetze, die auf den Einfluss der katholischen Kirche hindeuten. So brauchen beispielsweise alle Religionslehrer des Landes extra eine Lehrgenehmigung des zuständigen Bischofs.

Papst Johannes Paul II. ist zweifellos ein tiefgläubiger Mann. Er kämpft für das, woran er glaubt. Er vermittelt Millionen Menschen den christlichen Glauben. Er hat sich immer für friedliche Lösungen eingesetzt. Er hat das Judentum als den «älteren Bruder» des Christentums anerkannt. Unter seiner Führung hat sich die katholische Kirche auch teilweise für die eigene Intoleranz zu Zeiten der Gegenreformation entschuldigt. Heute ist er ein gebeugter Greis, den seine Parkinson-Erkrankung zittern macht, und doch bereist er noch immer unablässig die Welt und ermahnt jene, die seinen schwer rollenden Worten nicht folgen wollen, mit zornigen Predigten. Er hat einige Versuche unternommen, die Einheit aller Christen zu fördern und die Ökumene voranzutreiben. Gegen den Willen der katholischen Kirchenoberen und der griechisch-orthodoxen Kirche besuchte er im Jahr 2001 Griechenland und trat dafür ein, dass die «Westkirche» und die «Ostkirche» zur rechten und zur linken Lunge einer vereinten Christenheit würden. In Griechenland entschuldigte er sich auch für das, was Katholiken den Orthodoxen im vierten Kreuzzug angetan hatten. Diesen mutigen Schritt legte man als Annäherung nicht nur an die griechisch-orthodoxe, sondern auch an die russisch-orthodoxe Kirche aus. Die politische Bedeutung seines Pontifikats während des Kalten Krieges war mehr als offensichtlich, da er als Pole selbst unter der Sowjetherrschaft gelitten hatte. 1984 vertraute er die Sowjetunion dem Unbefleckten Herzen Mariens an, wie es Maria in der Botschaft von Fatima selbst befohlen hatte. Sein größter Wunsch ist es, noch nach Russland einreisen zu dürfen.

Johannes Paul II. hat seine Kirche jedoch dem Protestantismus entfremdet. Statt dass es zu einer Annäherung zwischen den beiden Glaubensrichtungen gekommen wäre, öffnete sich die Kluft immer mehr. Der Papst hat mehr Menschen selig gesprochen (tausenddreihundertundzehn) und zu Heiligen ernannt (zweihundertachtzig), als in den ganzen fünfhundert Jahren des Katholizismus vor ihm. Anlässlich des 24. Jahrestags seines Pontifikats erweiterte er den Rosenkranz um fünf weitere, so genannte lichtreiche Geheimnisse.

Je nach Standpunkt handelt es sich dabei um eine Vermehrung des Glaubensguts oder um eine Vermehrung flüchtigen Blendwerks. Auch das öffentliche Bild des Papsttums hat sich grundlegend gewandelt. Johannes Paul II. wurde zum Medienliebling; selbst Katholiken klagen darüber, dass die endlosen Reisen, die Presseerklärungen und politischen Stellungnahmen von dem ablenken, worum es in der Bibel eigentlich geht.

Das Pontifikat dieses Papstes wird auch wegen der großen Bedeutung, die er der Muttergottes von Fatima beimisst, im Gedächtnis bleiben. Die Kugel, die ihn am 13. Mai 1981 traf, ist heute in der Krone der Muttergottes von Fatima in Portugal eingelassen. Wie Lourdes oder San Giovanni Rotondo gehört Fatima inzwischen zu den bedeutendsten katholischen Wallfahrtsorten. Am 13. Mai 1917, genau vierundsechzig Jahre vor dem Attentat auf Johannes Paul II., erschien drei Hirtenkindern in Fatima die Muttergottes. Die Übermittlung der Botschaft erfolgte in drei Teilen. Die erste, die so genannte Höllenvision, warnt alle Sünder. Die zweite Botschaft, die sie wenige Monate später empfingen, war wesentlich aktueller: «Wenn man meine Bitten nicht erfüllt», sprach Gott zu den Hirtenkindern, «wird Russland seine Irrtümer in der Welt verbreiten, und das wird Kriege und Verfolgungen der Kirche hervorrufen.» Die darin enthaltene politische Botschaft kam an und wurde am Vorabend der Oktoberrevolution weit verbreitet. Die Botschaft forderte die wahrhaft Gläubigen zudem auf, seltsame Gebote einzuhalten: die absolute Notwendigkeit, den Rosenkranz zu beten und das braune Skapulier zu tragen. Am 13. Oktober, wenige Tage bevor Lenin in Russland die Macht an sich riss, versammelten sich siebzigtausend Gläubige in dem kleinen portugiesischen Dorf, da die Kinder ein Wunder prophezeit hatten, das die Echtheit der Botschaften bezeugen sollte. Augenzeugen berichteten, dass die Sonne für einen Moment am Himmel zu «tanzen» begann und sich zu verfärben schien. Das Ereignis wird von der Kirche heute als «echtes Wunder» eingestuft.

Das dritte «Geheimnis» wurde in den vierziger Jahren niedergeschrieben, blieb aber für den Rest des Jahrhunderts unter Verschluss. Erst im Jahr 2000, anlässlich der Feierlichkeiten zur Seligsprechung zweier der portugiesischen Hirtenkinder – Francisco Marto und seiner Schwester Jacinta –, gab Johannes Paul II. es preis: Darin war von der Ermordung eines «weiß gekleideten Bischofs» durch Feinde des Glaubens die Rede, weshalb es als Voraussage des Attentatsversuchs auf den Papst selbst gedeutet wurde. Der Schuss war genau an dem Tag gefallen, auf den im Kirchenkalender das «Fest unserer Lieben Frau von Fatima» fällt. Karol Wojtyla, grauhaarig und in seine weiße Soutane gekleidet, wurde langsam durch die Menge auf dem Petersplatz gefahren. Da trat der Türke Ali Agca hervor und schoss auf ihn. Der Papst – der erste nichtitalienische Papst seit 1523 –, brach zusammen, flüsterte angeblich «Maria, meine Mutter», während seine Leibwächter sich um ihn scharten. Er zeigte jedoch nie das geringste Interesse daran, wer, außer Ali Agca, für den Schuss verantwortlich war. Stattdessen verwies er ständig darauf, wer ihn letztendlich gerettet hatte: «Eine Hand schoss, eine andere lenkte die Kugel», sagte er einmal. Am ersten Jahrestag des Attentats begab er sich nach Fatima, um der Muttergottes zu danken und die Kugel in ihre Krone zu platzieren.

Das andere bedeutende Element in der Geschichte des Vatikans im späten zwanzigsten Jahrhundert ist die Verstrickung in dubiose Finanzgeschäfte. In den siebziger Jahren war ein gerissener amerikanischer Bischof aus Chicago, Paul Marcinkus, an die Spitze der «Bank» des Vatikans, des *Istituto per le Opere Religiose (IOR)*, aufgestiegen. In der Zwischenzeit hatte sich Roberto Calvi, ein weiterer ambitionierter Banker, in den Rängen des *Banco Ambrosiano* in Mailand emporgearbeitet. Traditionellerweise war das ein Haus für katholische Investoren; selbst der Name der Bank stammt vom Schutzpatron der Stadt. Nachdem der sizilianische Steuerexperte Michele Sindona den Kontakt zwischen Marcinkus und Calvi hergestellt hatte, setzten sie einen komplizierten Bankbetrug ins Werk, bei dem über den Vatikan riesige Kapitalsummen ins Ausland geschafft wurden.

Die Verschwiegenheit des *IOR* und seine respektable Fassade machten es zum idealen Komplizen für den *Banco Ambrosiano*.

Im Lauf der siebziger Jahre verschob Calvi Milliarden auf Auslandskonten in Luxemburg, Nicaragua, Peru und auf den Bahamas. Die Transaktionen waren so kompliziert, dass die Herkunft der nach Italien zurückfließenden Summen, die dort die Dividenden des *Banco Ambrosiano* erhöhten oder andere Investitionen künstlich aufblähten, nie sicher nachgewiesen werden konnte. Niemand konnte je beweisen, dass der *IOR* und Calvi schlichtweg eine sehr profitable Schnitzeljagd veranstalteten. Gegen Ende der siebziger Jahre hatte die Bank Schulden in Höhe von 1300 Millionen Dollar bei Unternehmen, die kaum mehr waren als Briefkästen in der Karibik. Als die geliehenen Summen immer größer wurden, begann die *Banca d'Italia* – der die Aufsicht über die 1060 Banken des Landes oblag – zu ermitteln. Die Geschäfte des sizilianischen Steuerexperten Michele Sindona befanden sich bereits in einer gehörigen Schieflage, als vielen dämmerte, dass sein «goldenes Händchen» lediglich in geschönter Buchhaltung und falschen Anteilsausgaben bestand. Der mit der Prüfung der Bücher Sindonas beauftragte Mann, Giorgio Ambrosoli, wurde zuerst unter Druck gesetzt und dann, im Juli 1979, ermordet. Auch der Mann, der den *Banco Ambrosiano* prüfen sollte, Emilio Alessandrini, wurde von einem Terrorkommando ermordet. Alessandrini war auch an der Untersuchung des Piazza-Fontana-Anschlags beteiligt gewesen und hatte als einer der Ersten Pino Rauti und den *Ordine Nuovo* beschuldigt. Es gab auch einen Versuch, Manager der *Banca d'Italia* in den Skandal hineinzuziehen. Schließlich wurde Carlo Azeglio Ciampi mit der Leitung der schwierigen und gefährlichen Untersuchungen betraut.

Die Richter, die den Mord an Ambrosoli und eine dubiose, gestellte Entführung von Michele Sindona untersuchten, stießen wiederholt auf Hinweise auf einen gewissen Licio Gelli. Gelli war überzeugter Faschist, hatte als junger Mann in Mussolinis Freiwilligenbataillonen gekämpft und sollte – neben Andreotti – zur mysteriösesten Figur Nachkriegsitaliens werden. Ein Journalist beschrieb ihn einmal mit folgenden vielsagenden Worten:

> [Gelli] weiß mehr, als er zugibt, er ist höflich, seine Ausdrucksweise gewunden, anspielungsreich, ölig. Er wägt die Worte ab, spricht monoton, mit sparsamen Gesten. Nichts scheint ihn anzufechten. (...) Ein rätselhafteres Rätsel, eine sibyllinischere Sibylle ist mir nie untergekommen.[5]

Die Untersuchungsrichter ordneten eine Durchsuchung seiner zahlreichen Adressen an: der Suite im Hotel Excelsior in Rom, der Villa in Arezzo, einer alten Geschäftsadresse in Frosinone und der Textilfabrik Giole in Castiglion Fibocchi. In letzterer stieß man auf einen Safe, der unzählige Dokumente enthielt sowie eine Liste mit 950 Namen. Diese entpuppte sich als das Mitgliederverzeichnis von *Propaganda Due* (P2), einer Freimaurerloge, zu der 52 Beamte der *carabinieri* gehörten, 50 Armeeoffiziere, 37 Steuerfahnder, 5 Regierungsminister, 38 Parlamentsabgeordnete, 14 Richter, 10 Bankpräsidenten und mehrere Journalisten und Verleger. Kurz gesagt: Die mächtigsten Männer Italiens schienen in eine Geheimorganisation eingebunden, die auch vor Mord nicht zurückschreckte und deren Leitschrift den Titel *Ein Plan zur Wiedergeburt der Demokratie* trug. Besagtes Manifest, das in der Aktenmappe von Gellis Tochter auf dem Flughafen in Rom sichergestellt wurde, sah eine Revision der italienischen Verfassung vor, die Kontrolle der Massenmedien, die Aufhebung der parlamentarischen Immunität und ein Verbot gewerkschaftlicher Aktivitäten. Gelli war der «ehrbare Meister» einer Freimaurerloge, die einen Zusammenhang aufscheinen ließ zwischen den versuchten Staatsstreichen, Bomben- und Mordanschlägen der siebziger Jahre.

Die überraschenden Enthüllungen schienen Licht in die dunkle Seite der italienischen Gesellschaft zu bringen. Es war ein Ereignis, das, den Worten eines Historikers zufolge, «an eine der beständigsten Konstanten im Italien der Nachkriegszeit rührte, und über das man mangels historisch gesicherter Erkenntnisse nur schwer schreiben kann. Unter der Oberfläche der italienischen Demokratie verbarg sich eine geheime Geschichte, die aus Geheimbünden, Kontakten und sogar Verschwörungen bestand, von welchen manche grotesk, andere aber durchaus ernst zu nehmen waren»[6]. In ihrer Wirkung war die Aufdeckung von P2 dem Moment vergleichbar, wenn jemand an der Antenne eines billigen Fernsehgeräts herumhantiert – jedenfalls verwendete ein Politiker mir gegenüber dieses Bild: Plötzlich verwandeln sich Flimmern und Streifen in ein scharfes Bild, und man sieht, hört und versteht endlich, was wirklich gelaufen ist. Rückblickend war es jetzt möglich, Einzelfälle in einen Zusammenhang einzuordnen und so manches Geheimnis zu verstehen. Es sah demnach aus, als ob die Paranoia bezüglich eines Staates im Staate, einer Schattenregierung, die das Bankwesen, die Geschäftswelt und die Medien kontrollierte, vielleicht gar nicht unangebracht gewesen war. Nicht zum ersten Mal waren die italienischen Medien in die Missstände, über die sie berichteten, selbst verwickelt: Die Familie Rizzoli, Eigentümer des *Corriere della Sera* und damals auch eines Viertels aller anderen italienischen Zeitungen, geriet wegen der engen Verbindungen, die sie selbst, aber auch ihre Journalisten, zu P2 unterhielten, unter schweren Beschuss.

Neueren Untersuchungen zufolge soll P2 ausschließlich finanzielle Ziele verfolgt haben, und nur wenige Mitglieder wussten angeblich von den finsteren Machenschaften. Es wird auch vermutet, dass die Loge, die von außen betrachtet so gefährlich wirkte, eigentlich eine Schimäre war; den Mitgliedern war teilweise nicht einmal bewusst, dass sie ihr beigetreten waren. Was auch immer nun wahr ist, die Spuren von Gelli und seiner mysteriösen Loge sind in allen großen Verbrechen nachweisbar, vom Staatsstreich Borgheses im Jahr 1970 bis zum Bombenanschlag in Bologna im Jahr 1980, der 85 Todesopfer forderte. Im Bericht des nachfolgend eingesetzten parlamentarischen Untersuchungsausschusses hieß es: «Das Gremium kommt zu dem begründeten Beschluss, den es mit der Meinung mehrerer Gerichte teilt, dass die Loge P2 (...) dauerhafte Verbindungen zu subversiven Gruppen und Organisationen unterhielt und deren kriminelle Absichten stützte und förderte.»[7] Terroristische Gruppen, hieß es in dem Bericht, agierten auf Anordnung und Geheiß von P2.

Nun zum *Banco Ambrosiano*: Als der Boden für Calvi, den betrügerischen Bankier, zu heiß wurde, setzte er sich nach London ab. Dort wurde er im Juni 1982 erhängt unter der Blackfriars-Brücke aufgefunden. Auch Graziella Carrocher, seine Sekretärin, war zu Tode gekommen, nur dass in ihrem Fall Selbstmord als Todesursache eindeutig schien. Sindona bekam nach seiner Verhaftung durch *ignoti*, Unbekannte, eine vergiftete Tasse Kaffee serviert; damit hatte sich seine Prophezeiung, er werde im Gefängnis ermordet werden, erfüllt. Der *Banco Ambrosiano*, mit riesigen Schulden belastet und ohne jeden Gewinn, ging folgerichtig in Konkurs. Profiteure der ganzen Affäre waren eindeutig der Vatikan und die politischen Parteien. Tatsächlich stand ausnahmslos jede der großen Parteien auf Calvis Gehaltsrolle: alle zusammen hatten sie in den siebziger Jahren 88 Milliarden von dem Bankier kassiert. In den bei Gelli gefundenen Dokumenten fand sich auch der Name Bettino Craxis und die Nummer seines Schweizer Bankkontos, auf das Calvi 7 Millionen Dollar überwiesen hatte. Der Vatikan hielt sich mit einer Entschuldigung oder gar einer Erklärung zurück. Die Gläubiger, die von Paul Marcinkus die ihnen zustehende Dividende auf ihre Einlagen forderten, ernteten nichts als Schweigen. Das *IOR*, welches bei den mysteriösen Transaktionen Millionen abgesahnt hatte, wusch seine Hände in Unschuld.

Ich erwähne die ganze Affäre nicht, weil sie in irgendeiner Hinsicht repräsentativ für Italien oder den Katholizismus wäre, sondern weil drei Handlungsstränge des «Falles Calvi» und der Geschehnisse um die Loge P2 auf den Tag genau zwanzig Jahre nach dem Attentat auf Johannes Paul II. abermals virulent wurden: Es war der 13. Mai 2001, wieder am Fest unserer Lieben Frau von Fatima. Der ehrenwerte Manager der *Banca d'Italia*, ein Mann, der in den vierziger Jahren gegen die Faschisten kämpfte und in den neunziger Jahren Ministerpräsident wurde, war mittlerweile Staatspräsident geworden. Carlo Azeglio Ciampi oblag es, an diesem Wahltag über einen reibungslosen, verfassungskonformen Machtwechsel zu wachen. Der Mann, der an diesem Tag Ministerpräsident werden sollte, war einst Mitglied von P2 gewesen und verkörpert heute wie kein anderer das erklärte Ziel der Loge, die italienische Demokratie mittels Kontrolle der Massenmedien und einer geänderten Verfassung «umzutaufen»: Silvio Berlusconi. Der Papst feierte währenddessen die heilige Messe im Petersdom.

In der Morgenzeitung lese ich, dass der Sohn von Roberto Calvi nun behauptet, sein Vater habe sich dem Papst anvertraut. Vor seinem «Selbstmord» in London hatte Calvi seinem Sohn berichtet, dass er mit Johannes Paul II. gesprochen habe, und dass dieselben Leute für das Papstattentat verantwortlich seien, die auch Calvi selbst verfolgten und bedrohten. Die Beziehungen zwischen dem Vatikan und Calvi waren so eng, so die Theorie des Sohnes, dass der Papst selbst beinahe zum Opfer des Bankskandals und dessen freimaurerischer Hintergründe geworden wäre. Wie immer war ich mir nicht sicher, was man daran glauben konnte und was nicht: Es schienen so viel Paranoia und *complottismo* am Werk, aber gleichzeitig schien es auch so viele Gründe zu geben, welche die Paranoia rechtfertigten.

Februar 2003. Bei heftigem Schneefall erreichen wir das Dorf, und Filippo schaltet in den ersten Gang. Wir sind umgeben von beeindruckenden Bergen, die Gipfel scheinen wie mit Schlagsahne bedeckt. Regenbogenfarbene «*PACE*»-Fahnen hängen von fast jedem Balkon; auch die italienische Trikolore flattert da und dort im Wind. Aber etwas an diesem Dorf ist anders. Man spürt es, wenn man sich die Architektur ansieht: Sie ist einfacher, klarer, «gerader». Es gibt kein Barock hier, keinen extravaganten *centro storico*. Für das Auge eines Walisers sieht es hier wie zu Hause aus.

Ein oder zwei Stunden später ist es stockfinster. Wir stehen vor der Kirche. Auf dem Schnee drängen sich an die zweihundert Menschen und entzünden Fackeln. Die Flammen zucken im Wind, Wachs tropft auf den frisch gefallenen Schnee. Die Menschen begrüßen Verwandte, die sie seit Monaten, vielleicht Jahren nicht mehr gesehen haben. Schließlich setzt sich die Prozession in Bewegung, und wir wandern eine halbe Stunde lang bergauf. Gelegentlich kommen wir an Bauernhäusern vorbei. Die Nebengebäude haben an der Frontseite diagonale Schießscharten, welche auf uns gerichtet sind.

Wir kommen zu einer Lichtung, und von einem riesigen Feuer stieben Funken in den Nachthimmel. Alle stecken ihre Fackeln in den Schnee. Innerhalb von Minuten werden auf den Gipfeln ringsum wie von Geisterhand weitere Feuer entzündet: zuerst eines auf dem eineinhalb Kilometer entfernten Gipfel, dann noch eines und noch eines. Die Erwachsenen stimmen vierstimmige Kirchenlieder an, während ihre Kinder Schneemänner bauen. Es ist ein unglaublich schöner Moment, klar und warm, wie es nur ein Winter in den Bergen sein kann.

Schon seit Jahren hatte ich vor, hierher zu kommen. Mich ziehen diese Orte an, diese italienischen Dörfer mit merkwürdigen Verbindungen zu Großbritannien: Mozia und Joseph Whitaker, Marsala und John Woodhouse. Aber Torre Pellice, das Dorf im Piemont, ist anders. Hierher zu kommen ist *meine* Wallfahrt. Dies ist das Zentrum des italienischen Protestantismus, ein Ort, der für seine Geschichte des religiösen und militärischen Widerstands berühmt ist. Die Feuer an diesem Abend werden entzündet, um an die Befreiung vom Katholizismus zu erinnern: Am 17. Februar 1848 anerkannte König Carlo Alberto von Sardinien-Piemont in seinem berühmten Gnadenpatent die politische und soziale Eigenständigkeit waldensischer und jüdischer Gemeinden. Morgen, am Montag den 17., ist in Piemont ein regionaler Feiertag. Das klingt ziemlich belanglos, bis man begreift, dass die Vorfahren dieser Leute über Jahrhunderte hinweg wegen ihres christlichen Glaubens auf dem Scheiterhaufen verbrannt wurden. Niemand spricht an diesem Abend davon, während wir herumstehen und plaudern, ein Glas

Glühwein in den Händen. Aber das ist der Sinn dieser Feuer: Sie werden entzündet, um an das Opfer Tausender von Waldensern zu erinnern, die für den Protestantismus «protestiert» und deshalb ihr Leben verloren haben.

Es begann alles damit, dass Pietro Valdo (Pierre Valdès), ein reicher Kaufmann aus Lyon, um 1170 begann, das Evangelium allen zu predigen, die ihm zuhörten. Dem Bann des Bischofs, der daraufhin erging, wollte er sich nicht fügen, weshalb er und seine Anhänger exkommuniziert und verfolgt wurden. Jahrhunderte später leitete Martin Luther die Reformation ein, als er 1529 auf dem Reichstag zu Speyer «Protest» einlegte gegen die Aufhebung des Stillhalteabkommens von 1526. Es handelte sich dabei nicht um einen Protest im Sinn von Ungehorsam, sondern war als positive Aktion gedacht: *un'attestazione pro*, für eine Sache Zeugnis ablegen. Eine zentrale Rolle im Glauben der Protestanten spielte die Bibellektüre. In Italien wurden die *colportori*, Wanderprediger, welche die Menschen mit Bibeln in der Landessprache versorgten, zu den wagemutigsten Schmugglern in der Geschichte des Landes. Viele von ihnen mussten ihr Leben lassen und hatten doch keine größere Sünde begangen, als die Bibel zu verbreiten. In der Zeit der Religionskriege zwischen den protestantischen Ländern im Norden und den katholischen Ländern im Süden Europas wurden die kleinen waldensischen Gemeinden in den Bergen Piemonts zu einem Faustpfand. John Milton ließ sich von den Ereignissen zu einem seiner bewegendsten Sonette inspirieren, *«Auf das jüngst in Piemont verübte Blutbad»*:

Räche, Herr, Deiner Heiligen
Mord, deren Gebeine
Verstreut auf kalten
Alpenhängen liegen:
Sie, die sich deinen Glauben
rein erhielten,
Da unser Väter Andacht Stöcken
galt und Steinen.[8]

Man braucht nur etwas an der Oberfläche zu kratzen, und man erkennt, dass die kleine protestantische Gemeinde den Lauf der Geschichte Italiens mehr als einmal mitbestimmt hat. Die Schweiz hätte sich ohne die Mitwirkung protestantischer Einwanderer aus der Toskana, besonders aus Lucca, nie zu einem der Bankenzentren der Welt entwickelt. Das *Risorgimento* ist nicht vorstellbar ohne den Einfluss des Protestantismus: Garibaldi, der Verfasser wütender antikatholischer Schriften, wurde in Großbritannien deshalb so verehrt, weil man in ihm ein Gegengewicht zu den katholischen Mächten Europas sah, einen Mann, welcher der Reformation im Süden doch noch zum Sieg verhelfen könnte. Den wie immer eigennützigen Briten kam die Invasion des Kirchenstaats gerade recht, sowohl aus politischen als auch religiösen Gründen. Einer der originellsten und interessantesten italienischen Ministerpräsidenten des 19./20. Jahrhunderts, Baron Giorgio Sidney Sonnino, hatte Eltern aus der Toskana und aus Wales, und seine Versuche, schon 1882 das allgemeine Wahlrecht einzuführen, waren sicher auch von seinem protestantischen Glauben bestimmt. Sein – typisch britischer – blinder Glaube an die Monarchie dagegen bewog ihn zu der Schrift *Torniamo allo statuto*, in welcher er eine Rückkehr zum *Statuto Albertino* fordert, einem Gesetz, das dem Monarchen eine Beteiligung an der Exekutive einräumt.

Am nächsten Tag besuchen Filippo und ich den Gottesdienst. Wir singen den *Giuro di Sibaud*, ein Lied, das daran erinnert, wie die Waldenser 1689 über Gebirgspässe aus der Schweiz in ihre Täler im Piemont zurückgekehrt waren, um sich ihre angestammten Gebiete Stück für Stück zurückzuerobern. Der Pastor wiederholt immer dieselbe Frage: «Waldenser, was hast du hier verloren?» Der Tonfall ist sanft, aber eindringlich. Außerhalb der Kirche geht es ziemlich international zu. Zwar gibt es noch Frauen in traditioneller Tracht mit dazugehöriger Haube, aber man trifft ansonsten auf alle Nationalitäten: Deutsche, Schweizer, Briten, Amerikaner, Südamerikaner. Und das bestimmt auch die Atmosphäre in diesem Tal: Man ist tolerant allen möglichen Minderheiten gegenüber. Es herrschen Stille und Konzentration. Die Menschen sprechen verschiedene Sprachen, sitzen in den Cafés und lesen dabei die *New York Review of Books* oder *La Riforma*. Vielleicht fühle ich mich nicht nur wegen der Gastfreundschaft so wohl hier, sondern weil ich mich selbst als Angehöriger einer religiösen Minderheit empfinde. Man spürt, dass man hier weit weg ist von der Staatsreligion, weit weg von der Regierung. Möglicherweise so weit, wie das auf italienischem Boden nur möglich ist.

Ich schreibe das alles nicht, um Propaganda für den Protestantismus zu machen. Ich schreibe darüber, weil ich diese Ecke im Piemont besser verstehen möchte und weil ich mich dafür interessiere, wie sich Hunderttausende von Italienern fühlen, die von der offiziellen, päpstlichen Version des Christentums befremdet sind. Und vielleicht bin ich auch deshalb nach Torre Pellice gekommen, weil mich italienische Dörfer, die einen Bezug zu exzentrischen Engländern haben, magisch anziehen. Nicht weil ich patriotisch bin, sondern weil ich mich dort ein wenig wie zu Hause fühle. Der (eigentlich in Kanada geborene) Engländer, der in Torre Pellice gelebt hatte, war ein einbeiniger Waterloo-Veteran: Charles Beckwith, seines Zeichens General. Er kam im frühen *Ottocento* nach Torre Pellice und baute überall in dieser Bergregion verstreut hundertsiebzig kleine Schulen. 1853 erbaute er die Waldenser-Kirche in Turin, die erste ihrer Art außerhalb der Waldenser-Täler.

Am meisten interessierte mich, welchen Einfluss das alles auf Italien hatte – oder vielmehr nicht hatte. Was bedeutet es für ein Land, wenn es entweder vom Protestantismus oder vom Katholizismus durchdrungen ist? Welche Konsequenzen hat es, wenn ein Land wie Großbritannien von der Reformation geprägt ist, oder, wie Italien, von der Gegenströmung, der Gegenreformation? Ungeachtet der theologischen Frage vollzog sich in Großbritannien auf politischer Ebene ein radikaler Wandel. Im Lauf weniger stürmischer Jahre wurde eine ganze Staatsverfassung *ad acta* gelegt: Das Vakuum füllten zuerst ehrgeizige Monarchen, dann eine parlamentarische Diktatur und schließlich die parlamentarische Demokratie.

Die wichtigste Folge dieser Entwicklungen war das «Wort»: Der Protestantismus ging Hand in Hand mit dem Buchdruck. Die berühmten Äußerungen des Protestanten John Foxe aus dem sechzehnten Jahrhundert zeugen davon, dass das gedruckte Wort als göttliche Waffe gegen den Papst verstanden wurde:

> Gott ist für seine Kirche angetreten, und er bekämpft seinen mächtigen Gegner nicht mit dem Schwert, sondern mit der Kunst des Buchdrucks, mit der Schrift und der Lektüre. (...) Deshalb muss der Papst Bildung und Druck entweder beseitigen oder aber Letztere werden den Sieg über ihn davontragen.[9]

Protestantismus und Buchdruck führten zu einer Blüte der Literatur, die zuweilen tief vom Protestantismus geprägt war (Milton), zuweilen aber auch von einer Wiederbelebung des Profanen oder der Antike (Shakespeare). Manche Genres starben aus, andere kamen neu hinzu: Antiklerikalismus – wie Blasphemie – existiert als literarisches Genre nur in katholischen Ländern. Boccaccio, Guicciardini, Masuccio, Sacchetti – sie alle sind vor einem protestantischen Hintergrund undenkbar. In Großbritannien starb das Genre, nachdem es mit Chaucer einen letzten Höhepunkt erlebt hatte, ganz aus und wurde nur gelegentlich mit Schauerromanen wie Ann Radcliffs *The Italian* wiederbelebt. Der Roman wurde in der Zwischenzeit – nach dem Fanal des *Don Quichote* – ein weitgehend nordeuropäisches Phänomen. Der Roman als literarische Form war die unmittelbare Folge der Reformation. Er stand für die Entdeckung eines individuellen Bewusstseins und innerer Gedankengänge. Man braucht nur die britischen Romane zu zählen, deren Titel aus den Namen ihrer Helden bestehen – *Pamela*, *Clarissa*, *Tom Jones*, *Daniel Deronda*, *Robinson Crusoe* –, um die zentrale Bedeutung von Bewusstsein und Gewissen zu verstehen.

Was dagegen die bildende Kunst anging, beging Großbritannien kulturell Selbstmord. Ein verheerender Bildersturm machte einige der bedeutendsten geistigen Zentren des Landes dem Erdboden gleich. Wer beispielsweise zu den Ruinen von Riveaulx Abbey in der Grafschaft Yorkshire kommt, kann nur bestürzt sein angesichts der Zerstörungswut antikatholischer Kräfte. Heute ziehen die berühmtesten britischen Abteien und Kathedralen die Aufmerksamkeit von Kunsthistorikern auf sich. Sie sind hingerissen von den Steinmetzarbeiten, von Fächergewölben, Holzschnitzereien und dem Klang der Orgeln. Gelegentlich finden sich farbige Glasfenster, aber normalerweise fehlen Werke bildlicher, darstellender Kunst völlig. Die Betonung liegt auf Einfachheit und Strenge. Tatsächlich gab es in Großbritannien die Malerei als Kunstgattung ein ganzes Jahrhundert lang, von der Mitte des sechzehnten bis zur Mitte des siebzehnten Jahrhunderts, so gut wie überhaupt nicht. Erst in der zweiten Hälfte des siebzehnten Jahrhunderts begann sich die bildende Kunst in Großbritannien vom Bildersturm der Reformation zu erholen. Damals retteten sich französische Hugenotten und Protestanten aus den Niederlanden nach Großbritannien, weil sie nach der Aufhebung des Edikts von Nantes im Jahr 1685 in ihren eigenen Ländern nicht mehr geduldet waren. Im Bereich der bildenden Kunst war Großbritannien schon immer ein Importeur von Ideen. Man braucht nur die spärlichen Zeugnisse bildender Kunst mit der Blüte der Literatur zu vergleichen, und die visuelle und verbale Wasserscheide der Reformation wird offensichtlich. Die Architektur war weiterhin vollständig von italienischen Vorbildern abhängig: Inigo Jones, der nach Meinung vieler Fachgelehrter zum Katholizismus konvertiert war, und Sir Christopher Wren imitierten Italien. Die nach dem «Großen Brand» von 1666 von Wren neu errichtete St. Paul's Cathedral in London ist sowohl eine Kopie als auch das Gegenstück des Petersdoms in Rom.

In Italien fand eine gegenläufige Entwicklung statt: Die Architekten des Landes errichteten immer pompösere Bauten mit verschwenderisch ausgestalteten Innenräumen. Die Tradition der *Biblia pauperum* – der «Bibel der Armen», welche die biblischen Geschichten durch Bilder, nicht durch das Wort vermittelt, so zum Beispiel in den großen mittelalterlichen Freskenzyklen – wurde vertieft und schließlich auf die Spitze getrieben: Das Christentum sollte durch die bildende Kunst verbreitet werden, ungeachtet der verheerenden Folgen für die Alphabetisierung des Landes. Der *Indice*, das Verzeichnis verbotener Bücher, lähmte die im Entstehen begriffene Druckindustrie überall im Land, besonders in der Toskana und in Venedig. Bücher durften nur mit dem *imprimatur* der Kirche gedruckt werden. Bildung war beschränkt auf die Gebildeten, die Eingeweihten, den Klerus. Der *Indice* wurde erst 1966 von Papst Paul VI. abgeschafft und stand für vier Jahrhunderte Zensur, für den Anspruch, Wissen zu kontrollieren und zu ignorieren, statt es zu fördern.

Die abstrakteren Folgen dieser Zweiteilung lassen sich nur schwer festmachen. Es gibt die Auffassung, im Katholizismus gehe es mehr oder weniger um Gehorsam, im Protestantismus mehr oder weniger um Verantwortung. Bei der einen Konfession ist das höchste Ziel die Unterwerfung unter einen christlichen Führer, bei der anderen die Unterwerfung unter das eigene, christliche Gewissen. Auf Italien bezogen bedeutet das eine Kultur des Delegierens: Wir sind alle Teil einer Hierarchie und sehen zu den Oberen auf. Es handelt sich um eine vertikale Nahrungskette. Italien ist ein Land, das auf ein Einschreiten von außen baut, auf Vermittler und Mittelsmänner. Wir sprechen uns davon frei, eine Entscheidung treffen zu müssen, weil jemand anders, Höherstehender, sie uns abgenommen hat. Giorgio Tourn schreibt dazu:

> In der Welt des Mittelalters bedeutete Delegation die Unterwerfung unter eine feudale Macht, die Übergabe von Eigenverantwortung in die Hände der Adeligen, welche Mäzene der Kunst und Quell der Produktion waren. Die Vorstellung eines eigenen Bewusstseins existierte einfach nicht. Heutzutage, in der modernen Gesellschaft [Italiens], äußert sich dieses Verhalten in resignierter Selbstaufgabe und einem einseitigen Bauen auf die Kräfte des Staates. Der Vorwurf, den Italiener heute ihrem Staat machen – dass er dysfunktional sei, dass er nicht intervenieren würde, dass er bürokratisch sei –, trifft so oder ähnlich auf alle modernen Staaten zu. In unserem Staat jedoch nimmt er pathologische Ausmaße an, eben weil diese Vorstellung von Abhängigkeit und Delegation weiterlebt.[10]

Zu den Folgen des Katholizismus für Italien gehört auch, dass bei aller formalen Gesetzestreue die Gesetze doch täglich gebrochen werden. Wir unterwerfen uns einer Art Pro-forma-Legalität, aber nur widerwillig, und nicht weil wir an das Gesetz an sich glauben. Die Tatsache, dass Italien die niedrigste Geburtenrate Europas aufweist, ist vielleicht das krasseste Beispiel. Aufgrund einer Unzahl von Vorschriften und Erlassen seitens der Kirche, mit denen wir über Jahrzehnte und Jahrhunderte hinweg nie einverstanden waren, finden wir es gerechtfertigt, gegen die Lehre zu opponieren, auch wenn wir uns offiziell und formal an sie halten. Nach Meinung vieler Beobachter ist der Katholizismus in Italien verantwortlich für die Kluft zwischen Schein und Realität, zwischen dem, was nach außen getragen und dem, was im Privaten praktiziert wird. Darüber hinaus misstrauen die Italiener wegen ihrer zutiefst antiklerikalen Haltung auch ihren Politikern und ihrem Parlament von Grund auf. Die Kluft zwischen der italienischen Regierung und der Bevölkerung – das völlige Gegenteil zur fast ehrfürchtigen Haltung, welche die Briten ihrem Staat entgegenbringen – ist symptomatisch für eine Gesellschaft, in der die gebildeten Schichten und der Klerus getrennt sind von der breiten Masse. Die Vorherrschaft einer Glaubensrichtung in Italien führt vor allem dazu, dass das Land, bei allen Unterschieden, erstaunlich homogen ist. Italien ist ein monokulturelles Land. Das Interesse an anderen Religionen ist sehr gering, sie werden meist einfach ignoriert. So entsteht eine kulturelle Festung, in der Außenstehende, jene von der anderen Seite des Limes (der befestigte Grenzwall des römischen Weltreichs), nur als Ketzer und Barbaren gesehen werden.

Es hat etwas sehr Beruhigendes festzustellen, dass über das, worüber man selbst jahrelang nachgedacht hat, schon seit Jahrhunderten geschrieben worden ist, auch wenn es bedeutet, dass die eigenen Beobachtungen nicht mehr besonders originell sind. Wenn ich Jean Charles Sismondis Kritik an der katholischen Kirche aus dem Jahr 1818 lese, weiß ich genau, was er meint; und wenn ich lese, was Alessandro Manzoni in einer Antwort auf Sismondi zur

Verteidigung der katholischen Moral gesagt hat, erkenne ich genau die Formulierungen, welche ich zu verstehen versucht habe, seit ich in Italien lebe. Am Ende kommt jede Diskussion über die zwei Seiten ein und desselben Glaubens einem «Schattenboxen» gleich, wie Sismondi gesagt hat. Man sieht oder versteht nicht so ganz, wogegen man eigentlich kämpft. Möglicherweise will man nicht einmal einen Treffer landen. Man will nur, wie bei allen Religionen, im Dunkeln sehen können.

Weniger Steuern für alle

Der italienische Manager erwacht schweißgebadet aus einem Albtraum, beruhigt sich aber schnell wieder. Keine Angst, wir sind ja in Italien. Der Aktionär kontrolliert 100 Prozent eines Unternehmens, obschon er in Wirklichkeit nur einen minimalen Anteil hält – was könnte man ihm vorwerfen? Dass er ein Auge zugedrückt hat beim Abschluss eines Vertrages, der dem Unternehmen zwar schadete, der aber dem oben erwähnten Aktionär enorme Gewinne einbringt, die er möglicherweise auf Auslandskonten deponiert? Vielleicht weil er den Mitaktionären bewusst vorenthalten hat, wie viele Milliarden der extravagante Lebensstil des «Alten» die Firma jedes Jahr kostet? Unser gut versorgter Manager dreht sich unbesorgt auf die andere Seite und fällt in einen gesegneten Schlaf.[1]

Salvatore Bragantini

Italien ist das Ursprungsland des Kapitalismus. Zumindest wurde in Pisa und Florenz und in anderen Stadtstaaten das moderne, auf der Vergabe von Krediten beruhende Bankwesen erfunden. Noch immer ist Italien ein Land begnadeter, einfallsreicher Unternehmer: Wie im Fußball gibt es brillante *fantasisti* unter ihnen, und das Wirtschaftssystem erscheint auf den ersten Blick wie von einem anderen Stern. Das hat größtenteils damit zu tun, dass die italienische Volkswirtschaft, mit Ausnahme einer Hand voll Großunternehmen wie FIAT, auf kleinen bis mittleren Betrieben basiert. Der Motor der Wirtschaft des Landes sind oft kleine Familienunternehmen, die Textilien herstellen, Lebensmittel oder modernste Maschinen. So liegt beispielsweise der Anteil der Arbeitnehmer, die in Betrieben mit weniger als zehn Angestellten beschäftigt sind, in Großbritannien bei 7,2 Prozent, in Amerika sogar bei nur 3 Prozent. In Italien liegt der Wert bei 23,3 Prozent[2]. Es gibt hier noch –

nicht zu übersehen, wenn man durch die Seitengassen einer beliebigen Stadt schlendert – kleine Handwerksbetriebe, die in ihren Werkstätten das produzieren, wofür die italienische Wirtschaft berühmt ist: Möbel, *prosciutto*, Anzüge, Schuhe, unglaubliche Meisterleistungen im Maschinenbau. Von ihrem wohlverdienten ökonomischen Erfolg einmal abgesehen, schaffen diese Kleinbetriebe eine sympathische, altertümliche Atmosphäre, weil sie ihre Güter wie in den Manufakturen früherer Zeiten erzeugen. Anders als in Großbritannien mit seinem «tertiären Wirtschaftsbereich» der Finanzdienstleister und Unternehmensberater stellen die Menschen in Italien noch viele Dinge in Handarbeit her. Man braucht sich nur einmal in die Höhle eines dieser Handwerker zu begeben: Noch bevor man die komplizierten mundgeblasenen Objekte, das marmorierte Papier oder die dekorativen Fliesen überhaupt zu Gesicht bekommt, ist man erst einmal benommen von dem Geruch von Öl, Holz oder einem offenen Feuer.

Einkaufen in Großbritannien ist eine nüchterne Angelegenheit, weil es in jeder Stadt dieselben Läden mit denselben Produkten gibt. Das Vereinigte Königreich wird beherrscht von hässlichen Supermärkten an der Peripherie der Städte, dort, wo einmal Wälder waren, Wiesen und Äcker. Dazu kommen riesige Parkplätze, Asphaltflächen, so weit das Auge reicht. Dort konnte ich in der Regel in einem einzigen Laden meinen gesamten Bedarf decken: Lebensmittel, Kleidung, Pillen, Möbel, Gartengeräte, Bücher, Zeitungen und Videos. In Italien dagegen gibt es einen Grad der Spezialisierung, den ich anfänglich zugegebenermaßen ziemlich seltsam fand. Ich musste achtzehn verschiedene Läden aufsuchen, jeder einzelne war auf ganz bestimmte Produkte spezialisiert. Einkaufen in Italien kostet sehr viel mehr Zeit, dafür bekommt man aber auch tausendmal mehr geboten. Der Service in den Geschäften ist hervorragend, das gemächliche Tempo eine Wohltat. Fastfood wurde hier ersetzt durch «Slowfood». Hinter allem spürt man noch Lebensart. Einkaufen wird schlicht und einfach zum Erlebnis.

Noch etwas anderes fällt auf: Die Menschen sind auf eine Art und Weise großzügig, dass sie einander bei jeder Gelegenheit Geschenke machen. Die Gewohnheit gehört zu jenem Netz sozialer Beziehungen, das in Italien enger geknüpft scheint als irgendwo sonst. Immer wenn man Freunde trifft, schenken sie einem etwas, egal ob zu Hause oder bei einer zufälligen Begegnung in der Stadt: eine neue CD, ein Buch, das sie gerade ausgelesen haben, einen neuen Keramikgegenstand, den sie zufällig entdeckt haben, eine eben gekaufte Kiste Wein, die sie teilen möchten. Diese verschwenderische Großzügigkeit unter Freunden geht so weit, dass man von einem altmodischen Tausch von Waren sprechen kann, bei dem Geld keine Rolle mehr zu spielen scheint. Es kostete mich einen jahrelangen Kampf, bis ich endlich einmal im Restaurant die Rechnung begleichen durfte: Normalerweise zahlen meine Begleiter heimlich, während ich noch meinen *digestivo* genieße. Ist man in einem Geschäft erst einmal Stammkunde, bringt es den Inhaber selbstverständlich nicht aus der Ruhe, wenn man einmal ein paar Wochen lang nicht zahlen kann. Anders als in Großbritannien scheint die Wirtschaft das Zusammenleben der Menschen hierzulande nicht zu zerrütten, sondern zu stärken.

Daneben gab es eine Art von Weisheit in Gelddingen, über die ich schmunzeln musste. Einmal stand ich beim Metzger an, und eine alte Dame aus Mailand sah zu, wie ich mein Kleingeld zählte. «Der Metzger», flüsterte sie mir ins Ohr, «ist dazu da, dass wir Geld brauchen, um Fleisch zu kaufen.» Ich sah sie an, hielt sie für leicht bekloppt, aber da lachte sie bereits und klopfte mir auf den Rücken. Es schien jede Menge Sprichwörter zu geben, die es dem Italiener nahe legten, zügig zu zahlen und keine Schulden zu machen, sparsam und doch nicht geizig zu sein. Schwer zu erklären, aber um das Thema Geld hat sich eine besondere Art von Humor und Klugheit herausgebildet. Anders als in England sprachen die Menschen auch ganz offen darüber, erklärten ihre persönliche Anlagestrategie oder ihre Geschäftspläne. Immer wenn man auf das Thema Geld zu sprechen kam, hatte jeder garantiert einen Ratschlag parat, wie man mehr verdient oder weniger ausgibt.

Als ich erstmals begann, in Italien selbst Geld zu verdienen, anstatt es nur auszugeben, kam mir das Leben sehr seltsam vor. Die Agenturen vermittelten nur Arbeiter, und als ich mich dennoch um eine Stelle als Hilfsarbeiter am Bau bewarb, kam man nach einem kurzen Blick auf meinen Lebenslauf zu dem Schluss, dass ich wohl doch nicht genügend Mumm in den Knochen hätte. Freie Stellen gab es auch keine, außer jenen im öffentlichen Dienst. Aber die wurden über riesige Wettbewerbe vergeben, in denen man als Ausländer ohnehin keine Chance hatte. Der Arbeitsmarkt schien einfach zu stagnieren. Allmählich kam ich zu dem Schluss, dass Arbeiter in diesem Land noch schlechter behandelt werden als im Großbritannien der Nach-Thatcher-Ära. Löhne und Gehälter sind minimal, und trotz der Sicherheiten, die von den Gewerkschaften immer wieder ausgehandelt werden, gibt es keinerlei Gleichberechtigung zwischen Arbeitgebern und Arbeitnehmern. Wer in Italien einen Job bekommt, ist wahrscheinlich so dankbar, dass er sich mit allem abfindet. Die Hierarchie, jene rigide, unüberwindbare Hierarchie, die mir so oft aufgefallen war, schien an italienischen Arbeitsplätzen wie in Stein gehauen. Ein Job war wie ein Geschenk des Himmels, und mit Beförderungen im Schneckentempo fand man sich schon beinahe zwangsweise ab, solange man nur die Füße unter einem Schreibtisch hatte. Manchmal hatte ich den Eindruck, dass es wichtiger ist, einen Job zu haben, als ihn auch zu erledigen.

In dieser Situation entdeckte ich denn auch die Bedeutung des Worts *conoscenze*, «Bekanntschaften». Wer seine potenziellen Arbeitgeber nicht kennt, vergeudet mit einer Bewerbung seine Zeit; über eine *conoscenza* dagegen läuft alles wie am Schnürchen. Kaum hatte ich einen Freund um Hilfe gebeten, und kaum hatte dieser auf seinem Handy von der Bar aus ein paar Telefonate getätigt, schon hatte ich innerhalb weniger Minuten eine Stelle als Lehrer sicher. «Warum hast du mich nicht früher gefragt?», sagte er verwundert. So einfach war das. Alles nur eine Frage der *conoscenze*.

Ich musste eine *partita Iva*, eine Umsatzsteuer-Nummer, beantragen, was nur möglich war, wenn ich einen festen Wohnsitz nachweisen konnte, was wiederum nur möglich war, wenn ich einen *permesso di soggiorno*, eine Aufenthaltserlaubnis, hatte. Also machte ich mich zwei Wochen vor Beginn des akademischen Jahres in Parma auf den Weg ins Polizeipräsidium, zum *Ufficio stranieri*, der Ausländerbehörde. Da ich mit italienischen Warteschlangen meine Erfahrungen hatte, war ich schon um halb acht an Ort und Stelle, eine halbe Stunde bevor das Büro aufmachte. Auf dem Gehsteig drängten sich bereits an die fünfzig Menschen – Marokkaner, die sich an den Händen hielten und sich eine Zigarette teilten, eine dicht gedrängte Gruppe von, wie ich annahm, osteuropäischen Frauen, viele Afrikaner in verblichenen Fußballtrikots mit Frauen in limonengrünen Roben. Es wurde acht, und die antike Pforte der *questura* war noch immer geschlossen.

Endlich öffnete sich die schwere Tür bis zum Anschlag, und ein Polizist mit Schulterklappen und Sonnenbrille winkte uns herein. Als ich gegen zehn Uhr schließlich vor dem Schalter stand und mein Anliegen gegen eine Scheibe aus kugelsicherem Glas brüllte, bekam ich das Antragsformular für eine «Aufenthaltsgenehmigung» ausgehändigt. Ich ging in die Bar auf der anderen Straßenseite und machte mich daran, das Blatt auszufüllen. Immer mehr Menschen drängten herein, die wertvollen Anträge fest in der Hand: Albaner, Ukrainer, Tunesier, Somalis. Wir ließen Kugelschreiber kursieren, die wir an der Bar zum Preis eines Kaffees ausgeliehen hatten. In gebrochenem Italienisch wurde hier und dort darüber gewitzelt, ob nicht doch Albanien oder Nigeria die besser organisierten Länder seien, und ob man nicht vielleicht doch in sein Heimatland zurückkehren solle. Bis ich schließlich einigen Leuten das Formular erklärt und mein eigenes ausgefüllt hatte, war die *questura* bereits geschlossen.

Einen Tag später, halb acht Uhr morgens. Dieselbe Menge wartete auf dem Gehsteig darauf, dass das Polizeipräsidium öffnete. Wir grüßten einander wie alte Freunde. Der Mann im West-Ham-Trikot war auch da. Er schüttelte mir die Hand, erfreut darüber, dass Engländer demselben Procedere unterworfen waren wie Afrikaner. Nach einer Wartezeit von nur 45 Minuten legte ich stolz meinen Antrag auf Aufenthaltsgenehmigung in Italien vor. Die Bearbeitung würde natürlich Monate in Anspruch nehmen, aber zumindest konnte ich mit dem Durchschlag in der Hand zum Rathaus gehen, um einen festen Wohnsitz anzumelden. Dann zum Finanzamt, um eine Steuernummer zu beantragen: wieder ein ganzer Vormittag vorbei. Ich verstand allmählich, warum die Menschen hier von einer *operazione* sprechen, wenn sie zur Bank oder auf eine Behörde gehen: Es erfordert wirklich militärische Präzision, um sich durch die Unterlagen zu arbeiten.

Aber das Schlimmste kam erst noch. An der Universität präsentierte man mir drei Verträge für die drei Kurse, die ich dort abhalten sollte. Da es sich um formelle Schriftstücke handelte, genügte es nicht, sie zu unterschreiben: Sie hatten mit *marche da bollo*, mit Gebührenmarken versehen zu sein, die man in jedem Tabakladen kaufen kann. Dann musste ich noch eine Versicherung abschließen, da ich mich ja bei meiner Arbeit als Dozent für englische Literatur verletzen könnte: wieder 300 000 Lire weg. Ein paar Tage vor Kursbeginn ging ich in die Institutsbibliothek, um zu sehen, welche Bücher dort vorhanden waren. Da kam die gravitätisch dreinblickende *signora* aus dem Sekretariat auf mich zugerannt und fragte: «*Ma che fai?*» – «Was machst du denn da?»

«Ich suche ein paar Bücher für nächste Woche.»

«Die Bücher sind ausschließlich für den fest angestellten Lehrkörper. Du bist ein Lehrer mit Zeitvertrag und musst dir deine Bücher selber kaufen.» Dabei zauberte sie die Visitenkarte eines Bekannten hervor, der mir weiterhelfen würde.

«Aber die Tafel darf ich benutzen, ja?»

«Hast du denn den Vertrag nicht gelesen?»

Hatte ich natürlich nicht. Im Lauf der Monate kam ich dahinter, dass darin nicht geregelt war, wann die Gehaltszahlungen erfolgen sollten – ich war freier Mitarbeiter. Da ich davon ausgegangen war, das würde monatlich passieren, hatte ich in der Aufregung nur auf das *quanto*, «wie viel», geachtet, nicht auf das viel wichtigere *quando*, «wann». Die Monate gingen dahin: Der tiefblaue Spätsommerhimmel wich dichtem Herbstnebel. Im Dezember begann es zu schneien, und AMPS, der örtliche Strommonopolist, wollte die Heizungsrechnungen prompt auf dem Postamt bezahlt haben. Jeder Versuch, den Termin der Gehaltszahlung auf der Amtskasse der Universität in Erfahrung zu bringen, wurde mit brillanten Floskeln niedergebügelt: «Es ist vorgesehen, dass die vereinbarte und vertraglich ausgewiesene Bezahlung für nicht fest angestellte Dozenten vor Ablauf des akademischen Jahres erfolgt.» Monate später hieß es dann bereits: «vor Beginn des nächsten akademischen Jahres». Verspätete Zahlungen, stellte ich fest, waren keine Ausnahme, sondern die Regel. Wer in Italien als Freiberufler arbeitet, hat automatisch eine Liquiditätskrise zu gewärtigen, einfach weil niemand eine Rechnung bezahlt, wenn er sie erhalten hat.

Der größte Schock jedoch kam mit den Banken. Mir fiel auf, dass pünktlich zu jedem Monatsende ungefähr 9000 Lire von meinem Konto abgebucht wurden. Das ist zwar nicht die Welt, aber in meiner Währung immerhin der Gegenwert einer schönen Pint Bier, die ich dann doch lieber in der Hand gehabt hätte. Auf der Bank erhielt ich die lapidare Auskunft, das sei eine Regierungssteuer.

«Sie meinen, ich zahle, auch wenn ich mein Konto nicht überzogen habe?» Die Bankangestellte nickte bedächtig. Ich sah mir den Kontoauszug genauer an, der mir – natürlich nur gegen Bezahlung – vorgelegt worden war. «Was ist das?»

«Das ist eine Extragebühr, weil Sie Geld an einem Sonntag abgehoben haben.» Laut dieser freundlichen Dame war das alles ganz normal.

«Und das?» Ich zeigte auf noch eine kleinere Gebühr – wahrscheinlich nur der Gegenwert von einem Schluck Bier, aber mittlerweile war ich neugierig geworden.

«Das ist die monatliche Kontoführungsgebühr.»

Die Zahlenkolonne nahm kein Ende. Alles kleine Rinnsale von Bier, die von meinem Konto verschwanden. In England zahlte ich meiner Bank nur Zinsen für einen Überziehungskredit, sonst sahen die keinen Penny von mir. Nur wenn ich im Minus war, hatten sie den kleinen Luxus, mehr Zinsen von mir zu bekommen, als sie in der Regel an mich bezahlten. Aber es war alles sehr, sehr einfach. Verglichen mit hier. Plötzlich fand ich Banken höchst interessant. Man braucht nur durch eine beliebige Stadt zu spazieren – besonders in Mailand – und stößt an jeder Ecke auf eine Bank. Allein in Parma gibt es zweiundvierzig verschiedene Banken, und zwar ohne die dazugehörigen Filialen. Banken sind wie politische Parteien und Fernsehsender: Die Auswahl ist uferlos, auch wenn es am Ende kaum einen Unterschied gibt. In jeder größeren Stadt sind wahrscheinlich Hunderte von Bankschaltern im Angebot. Offenbar ein sehr einträgliches Geschäft.

Dreizehn Monate nachdem ich an der Uni angefangen hatte, bekam ich endlich mein Geld. Aber nach Abzug von Steuern und Abgaben wie IVA und Irpef und INPS und allem anderen blieb nur noch etwa die Hälfte übrig. Wenn davon auch noch die festen monatlichen Belastungen abgingen, war ich beinahe wieder *al verde*, «blank». Es war wie auf einem Laufband im Fitnessstudio, das viel zu schnell läuft. Nie macht man auch nur einen Schritt vorwärts.

Natürlich gibt es auch einen anderen Typ des Arbeitnehmers: den *dipendente* oder *statale*. Ersterer hat in der Regel eine unbefristete Festanstellung, *a tempo indeterminato*, und arbeitet schon seit langem ganztags in ein und derselben Firma. Der *statale* arbeitet im öffentlichen Dienst, dem üppigen, gelobten Land des italienischen Arbeitnehmers. Natürlich werden sie von allen anderen beneidet, weil sie eine kurze Arbeitswoche, nicht übermäßig viel Arbeit und keine Verantwortung haben. Viele von ihnen sind Karrierebürokraten, die es perfekt verstehen, ihre Aktenberge täglich umzustapeln; manche haben eine Nebenbeschäftigung oder verdienen sich privat etwas dazu. Auf den ersten Blick scheinen sie es wunderbar getroffen zu haben; ihr Job ist nicht nur bequem, sondern auch noch sicher bis zum Jüngsten Tag. Rein rechtlich ist es in Italien fast unmöglich, Angestellte zu entlassen. Wenn also jemand einen Vertrag *a tempo indeterminato* in der Tasche hat, könnte er sich auch zurücklehnen und das Leben genießen. Hinzu kommen ungewöhnliche Praktiken wie das «dreizehnte» und «vierzehnte». Es handelt sich dabei um Bonusgehälter, die unabhängig von der Leistung bezahlt werden. Zu Weihnachten gibt es zwei Gehälter: für den zwölften und den imaginären dreizehnten Monat zusammen. Manchmal bekommt man zu Weihnachten oder vor den Sommerferien ein vierzehntes Gehalt. Selbst wenn man kündigt, erfolgt eine Extrazahlung, die sich an der Dauer der Beschäftigung bemisst. Das ist der TFR, der *trattamento fine rapporto*, «Sonderbehandlung zum Ende des Arbeitsverhältnisses». Ich habe oft versucht und bin ebenso oft daran gescheitert, britischen Wirtschaftsfachleuten den TFR zu erklären: «Es ist eine Abschlagszahlung, die man bekommt, wenn man aufhört.»

«Du meinst, wenn man gefeuert wird?»

«Nein, auch wenn man selber kündigt.»

«Aber dadurch wird jede Firma zur Bank ihrer Angestellten!»

«Jetzt kommst du der Sache näher. Alles ist eine Bank in Italien.»

Langsam wurde mir klar, dass die Gehälter im öffentlichen Dienst bei zwar paradiesischen Arbeitsbedingungen doch minimal sind. Der *statale* bekommt eine Extrazahlung zum Jahresende oder zum Ende der Beschäftigungszeit, weil er sonst so miserabel bezahlt wird. Ein hoch qualifizierter Universitätsprofessor wird oft mit 800 Euro im Monat abgespeist. Fachärzte bekommen während ihrer Ausbildung noch weniger. Das ist auch der Grund, warum die Angestellten in Italien ständig darüber klagen, dass sie *presi per i fondelli*, für dumm verkauft werden. Es gibt kaum Beschäftigungsmöglichkeiten, und die wenigen freien Stellen auf dem Arbeitsmarkt sind Jobs auf dem Billiglohnsektor. Dazu kommen noch die hohen Steuern. Das alles schafft eine Atmosphäre, in der jeder das Gefühl hat, ausgesprochen ungerecht behandelt zu werden. Ich habe ihn seit Jahren nicht mehr gesehen, aber es gab da einen Mann, der tagtäglich auf Stelzen auf der Piazza Garibaldi stand. Er redete laut auf die Passanten ein, von denen viele stehen blieben, um ihm zuzuhören. Sie nickten verständnisvoll, ungeachtet der Spucke, die er in weitem Umkreis verschleuderte. Auf dem Pflaster, zu Füßen seiner zwei Meter hohen Stelzen, lagen zahllose Briefe und Dokumente ausgebreitet, die von dem Unrecht kündeten, das ihm widerfahren war. Anscheinend war er ziemlich berühmt und führte gewagte Kunststücke im ganzen Land auf, um auf seine missliche Lage aufmerksam zu machen. Was er erzählte, war vergleichbar mit meinen ersten Vorstößen ins Postamt, nachdem ich hier angekommen war. Alle schienen sie ihre eigene Geschichte zu haben von irgendeinem Betrug oder Wucher, dem sie zum Opfer gefallen waren. Es brauchte nur einer anzufangen, von seinem Missgeschick zu berichten, und schon stimmte ein halbes Dutzend anderer ein. Alle erzählten sie von ihren schlechten Erfahrungen, die ähnlich oder vielleicht sogar noch schlimmer waren. Wir zahlen für unser Bankkonto, zahlen dafür, den Kontostand zu sehen, zahlen, um auf Straßen fahren zu dürfen, die von unserem Geld gebaut wurden … «*Oneri impropri!*», hörte ich die Menschen schimpfen. Zwei bezeichnende Wörter, die ich tagtäglich bei Gesprächen mit Freunden gehört habe. «*Oneri impropri!* Ungerechte Lasten! Ist dir klar», sagten sie, «wie unglaublich ungerecht das italienische Steuersystem ist?» Alle nickten, ich selbst am heftigsten. Mir dämmerte allmählich, dass man vieles vielleicht anders regeln könnte.

Mir fiel auf, dass eine beträchtliche Menge an Transaktionen wie selbstverständlich in bar vorgenommen wurde. Offenbar herrscht in Italien die Vorstellung – vielleicht wegen der Vielzahl von Banken und Dokumenten –, dass Transaktionen, die durch Rechnungen, Kreditkarten- oder Scheckheftbelege nachvollziehbar sind, nicht ratsam sind. Vielerorts ist es unmöglich, mit Plastikgeld zu zahlen. Wenn man einen Mantel kauft oder einen Tisch, selbst wenn man die Rechnung im Restaurant bekommt, wird man oft gefragt, ob man bar bezahlt oder nicht. Wenn ja, dann sind die Preise fast immer *trattabili*, verhandelbar. Das ist natürlich in anderen Ländern nicht anders, aber in Italien enthalten selbst Immobilienanzeigen für Objekte im Wert von Hunderttausenden von Euro diverse versteckte Hinweise darauf, dass man bereit ist, die Kaufsumme zu reduzieren, wenn die Bezahlung in *contanti*, in «zählbaren Einheiten» erfolgt. Und auch Gehälter werden oft zu gewissen Teilen schwarz ausbezahlt.

Selbstgerecht, wie ich war, hielt ich anfänglich diese Schattenwirtschaft für ziemlich verwerflich. Mit meiner Meinung hielt ich Freunden gegenüber in der Bar nicht hinterm Berg; sie bestanden jedoch darauf, dass es überall auf der Welt das Gleiche sei. «Nein», erwiderte ich, überzeugt von den wenigen internationalen Vergleichen, die ich hatte, «Italien ist darin ziemlich einzigartig in Europa. Natürlich tricksen die Menschen überall auf der Welt, aber hierzulande steckt System dahinter. Es scheint schon fast ungewöhnlicher, seine Steuern zu zahlen, als sie zu hinterziehen.»

«Aber das liegt doch nur daran, dass wir den höchsten Steuersatz in ganz Europa haben», erwiderten sie, womit sie zur Hälfte Recht hatten. Das Umgehen von Steuern führt jedoch unweigerlich zu weiteren Steuererhöhungen, was wiederum zur Folge hat, dass noch mehr Steuern hinterzogen werden – ein Teufelskreis. Die meisten Menschen rechnen damit, dass es über kurz oder lang zu einer Steueramnestie kommt, sodass man seine Steuerehrlichkeit im Nachhinein noch immer unter Beweis stellen kann. Das Gefühl, dass der Staat nicht auf Seite des Bürgers ist, sowie die Vorstellung, dass alle Steuern in private Taschen fließen, führen dazu, dass Steuerhinterziehung fast bewundert wird. Ich habe sogar miterlebt, dass Spitzenpolitiker zu einem *sciopero fiscale*, einem Steuerstreik, aufriefen oder dazu rieten, die Gebühren für die RAI nicht zu bezahlen, weil sich diese in den «falschen Händen» befinde. Sich Vater Staat zu verweigern ist kein schwerwiegendes Vergehen, weil dieser, wie die Leute sagen, selbst ein Dieb ist. Da scheint es schon fast ehrlicher, in die Schattenwirtschaft einzusteigen. Über dieses Thema hat sich ein bestimmter Politiker, nämlich Silvio Berlusconi, ausgiebig geäußert: Steuerzahler, sagte er, stünden «moralisch auf Kriegsfuß mit dem Staat», dessen Gesetze «unserem natürlichen Gerechtigkeitsempfinden» widersprächen.[3] Und Berlusconi war es auch, der im heißen Wahlkampf 2001 den Slogan verbreitete, der die Wünsche der Italiener wie kein anderer auf den Punkt brachte: *meno tasse per tutti*, «weniger Steuern für alle».

Somit fallen überall da, wo Geschäfte gemacht werden, selbst solche auf langfristiger und vertraglich bindender Basis wie Vermietungen, größere Prozentsätze an, die inoffiziell abgewickelt werden. Besonders Schwarzvermietungen sind sehr beliebt, weil beide Seiten davon profitieren: Der Vermieter zahlt keine Steuern, deshalb ist wiederum die Miete günstiger. Wer möchte, kann sich natürlich auch an die Spielregeln halten, aber dann landet man in einer möblierten Absteige irgendwo unter den Stützpfeilern einer Umgehungsstraße. Eindeutig bessere Chancen hat man, wenn man es mit der Moral nicht ganz so genau nimmt. Beim Kauf einer Immobilie bieten sich den Tricksern noch ganz andere Möglichkeiten, und zwar, weil daran gleich mehrere Mittelsmänner beteiligt sind: nicht nur Immobilienmakler, sondern auch Notare, der reichste Berufsstand überhaupt in Italien. Da überrascht es dann auch nicht weiter, dass die Italiener nur darüber staunen, wie schnell und problemlos man im Ausland an ein Haus kommt. Hierzulande nehmen Kosten und Komplikationen beim Hauskauf solche Ausmaße an, dass man es besser bei einer einmaligen Erfahrung belässt. Die einzige Möglichkeit, fünfzehn- oder zwanzigtausend Euro zu sparen, besteht darin, die Prozedur zu vereinfachen. Viele Makler ließen mich wissen, dass sie bereit wären, statt der üblichen 3 Prozent Provision nur 1,5 Prozent zu nehmen, wenn ich diese in bar bezahlen würde. Es gibt auch die Möglichkeit, beim Notar nur die Hälfte des tatsächlichen Kaufpreises anzugeben, womit sich auch die Kosten für dessen Dienste halbieren. Dann steht man allerdings mit einer Immobilie da, die auf dem so wichtigen, abgestempelten Stück Papier auch nur halb so viel wert ist, wie man eigentlich bezahlt hat. Eine Alternative bietet die *scrittura privata*, eine private Vereinbarung «unter vier Augen». Auf diese Weise kann man eine Immobilie zu zwei unterschiedlichen Preisen kaufen: dem offiziellen (um die Kosten beim Kauf und die künftigen Steuern zu senken) und dem «privaten» (der tatsächliche Preis, den man mit dem Verkäufer ausgemacht hat). Es war schwierig, auch nur einigermaßen den Durchblick zu behalten. Welche Geschäfte die Menschen auch abschlossen, immer schien es mehrere Möglichkeiten zu geben: die offizielle, vertraglich festgehaltene, und jene insgeheim unter «*gentlemen*» ausgehandelten Vereinbarungen.

Kopfzerbrechen bereitete mir auch die Tatsache, dass ich oft eine Wohnung angeboten bekam, die es, vor dem Hintergrund der zwei Welten des Offiziellen und des Realen, eigentlich gar nicht hätte geben dürfen. Bei den vielen Schwarzbauten hierzulande kann es durchaus vorkommen, dass man etwas findet, das einem – angesichts bescheidener finanzieller Verhältnisse – wie ein Schnäppchen vorkommt: eine Zwei-Etagen-Dachwohnung mit zwei Schlafzimmern in einem Stadtviertel, das zwar etwas heruntergekommen, aber sehr lebendig ist. Der Makler merkt sofort, dass man begeistert ist, und lässt einen hinter vorgehaltener Hand wissen, dass er jederzeit zu einem finanziellen Entgegenkommen bereit sei, wenn man bar bezahle. Das Problem ist nur, wenn die Wohnung oder ein Teil davon, etwa die zweite Etage, «illegal» ist, dann ist sie in den Annalen der Bürokratie nicht existent. Um Geld zu sparen, umgeht man den Notar. Das bedeutet, dass der Käufer automatisch mit in der Patsche sitzt, sollte der Schwarzbau auffliegen, da er den Gesetzesverstoß sozusagen geerbt hat. Es bliebe nur die Möglichkeit, den Schwarzbau nachträglich zu legalisieren und dafür den *condono* zu bezahlen, oder aber ihn weiter geheim zu halten und eine Strafe zu riskieren. Sicher wäre es höchst unwahrscheinlich, dass der «geerbte» Missbrauch je auffliegen würde, aber wenn man denn zugegriffen hätte bei dem Schnäppchen, wäre man unweigerlich auf dem viel begangenen Weg in die Illegalität. Dann könnte jeder, der etwas gegen dich hat, dich verraten: durch eine schöne *denuncia*.

Da wirtschaftliche Effizienz, Tempo und Kreativität fast nur in der Schattenwirtschaft zu finden sind, zieht sie über kurz oder lang fast jeden automatisch in ihren Bann. Alles andere geht so quälend langsam, ist so unglaublich kostspielig, dass, wer mit Bargeld winkt, automatisch der König ist. Allmählich begann ich, die Schattenwirtschaft mit anderen Augen zu sehen, und zu verstehen, warum es sie überhaupt gibt. Die Umstände, die allein die Bewältigung der alltäglichen Geschäfte erfordern, sind so absurd, dass es schon fast natürlich, ja menschlich scheint, dass sich eine zweite, versteckte Möglichkeit entwickelt hat. «Keine Sorge, wir machen das unter uns aus», sagten die Menschen freundlich zu mir und gaben mir Rabatt, wenn ich bar bezahlte. Wer lange genug in diesem Land lebt, muss, schon alleine um zu überleben, listig werden und gewisse Strategien entwickeln. Mit einem ehrlichen Schulterzucken gibt jeder in Italien zu, dass er das Gesetz da oder dort schon einmal gebrochen hat (was auch gar nicht so schwer ist, da man sich bereits des «Vorschubs der Steuerhinterziehung» schuldig macht, wenn man ein Geschäft ohne Kassenbeleg verlässt). Die Katholiken sprechen von der Erbsünde und von unserer Natur als gefallene Seelen; die Politiker raten dazu, was die Einhaltung der Gesetze betrifft, realistisch und nicht ideologisch zu sein. Niemand, auf den kein Schatten fällt. *Così fan tutti*: Jeder hat Dreck am Stecken, und wer danach sucht, wird auch fündig.

Die andere Seite der Wirtschaft ist das genaue Gegenteil der kleinen Familienbetriebe: riesige halbstaatliche Unternehmen mit Hunderttausenden von Beschäftigten. Wie in der Politik gab es auch in der Wirtschaft einen nahtlosen Übergang vom Regime Mussolinis zur Republik. Die vielen während des Faschismus gegründeten Firmen mit den berühmten Großbuchstaben im Namen wie etwa IRI, IMI oder AGIP haben alle unbeschadet überlebt. Zu diesen Staatsbetrieben, die in den Jahren 1933, 1931 beziehungsweise 1926 gegründet wurden, kam 1953 ENI als vierter dazu. Die Zahl der im öffentlichen Dienst beschäftigten Arbeitnehmer blieb somit seit Mussolini weitgehend konstant: 1942 hatte IRI 210 000 Beschäftigte, 1955 immerhin noch 187 000. Sieben Jahre später hatte sich die Firma zum größten europäischen Industriekonsortium nach Royal-Dutch Shell entwickelt.

Zu den weiteren Motoren des italienischen Wiederaufbaus nach dem Krieg gehört *Mediobanca*, jene Bank, die 1946 als Ableger der *Banca Commerciale Italiana* gegründet worden war und ihren Stammsitz direkt hinter der Scala in Mailand hat. Die Leitung des Unternehmens lag fast fünfzig Jahre lang, bis zu seinem Tod im Jahr 2000, in den Händen eines einzigen Mannes: des Bankiers Enrico Cuccia. Und selbst in diesem Fall gibt es bemerkenswerte, in die Zeit des Faschismus zurückreichende Verbindungen. Cuccia war nämlich verheiratet mit der Tochter von Alberto Beneduce, dem Mann, der unter Mussolini Präsident von IMI und von IRI gewesen war. *Mediobanca* versorgte die Wirtschaft des Landes mit Krediten und erhielt im Gegenzug dazu größere Firmenanteile oder Sitze im Vorstand oder Aufsichtsrat. *Mediobanca* hat gegenwärtig eine Marktkapitalisierung von rund zehn Milliarden Euro und besitzt neben anderen Vermögenswerten das Versicherungsunternehmen *Assicurazioni Generali*, den drittgrößten Versicherer Europas. Heute wird *Mediobanca* von einer Gruppe von Anteilseignern kontrolliert, zu der auch *Mediolanum* gehört, eine Bank, an der wiederum Berlusconi zu 36 Prozent beteiligt ist.

Bei aller im Nachhinein geübten Kritik war doch der Wiederaufbau der italienischen Wirtschaft durch die Christdemokraten nach dem Krieg eine strategische Managementleistung *par excellence*. *Mediobanca* sorgte für die erforderlichen Investitionen, ohne dabei die eigenen Interessen aus den Augen zu verlieren. Davon profitierten auch jene halbstaatlichen Unternehmen, die zwar später oft für die Verwerfungen in der italienischen Wirtschaft verantwortlich gemacht wurden, die aber der Motor der «industriellen Revolution» Italiens waren. Da sie mit privaten Unternehmen Partnerschaften bildeten, konnten die Großunternehmen mit den berühmten Großbuchstaben Italien das Beste zweier Welten bieten: die kontrollierende Hand des Staates, verbunden mit dem scharfen ökonomischen Verstand der Privatwirtschaft. Das hatte zur Folge, dass die Rohstoffe und die Infrastruktur, welche für das italienische Wirtschaftswunder nötig waren, in ausreichender Menge und schnell zur Verfügung gestellt werden konnten. Nur ein Beispiel: Die Stahlproduktion, die IRI über die Finsider-Gruppe kontrollierte, erreichte im Jahr 1955 drei Millionen Tonnen; der eindeutige Nutznießer davon war wiederum FIAT, ein Unternehmen, das seine Produktion in den fünfziger Jahren um 400 Prozent steigern konnte.

Aufgrund des niedrigen Lira-Kurses und der geringen Arbeitskosten war der Export in den Jahren unmittelbar nach dem Krieg die treibende Kraft des Wirtschaftswunders. Über Jahre hinweg verzeichnete der Export von Autos, Chemie und Textilien zweistellige Zuwachsraten. Der Einbruch kam erst in den siebziger Jahren. Da Italien in stärkerem Maße vom Öl abhängig war als viele andere Industrieländer, wurde es von dem sprunghaften Anstieg der Erdölpreise zu Beginn der siebziger Jahre besonders hart getroffen. Das Ende der vom IWF in Bretton Woods festgelegten fixen Wechselkurse und die Abwertung des Dollars 1971 und 1973 stürzten die italienische Exportwirtschaft in eine schwere Krise. Dazu kam, dass die Gewerkschaften ständig höhere Löhne erkämpften. Zwischen 1964 und 1968 stieg der Stundenlohn eines Arbeiters um 22,8 Prozent; in den folgenden vier Jahren lag der Anstieg bei 95 Prozent. In dieser Situation sah man in der Inflation eine Möglichkeit, die Krise zu überwinden, nicht zuletzt, weil aufgrund des anhaltenden Kursverfalls der Lira die Lokomotive der italienischen Wirtschaft – der Export – wieder an Fahrt gewann. Die unvermeidliche Folge war natürlich, dass die Importe, vor allem Öl, ständig teurer wurden, was wiederum die Inflation anheizte. Damals kam es auch zu jener surrealen Aufblähung der italienischen Wirtschaft, die alle zu Millionären machte und dazu führte, dass die Rechenmaschinen Tasten mit drei Nullen bekamen, um beim Rechnen Zeit zu sparen.

Sehr viel gravierender war jedoch das Problem, dass die Wirtschaft mehr und mehr zum Spielball parteipolitischer Interessen wurde. Die politischen Parteien hingen in hohem Maße von einem Patronagesystem ab, das es ihnen gestattete, wichtige Positionen in Wirtschaft und Verwaltung mit eigenen Leuten zu besetzen. So wäre jeder Versuch, die stetig steigende Zahl der im öffentlichen Dienst Beschäftigten zu reduzieren, einem politischen Harakiri gleichgekommen. Vor diesem Hintergrund waren Organisationen wie die *Cassa per il Mezzogiorno* (der «Fonds für den Süden») oder das «Ministerium für staatliche Beteiligung» nur die bekanntesten Beispiele für eine Bürokratie, die in erster Linie Jobs statt Dienstleistungen bereitstellte. Ungeachtet der entscheidenden Rolle, die ihm beim Wiederaufbau des Landes nach dem Krieg zukam, war der öffentliche Dienst «zum Zentrum parteipolitischer Macht geworden, was wiederum der Entwicklung zur Filzokratie Vorschub leistete»[4]. Er verleitete die Politik dazu, genau das zu tun, was für die italienische Wirtschaft am schlechtesten war: die Bürokratie im Lande unverhältnismäßig stark auszubauen und dabei die Zahl dankbarer Parteianhänger zu vergrößern. Zu Beginn der siebziger Jahre gingen knapp über 30 Prozent aller gezahlten Löhne und Gehälter auf Stellen im öffentlichen Dienst zurück. Zwar waren die Verhältnisse in dieser Hinsicht im Süden auf die Spitze getrieben, aber auch landesweit hatte sich der Anteil der im öffentlichen Sektor Beschäftigten von 9 Prozent im Jahr 1951 auf über 18 Prozent im Jahr 1990 verdoppelt.

Dass die Bürokratie in Italien übermäßig aufgebläht und ineffizient ist, war nicht neu, stand sie doch gerade dafür seit Jahrhunderten im Zentrum bitterer Kritik. «Aber in Italien», beschrieb Stendhal, «vor allem in der Gegend um den Po, dreht sich jedes Gespräch um Pässe.» In der *Kartause von Parma* beschreibt er einen Beamten, der eine Unterschrift leistet: «Dann beschrieb er mit der Hand mehrmals einen Kreis in der Luft, unterschrieb und tauchte die Feder nochmals ein für seinen Schnörkel, den er langsam und mit unendlicher Sorgfalt hinmalte (...) Der Beamte betrachtete sein Werk mit Wohlgefallen, fügte ihm fünf oder sechs Tüpfelchen hinzu, reichte endlich Fabrizio den Pass zurück.»[5] Noch schonungsloser in seiner Kritik war Luigi Barzini. Bürokraten, sagte er, «sind in der Regel ungeduldig, hastig, unwissend, voller Gleichgültigkeit gegenüber den Schwierigkeiten anderer Menschen, unverschämt und manchmal korrupt (...) Italiener aller Schichten (soweit sie nicht zur Prominenz gehören und mächtige Freunde haben) verbringen einen wesentlichen Teil ihrer Zeit in ärgerlich erregten Menschenschlangen vor Schalterfenstern, sie warten endlose Zeit auf die Anerkennung eines einfachen Rechtes. Niemand weiß so ganz, wozu er eigentlich berechtigt ist. Aber diese Ungewissheit ist in Italien ein instrumentum regni.»[6]

Es gab noch andere Probleme: *Mediobanca* war der Inbegriff des *salotto buono*, eines exklusiven Clubs einiger weniger finanzstarker Kapitaleigner, deren Interessen auf vielfältige Weise miteinander verquickt waren. Tatsächlich gab es eine «starke Entwicklung hin zu einer massiven Kapitalkonzentration. Zwischen 1966 und 1967 befanden sich 34 Prozent des gesamten Eigenkapitals in der Hand von neunundzwanzig Unternehmen.»[7] Dieser Trend setzte sich in den folgenden Jahrzehnten fort, was als Zeichen der Finanzmacht einiger weniger Großkonzerne, aber auch des geringen Volumens der italienischen Börse zu werten ist. In Anbetracht des Volumens der Mailänder Börse war es seit jeher kein Problem, die Kurse künstlich hochzutreiben oder abstürzen zu lassen. Die Rechte der Aktionäre waren minimal, Konzernabschlüsse kannte man bis vor kurzem so gut wie überhaupt nicht, und Informationen für die Öffentlichkeit waren unmöglich zu bekommen. Die Geschäftsimperien waren wie die berühmten russischen Puppen strukturiert, eine Puppe in der anderen; nahm man den Deckel eines Unternehmens ab, sah man nicht, was drin war, sondern nur eine weitere Puppe. Bis heute sind viele der größten und einflussreichsten Unternehmen in Familienbesitz und nicht an der Börse notiert.

Irgendwie wurden marktwirtschaftliche Grundsätze immer umgangen. Aufgrund der großen Zahl von Unternehmen in Familienbesitz waren die Firmenbosse meist Hauptanteilseigner und Geschäftsführer in einer Person. Für Außenstehende war es unter diesen Umständen so gut wie unmöglich, durch den Kauf oder Verkauf von Anteilen die Firma ökonomisch zu bewerten. Die Abwehrmaßnahmen basierten wie immer auf bewusster Komplizierung und Verschleierung: eine undurchschaubare Gemengelage von Anteilseignern und das Prinzip russischer Puppen. Man sehe sich beispielsweise die Übernahme von Olivetti (und damit auch von Telecom Italia) durch Pirelli im Jahr 2001 an. Eingefädelt und ausgeführt wurde der Coup von Marco Tronchetti Provera (dem Ex-Mann von Cecilia Pirelli) und seinen Verbündeten bei Benetton (Benetton Edizione Holding, ein Unternehmen, dem nicht nur das Textilimperium, sondern auch ein Formel-1-Team und fast alle Autogrill-Stationen an den italienischen Autobahnen gehören). In dem Deal wurden rund sieben Milliarden Euro für einen 23-Prozent-Anteil an Olivetti bezahlt. Einige bestimmte Aktionäre erhielten eine Prämie – was anderswo illegal wäre. Das System russischer Puppen, das aus diesem Deal entstand, gibt eine ungefähre Vorstellung von der Undurchschaubarkeit der italienischen Finanzwelt: Das Unternehmen Tronchetto Provera besitzt nun 53 Prozent von Gpi, das 55,1 Prozent von Camfin besitzt, das 29,6 Prozent von Pirelli & Co besitzt, das 100 Prozent von Pirelli & Co Luxemburg besitzt, das 27,7 Prozent von Pirelli S.p.A. besitzt, das 60 Prozent von Newco besitzt, das 27 Prozent von Olivetti besitzt, das 54,6 Prozent von Telecom Italia besitzt, das wiederum 56 Prozent von Telecom Italia Mobile und 54,6 Prozent von Seat-Pagine Gialle kontrolliert, das Verantwortung trägt für den siebten landesweiten Fernsehsender, der heute La7 heißt.

Nach diesem Muster, das bei weitem zu den einfachsten zählt, sind viele Industrieimperien aufgebaut. Wenige Familien haben alle Trümpfe in der Hand: Telekommunikation, Verlagswesen, elektronische Massenmedien, Auslandsfilialen und so weiter. Daran ist natürlich nichts illegal. Die Hochfinanz ist lediglich wie so vieles andere: nicht besonders transparent. Das System ermöglicht es Minderheitsaktionären, zu Kontroll-Aktionären zu werden, die ein größeres Interesse an der Kontrolle haben als das Unternehmen selbst. Die Unternehmen werden zu einer Art Flaschenzug, einem Mittel zur Steigerung der verfügbaren Macht mit minimalem Aufwand.

Das führt dazu, dass aller Kredit verspielt wird, im alten und modernen Sinn des Wortes: Kredit im Sinne von Glaubwürdigkeit, weil niemand es für möglich hält, dass das System wirklich funktioniert und für Börsenhändler außerhalb des Zirkels ebenso fair ist wie für Insider. Das schafft eine Vertrauenskrise. Schließlich leidet auch die Kreditwürdigkeit im finanziellen Sinn darunter, ist doch der Investment-Sektor seit jeher der unsicherste Faktor in der italienischen Wirtschaft. Italienische Banken sind als Investoren notorisch vorsichtig, Risikokapital ist für sie ein Fremdwort. Inzwischen halten sich italienische Investoren, zumindest jene, die nicht im gemütlichen *salotto buono* sitzen, schon seit Jahren zurück, Geld in irgendwelche russischen Puppen zu investieren. Seit Jahren schon gibt es einen enormen Kapitalabfluss ins Ausland (bereits 1969, noch vor Beginn der Krise, geschätzte drei Milliarden Dollar). Auch der Anteil der Auslandsinvestitionen ist sehr gering: Noch 1999 betrug er nur ein Neuntel des vergleichbaren Werts in Großbritannien, was größtenteils auf die Undurchsichtigkeit der italienischen Geschäftswelt zurückzuführen ist. Transparency International, ein Unternehmen, das im Auftrag potenzieller Investoren den Korruptionsfaktor in den Ländern dieser Welt untersucht, weist Italien hinter allen anderen westeuropäischen Ländern den letzten Platz zu. Im internationalen Vergleich rangiert das Land sogar hinter Estland und Botswana, weil der italienische Markt diesen Untersuchungen zufolge von komplizierten Holdings beherrscht wird. Italien ist für Investoren einfach nicht attraktiv, was zur Folge hat, dass die Großunternehmen noch größer werden, und die kleinen ums Überleben kämpfen. Konservativer könnte eine Volkswirtschaft kaum sein. «Ein kapitalistisches System», schrieb Salvatore Bragantini, «das glaubt, ohne einen echten Kapitalmarkt auszukommen, noch dazu in der fünft- oder sechstmächtigsten Industrienation der Welt, ist zu absurd, als dass es auf Dauer bestehen könnte.»[8]

In den Jahren zwischen 1992 und 1994 führten Eingriffe der Justiz und die Kräfte des Marktes zu einer ersten Korrektur des Systems. Der vom Europäischen Rat beschlossene neue Wechselkursmechanismus und die im Vorfeld einer gemeinsamen europäischen Währung geforderte rigide Finanzpolitik bedeuteten, dass Italien gezwungen war, sein Haushaltsdefizit zu reduzieren. Die Spielregeln waren plötzlich internationaler geworden, und der extreme Anstieg der Inflation und des Haushaltsdefizits stießen im In- und Ausland auf harsche Kritik. Zum Zeitpunkt der Ratifizierung des Vertrags von Maastricht lag die Inflation in Italien bei 7 Prozent, und 20 Prozent der gesamten Staatseinnahmen flossen allein in die aus der Staatsverschuldung resultierende Zinslast. Neu zu Beginn der neunziger Jahre war nicht die Einsicht, dass die Bürokratie ineffizient und willkürlich war (außer man hatte die richtigen Kontakte), sondern, dass das Land sie sich nicht länger leisten konnte. Erschwerend hinzu kam die gängige Praxis der Steuerhinterziehung. Um wenigstens an Teile des Einkommens ihrer Bürger heranzukommen, mussten diverse Regierungen diese beinahe dazu «bestechen», *Buoni del Tesero* (Staatsanleihen) zu kaufen, auf die absurd hohe Zinsen gezahlt wurden, die sich der Staat ebenfalls nicht leisten konnte. «Der Kuchen ist gegessen»[9] lautete eine Schlagzeile des *Corriere della Sera* auf dem Höhepunkt der Krise, will heißen, das System der Korruption brach nicht wegen eines plötzlichen Ausbruchs von Rechtschaffenheit zusammen, sondern einfach, weil die Kassen leer waren.

Mani Pulite, «Saubere Hände», war der Name einer Gruppe ermittelnder Staatsanwälte, die es schafften, in der kurzen Periode von 1992 bis 1994 eine politische und ökonomische Umwälzung herbeizuführen. Diese Zeit bedeutete das Ende der Ersten und den Beginn der Zweiten Republik. Nach fünfzig Jahren stoppte die Musik: Die Regeln für das «Reise-nach-Jerusalem»-Spiel, bei dem nie ein Stuhl weggenommen wurde, sondern die Politiker einfach die Plätze wechselten, je nachdem, wie die politischen Karten gerade lagen, wurden plötzlich neu geschrieben. Die Staatsanwälte, fassungslos angesichts ihrer eigenen Enthüllungen, fegten mit breiter Unterstützung der italienischen Öffentlichkeit alle Stühle auf einmal hinweg. Politische Parteien, die sich über Jahrzehnte hinweg die Taschen mit Schmiergeldern voll gestopft hatten, standen plötzlich vor dem Aus; *Tangentopoli*, die «Schmiergeld-Metropole», wurde von gnadenlosen «Revolutionären» mit nichts als dem Gesetzbuch in der Hand bis auf die Grundmauern geschleift.

Merkwürdig aus der Sicht eines Ausländers ist, dass, obschon alle wussten, dass Italien ein Sumpf an Korruption war und viele sogar Beweise dafür hatten, erst Anfang der neunziger Jahre etwas dagegen unternommen wurde, weil es wohl vorher aus politischen oder juristischen Gründen nicht möglich war – und das, obwohl Kommentatoren jahrelang verächtlich über Auslandskonten und Auslandsbeteiligungen von Politikern berichtet hatten. Das eigentlich Schockierende an den Skandalen der Jahre 1992 bis 1994 war also nicht die Aufdeckung von Korruption an sich, sondern die Tatsache, dass, aus der Sicht von Millionen gesetzestreuer Italiener, erst jetzt etwas dagegen unternommen werden konnte. Pietro Scoppola schrieb zehn Jahre später darüber:

> Die Mehrheit der Italiener hat, obwohl sie nie bestechlich war und auch nie jemanden bestochen hat, immer versucht, ihre Verpflichtungen gegenüber dem Staat so eng wie möglich zu definieren. Sie nutzte «Empfehlungen», um im Alltag zu überleben. Das Land stürzte sich in den von *Mani Pulite* ausgelösten Enthusiasmus wie in einen Akt kollektiver Befreiung. Mit Unterstützung der Presse empörte sich eine ganze Nation gegen Bestechung und Bestechlichkeit und unterlag dabei dem Trugschluss, dass sie sich in der Arena der öffentlichen Moral von den eigenen kleinen Sünden reinwaschen könnte.[10]

Der plötzliche Zusammenbruch der Ersten Republik wirkt im Nachhinein wie die «samtene Revolution» in Europa im Jahr 1989. Damals brach ein seit dem Ende des Zweiten Weltkriegs bestehendes, monolithisches und bedrohliches System innerhalb weniger atemloser Monate in sich zusammen. Nicht nur die Symbolik verbindet die beiden Ereignisse. Der Zusammenbruch der Sowjetunion und das Ende des Kalten Krieges wirkten sich in Italien sehr viel stärker aus als in anderen europäischen Ländern. Die Glaubwürdigkeit der italienischen Kommunistischen Partei war für immer dahin, aber auch die der Christdemokraten. Deren Trumpf (und der ihrer kleineren Koalitionspartner) war immer das Argument gewesen, dass sie einen Damm gegen die «rote Gefahr» bildeten. Nachdem aber diese Bedrohung weggefallen war, schien dieser Damm nicht länger nötig und – was viele endlich laut zu sagen wagten – ziemlich korrupt.

Viele der unter Anklage stehenden Politiker behaupteten später, die Bestechungsgelder seien lediglich «Wahlkampfgelder» gewesen. Aber dennoch schockierte die Vielzahl der Auslandskonten, bestückt mit Milliarden von Lire, die Öffentlichkeit immer mehr. Das Bild, das sich den Behörden bei der Verhaftung von Duilio Poggiolini, des Leiters der pharmazeutischen Abteilung des Gesundheitsministeriums, bot, machte das ganze Ausmaß der Korruption für viele erst begreiflich. Man fand Milliarden von Lire in ein Sitzkissen gestopft, Goldbarren in Schuhschachteln, und in dreien seiner Häuser stieß man auf insgesamt 120 Millionen Dollar. Er unterhielt vierzehn Bankkonten in der Schweiz, besaß sechzig wertvolle Gemälde, Diamanten und Krügerrands.

Aber das ist ein Vorgriff. Nach den Parlamentswahlen im April 1992 stand die Wahl eines neuen Staatspräsidenten an. Die zermürbende Abstimmungsprozedur im Parlament ging gerade in die achtzehnte Runde, zur Wahl standen die üblichen Namen, als einer der Anti-Mafia-Richter in Palermo ermordet wurde. Giovanni Falcone, seine Frau und seine Leibwächter waren auf der Fahrt vom Flughafen in Palermo zurück in die Stadt bei einer Explosion getötet worden, welche die Fahrbahn auf eine Länge von mehreren hundert Metern aufriss. Während der Beerdigung, die live im Fernsehen übertragen wurde, schrie die junge Witwe eines der Leibwächter, dass hier in der Kirche Mafiosi säßen, die vor ihr auf Knien rutschen und sie um Verzeihung bitten müssten. In ganz Sizilien hängte man zum Zeichen der Trauer um Falcone und seine Begleiter Betttücher von den Balkonen. Wenige Monate später wurde Paolo Borsellino, ein weiterer Untersuchungsrichter, durch eine

Autobombe getötet, als er bei seiner Mutter zu Besuch war. Zu dem Zeitpunkt war klar, dass der Kampf um die Erneuerung des Landes an mehr als einer Front gekämpft wurde, und im Parlament sah man schon die Gefahr öffentlicher Unruhen am Horizont heraufziehen. Per Parlamentsbeschluss wurde eine siebentausend Mann starke Truppe nach Sizilien entsandt. Zum neuen Staatspräsidenten wurde Oscar Scalfaro gewählt, der erklärte:

> Der Missbrauch öffentlicher Gelder ist ein ernst zu nehmendes Problem, das zu Lasten des ehrlichen, steuerzahlenden Bürgers geht, und das sein Vertrauen in den Staat vollständig zerstört: Es gibt kein größeres Übel, keine größere Gefahr für die Demokratie als die undurchsichtige Verstrickung von Politik und Wirtschaft.[11]

Seine Empörung schien der neue Präsident mit dem Rest des Landes zu teilen. Die Verbitterung der normalen Bürger wurde nämlich dadurch verstärkt, dass die einzige Steuer, um die zu zahlen niemand herumkam, jene *tangenti*, «Schmiergelder» waren, die in private Taschen flossen. Folglich wuchs den in der Sache *Mani Pulite* ermittelnden Staatsanwälten ein enorm hohes Maß an Unterstützung gerade aus der breiten Bevölkerung zu: Die Menschen trugen plötzlich T-Shirts mit der Aufschrift *Milano ladrona, Di Pietro non perdona* («Räuberisches Mailand, Di Pietro vergibt nicht»). Endlich, so schien es, würden die in Italien in jedem Gerichtssaal prangenden Worte *La legge è uguale per tutti*, «Vor dem Gesetz sind alle gleich», wahr werden. Im ganzen Land tauchten zahllose Graffiti auf: *Grazie Di Pietro*, oder *Forza Colombo*. In den folgenden Monaten wurde Gianni de Michelis in Venedig mit Eiern und Tomaten beworfen, und auf Bettino Craxi ging vor dem Hotel Raphael in Rom ein Schlagregen von Münzen nieder: «Willst du die auch noch?», skandierte die aufgebrachte Menge.

Ihre Opfer forderte die Revolution aber nicht nur unter den Richtern des Landes. Im Lauf der folgenden achtzehn Monate, in denen ein Bestechungsfall mit der bis dahin größten Summe von 27 Milliarden Lire publik wurde, kam zu jener langen Liste der *cadaveri eccellenti* eine ganze Reihe von Selbstmordfällen dazu. Diese Toten blieben nicht ohne Folgen für die Symbolwirkung der Revolution: Aus einem Spiel um Moral und Gerechtigkeit wurde eine nationale Tragödie. Wie immer in unruhigen Zeiten kam es auch dieses Mal zu *stragi*, zu «Massakern». Im Mai 1993 starben fünf Menschen, als in den Uffizien in Florenz eine Bombe explodierte. Am 5. Juli desselben Jahres kamen fünf Menschen bei einem Bombenanschlag in Mailand ums Leben.

In der Zwischenzeit war Carlo Azeglio Ciampi von Giuliano Amato im Amt des Ministerpräsidenten abgelöst worden. Die Lira hatte aufgrund von Währungsspekulationen 15 Prozent ihres Wertes verloren und musste aus dem Europäischen Währungsverbund ausscheiden. Dem Parlament, dessen Abgeordnete seit jeher von der Immunität profitiert hatten, lagen sechshundert Anträge zur Abschaffung dieses Privilegs vor; gegen Craxi selbst, der später ins Exil nach Tunesien fliehen sollte, wurde in siebzehn Fällen juristisch ermittelt.

Die erfolgreiche Arbeit der Ermittlergruppe *Mani Pulite* hatte zur Folge, dass keine der politischen Parteien weitermachen konnte wie bisher. Die *Democrazia Cristiana* nannte sich ironischerweise in *Partito Populare*, «Volkspartei», um. Die Kommunisten hatten sich bereits umbenannt; sie hießen jetzt *Partito Democratico della Sinistra*, «Partei der Demokratischen Linken». Die *Lega Nord* gewann in der Region nördlich des Po zunehmend an Einfluss. An der Spitze des *MSI*, der bis 1993 von Pino Rauti angeführten neofaschistische Partei, stand nun der weniger anstößige Gianfranco Fini. Der breite Zuspruch, mit dem diese beiden Splitterparteien mittlerweile rechnen konnten, zeigte sich bei mehreren Wahlen des Jahres 1993. Im Juni wurde in Mailand, traditionell eine Hochburg der Sozialisten Craxis, ein Mitglied der *Lega Nord* zum Bürgermeister gewählt. Im Herbst dieses Jahres verfehlte Gianfranco Fini nur knapp sein Ziel, Bürgermeister von Rom zu werden, kam aber immerhin auf 46,9 Prozent der Stimmen; auf sein Bestreben wurde der *MSI* später in *Alleanza Nazionale* umbenannt.

Aber es blieb noch immer ein «Mittelfeld» – wie sich ein bekannter Geschäftsmann im Fußballjargon ausdrückte, in dem «desolate Leere» herrschte. Im Januar 1994 sandte jener Geschäftsmann ein Video an Reuters, an die RAI und an seine eigenen Sender, in dem er die Gründung einer neuen politischen Partei bekannt gab, der *Forza Italia*:

> Wie nie zuvor in seiner Geschichte braucht Italien (...) Leute, die den Kopf fest auf den Schultern tragen und Erfahrung haben (...), die zupacken können und dem Staat auf die Beine helfen. Damit das neue System funktioniert, braucht es einen «Freiheitspol», der sich dem Kartell der Linken entgegenstellt und der dazu in der Lage ist, die besten Kräfte eines vernünftigen, sauberen und modernen Landes an sich zu binden. Zu diesem Pol müssen all jene Kräfte gehören, die sich zu den fundamentalen Prinzipien der westlichen Demokratien bekennen; an vorderster Stelle die katholische Kirche, die an den letzten fünfzig Jahren unserer Geschichte als vereintes Land entscheidend mitgewirkt hat.[12]

Unter rhetorischen Gesichtspunkten ist diese Ankündigung von unvergleichlicher Brillanz. Diese Gegenüberstellung von moderater Zurückhaltung, Modernität, Sauberkeit, staatsmännischer Vernunft auf der einen Seite und dem linken «Kartell» auf der anderen ist schlichtweg gekonnt. Berlusconis Popularität beruhte nicht zuletzt auf seiner Geschäftstüchtigkeit und seiner uneingeschränkten Unterstützung für Antonio Di Pietro, dem er später das Amt des Justizministers anbot: «Seine [Di Pietros] Sorge und Entrüstung ist ein Teil von uns allen. Meine Zeitungen, meine Fernsehsender, meine Unternehmensgruppe standen immer an vorderster Front, wenn es darum ging, die Richter von *Mani Pulite* zu unterstützen.» Tiziana Parenti, ein ehemaliges Mitglied von *Mani Pulite*, zog später als Abgeordnete der *Forza Italia* ins Parlament ein. Die Politik und vor allem die Wirtschaft Italiens schienen einem neuen, verheißungsvollen Morgenrot entgegenzugehen.

Aber das Gedächtnis ist kurz. Nur wenige Jahre nach dem von *Mani Pulite* ausgelösten Erdbeben ist man bereits eifrig dabei, die ganze Geschichte wieder umzuschreiben.

Alle paar Wochen im Sommer verlassen meine Freundin und ich das drückend schwüle Parma, um auf direktem Weg über die Berge den milden Lüften an der Küste der Toskana entgegenzufahren. Die Straße windet sich durch Pinienwälder den *passo della Cisa* hinauf, bis sich an einer Stelle der Blick auf die Berge eröffnet. Sie sehen aus wie schneebedeckt, wegen der weißen Marmorwände, aus denen riesige Blöcke herausgesprengt und beiderseits der Straße gelagert werden. Es handelt sich um jenen weißen Marmor der Kathedralen der Toskana – Pisa oder Siena –, der mit seinen schwarzen oder grünen Adern aussieht, als sei er aus einer Zahnpastatube gequetscht worden. Letzten Sommer beschlossen wir, in Aulla, einer kleinen Stadt in den Bergen, Halt zu machen, um auf der *piazza* ein *panino* zu essen. Gegenüber von uns befanden sich zwei ziemlich redselige Denkmäler. Eines war für die Gefallenen des Krieges und beschrieb in einem einzigen gewundenen Satz den «glühenden Herd mit seiner lebendigen Flamme, die zu Beginn der Unterdrückung durch den Nazifaschismus einen Funken aussandte, welcher die Kinder der *resistenza* vor Zorn erbeben ließ, die berühmt wurde durch das legendäre Opfer ihrer Frauen und kampfesmutigen Männer, welche auf unwandelbaren Wegen grässliche Gemetzel, Verwüstungen und blutige Rache erduldeten».

Daneben stand eine kleine Stele aus weißem Marmor, die den Opfern der *Mani-Pulite*-Revolution gewidmet war. «Wie Bomben, so tötet auch Intoleranz das kostbare Gut der Freiheit», hieß es da. «Wenn das Wort schwach ist», lauteten die Worte eines Parlamentariers, der Selbstmord begangen hatte, «bleibt nur noch die Geste.» – «Erinnern wir uns im Dunkel jedes Unrechts der Opfer und ihrer Henker», ließ der Bürgermeister in den Marmor meißeln. Auf Hinweisschildern wird die Stadt zur ersten «Di-Pietro-freien Gemeinde Italiens» erklärt, und es gibt ein viel sagendes Zitat auf Lateinisch: *Summum ius, Summa iniuruia* («Je mehr Gesetze, umso mehr Ungerechtigkeiten»), das darauf schließen lässt, dass man von Recht und Gesetz wohl nicht allzu viel hält. Wie immer verwischt sich die Grenze zwischen Täter- und Opferrolle, sodass am Ende niemand mehr sicher sein kann, ob nicht die «Jakobiner»-Justiz Italiens schlimmer war als die «Kriminellen», die sie verfolgte.

Auch Berlusconi, der seinen eigenen Worten zufolge *Mani Pulite* 1994 «an vorderster Front» unterstützt hatte, hat seinen Kurs mittlerweile vollständig geändert. Zwar gewann er die Wahlen im Jahr 1994, aber seine Regierung geriet wegen der Korruptionsvorwürfe gegen einen Teil seines Gefolges bald unter schweren Beschuss. Sein Bruder Paolo und Marcello Dell'Utri wurden verdächtigt, «schwarze Fonds» in diversen verborgenen Winkeln von Berlusconis Fininvest-Gruppe deponiert zu haben. Berlusconi selbst bekam im Dezember 1994, ironischerweise während er in Neapel Gastgeber des G7-Gipfels zum Thema organisiertes Verbrechen war, einen *avviso di garanzia* (Ermittlungsbescheid) zugestellt. Seine ohnehin wacklige Regierung kippte wenige Wochen später, weil die erboste *Lega Nord* aus der Koalition ausschied. Danach musste sich Berlusconi mit der Oppositionsrolle begnügen – eine Erfahrung, die er auf seine gewohnt biblisch-schicksalsträchtige Art als das «Durchqueren der Wüste» bezeichnete –, aus der heraus er gegen jene Richter wütete, auf deren Seite er sich einst gestellt hatte.

Weitere Untersuchungen folgten, nicht zuletzt über die Art und Weise, wie es Berlusconi gelungen war, im Zuge der von Romano Prodi überwachten Privatisierung von IRI die Übernahme von Sme (dem Nahrungsmittelsektor von IRI) durch einen seiner geschäftlichen Konkurrenten zu verhindern. Die Ermittlungen konzentrieren sich auf Cesare Previti, Berlusconis Rechtsanwalt in Rom. Ihm wird vorgeworfen, er habe den Richter bestochen, der bei dem Deal als «Schiedsrichter» fungierte. Aus unbekannten Gründen bekam das Konsortium Berlusconis den Zuschlag, und das Angebot von Carlo De Benedetti wurde abgelehnt, obwohl man sich bereits auf einen Kaufpreis von 497 Milliarden Lire geeinigt hatte. Wie es Berlusconi gelingen konnte, sich Mondadori unter den Nagel zu reißen, den größten Verlag des Landes, bleibt ebenfalls ein Rätsel. Natürlich weiß man nicht, was man überhaupt glauben kann oder soll, besonders weil Carlo De Benedetti, der Mann, der von Berlusconi bei der Übernahme von Mondadori ausgestochen wurde, der Besitzer von *La Repubblica* und *Espresso* ist; das bedeutet, dass Teile der linken Presse kein gesteigertes Interesse daran haben, über derartige «Skandale» objektiv zu berichten.

Die Geschichte von *Mani Pulite* wird somit neu geschrieben, und die «Revolution» ist fast wieder zu ihrem Ausgangspunkt zurückgekehrt. Die einst eine sauberere Zukunft versprochen hatten, standen wegen ihrer schmutzigen Vergangenheit unter Anklage; ihr Interesse gilt nicht mehr der Revolution, sondern der Restauration. Die Verteidigungstaktik dieser «neuen» Politiker ist ausgesprochen clever. Die Zweite Republik, sagen sie, sei nun wirklich ganz anders als die Erste, und man könne die eine nicht mit den Regeln der anderen beurteilen. Vor 1992 sei die Korruption in den Chefetagen von Politik und Wirtschaft derart verbreitet gewesen, dass es fast unmöglich war, nicht auf die eine oder andere Weise «zusammenzuarbeiten». Nun, da *Mani Pulite* uns allen eine Lektion erteilt habe, sollten wir eine neue Seite aufschlagen und einen Neuanfang wagen. Berlusconis wirksamste, wenn auch nur hinter vorgehaltener Hand vorgebrachte Verteidigung läuft darauf hinaus, dass er sich in den guten alten Tagen des *salotto buono* nicht mehr und nicht weniger habe zuschulden kommen lassen als jeder andere auch. Es ist dieselbe Logik, derer sich Bettino Craxi 1992 bediente, als er sich, darin ganz Italiener, nicht damit verteidigte, dass er unschuldig sei, sondern dass jeder andere genauso schuldig sei wie er. Craxi bekannte sich zu «irregulären Finanzierungsmethoden», hob jedoch hervor, dass «alle Parteien daran beteiligt gewesen seien». Wenn das alles stimmt, dann unterscheiden sich Berlusconi oder Craxi und ihre jeweiligen Wähler nur darin, ob sie kleine oder große Ganoven waren; und wenn das wiederum stimmt, dann ist jedes in dieser Sache gesprochene Urteil zwangsweise willkürlich.

Vielleicht war ja auch Craxi um kein Jota schlechter als wir alle;

und vielleicht ist auch Berlusconi, wie *Forza Italia* nicht müde wird zu behaupten, nicht schlechter als wir, und wir sind Heuchler, wenn wir das nicht zugeben. Einige italienische Kommentatoren, wie etwa Pietro Scoppola, haben genau diesen Punkt angesprochen: Das Lynchen hochrangiger Politiker wurde von der Öffentlichkeit deshalb unterstützt, weil damit eine Art stellvertretende Absolution verbunden war. Als der Sog der «Revolution» breitere Schichten erfasste und statt «Betrügereien» plötzlich «Sauberkeit» gefragt war, begann auch die Unterstützung für die Richter und Staatsanwälte in weiten Kreisen der Bevölkerung zu bröckeln. Aus dem Grund kann die Tatsache, dass Berlusconi unter Anklage steht, nur bedeuten, dass die Richter ihm gegenüber voreingenommen sind. Tatsächlich brachte er es zu größter Meisterschaft in der Kunst des *vittimismo*, beschwerte sich ständig, die Vorwürfe gegen ihn seien ein Teil der Hetzjagd jener «Jakobiner»-Richter. Heute, sieben Jahre nachdem er Di Pietro ein Amt angetragen hatte, sagt Berlusconi: «*Tangentopoli* hat es nie gegeben. *Mani Pulite* war nur eine von Kommunisten und Linksdemokraten initiierte Kampagne.» *Mani Pulite* hat also aus der Sicht des größten Nutznießers dieser Bewegung die Demokratie nicht gereinigt, sondern ihr den Hals zugedrückt. Offenbar genoss es eine Hand voll Richter, berauscht von einem Übermaß an *protagonismo*, allzu sehr, im Licht der Öffentlichkeit zu stehen, heißt es in Berlusconis Umgebung; gezielte Hinweise an Journalisten über bevorstehende Verhaftungen machten aus einem rechtsstaatlichen Verfahren einen öffentlichen Schauprozess; der Vorwand der «Schutzhaft», der manche Politiker für Monate hinter Gitter brachte, war ein Missbrauch richterlicher Gewalt, besonders da Wirtschaftskriminelle keine Bedrohung für die Öffentlichkeit darstellen. Statt das Dauerproblem Italiens, die Korruption, ein für alle Mal aus der Welt zu schaffen, machte Berlusconi politisch eine Kehrtwendung um hundertachtzig Grad. Er wurde zum *garantista*: einem Verfechter der Bürgerrechte gegen richterliche Hexenjagden, gegen einen «richterlichen Staatsstreich».

WENIGER STEUERN FÜR ALLE

Ich fuhr nach Sizilien, um zu sehen, wie viel sich seit *Mani Pulite* wirklich verändert hatte. Mir bot sich ein Anblick wie im Krieg: überall klagende Frauen, von denen manche vor Schmerz zusammenbrachen, sodass ein Krankenwagen gerufen werden musste. Dieser fuhr mit heulenden Sirenen und vor laufenden Fernsehkameras hochdramatisch am Schauplatz vor. Ein fassungsloser Priester schüttelte den Kopf angesichts der Geschehnisse. Auf der anderen Seite drängten sich schwer bewaffnete Polizisten und Soldaten zwischen gepanzerten Jeeps. Mit der *terapia delle ruspe*, der «Therapie der Bulldozer», war eine neue Front in dem sehr merkwürdigen italienischen Bürgerkrieg eröffnet worden. Es handelte sich um eine Schocktherapie, deren Anwendung die meisten Sizilianer doch überraschte: Das Militär machte mit Bulldozern ihre Häuser platt.

Das war im Frühjahr 2001. Die «Therapie der Bulldozer» war die bittere Pille der linksgerichteten Regierung kurz vor ihrem Abtritt – Berlusconi errang bei den Wahlen des Jahres 2001 einen überwältigenden Sieg –, der Versuch, in einer der schönsten Gegenden des Landes illegal errichtete Häuser und Hotels dem Erdboden gleichzumachen. Der Krieg gegen den *abusivismo* – die Praxis des Schwarzbaus – gehörte zu den Randthemen jenes mit großer Härte geführten Wahlkampfs. Dabei haben linksgerichtete Politiker, *Legambiente, Italia Nostra* (die Umweltschützer Italiens), und vor allem die Norditaliener generell den *abusivismo* schon seit längerem massiv verurteilt. Die Praxis, Hotels und Häuser ohne Baugenehmigung zu errichten, scheint auf den ersten Blick vielleicht harmlos, bis man sich des Ausmaßes bewusst wird, in welchem das passiert. Allein im Jahr 2000 schossen in Sizilien 4780 illegale Gebäude wie Pilze aus dem Boden, womit weitere 717 000 Quadratmeter einer ohnehin stark bedrängten, für ihre Schönheit berühmten Landschaft einfach zubetoniert wurden. Diese Zahlen beschreiben nur einen kleinen Teil des Problems. Zählt man legale und illegale Bauten zusammen, dann ergibt sich, dass Italien gemessen an der Gesamtbevölkerung einen höheren Verbrauch an Beton hat als irgendein anderes Land der Welt. Innerhalb der letzten fünf Jahre wurden

163 000 Schwarzbauten errichtet, fast alle im Süden des Landes, vor allem in Sizilien. Mittlerweile hat das Land ein sehr ungewöhnliches «Wohnungsproblem»: Es gibt zu viele Häuser für immer weniger Italiener. Zweieinhalb Millionen Häuser stehen leer, während in jedem Jahr Hunderttausende neu gebaut werden. Gerade für Italiener ist das ein besonderes Problem, weil damit nicht nur ethische Schwierigkeiten, sondern auch eine Beleidigung fürs Auge verbunden sind. *Abusivismo* ist mehr als nur ein weiteres Beispiel für die laxe Einstellung gegenüber dem Staat und seinen Gesetzen. Die besondere Bedeutung der Praxis des Schwarzbaus besteht darin, dass illegales Verhalten in diesem Bereich höchst hässliche Folgen zeitigt. Und so ist Kritikern der Schwarzbauten nicht nur ihr illegaler Charakter, sondern auch die Folgen für das Erscheinungsbild des Landes ein Dorn im Auge, denn damit ist Italien, traditionellerweise das *Bel Paese*, in seinem Bestehen bedroht.

Nirgendwo sonst werden die Schwarzbauten so erbittert bekämpft wie an einem der schönsten Plätze Italiens, einer der letzten arkadischen Idyllen: Agrigent. Diese uralte, eng zwischen die Berge und den Küstenstreifen geschmiegte Stadt liegt an der Südküste Siziliens. Hier errichteten die Griechen im 5. Jahrhundert v. Chr. Tempel aus ockerfarbenem Sandstein. Die meisten blieben erhalten und bilden heute das «Tal der Tempel», die Haupttouristenattraktion Agrigents. Agrigent ist auch die Stadt, welche der griechische Dichter Pindar einst als die «schönste unter den Städten der Sterblichen»[13] besungen hat, ein Ort, an dem die Menschen, wie der griechische Philosoph Empedokles in unheimlicher Voraussicht gesagt hat, «schwelgen, als müssten sie morgen sterben; ihre Häuser aber richten sie her, als würden sie ewig leben.»[14] Obgleich Sizilien den Ruf hat, verschlossen und für Außenstehende kaum zugänglich zu sein, lässt sich nicht verbergen, was in Agrigent und im Tal der Tempel vor sich geht. Es ist eine merkwürdige Geschichte, die ebenso gut der berühmteste Sohn der Stadt, Luigi Pirandello, hätte schreiben können: Nichts ist das, was es scheint, jeder sagt etwas anderes, und man weiß nie so recht, was man glauben soll.

Die Stadt ist von Palermo aus mit der Bahn in wenigen Stunden zu erreichen. Der Zug schlängelt sich über die Insel, vorbei an Corleone, und dann bergauf zwischen zerklüfteten Hügeln und goldenen Weizenfeldern hindurch. Immer wieder erblickt man die nackten Betonwände einer verlassenen Baustelle. Agrigent bildet den Endpunkt der Bahnlinie von Palermo, und so wirkt es auch. Der Müll wurde seit Wochen nicht abgeholt, auf den Gehsteigen riecht es nach fauligem Obst und altem Fisch. Überall streunende Hunde und verblichene Plakate, die zu Wahlkampfveranstaltungen für die Parlamentswahlen im letzten Mai aufrufen. Lässig von Haus zu Haus geschlungene Elektrokabel schaukeln dem Fußgänger über dem Kopf. Auf der Hauptstraße werde ich beinahe von zwei Männern auf Mopeds überfahren, die es irgendwie schaffen, eine Doppelmatratze zwischen sich zu transportieren. Und doch ist die Stadt, im wahrsten Sinn des Wortes, unheimlich schön. Sie liegt ungefähr auf demselben Breitengrad wie Tunis und erstreckt sich über einen steilen Berghang. Die Bewohner sitzen auf den Gehsteigen vor den Häusern, vertreiben sich die Zeit, plaudern und rufen den Nachbarn witzige Bemerkungen zu. Fragt man jemanden nach dem Weg zum Hotel, dann ignorieren sie dich entweder, oder sie begleiten dich gleich selbst dorthin.

Endlich erreiche ich mein knastähnliches Hotel, dessen Maître, eine joviale, im Sitzen geübte Natur, gerade fernsieht. Auf dem Weg zu meiner Zelle frage ich ihn, wie er über *abusivismo* denkt. Er lacht bloß und zitiert, kryptisch und unerwartet, Kaiser Konstantin: «Im Zeichen des Kreuzes wirst du siegen.» Wenn man abends zum Stadtrand geht, sieht man in gut einem Kilometer Entfernung die Tempel: lange Reihen orangefarben angestrahlter Säulen, dahinter das Meer. Aber auch die düstere Strenge des Katholizismus ist spürbar: Einer der kleinen Plätze der Stadt heißt Piazza Purgatoria. In einer Bar schenkt mir eine alte Frau, die überrascht ist, einen ausländischen Akzent zu hören, einen phosphoreszierenden Rosenkranz und ein Bildchen der Muttergottes, das einen offiziellen Stempel mit dem «kirchlichen Segen» des Erzbischofs von Palermo trägt. Der Rat, den sie mir mit auf den Weg gibt, ist eine Mischung aus ärztlicher und priesterlicher Empfehlung, eine Art Andacht auf Rezept: «Beten Sie zwei Ave-Marias vor dem Frühstück und ein Gloria auf diese segensreiche Jungfrau vor dem Zubettgehen.»

Tags darauf fährt der Anwalt für *Legambiente* auf Sizilien, Giuseppe Arnone, in einem großen Jeep vor. Er öffnet mir die Beifahrertür, und schon im nächsten Moment sind wir unterwegs durch die engen, steilen Gassen der Stadt. Er sagt kein Wort. Wir machen kurz Halt vor dem Gerichtsgebäude, das von zwei Polizisten bewacht wird, beide bewaffnet mit Sonnenbrillen und Maschinenpistolen. Dann verlassen wir die Stadt. An einer unübersichtlichen Kurve hält Arnone an und zeigt auf ein Gebäude, das wie ein quer durchgesägtes großes Puppenhaus aussieht: Alle Innenwände und Fußböden sind zu sehen. Links von uns, neben und unterhalb der Haarnadelkurve, liegen die Reste des Gebäudes. «Das Gesetz zur Eindämmung der Bauwut kam nach diesem Erdrutsch im Jahr 1966», sagt Arnone und spricht dabei zum ersten Mal. «Schuld daran war natürlich die Bebauung eines brüchigen Hanges. Mittlerweile sind der Erdrutsch und die Gründe für die gesetzlichen Schutzmaßnahmen längst vergessen, und alles hat von vorn begonnen.»

Innerhalb weniger Minuten sind wir bei den Tempeln. Wir gehen bis zu dem schmalen Hügelrücken zwischen Stadt und Meer. Der Blick fällt auf einen ganzen Wald von Säulen – der Herakles-Tempel, der Concordia-Tempel, der Juno-Tempel und wie sie alle heißen. Sie sind durch einen breiten Pfad verbunden, der beiderseits von Kakteen gesäumt ist. Viele der flachen, scheibenförmigen Glieder tragen eingeritzte Botschaften privater oder politischer Natur: «Pachu liebt Sabri» oder «Die Kommunisten sind die Scheiße an deinen Schuhen.» Wie in Agrigent ist auch hier alles schön und beklemmend zugleich. In der Sonne ist es so heiß, dass schon auf kurze Entfernung die Sicht verschwimmt: Ganz in der Nähe der stolzen Tempelruinen, nur wenige hundert Meter entfernt, kann man eine auf massiven Betonpfeilern errichtete Straße gerade so erkennen. Riesige *palazzi* säumen das Areal ein, und daneben bringen Kräne neue (illegale) Ytong-Steine an Ort und Stelle. Agrigent selbst, ungefähr eine Meile entfernt landeinwärts auf dem Berg gelegen, ist eine einzige Wand aus weißem Beton.

«Die ‹Therapie der Bulldozer›», sagt Giuseppe Arnone, «ist ein politischer, aber auch realer Kampf. Kräne gegen Bulldozer. Und es ist ein Wettlauf mit der Zeit, um eine der bedeutendsten archäologischen Stätten Europas zu retten.» Er erklärt die ökonomischen Mechanismen der Praxis des Schwarzbaus: Landwirtschaftlich genutzte Flächen sind, obwohl nur einen Steinwurf von den Tempeln entfernt, so gut wie wertlos, und der Anbau von Weizen oder Trauben bringt, wenn überhaupt, dann nur langfristig etwas ein. Dagegen wäre ein auf demselben Areal errichtetes Hotel höchst lukrativ, denn Touristen und Wissenschaftler aus aller Welt strömen ganzjährig auf die Insel. Also stellen sich die Leute einen dieser Kästen auf ihr Land, und die Gewinne sind so hoch, dass man sie gut mit den «örtlichen Behörden» teilen kann, die dann im Nachhinein den Weg für den Neubau freimachen.

Im Wahlkampf des Jahres 2001 unternahm der populärste Romanschriftsteller Italiens, der Sizilianer Andrea Camilleri, den Versuch, die Agrigenter zu einem Ausstieg aus der «Spirale von Illegalität und *abusivismo*» zu bewegen. Das Problem ist nur, dass die Menschen in Sizilien es nicht gewöhnt sind, übergeordnete, staatliche Interessen zu berücksichtigen. Viele sind so arm, dass ihnen Archäologen, Schriftsteller, Rechtsanwälte und arrogante Politiker aus dem Norden, die belehrend den Zeigefinger heben, ziemlich egal sind. Das Seltsame an der in Agrigent grassierenden Bauwut ist jedoch, dass es gar nicht die Armen sind, die schwarz bauen (auch wenn das die gängige Rechtfertigung ist), sondern die Reichen, die politische Oberschicht. Genau die, von denen man eigentlich Gesetzestreue erwarten würde, stehen über den Gesetzen. «Mit Geld», sagt Arnone, «kann hier jeder machen, was er will. Die Verwaltung ist in hohem Maße kriminell, und die Politiker sind schlichtweg

Diebe.» Giuseppe Arnone ist derart zugeknöpft, dass man ihn kaum interviewen kann. Er sagt nicht viel, lässt nur ab und an in einer Anspielung durchklingen, was tatsächlich läuft. Klar ist unter diesen Umständen nur eines: Agrigent ist ein ziemlich heißes Pflaster für einen Rechtsanwalt, der am Gesetz festhält.

In Zeitungen habe ich oft gelesen, dass Agrigent der *zoccolo duro*, der «harte Huf» der Mafia sei. Wer das in seiner ganzen Tragweite begriffen hat, erkennt, dass hinter der Praxis des *abusivismo* gar nicht so sehr chaotische Gesetzlosigkeit steckt, sondern gezieltes Gewinnstreben. «Man erreicht hier nichts, aber auch gar nichts ohne die entsprechende ‹Genehmigung›», sagt Arnone. Und tatsächlich gibt es nichts in Agrigent, das man mit Geld und Beziehungen nicht bekommen könnte: Alle Schwarzbauten haben fließend Wasser, Telefon und Strom, obwohl es sie auf dem Papier eigentlich gar nicht gibt.

Mittlerweile bin ich eine Woche hier, und die Bulldozer sind erneut aufgefahren. In Licata, ein paar Kilometer weiter östlich an der Küste gelegen, sollen laut Anordnung weitere achtzig Häuser dem Erdboden gleichgemacht werden. Aber weder in Agrigent noch in Licata passiert etwas. Die Truppen sind bis auf weiteres in ihre Kasernen zurückgekehrt, und die Zeichen scheinen auf Waffenstillstand zu stehen. Andrea Camilleri hat bereits begriffen, woher der Wind weht: «Die Bulldozer sind weg, sie haben den geordneten Rückzug angetreten. Das lässt klar darauf schließen, wie es weitergeht.» Der Grund dafür: Nach der Frühlingsoffensive gegen die Schwarzbauten ist Silvio Berlusconi Ministerpräsident geworden. Mehr als das: Er konnte erstmals in der Geschichte der italienischen Demokratie alle 61 Direktmandate in Sizilien für sich gewinnen. Was das zu bedeuten hat, ist unschwer zu erkennen. Die «Therapie der Bulldozer» kam nicht gut an beim Volk, und Berlusconi wird sich hüten, denselben Fehler zu machen. Er weiß, was er seiner Kundschaft schuldig ist, und allen Vorhersagen zufolge wird er nun alles in seiner Macht Stehende tun, um den Kränen und nicht den Bulldozern zum Sieg zu verhelfen. *Figuriamoci!*, lautete der Kommentar eines meiner Gesprächspartner, was dem Ton nach so viel heißt wie: «Aber natürlich!»

Nur wenige Menschen halten es noch für möglich, dass die Bulldozer den Sieg davontragen könnten. Die neu gebauten Häuser werden nachträglich «abgesegnet», und ihre Erbauer durch den offiziellen *condono*, einen Straferlass, von jeder Schuld freigesprochen. Auf diese Weise wird Schwarzbauen sogar noch gefördert. Straferlass ist überhaupt das Zauberwort der italienischen Justiz, mit dem sich Vergehen aller Art gegen eine kleine Geldstrafe aus der Welt schaffen lassen. Trotz harscher Ankündigungen seitens der Behörden, in Zukunft strenger vorzugehen, lässt sich niemand davon abhalten, es mit diesen Tricks zumindest zu versuchen. «Solange die Möglichkeit eines *condono* im Raum steht», sagt Ermete Realacci, der Vorsitzende von *Legambiente*, «wird dieser Missstand weiter zunehmen, und es werden auch noch die wenigen unversauten Abschnitte unserer Küste verschandelt werden.» Nachträgliche Genehmigungen laden natürlich dazu ein, es anderen gleichzutun: Wer in einer bestimmten Lage nicht bauen darf, tut es trotzdem, zahlt dann eine geringe Strafe und lässt sich den illegalen Bau absegnen. Ohnehin «genehmigt» die finanziell gebeutelte italienische Regierung gegen eine kleine Spende alle paar Jahre mehrere tausend Neubauten: 207 000 ursprünglich illegale Häuser wurden zwischen 1994 und 1997 auf diese Weise legalisiert.

Die Erzählung *La speculazione edilizia* hielt Italo Calvino für sein bestes Werk. Er beschreibt darin einen neuen gesellschaftlichen Typus der Nachkriegsjahre, skrupellos improvisierende Unternehmer und deren Verantwortung für die schmutzige Flut aus Beton.

> Die Häuser waren es, all diese neuen Blocks, die da in die Höhe schossen, Stadthäuser mit sechs oder acht Stockwerken. Massiv wie weiße Befestigungsdämme, stachen sie von dem abfallenden Küstenprofil ab und kehrten dem Meer so viele Fenster und Balkone zu, wie sie nur konnten. Der Zementrausch hatte die Riviera erfasst: Da war schon ein bewohntes Gebäude, das auf allen Balkonen die gleichen Geranienkästen

hatte, hier wartete ein eben erst fertig gestellter Block, dessen Scheiben noch durch Schlangenlinien von Blauweiß gezeichnet waren, auf die Familien aus der Lombardei, die so aufs Baden versessen sind, und ein Stück weiter stand eine ganze Festung aus Gerüsten, davor eine rotierende Betonmischmaschine und das Schild einer Agentur, das zum Erwerb der Wohnungen aufforderte.[15]

Das Buch entstand in den Jahren 1956 und 1957, hat aber Gültigkeit für die Nachkriegszeit insgesamt, in der Geld und Beton in Strömen flossen. Diese Entwicklung hat Francesco Rosi in den Anfangsszenen seines Films *Hände über der Stadt* festgehalten: Vom Fenster eines Hubschraubers aus sieht man nur Beton, tonnenweise weißen Beton. In einer einzigen langen Einstellung zeigt die Kamera Neapel mit seinen wild wuchernden Vorstädten. Die Häuser sehen alle gleich aus: große, weiße Kästen mit kleinen Fensterlöchern, die sich kilometerweit über die Hügel Richtung Hafen hinziehen. Ein Kameraschwenk direkt nach unten zeigt das Straßennetz der Stadt, die engen Gassen zwischen den Neubauten und, je näher sie heranzoomt, die Schuppen zwischen den Hauptverkehrsadern.

Der 1963 entstandene Film hat dieselbe Botschaft wie die anderen Werke Rosis: Er ist ein dringender Appell, aufzustehen gegen die Missstände und das Unrecht in der Gesellschaft. Das neue Italien aus der Sicht Rosis ist ein einziger Albtraum: Der Einsturz eines *palazzo* ist kein Grund, die Entwicklung zu bremsen, sondern sie noch zu beschleunigen. Die «Partei» (die Christdemokraten) wird reicher und reicher, weil sie den Mafiosi Bauaufträge zuschiebt und sich dadurch Wählerstimmen sichert. Der einzige ehrliche Mann im Stadtrat, ein Kommunist, hat nicht die Macht, um der Spekulation Einhalt zu gebieten; er kann lediglich ein Büro nach dem anderen abklappern auf der Suche nach Beweisen für das Unrecht, die aber nicht existieren. Nach den Buchstaben des Gesetzes ist alles im grünen Bereich – *tutto è in regola* –, und auch die Untersuchungskommission kann nichts Anstößiges finden, wurde doch das Unrecht längst legalisiert. Politisches Handeln beschränkt sich auf den Kauf und Verkauf von Stimmen, ermöglicht durch die enormen Schmiergeldsummen, welche im Baugewerbe gezahlt werden. Der Bürgermeister, umlagert von erbosten Frauen, entfaltet riesige Banknoten und reicht sie herum. Über die Schulter hinweg sagt er lächelnd: «*Consigliere*, sehen Sie, wie Demokratie funktioniert?»

Der Preis dafür ist leider nicht nicht nur Geld. Als ich im Frühjahr 1999 erstmals nach Italien kam, geisterte eine Kurzmeldung durch die Medien: In Foggia in Apulien war ein Wohnblock eingestürzt, einundsiebzig Menschen kamen ums Leben. Was mich daran erstaunte, war nicht nur das Ereignis selbst – das in billigster Bauweise errichtete Gebäude hatte einfach der Schwerkraft nachgegeben –, sondern die Tatsache, dass es wenige Tage später niemanden mehr interessierte. Ich erfuhr, dass solche Vorfälle nicht ungewöhnlich sind. Dreieinhalbtausend Menschen kamen seit dem Krieg allein durch Erdrutsche ums Leben. Das hängt teilweise damit zusammen, dass Italien ein höchst sensibles Ökosystem hat: 6400 Meilen Küstenlinie, zwei Gebirgszüge, tektonische Verwerfungen, Vulkane. Im Vergleich dazu erscheint die Geographie Großbritanniens eher sanft. Meldungen aus allen Teilen des Landes berichten unabhängig von der Jahreszeit von einem dauernden physischen Überlebenskampf. Erdbeben bringen ganze Vororte zum Einsturz, Schlamm- und Gerölllawinen löschen Dörfer aus, Brände fressen sich durch uralte Wälder, und Vulkane speien glühende Lava. Schon in Anbetracht der vielen Menschenleben, die sie fordert, ist die Natur hier offenbar grausamer als anderswo. Aber das Problem wird verschlimmert durch das, was die Menschen der Landschaft antun, und die Todesopfer scheinen oft wie eine fast biblische Rache für die Verletzungen, die das Land erleidet.

Als sich die Bulldozer nach tagelangem Warten noch immer keinen Zentimeter von der Stelle bewegt hatten, beschloss ich, nach Palermo zurückzufahren. Die meisten anderen Journalisten waren schon vor Wochen abgereist. In Bahnhof von Agrigent blieb mir etwas Zeit, und ich warf einen Blick in die kleine Kapelle. Unter einem Madonnenbild standen die Worte: «Monsignor Montucci verspricht allen, die vier Glorias vor diesem Schrein beten, hundert Tage Ablass.» Das bringt das Rätsel, welches der *abusivismo* in moralischer Hinsicht darstellt, auf den Punkt: Wer gefehlt hat, wird nicht bestraft, sondern entsühnt, und alle Sünden, die man begangen hat, werden vergeben, solange man das richtige Gebet spricht oder die Kassen der Politiker mit einem Bußgeld aufbessert.

Ich verließ die Bahnhofskapelle und beschloss, an der Küste entlang per Anhalter nach Palermo zu fahren. In Anbetracht der Anraunzer, die mir in vielen Bars und *alberghi* zuteil geworden waren, hielt sich mein Optimismus in Grenzen. Aber mittlerweile wusste ich auch, dass mich immer dann, wenn mir das Leben in Italien gerade allzu sehr auf die Nerven ging, ein Akt von unglaublicher Höflichkeit wieder versöhnte. Schon nach fünf Minuten hielt ein Mann an. Wie die meisten Autos in Sizilien war auch dieses so verbeult, dass es aussah wie eine mit Alufolie umwickelte Lammkeule. Mit sieben Personen war das Gefährt bereits voll besetzt. Der Fahrer hatte nur angehalten, um mir zu erklären, dass er unmöglich mich auch noch mitnehmen konnte. *Auguri*, sagte er, «alles Gute noch». Bald hielt noch einer an, nur um mir zu sagen, dass er gleich abbiegen müsse. Unvorstellbar, dass einem Derartiges im Norden passieren würde. Zwei reiche Kids hielten verdächtigerweise ein Stück vor mir an. Kaum hatte ich einen Schritt auf sie zugemacht, brausten sie lachend davon. Schließlich nahm mich ein Bäcker mit. «Ich zeig dir einen Ort, wo es von Mädchen nur so wimmelt. Das ist es doch, was dich interessiert, oder? Bist du Amerikaner?»

«Engländer.»

«Ich bin nie auf dem Kontinent gewesen», sagte er und musterte mich eindringlich, während er einen mit Zitronen beladenen Lastwagen überholte. Ich war mir nicht sicher, ob er mit «Kontinent» Italien oder Europa meinte.

«England ist auch nicht unbedingt der Kontinent. Es besteht aus mehreren Inseln, wie Sizilien ...», erklärte ich.

In einem flüssigen, erhabenen Monolog ließ der Bäcker sich darüber aus, was genau er mit dem Wort *continente* gemeint hatte.

«Für mich», sagte er, «ist der Kontinent alles, was auf diese Insel einfällt und mir vorschreiben will, was ich zu tun habe. Da ist es mir egal, ob das aus Rom oder London kommt. Wenn du hierher kommst und den Boss spielen willst, dann bist du der Kontinent.» Eine geschlagene Stunde lang erklärte er mir, was es für ihn bedeutete, von jeglicher Art von Obrigkeit unabhängig zu sein. Immer wenn er sich wieder über den *continente* ausließ, bot er mir noch eines seiner *arancini di riso* an, orangefarbene, frittierte Reisbällchen. Der Strand, an dem er mich aussteigen ließ, war völlig überlaufen mit Jugendlichen, darunter auch die nun etwas verlegen dreinblickenden reichen Kids, die mich kurz zuvor schnöde hatten stehen lassen. «Mein Haus ist da drüben, wenn du irgendwas brauchst», sagte der Bäcker und wies mir mit einem weiß bemehlten Finger die Richtung.

Wir waren hier in Marsala, einer Stadt, deren arabischer Name «Hafen Gottes» bedeutet. Sie ist berühmt für den süßen Dessertwein, der dort wächst, und weil Garibaldi mit seinen Männern auf dem «Zug der Tausend» hier an Land gegangen war, um die Idee der nationalen Einigung auch in den äußersten Süden zu exportieren. Ich saß am Strand und beobachtete die Brecher, die vom Meer hereinrollten und sich über die Miet-Liegestühle ergossen – selbst in Sizilien sind heute viele Strände privatisiert. Aus riesigen Lautsprechern dröhnte Popmusik. Aufregend schöne Mädchen in leuchtfarbenen Bikinis, die ihrer dunklen Haut schmeichelten, warfen einander Frisbeescheiben zu, offenbar in der Hoffnung, dass der Wind sie zu den Liegestühlen tragen würde, auf denen die männlichen Singles saßen.

Ich sah aufs Meer hinaus und versuchte die nordafrikanische Küste auszumachen. Sizilien war seit jeher der Inbegriff all dessen, was falsch läuft in Italien. Und doch hatte ich hier im Licht der untergehenden Sonne auch das Gefühl, dass Sizilien gerade für das Positive steht: Trotz aller Armut kommt die Großzügigkeit der Sizilianer von Herzen. Obwohl kein Tag vergeht ohne neue Meldungen über Mordfälle und Entführungen, erscheint das Land friedvoll und heiter. Die Lage mag ernst sein, aber ich habe nirgends so viel Lachen gehört wie hier. Und hinter der notorischen Gesetzlosigkeit verbirgt sich das, was manche als die fest in ihrer Herkunft verwurzelte intellektuelle Kaste Italiens betrachten. Die bedeutendsten Schriftsteller stammen aus Sizilien: Giovanni Verga, Luigi Pirandello, Giuseppe di Lampedusa und Leonardo Sciascia. Wer sie liest, spürt förmlich die Trockenheit der Insel. In ihren Werken schwingt immer das Wissen um Sterblichkeit und Vergänglichkeit in all dem Staub mit. In ihren Schilderungen des moralischen – und unmoralischen – Welttheaters überwiegt das Pochen auf erhabene Werte wie Würde und Ehre. Und weil alles ein einziger Spiegelsaal ist, in welchem nichts konkrete Gestalt annimmt, sind die Worte immer sorgsam gewählt, keine ihrer Äußerungen je unbedacht.

Die Sizilianer werden bewundert, weil sie, wie Leonardo Sciascia schrieb, «Menschen [waren], die es liebten, wenig zu reden, deren Leben in der Familie und in der Gesellschaft mehr aus Schweigen als aus Reden bestand»[16]. Ein Freund aus Parma, der zurzeit an der Universität Palermo lehrt, spricht voller Bewunderung von der *flemma serafica* der Sizilianer, ihrem «seraphischen Phlegma», das sie die Armut im Angesicht all der Profitjäger geduldig ertragen lässt. Ein anderer Freund aus Parma, ein Mann mittleren Alters, dessen heroinabhängiger Sohn auf der Insel von seiner Sucht freikam, bezeichnete die Sizilianer als die vornehmsten und intellektuellsten Italiener. «Bei ihnen findet man die perfekte Kombination aus Härte und Kultiviertheit», sagt er. «Man sieht das an ihrer wohl überlegten Höflichkeit und der gründlichen Kontrolle, der sie das eigene Verhalten unterziehen.»

Nach ein paar unbeschwerten Tagen in Marsala fuhr ich weiter nach Mozia, das neben Agrigent zu den bedeutendsten archäologischen Stätten im südlichen Mittelmeerraum gehört. Auf der vorgelagerten Insel San Pantaleo machte sich einst ein Engländer namens Joseph Whitaker in mühevoller Kleinarbeit daran, Überreste von Booten, Waffen und Gräbern aus den seichten Küstengewässern zu bergen. In seiner Villa kann man noch heute Seekarten mit den

Routen der Karthager besichtigen, die diese auf ihren Fahrten zwischen Sizilien, Spanien, Nordafrika und Griechenland genommen hatten. In unmittelbarer Nähe stehen, man glaubt es kaum, Windmühlen am Strand. Aus dem Meerwasser, das sie an Land pumpen, entstehen ganze Berge von glitzerndem Salz.

Nach Palermo kam ich am 14. Juli zurück, dem Namenstag von *La Santuzza* oder Santa Rosalia, der Schutzheiligen der Stadt. Im Stadtzentrum sieht es größtenteils noch immer so aus wie nach den Bombenangriffen der Alliierten im Zweiten Weltkrieg: verlassene Häuser ohne Front, in die man hineinsehen kann und verlassene Herde erblickt oder einen Baum, der mitten in der Küche wächst. Mauerreste ragen einsam in die Höhe, ohne Sinn und Zweck mal in die eine oder andere Richtung geneigt. Noch immer liegen Schutthaufen und dorische Säulen herum, wo vor mehr als fünfzig Jahren die Bomben fielen. Vor diesem Hintergrund wirkte der Festzug eher wie ein stimmungsvolles heidnisches Fest. An den Straßenecken hingen Lautsprecher, aus denen die rauchige Stimme einer französischen Schauspielerin erklang, unterbrochen von den ernsten Worten des Erzbischofs von Palermo. «Ich bin Santuzza», sagte die Schauspielerin, «ich bin die Stadt, ich lebe zwischen den Bergen und dem Meer.» Schöne und gut gewachsene junge Frauen saßen in Kleidern mit meterlangen Schleppen auf den riesigen eisernen Pferden und entzündeten seltsame Fackeln. Dicke Männer mit nacktem Oberkörper blickten gelangweilt drein, während sie die Festwagen an Stangen voranschoben. Wenn der Mann im Anzug an der Spitze des Zuges eine Order über das Walkie-Talkie erhielt, hielten sie an und rauchten eine Zigarette. Die Luft roch nach Lampenöl und Weihrauch. Hinter mir kam mit lautem Quietschen eine Vespa zum Stehen, nur wenige Zentimeter von meinen Waden entfernt. Der Bursche nahm den Helm ab, entschuldigte sich und machte das Kreuzzeichen.

Forzismo

In gutem Glauben haben italienische Politiker zuerst und zuvörderst ihre eigenen Interessen im Blickfeld, die ihrer Verwandten, Verbündeten, Freunde und Schützlinge. (...) Rechte und Linke gab es schon immer: Sie haben sich aufgespalten, und spalten sich noch heute auf, aus persönlichen Gründen oder weil sie in der einen oder anderen Sache unterschiedlicher Meinung sind. Alles in allem sind sie einander jedoch ziemlich ähnlich.[1]
Padre Curci

Silvio Berlusconi ist zweifelsohne einer der umstrittensten und ungewöhnlichsten politischen Führer auf der Weltbühne. Der eher klein gewachsene Mann mit Dauersonnenbräune und lichtem Haar, stets in einen dunklen Zweireiher gekleidet und immer zu einem schnellen Grinsen aufgelegt, polarisiert und fasziniert wie kein anderer. Viele sehen in ihm eine faustische Figur, einen Politiker, dessen Aufstieg zur Macht bedrohlich endzeitliche Züge trägt. *Forzismo*, sagen seine Gegner, ist Fernseh-Faschismus, eine Erscheinung des einundzwanzigsten Jahrhunderts; schlimmer noch, er zeigt einmal mehr die Grauzone zwischen dem römischen Parlament und der sizilianischen Unterwelt. Für die einen ist er ein Mann, der nicht in der Lage ist, Politik und private Interessen (ein Sieben-Milliarden-Dollar-Imperium aus Fernsehsendern, Banken, Fußballvereinen und Verlagen) auseinander zu halten. Andere sehen in ihm einen Retter, den Mann, der Italien vor dem Abgleiten in Kommunismus und politisches Chaos bewahrt hat. Er ist ein brillanter Geschäftsmann, ein draufgängerischer Haudegen. Er hat, sagen seine Anhänger, Italien zu neuem internationalen Ansehen verholfen. In ihren Augen haben die vielen Vorwürfe gegen Berlusconi nichts mit Korruption zu tun, sondern mehr mit der Wühlarbeit kommunistischer Kräfte.

Berlusconi hat oft behauptet, Italien befände sich in einem Bürgerkrieg. Das ist sicher übertrieben, aber kein Beobachter kann übersehen, dass das Land in zwei Hälften geteilt ist, die einander nicht ausstehen können. Auch wenn dieser gegenseitige Hass und die Verachtung nicht abermals zu einem Bürgerkrieg geführt haben, ist die Distanz doch nicht zu übersehen, aus der heraus die eine Hälfte die andere misstrauisch beäugt. Diese Spaltung ist für einen Italiener ebenso deutlich spürbar wie für einen Ausländer. Angelo Panebianco schrieb dazu im Januar 2002 im *Corriere della Sera*:

> [Es gibt] eine Art «Kampf der Kulturen». Auf der einen Seite stehen die, welche die gegenwärtige Regierung für eine Art ansteckende Krankheit halten, für ein Refugium des Bösen und der Gesetzlosigkeit. Auf der anderen Seite stehen jene, nach deren Ansicht das Verhältnis zwischen der politischen Linken und dem Richterstand mit ebendemselben Bazillus infiziert ist. Die Kluft zwischen den beiden Italien ist enorm, sie ist eine Kluft zwischen Werten und Prinzipien, die keinerlei Verständigung und Kompromiss mehr zulässt.[2]

Zwei einflussreiche Bücher sind bezeichnend für die Unversöhnlichkeit, mit der die beiden Seiten einander gegenüberstehen. Das eine ist eher eine Zeitschrift und trägt den Titel *Una storia italiana*, «Eine italienische Geschichte». Sie wurde kurz vor den Parlamentswahlen im Jahr 2001 über Berlusconis Verlag Mondadori an ungefähr zwölf Millionen italienische Haushalte verteilt. Geschätzte Gesamtkosten: etwa elf Milliarden Lire. Der Name des Autors wird auf dem Titelblatt nicht genannt. Stattdessen zieren insgesamt hundertvierzehn Fotos das Cover vorne und hinten, und alle zeigen immer denselben Mann mit dem schütteren Haar: lächelnd, jubelnd auf dem Fußballplatz, wie er Hände schüttelt, Staatsoberhäupter empfängt, vom Papst gesegnet wird: Silvio Berlusconi. Das Horoskop zu Beginn des Buches lässt keinen Zweifel daran aufkommen, dass Berlusconis Lebensweg bereits von den Sternen vorgezeichnet war: Silvio, erfuhr ich, wurde im Sternzeichen Waage geboren und ist von daher ein «kommunikativer Charakter, zu starken Leidenschaften und zu großer Liebe fähig. Er ist charismatisch, und dank eines hohen Maßes an Flexibilität und angeborenem Talent sind seine Aktivitäten in der großen Öffentlichkeit stets von außergewöhnlichem Erfolg gekrönt.»

Una storia italiana las sich höchst spannend, anrührend wie eine Aschenputtel-Geschichte. Ich konnte das Ding nicht mehr aus der Hand legen. Ich war so fasziniert, dass ich den Verlag um Erlaubnis bat, eines der Fotos für das Cover der englischen Version meines Buches verwenden zu dürfen. Das Foto zeigt Berlusconi grinsend auf einem Balkon in Mailand, unter ihm Tausende Fahnen schwingender Anhänger. Irgendwie sah das Foto manipuliert aus: Die Fahnen wehten in unterschiedliche Richtungen, die Schrift war erstaunlich gut zu lesen, und der Führer hielt Rosen in der Hand, die aussahen wie aufgemalt. Nach dem Horoskop kommt das Anfangskapitel, in dem von Silvios Familie die Rede ist, von der Liebe zu seiner Mutter, seinen «spirituellen Übungen» auf den Bermudas, wohin er sich mit seinen Freunden zurückzieht, um die «großen Klassiker» des westlichen Kanons zu lesen. Der Text ist leicht zu lesen, und nach jedem Absatz kommt ein Foto: Silvio als Baby, Silvio, wie er auf einem Kreuzfahrtschiff ein Liedchen trällert, auf dem Klavier begleitet von einem gewissen Fedele Confalonieri. Man kann das Heft kaum lesen, ohne zu denken: «Ich will diesem Mann nacheifern, ich will so werden wie er oder zumindest seine Anschauungen übernehmen, ganz sicher aber werde ich ihn wählen.» Berlusconis Leben als Märchen, als Kindheitstraum. Er war Musiker, Geschäftsmann, TV-Impresario, er hat eine schöne Frau, hübsche Kinder, Villen mit Gärten, Jachten und Privatflugzeuge. Und was am allerwichtigsten ist: Er ist ein begeisterter Fußballfan, seine Mannschaft gewinnt, er gewinnt. Er gewinnt alles.

Viele sahen jedoch in *Una storia italiana* nicht mehr als das: eine Geschichte eben, eine unglaublich eitle, perfide, demagogische Geschichte, ein Stück Propaganda auf Hochglanzpapier. Viele fanden sie lächerlich und ziemlich peinlich. Ein paar meiner Freunde stellten in Parma bei einer Demonstration von Umweltschützern eine riesige Mülltonne auf und forderten alle zwölf Millionen Italiener, denen das Heft geschickt worden war, dazu auf, das Machwerk umweltgerecht zu entsorgen. «Für sauberes Recycling» hieß es auf einem Spruchband. Wer Sinn für Ironie hatte, verstand die Anspielung sofort: *reciclaggio*, Recycling, sollte zum Schlüsselwort im Wahlkampf des Jahres 2001 werden.

«Recycling» ist ein Thema, das Berlusconi seit Jahrzehnten am Absatz klebt, und es verfolgte ihn erneut während dieser Wahl. Vermutungen, dass Geldwäsche in großem Stil für die Mafia seinen bescheidenen Anfängen erst die Schwungkraft verliehen habe, beherrschten den Wahlkampf; erst recht, als zwei Wochen vor dem Wahltermin ein Gegenstück zu *Una storia italiana* veröffentlicht wurde, *L'odore dei soldi*, «Der Geruch des Geldes», von Elio Veltri und Marco Travaglio. Was darin gesagt wurde, war nicht minder spektakulär und bot den Fernsehsendern der staatlichen RAI, die sich noch nicht in der Hand Berlusconis befanden, jede Menge Stoff. Grundlage des Buches war ein Interview mit einem Anti-Mafia-Richter, Paolo Borellino, das er kurz vor seiner Ermordung im Jahr 1992 gegeben hatte. Darin deutete Borellino an, dass die Mafia große, durch Drogenschmuggel erworbene Geldmengen über Firmen im Norden des Landes gewaschen habe, darunter laut den Verfassern auch Berlusconis Fininvest-Gruppe. Der Titel des Buches war besonders passend gewählt: Verbrecherische Absprachen mit der Mafia werden in Italien vielsagend *odore di Mafia* genannt, «der Geruch der Mafia».

Den Anschuldigungen zufolge war Berlusconi ein herausragender Repräsentant einer weitaus raffinierteren, in den Norden exportierten Spielart der Mafia, die mit der bäuerlichen, mörderischen Mafia in Sizilien nichts zu tun hat. Diese viel unheimlichere «weiße Mafia» agiert in größeren Zusammenhängen und ungleich diskreter. Zu ihren Aktivitäten gehören Betrug, Geldwäsche und internationale Investment-Deals. Das Buch zitierte den Spruch, dass derjenige, der in einer Demokratie die politische Arena betritt, «seine Brieftasche und die Pistole am Eingang abgibt». Damit war nicht nur gemeint, dass Berlusconi «seine Brieftasche» in die Regierung mitbringen würde, sollte er die Wahlen gewinnen; unterschwellig wurde auch behauptet, dass er in Sizilien Freunde mit beeindruckenden Pistolenhalftern habe.

Beide Geschichten, Berlusconis eigene und die seiner Gegenspieler, hielten den Leser in Atem und bildeten eine perfekte Symmetrie. *Una storia italiana* erzählt von heldenhaften und unglaubwürdigen Erfolgen. *L'odore dei soldi* ist voller unwahrscheinlicher Beschuldigungen. Wie in der Berichterstattung in Presse und Fernsehen, so fehlte auch hier die mittlere Tonlage: Berlusconi war entweder ein Heiliger oder ein Sünder, und der ganz normale Wähler sah sich mit zwei gleichermaßen unglaubwürdigen Versionen seiner Karriere konfrontiert, in denen kaum mehr zu unterscheiden war zwischen Fakt und Fiktion. Wenn, was gut möglich war, die Wahrheit irgendwo in der Mitte lag, dann gab es niemanden, der sie aussprach.

Ich versuchte wieder einmal, Berlusconis Herkunft und Aufstieg zu verstehen. Komplizierungen und Konfusion sind, wie mittlerweile klar sein sollte, Teil der in Italien so beliebten Vernebelungstaktik, und Berlusconi ist ein Meister dieser Kunst. Als er in den siebziger Jahren die 3500 Wohnungen vor den Toren Mailands aus dem Boden stampfte, schuf er ein System zahlloser russischer Puppen, das für einen Außenstehenden absolut unergründlich war. Es kam zu dubiosen Firmengründungen mit von Strohmännern, so genannten *prestanomi*, geführten Konten, die mit Geldern aufgefüllt wurden (an die 140 Milliarden Lire), welche wiederum von anonymen Konten in der Schweiz stammten. Oder es flossen Gelder über die *Banca Rasini*, für die Berlusconis Vater gearbeitet hatte und deren Name in jüngster Zeit mehr als einmal bei Mafiaprozessen gefallen ist. Gleichzeitig gründete Berlusconi die Fininvest-Gruppe mit zweiundzwanzig Holdings; sie ist die treibende Kraft hinter der *Forza Italia*. Ein Controlling-Spezialist hätte mit der Aufgabe, dieses Durcheinander aufzudröseln, sicher eine Ewigkeit zu tun, und so manch einem erschien das System russischer Puppen, das ja nur zu dem Zweck geschaffen wurde, ein paar Wohnblocks hochzuziehen, als viel zu kompliziert und von daher verdächtig.

Ähnlich seltsam ist die Geschichte von einem der Gärtner auf Berlusconis Anwesen in Arcore. Berlusconi hatte das Haus Mitte der siebziger Jahre gekauft, nachdem der Vorbesitzer nach zwei Mordfällen, einer privaten Tragödie, dazu gezwungen worden war, sich davon zu trennen. Nachdem er das Haus bezogen hatte, stellte Berlusconi einen gewissen Vittorio Mangano ein, einen Mann, der in der Folge wegen Mordes und Heroinhandels zu zweimal lebenslänglich verurteilt wurde. Mangano wohnte nicht nur unter einem Dach mit Berlusconi, sondern unterhielt auch beste Beziehungen zu dessen Geschäftsparter Marcello Dell'Utri, der nebenbei Generalsekretär der *Forza Italia* war. Vielleicht ist das alles nur Zufall, vielleicht aber auch nicht. «Für mich», sagte Mangano in einem Interview im Gefängnis im Juli 2000, «war Berlusconi wie ein Verwandter. Er vertraute mir ebenso, wie ich ihm und seiner Familie vertraute. Ich mag Berlusconi noch immer. Er ist ein ehrlicher Mensch, schreiben Sie das!» Ist solch eine Ehrenerklärung aus dem Mund eines verurteilten Mörders glaubwürdig? Ist Berlusconi wirklich ehrlich? Die außerordentlich komplizierten Fakten liegen alle öffentlich vor, Hunderttausende von dubiosen Dokumenten (dubios deshalb, weil sie Zweifel an beiden Seiten aufkommen lassen: an jenen, welche die Anschuldigungen führen, und am Beschuldigten selbst). Es ist alles nur eine Frage des jeweiligen Standpunkts. Berlusconis Reaktion auf die hinlänglich bekannten Vorwürfe, er sei insgeheim ein Mafioso, sprach für sich: Je länger das Thema in immer neuen Sendungen der RAI diskutiert wurde, umso ruppiger, aggressiver und drohender wurde er. «Mäßigen Sie sich!», herrschte er einen RAI-Moderator an, nachdem er telefonisch live in eine Sendung hineingeplatzt war.

Stein des Anstoßes war die von Michele Santoro geleitete Sendung *Il raggio verde* auf RAI 2, dem Sender, der auch *L'odore dei soldi* verlegt hatte. Der Mann, der den Skandal eigentlich verursacht hatte, Marcello Dell'Utri, Generalsekretär bei *Forza Italia*, erhielt später die Gelegenheit, sich zu rechtfertigen. Ausnahmsweise einmal herrschte in einem italienischen Studio Stille und kein Lärm; statt der üblichen Diskokugel war die Beleuchtung neutral. Die Werbeunterbrechungen wurden von einem Streichquartett angekündigt. Es gehört eine gehörige Portion Mut dazu, wenn ein Journalist aus Palermo live im landesweit ausgestrahlten Fernsehen andeutet, ein Mann vom Kaliber eines Dell'Utri unterhalte Beziehungen zur Mafia. Im fraglichen Moment erbleichte Dell'Utri deutlich sichtbar, sein Gesicht erstarrte angesichts dieser Ungeheuerlichkeit zur Maske. «Ich habe in meinem ganzen Leben noch nie auch nur eine Spur von der Mafia gesehen», stotterte er. «Dann laufen Sie als Parlamentarier wohl mit geschlossenen Augen durch die Stadt!», entgegnete der Journalist. In der Folge boykottierten Berlusconi und seine Koalitionspartner vorübergehend alle Sender der RAI und vertrauten fortan nur mehr dem diskreten Charme von Mediaset-Journalisten. Unter Berlusconis Anhängern war von einer unmittelbar nach den Wahlen geplanten Säuberungsaktion bei der RAI die Rede, und auch vor Aufrufen an das italienische Volk, der RAI die Gebühren zu verweigern, da sie eindeutig kommunistisch sei, schreckte man nicht zurück. Über Berlusconis hauseigene Mediaset-Sender gingen flammende Appelle ins Land, den Behauptungen keinesfalls zu glauben: Auf Rete 4 beispielsweise schlug der Nachrichtenmoderator Emilio Fede wütend mit der Faust auf den Tisch, als er die schmutzigen Tricks der Linken geißelte. Jedes Mal, wenn er eigentlich eine neue Meldung bringen wollte, legte sich seine Stirn in Falten, und er ging, den Tränen nahe, erneut dazu über, seinen Brötchengeber Silvio Berlusconi zu verteidigen. Wieder einmal war die Fernsehlandschaft wie das Land selbst gespalten durch schrille Erklärungen der Ablehnung beziehungsweise der Unterstützung Berlusconis. Die eigentliche Frage nach dem Wahrheitsgehalt der aufgestellten Behauptungen, ob nun Berlusconi tatsächlich Verbindungen zum organisierten Verbrechen unterhielt, ging in hysterischen Tumulten unter.

Manche sahen in den Vorwürfen Grund genug, den Stab über den *Cavaliere* zu brechen; offenbar gilt, wenn die Mafia im Spiel ist, ein Verdacht bereits als Vorstufe zur Wahrheit. So brachte der britische *Economist* schon Wochen vor der Wahl ein Foto von Berlusconi auf dem Titelblatt. Die Schlagzeile lautete: «Warum Berlusconi nicht fähig ist, Italien zu regieren». Natürlich listete der dazugehörige Artikel alle rechtlichen Verfehlungen des *Cavaliere* fein säuberlich auf und löste damit einen noch größeren Sturm aus als das Buch *L'odore dei soldi*. *Forza Italia* reagierte in gewohnt harscher Form: Linke Intellektuelle hätten sich, einer Verschwörung gleich, auf den ehrlichen Familienmenschen Berlusconi eingeschossen. Der *Economist* sei nicht mehr das Organ nüchterner finanzieller Analyse, sondern ein «kommunistisches Kampfblatt», herausgegeben von Möchtegern-Stalinisten.

Trotz der heftigen Kritik an Berlusconi ist es doch leicht nachvollziehbar, warum Millionen Wähler für ihn und die *Forza Italia* gestimmt haben. Wer ihn beobachtet, merkt sofort, dass dieser Mann über außergewöhnliche Führungsqualitäten und Ausstrahlung verfügt. In der Leidenschaft, mit der ihn seine Verteidiger in Schutz nehmen, spiegelt sich nicht zuletzt auch sein Charisma. Die engsten Freunde – seine Anwälte seit den siebziger Jahren oder sein Pianist aus frühen Kreuzfahrttagen – gehören noch immer zu seinen treuesten Verbündeten; sie sitzen heute im Parlament oder an Spitzenplätzen in seinem Firmenimperium. Loyalität findet man selten in der italienischen Politik, Berlusconi jedoch kann sich über Mangel daran nicht beklagen. In gewisser Weise hat die Art, mit der die Freunde auf Biegen und Brechen füreinander einstehen, etwas Nobles. Eine Haltung schweißt sie zusammen, die auf unheimliche Art an die Ränge in einem Fußballstadion erinnert: «Wir gegen die.» Diese früheren Weggefährten und späteren politischen Gefolgsleute scheinen in Berlusconis Fähigkeit, alles, was er berührt, in Gold zu verwandeln, etwas König-Midas-Artiges zu erkennen: Immobiliengeschäfte, TV-Imperien, die Fußballmannschaft AC Milan. Die Liste kann sich sehen lassen, und der Erfolg seines Finanzimperiums verschlägt einem den Atem. Dieses Gefühl, auf der Siegerseite zu stehen – «gewinnen zu müssen», *costretto a vincere*, wie der Slogan des AC Milan lautet –, bedeutet, dass zu seiner charismatischen Ausstrahlung etwas beinahe Vorbestimmtes dazukommt: Es ist sein Schicksal, dass alles, was er anfasst, zum Erfolg wird. Schon in *Una storia italiana* stand genau das zu lesen: Eine glückhafte Konstellation der Sterne macht Silvio Berlusconi zum Sieger. Und nichts macht so populär wie Erfolg.

Aus dem Grund setzt Berlusconi seinen Reichtum gezielt ein. 1999 tourte er im Wahlkampf auf einem Kreuzfahrtschiff von Hafen zu Hafen, das er auf eigene Kosten gechartert hatte. Er hat immer wieder argumentiert, dass er aufgrund seines Reichtums der ehrlichere Politiker sein könne: Er sei sozusagen immun gegen Korruption. Bedürftige Politiker unterlägen weitaus mehr der Versuchung, sich den berühmten Umschlag diskret über den Schreibtisch schieben zu lassen, wohlhabende hätten das niemals nötig. Das ist nachvollziehbar, wenn auch nicht unbedingt glaubwürdig. Schon William Thackeray hat in seinem Buch *Jahrmarkt der Eitelkeit* durchklingen lassen: «Wenn bequemes Wohlleben den Menschen nicht ehrlich macht, so hält es ihn doch wenigstens auf der Bahn des Rechts. Ein vom Schildkrötenmahl kommender Alderman wird nicht etwa aus der Kutsche steigen, um eine Hammelkeule zu stehlen; aber man lasse ihn hungern und warte ab, ob er nicht einen Laib Brot mitgehen heißt.»[3] In Gesprächen mit Wählern von *Forza Italia* drängte sich mir der Eindruck auf, dass Berlusconis Reichtum der Hauptgrund dafür ist, warum sie ihn gewählt haben. Er ist das von allen beneidete Vorbild. Wer ihn wählt, anerkennt seinen Lebensstil, der aus Kreuzfahrtschiffen, Villen, Feriendomizilen auf Sardinien, schönen Frauen und siegreichen Fußballmannschaften besteht. Der Lebensstil des *Cavaliere* bildet die Grundlage seiner Persönlichkeit. Berlusconi stellt seinen Reichtum zur Schau, weil er leider weiß, wie sehr man ihn bewundert und beneidet. Geld ist für ihn ein Vorteil, kein Hemmnis.

Vor dem Hintergrund der italienischen Parteienlandschaft, welche seit jeher von eher langweiligen, austauschbaren Figuren bevölkert wird, die alle die gleichen Anzüge tragen und die gleichen gewundenen Sätze im Mund führen, hat der Regierungschef tatsächlich etwas zu bieten. Und dem Wähler, der ratlos vor einem Stimmzettel mit Dutzenden von Splitterparteien steht, sticht die *Forza Italia* durchaus ins Auge. Da weiß man wenigstens, wen man wählt. *Forza Italia* ist, um es in der Sprache des Marketings auszudrücken, welche die *forzisti* verstehen, eine Marke mit hohem Wiedererkennungswert, wie ein Logo, ein Slogan – was man von den Parteien des linken Spektrums nicht gerade behaupten kann. Die bukolische Mitte-links-Koalition nennt sich «Ölbaum» und besteht aus der «Sonnenblume» (Grüne und Sozialisten), der «Margerite» (Demokraten, Volkspartei, Union der Demokraten für Europa und «Dini»-Liste), der «Eiche» (Linksdemokraten, die sich von der Kommunistischen Partei abgespalten haben) und der verbliebenen Hälfte der Partei der Italienischen Kommunisten. Daneben gibt es zahlreiche Splittergruppen (die *Rifondazione Comunista*, die Liste Di Pietro, Radikale). Angesichts dieser verwirrenden Vielzahl von Parteien war es für den normalen Wähler kaum mehr möglich, die Koalitionen zu durchschauen, ganz zu schweigen von ihren jeweiligen Zielen. Bei den Wahlen des Jahres 2001 wussten viele schon gar nicht mehr, was politisch in den fünf Jahren zuvor geschehen war: Im Lauf der dreizehnten Legislaturperiode der italienischen Republik (1996–2001) hatten 158 Politiker das Lager gewechselt, und das Land hatte drei verschiedene Ministerpräsidenten gehabt (Romano Prodi, Massimo D'Alema und Giuliano Amato), die vier verschiedenen Regierungen vorstanden. In der politischen Debatte und auf den Titelseiten der Gazetten ging es oft nur mehr darum, wer gerade welche Koalition zusammenzimmerte oder einriss, welche Partei gerade ihre Fahne umgestalten ließ oder wer sich gerade als Politiker der Rechten oder der Linken neu erfand. Berlusconi ragt aus dieser politischen Buchstabensuppe klar heraus. Seine nassforsche Art hat für viele seiner Anhänger, wie mir immer wieder bestätigt wurde, etwas Bewundernswertes. «Er hat einfach Mumm», sagen sie. Berlusconi verstößt ständig gegen die politischen Regeln und nimmt den anderen den Wind aus den Segeln, indem er *alla pancia* spricht, «zum Bauch». Wenn ich mit einem Büro der *Forza Italia* telefoniere, um Zitate oder Fakten abzugleichen, werde ich auf eine Art und Weise hofiert, dass mir manchmal gar nicht mehr bewusst ist, dass ich eine der politischen Parteien Italiens am Apparat habe. Sie sind höflich, effizient, immer hilfsbereit. Nichts anderes, sagen mir die Wähler der *Forza Italia* immer wieder, erwarten sie sich auch von ihrem Parlament: schnelle Entscheidungen, Klarheit, weniger Formalien. Berlusconi, sagen sie, ist gut fürs Geschäft. «Er steht auf unserer Seite.»

Zugute kommt ihm auch, dass ein Teil der italienischen Wähler schon immer gegen das Establishment gestimmt hat. Politiker haben ein derart schlechtes Ansehen, dass, wer sich von der «alten Garde» scheinbar absetzt, automatisch sympathischer wirkt als die amtierende Regierung. Ein Mitglied der Mitte-links-Koalition gestand unlängst ein, dass jeder Politiker, der von sich behauptet, er sei für Schmiergelder nicht empfänglich, ein *bugiardo matricolato* sei, ein «Lügner durch und durch». In diesem Sinn ist es eine von Berlusconis Stärken, sich als Nichtpolitiker hinzustellen, der einer Partei von Unternehmern vorsteht, nicht einer politischen Kaste. Ungefähr 90 Prozent der Abgeordneten, die 1994 für die *Forza Italia* ins Parlament einzogen, waren Neulinge. Berlusconis politischer Erfolg hängt sicher auch damit zusammen, dass, wie schon Machiavelli bemerkte, «Italien den [erwartet], der imstande wäre, seine Wunden zu heilen (...) Man sieht, wie es [Italien] zu Gott betet, auf dass er ihm einen Mann sende, der es von den Grausamkeiten und Gewalttätigkeiten der Barbaren befreit; man sieht auch, dass es durchaus bereit und willens ist, einem Banner zu folgen, wenn nur einer da wäre, der es ergreift».[4] Es gibt in Italien eine Sehnsucht nach einem Erlöser, einem Politiker, der ein neues Banner hisst und «jene Wunden reinigt», die Jahre der Misswirtschaft dem Land zugefügt haben. Mussolini hat diesen Anspruch 1922 erfüllt, und auch die Christdemokraten 1948. Jedes neue Regime weckt einen Hoffnungsschimmer, wird jedoch schnell wieder in den Orkus geschickt, wenn diese Hoffnung, wie zuvor schon die letzte, trügt – was natürlich die Sehnsucht nach einem «Erlöser» nur noch verstärkt.

Aber Berlusconi profitiert nicht nur von dieser Symbolik des «Wunden heilenden» Unternehmer-Politikers; breite Unterstützung kommt ihm auch aus den Kreisen der Wirtschaft zu. Als Mann, der berühmt ist für seinen geschäftlichen Instinkt, findet Berlusconi sogar in den Teilen Italiens Zuspruch, die seit jeher als «rot» gegolten haben: dem reichen Mittel- und Norditalien. Alle Kommentatoren, selbst diejenigen am linken Rand des politischen Spektrums, sehen ein, dass das italienische Arbeitsrecht zu einseitig ist. Die Verträge sind zeitlich unbefristet, weshalb es für eine Firma mit mehr als fünfzehn Angestellten so gut wie unmöglich ist, jemanden auf die Straße zu setzen. Die Gehälter mögen zwar mager sein, aber sie sind lebenslang garantiert. Überdies sind die Unternehmen gezwungen, für jeden ehemaligen Vollzeitbeschäftigten dicke Pensionszuzahlungen zu leisten, eine Belastung, die gerade den kleineren Unternehmen in Italien besonders zu schaffen macht. Immerhin liegt das Renteneintrittsalter bei sechsundfünfzig Jahren.

Großen Stimmenzulauf brachte Berlusconi auch die Zuwanderungsfrage. Italien war innerhalb weniger Jahre von einem Land, aus dem die Menschen jahrzehntelang in Scharen ausgewandert waren, zu einem klassischen Einwanderungsland geworden. Es war unweigerlich die erste Anlaufstelle für Flüchtlinge aus den Balkanländern, Osteuropa und Nordafrika. Für eine sozial (nicht politisch) derart homogene Gesellschaft wie die italienische, noch dazu eine mit der niedrigsten Geburtenrate Europas, bedeutete dieser plötzliche Zustrom einen Schock. Verschärft hatte sich die Lage noch durch das sehr viel größere Problem der illegalen Einwanderung: Die Zahl der *clandestini* im Land wurde auf annähernd eine halbe Million geschätzt, und täglich entstiegen den an den Küsten der Adria angeschwemmten Schlauchbooten neue *extracomunitari*.

Die 2001 abgelöste Mitte-links-Regierung war selbst am Verlust ihrer Macht nicht ganz unschuldig. Als Romano Prodi 1996 die Wahlen gewann, sah alles danach aus, dass Italiens *bipartitismo imperfetto* – was bedeutete, dass die Christdemokraten, die Rechte, ununterbrochen an der Macht waren, während die Kommunisten, die Linke, ununterbrochen davon ausgeschlossen waren – nach fünfzig Jahren endlich der Vergangenheit angehören würde. Aber kaum waren sie an der Macht, erwiesen sich ebenjene Kommunisten (oder, wie sie sich inzwischen nannten, Linksdemokraten) als rigide Monetaristen, wild entschlossen, das Land schmerzhaft auf den Anschluss an den europäischen Währungsverbund vorzubereiten. In den fünf Jahren ihrer Amtszeit sank das Finanzierungsdefizit bezogen auf das Bruttoinlandsprodukt von über 7 auf 0,3 Prozent; sowohl Staatsverschuldung als auch Inflation waren deutlich gesunken. Nur die Steuern wurden angehoben oder neue eingeführt, wie die «Europasteuer». In den Augen der meisten waren die Regierung Prodi und auch ihre Nachfolger finanzpolitisch sehr erfolgreich. Innenpolitisch war diese Zeit jedoch ein Desaster.

Der größte Fehler der Linken war schlicht und einfach taktischer Natur. Ursprünglich war man davon ausgegangen, mit dem deutlichen Hinweis auf den Interessenkonflikt Berlusconis die nächsten Wahlen sicher wieder zu gewinnen. Nur leider hatten die Linken das Problem in der Regierung fünf Jahre lang totgeschwiegen, und so konnten sie es unmöglich kurz vor den Wahlen aus dem Hut zaubern, ohne an Glaubwürdigkeit zu verlieren. Massimo D'Alema, der Mann, der nach dem Ausstieg der *Rifondazione Comunista* Romano Prodi als Ministerpräsident ersetzt hatte, kam letztlich nur mit Hilfe einer Hand voll Stimmen an die Macht, die ihm Francesco Cossiga (der ehemals den Christdemokraten angehört hatte und auch schon Staatspräsident gewesen war) zugeschanzt hatte. In dem Versuch, seine Position zu stärken, verstrickte sich D'Alema – scharfsinnig, intelligent, aber leider ein

Politiker der alten Schule – in einer Debatte über Verfassungsfragen mit Berlusconi. Dahinter stand die Absicht, dem Land endlich zu einem stabilen Parlament und einem handlungsfähigen Regierungschef zu verhelfen und den Einfluss von Splittergruppen zurückzudrängen. Als Anführer der beiden größten politischen Gruppierungen des Landes hatten D'Alema und Berlusconi durchaus gemeinsame Interessen in dieser Verfassungsdebatte. Ihre gemeinsamen Treffen mit einer Gesamtdauer von 480 Stunden zogen sich über Jahre hin; in dieser Zeit konnten keinerlei Gesetze gegen Berlusconi erlassen werden. Somit hatte sich D'Alema, der offenbar auf Biegen und Brechen ein neues Wahlrecht durchsetzen wollte, zu einem folgenschweren Spagat hinreißen lassen, nur um seinen Rivalen für die Durchsetzung der eigenen Ziele zu gewinnen. Nachdem er sich in den späten neunziger Jahren so offensichtlich im Schulterschluss mit dem Führer von *Forza Italia* geübt hatte, wirkte D'Alemas nachträgliche Behauptung – im Vorfeld der kommenden Wahlen, und nachdem die Gespräche über eine Verfassungsreform gescheitert waren –, dass Berlusconi in Wahrheit doch ein diabolischer Verführer der Massen sei, durch und durch unglaubwürdig.

Schließlich gelang es ausgerechnet Berlusconi, sich als *garantista* zu stilisieren, als Kämpfer für die Bürgerrechte. Nachdem er selbst einer Reihe von, wie er sich ausdrückte, «Attacken» seitens der Justiz ausgesetzt war, versprach Berlusconi, das gesamte Justizsystem auf den Prüfstand zu stellen. Welche Ziele er auch immer damit verfolgte, seine «Bürgerrechts»-Kampagne war jedenfalls ein weiterer Volltreffer. Jedermann in Italien weiß, dass das Justizsystem gravierende Mängel aufweist. Von den Gefängnisinsassen warten 40 Prozent auf ihr Gerichtsverfahren, und das nicht nur seit Tagen oder Wochen, sondern seit Jahren. Die Angeklagten sitzen, wie ein *Forza-Italia*-Abgeordneter in einem Buch geschrieben hat, bereits vor einer möglichen Verurteilung ihre Strafe ab. Ein Politiker, der mit dem Versprechen antrat, die Justiz von Grund auf zu reformieren, kam also im Land durchaus an. «In meinem Fall», sagte Berlusconi mit seinem gewohnten Hang zur Übertreibung, «wenden sie die gleichen Methoden an, die schon Goebbels gegen die Juden eingesetzt hat.» In einer Abwandlung der berühmten Redewendung vom Nutzen der Kommunisten für die Christdemokraten («Wenn es die KP nicht schon gegeben hätte, hätten wir sie erfinden müssen») hieße das: Wenn nicht so viele Verfahren gegen Berlusconi anhängig gewesen wären, hätte er sie glatt erfinden müssen. Diese Haltung nutzt ihm auf sonderbare Weise: Sie stützt nämlich einen der wichtigsten Bestandteile seiner Strategie, den *vittimismo*. Sie ist brillant. Erstens kann sich jeder in Italien mit einem Mann identifizieren, der offenbar einer Hetzjagd von unheimlichen, unsichtbaren Kräften ausgesetzt ist. Man erkennt sich einfach wieder in dieser Leier, und Berlusconi wird, was das betrifft, zu «einem von uns». Zweitens kann Berlusconi mit Hilfe dieser Strategie die patriotische Karte ausspielen. Je mehr er im Ausland unter Beschuss gerät, umso mehr bewundert man ihn in Italien. Drittens – das ist nur ein flüchtiger Eindruck – vermitteln die Gerichtsverfahren das Gefühl, er sei praktisch jedermann: Man wirft ihm vor, das zu tun, was jeder andere Italiener auch schon immer gemacht hat. Es handelt sich um jene klassische Art der Verteidigung, bei der man sich nicht darauf beruft, unschuldig zu sein, sondern darauf, dass alle anderen genauso schuldig sind.

Diese Stilisierung des Parteivorsitzenden zum Opfer wurde zum zentralen Bestandteil des Mythenschatzes der *Forza Italia*. Ihr Kult braucht diesen Verfolgungs-Komplex. Der Vorsitzende und seine Gefolgsleute erscheinen darin als getretene, vom Schicksal benachteiligte Außenseiter, Vorkämpfer für eine bessere Welt in einem Land, das sie nicht versteht. Faszinierend ist, wie sich dieses Denken im Sprachgebrauch spiegelt: Kandidaten der *Forza Italia* werden «Apostel» genannt; die Zeit in der Opposition war die *traversata del deserto*, die Durchquerung der Wüste. Berlusconi selbst vergleicht sich sogar oft mit Noah, Moses oder gar Jesus. Dieser Import religiöser Bildersprache in die Sphäre der Politik erzeugt unterschwellig die Vorstellung, die Angehörigen dieser Partei seien in jedem Fall gute Menschen, vergleichbar frühen jüdischen und christlichen Nomaden. Sie, die bescheiden in unseren Reihen leben, predigen das «Wort», verbreiten das «gute Buch», singen ihre gemeinsamen Lieder, die man auch dann hört, wenn man bei einem Anruf bei der *Forza Italia* in der Warteschleife hängt.

Nichts davon kam jedoch im Wahlkampf des Jahres 2001 aufs Tapet. Politische Themen spielten nur eine untergeordnete Rolle. Berlusconi war, wie der Journalist Indro Montanelli bemerkte, zum «Mühlstein» geworden, der «das politische Geschehen in Italien paralysiert». Über Inhalte und Ideen wurde nie gesprochen. Die Wahlen waren, nach den Worten Umberto Ecos, zu einem bloßen «moralischen Referendum» über den Vorsitzenden der *Forza Italia* geworden. Es ging nur mehr um die Frage, ob man «für» oder «gegen» den Spitzenkandidaten war. Es war ein Experiment in Sachen flächendeckender Werbung: Die Marke war Berlusconi, und die simplen Slogans lauteten «Freiheit» und «Demokratie». Natürlich gewann er die Wahlen haushoch. Das Interregnum war vorüber, die Restauration hatte gesiegt. Die Taktik, Berlusconi zu dämonisieren, hatte sich als völliger Fehlschlag erwiesen. Je mehr er von intellektuellen Klardenkern der Linken und von Wirtschaftsjournalisten der Rechten attackiert wurde, umso mehr konnte er sich als Kämpfer gerieren, der sich für sein Land stark macht. Bei dem «moralischen Referendum» hatte sich eine Mehrheit für die «unmoralische Option» entschieden. Fast 30 Prozent der Wähler stimmten für die *Forza Italia*. Die Linke musste Verluste einstecken, einzig die «Margeriten»-Koalition von Francesco Rutelli welkte nicht; im Vergleich zu 9 Prozent vor fünf Jahren erreichte sie dieses Mal 15 Prozent, und die wenigen unabhängigen Parteien (Di Pietros *Italia dei Valori* – «Italien der Werte» – sowie die Lista Bonino) scheiterten an der Vier-Prozent-Hürde. Es hätte aber trotzdem noch ein Kopf-an-Kopf-Rennen werden können, dann nämlich, wenn die auf Pomp und Prinzipien setzende *Rifondazione Comunista* («Kommunistische Wiedergründung») in das Ölbaumbündnis aufgenommen worden wäre. Mit den 5 Prozent der Kommunisten wäre es in dem Zwei-Koalitionen-Parlament mit an Sicherheit grenzender Wahrscheinlichkeit zu einem Patt gekommen. So jedoch ergaben diese 5 Prozent lediglich elf wackelige koalitionsfreie Sitze in der Abgeordnetenkammer.

Wer in Italien lebt, wird sozusagen neu verkabelt, weshalb es auch, wie mir ein erfahrener Journalist sagte, «unmöglich ist, in den Kategorien links und rechts zu denken. Die Politiker wechseln so oft die Seiten, dass man völlig durcheinander kommt.» Um das Land und seine Politik zu verstehen, müsse man in der Beschreibung derart flexibler Politiker auf «vorpolitische» Begriffe zurückgreifen: also nicht «rechts» oder «links», auch nicht die historischen Dinosaurier «Kommunist» oder «Faschist», sondern altmodische Kriterien wie «Ehrlichkeit», «Gesetzestreue», «Steuermoral» oder «Moral» ganz allgemein. Gemessen an diesen Maßstäben traten die wahren Züge der Politik Berlusconis deutlich hervor: Der Mann, der sich so demonstrativ für die Kräfte des freien Marktes à la Thatcher stark gemacht hatte, verfolgte in Wirklichkeit ganz andere Ziele. Mit seiner ersten Gesetzesinitiative hatte er meiner Meinung nach einen der Grundsteine des Kapitalismus ausgehebelt: korrekte Buchführung.

In jenem Sommer erging ein Urteil von historischer Bedeutung. Nach einer Verhandlungsdauer von fast achtzehn Monaten entschieden das Gericht und die Geschworenen des Piazza-Fontana-Verfahrens am 30. Juni 2001 über den Bombenanschlag, der zweiunddreißig Jahre zurücklag. Delfo Zorzi, Carlo Maria Maggi und Giancarlo Rognoni erhielten jeweils lebenslänglich, was von den Angehörigen der Opfer mit Beifall aufgenommen wurde. Pressereaktionen über das Urteil blieben dagegen aus. Zu dem Zeitpunkt hatten wir alle die Nase voll von Skandalen und von der Unmenge der Bilder zerknirschter *pentiti*. Die Enthüllung, dass die italienische Staatsmaschinerie vor Jahrzehnten mit faschistischen Bombenlegern gemeinsame Sache gemacht hatte, war angesichts dieser Farce von Gerichtsverfahren entweder unglaubwürdig, oder sie war bereits so hinlänglich bekannt, dass sie keine Meldung mehr wert war. Neu dagegen war, dass Gaetano Pecorella, einer von Berlusconis juristischen Beratern, auch Zorzi verteidigt hatte; Carlo Taormina, seines Zeichens Unterstaatssekretär im Innenministerium, war zuvor als Verteidiger für Maggi in Erscheinung getreten. «Der Ausgang politischer Schauprozesse steht ohnehin von vornherein fest», sprach Taormina zermürbt in die Kameras vor dem Gerichtsgebäude, um dann weiter auf die Justiz einzudreschen, für die er über sein politisches Amt mit verantwortlich war. «Die Geschichte wird mit roter Tinte neu geschrieben.»

Einen Monat später traten die Spannungen offen zutage. Im Vorfeld des G8-Gipfels im Juli 2001 in Genua war in der italienischen Presse von nichts anderem die Rede als von der Gefahr drohender Krawalle und terroristischer Anschläge. Für die Ausrichtung des Gipfels waren über 400 Millionen Euro veranschlagt worden, und fünfzehntausend «Ordnungskräfte» hatten die Straßen der Stadt mitten in der Hauptreisezeit evakuiert. Die Stimmung im Land war bis zum Zerreißen gespannt, nicht zuletzt weil der Fernsehnation eine Sendung nach der anderen geliefert wurde, in welchen immer wieder gezeigt wurde, wie sich Polizei und Demonstranten auf den Ernstfall, die Konfrontation, vorbereiteten: Schlagstöcke und Tränengas für Erstere, Gasmasken und Schienbeinschützer aus Pappe für Letztere. Manu Chao, ein populärer und politisch engagierter Sänger spanisch-französischer Abstammung, stellte sich in einem Extrakonzert demonstrativ auf die Seite der *Tute Bianche*, der stets in weiße Overalls gekleideten Anti-Globalisierungs-Aktivisten. Wenige Tage vor Beginn des Gipfels scharten sich die wie Astronauten aussehenden Globalisierungsgegner auf der Bühne um Manu Chao und erhoben die linke Faust zu ihrem «anti-globalen» Gruß.

Für jeden Geschichtsbewussten ließ die Wahl Genuas als Veranstaltungsort nichts Gutes ahnen. 1960 plante die neofaschistische Partei, der *Movimento Sociale Italiano*, dort eine Parteikonferenz. Sie sollte von dem Mann – einem Italiener – geleitet werden, der zur Zeit der Besatzung durch die Nazis Präfekt in Genua gewesen war. Am 30. Juni 1960 kam es zu gewaltsamen Demonstrationen, wie sie die Stadt nie zuvor gesehen hatte. Innerhalb weniger Tage griffen die gegen eine Regierungsbeteiligung der Faschisten gerichteten Aufstände auch auf andere Orte über, besonders auf Reggio Emilia. Dort tötete die Polizei fünf Demonstranten, womit sich die Zahl der zwischen 1956 und 1960 bei Polizeieinsätzen ums Leben gekommenen Demonstranten und streikenden Arbeiter auf 94 erhöhte. Diese traurige Opferbilanz und eine traditionell schießfreudige Polizei bedeuteten höchste Alarmstufe für den G8-Gipfel.

Kurz vor Beginn des Gipfels tauchten überall im Land Bomben auf. In den meisten Fällen handelte es sich um «kleinere Kaliber». Viele erwiesen sich als Blindgänger, oder es waren nur kleine Päckchen mit geringen Mengen Dynamit. Im Visier der Bombenleger befanden sich Firmen wie Benetton oder FIAT, aber auch eine Zeitarbeitsfirma. Solche Arbeitsvermittlungs-Agenturen werden als Gefahr für den Job «auf immer und ewig» gesehen und stehen daher genauso im Zentrum der Kritik italienischer Globalisierungsgegner wie McDonald's. Emilio Fede, Berlusconis bevorzugter Nachrichtenmann, bekam eine Bombe geschickt, die auch hochging und seine Sekretärin schwer verletzte. Die hysterische Angst vor Terrorangriffen im Umfeld des G8-Gipfels erreichte neue Dimensionen.

Was in Genua dann tatsächlich passierte, ist sattsam bekannt: Unter der Viertelmillion Demonstranten, die durch die nicht abgeriegelten Vororte der Stadt marschierten, befanden sich wie immer auch ein paar Plünderer und Brandstifter (der so genannte schwarze Block). Die *Tute Bianche* waren, wie Berlusconis Mediaset-Sender verbreiteten, von einer besonders gefährlichen neuen Terrorgruppe infiltriert worden. Zu sehen gab es aber lediglich ein paar Dutzend schwarz Vermummter, die Trommeln schlugen und Ziegelsteine in Schaufenster warfen; Krawallmacher, gewiss, aber schwerlich die «Terroristen», als welche die Regierung sie ausgab. Einer war mit schwarz angemalten Cricket-Beinschützern angetan, was nun so gar nicht wie die Montur eines gefährlichen Revolutionärs aussah.

Zu viel mehr Bedenken gab das Verhalten der Polizei Anlass. Ein generelles Problem bei Polizeieinsätzen in Italien – auch in den Fußballstadien – ist die Kombination aus Inkompetenz und dem festen Willen, durchzugreifen. Zwischen beiden besteht ein unmittelbarer Zusammenhang: Je größer die Inkompetenz, umso größer natürlich auch das Bedürfnis nach hartem Handeln. Und wenn dabei geladene Handfeuerwaffen zum Einsatz kommen, lassen sich Opfer schwerlich vermeiden. Die 400 Millionen Euro Organisationskosten für den Gipfel reichten nicht aus, um einen gepanzerten Einsatzwagen vor einem «Angriff» zu schützen. Weil er sich von einem Feuerlöscher, der gegen sein Fahrzeug geschleudert wurde, bedroht fühlte, eröffnete ein *carabiniere* kurzerhand das Feuer und tötete den zwanzig Jahre alten Carlo Giuliani.

Aber selbst dieser tragische und vermeidbare Todesfall wurde tags darauf noch überboten. Die *carabinieri* führten nachts eine Razzia in der Diaz-Schule durch, in der viele Journalisten und Teilnehmer am «Genua-Sozialforum» ihr Lager aufgeschlagen hatten. Die Brutalität der Aktion stellte alles bisher Dagewesene in den Schatten. Die Beamten knüppelten, was das Zeug hielt. Die am nächsten Tag veröffentlichten Bilder zeigten auf dem Fußboden verstreute Zähne, an den Wänden waren an zahlreichen Stellen Blutflecken in Kopfhöhe zu sehen. Dreiundneunzig Menschen wurden festgenommen, andere wurden in die provisorisch errichtete Polizeikaserne bei Bolzaneto außerhalb von Genua gebracht. Zu den Klängen der faschistischen Hymne *Faccetta Nera* wurden dort mehrere Demonstranten schwer misshandelt. Ein *carabiniere* schilderte später der Zeitung *La Repubblica*, wie seine Kollegen mit den Journalisten und Demonstranten umgegangen waren: «Sie ließen sie antreten und schlugen ihre Köpfe gegen die Wand. Sie urinierten auf eine Person. Sie schlugen die Leute, wenn sie sich weigerten, *Faccetta Nera* zu singen. Ein Mädchen spuckte Blut, aber der Kommandant der Einheit sah nur zu. Sie drohten den

Mädchen, sie mit Schlagstöcken zu vergewaltigen.» Knochen wurden absichtlich gebrochen. Allein die britischen Staatsbürgern zugefügten Verletzungen waren schier unfassbar: gebrochene Rippen, perforierte Lungen, Milzrisse, gebrochene Handgelenke, schwere Kopfverletzungen. Noch Monate später saßen viele Menschen – Italiener, aber auch Ausländer – im Gefängnis und warteten auf eine Anklageerhebung. Die italienische Presse verglich den Polizeieinsatz mit Übergriffen der chilenischen Militärregierung unter Pinochet, und ausnahmsweise erschien die Wortwahl meiner italienischen Freunde einmal nicht überzogen. «Das ist erst der Anfang», sagte mein normalerweise zurückhaltender Mitbewohner. «Es ist die Visitenkarte der faschistischen Regierung.»

Als im Herbst 2001 der Krieg gegen den internationalen Terrorismus erstmals auch an der «Finanzfront» geführt wurde, wurde die Position Berlusconis immer undurchschaubarer. Die internationale Staatengemeinschaft nahm den Fluss von Geldern ungeklärter Herkunft immer stärker ins Visier, während Berlusconi mit seiner Gesetzgebung genau die entgegengesetzte Richtung einschlug. Die Tage der italienischen Währung, der Lira, waren gezählt, und die Regierung erließ Gesetze, die kaum anders als ein Freibrief für Geldwäscher zu werten waren. Gegen Zahlung einer Geldstrafe in Höhe von 2,5 Prozent der fraglichen Summe sollte es fortan möglich sein, illegal ins Ausland geschafftes Kapital (oder illegal verdientes) wieder zurück nach Italien zu leiten. Das Gesetz nannte sich schlicht und einfach *rientro capitali* und wurde dem Parlament als Anhang zu einer Abstimmung über die Einführung des Euro untergejubelt. Zwar reagierte die internationale Öffentlichkeit mit Hohn und Spott auf das Gesetz, die Regierung jedoch profitierte davon in zweierlei Hinsicht: Zum einen besserten die Geldstrafen die Staatsfinanzen auf, zum anderen bot sich dem *Presidente* dadurch die Gelegenheit, die eigenen, noch vor der Wahl abgeschlossenen dunklen Geschäfte abzusegnen. Unsummen illegal exportierter Gelder konnten nun gegen Zahlung einer geringen Gebühr durch die Geldwaschmaschine der Regierung laufen. Das

Gesetz über den «Rückfluss von Kapital» stieß auf derart heftige Kritik, dass sich die Regierung nur wenige Monate nach der Wahl gezwungen sah, die Vertrauensfrage im Parlament zu stellen.

In der Zwischenzeit hatte die Regierung ein zweites Gesetz eingebracht, das angesichts der internationalen Anstrengungen zur Eindämmung illegaler Finanztransaktionen noch unverständlicher war: Ein bereits 1998 zwischen der Schweiz und Italien geschlossenes Abkommen, das erst jetzt ratifiziert wurde, erhielt zwei Änderungen, die letztendlich eine schwere Behinderung der Arbeit internationaler Ermittler in Sachen Finanzbetrug bedeuteten. Mit ihnen wurden Dokumente, die in laufenden Verfahren gegen Finanzjongleure eingesetzt wurden, mit einem Schlag unbrauchbar, es sei denn, sie erfüllten strenge und eigentlich unmögliche Bedingungen wie zum Beispiel die Übereinstimmung mit einer ganzen Reihe von Gesetzen zur Ratifizierung des Straßburger Abkommens aus dem Jahr 1961. Damit war klar, dass einige Verfahren entweder verschoben oder völlig neu aufgerollt werden müssten. Bis dahin würde längst das neue Verjährungsgesetz greifen, sodass jede weitere Strafverfolgung unmöglich würde. Der Schweizer Generalstaatsanwalt Bernard Bertossa erklärte, er habe den «Eindruck, dass dieses unsägliche Gesetz eine klare Zielsetzung hat: Die Beweislage auf bestimmten Gebieten zu entschärfen, um auf diesem Weg gewisse Gerichtsverfahren zu neutralisieren. Tatsache ist, dass von den in Italien anstehenden Prozessen jene [von der Gesetzesänderung] am meisten betroffen sind, in die Herr Berlusconi verwickelt ist».

Sogar in den Reihen der Regierung regte sich Empörung über den Entwurf. Zum ersten Mal nutzten siebenundzwanzig *franchi tiratori* («Abweichler» aus Berlusconis «Freiheitspol») die geheime Abstimmung dazu, gegen die eigene Fraktion zu stimmen. Dennoch wurde das Gesetz verabschiedet, und es kam anschließend zu Tumulten und handgreiflichen Auseinandersetzungen auf dem Parkett des Hohen Hauses. Die Berichterstatter sprachen von einer *rissa*: nicht gerade eine Schlägerei, aber doch ein Handgemenge unter

Politikern gegensätzlicher Meinung. Dazu entfalteten Abgeordnete der Opposition Transparente mit dem Namen Cesare Previti (Berlusconis Anwalt, der gerade in Mailand vor Gericht stand) und der Nummer seines Bankkontos in der Schweiz.

Es war klar erkennbar, dass die vielen Prozesse, die sich im Fall Berlusconis und seiner Leute angestaut hatten, der Hauptgrund für die hastige Gesetzgebung im Herbst gewesen waren. Offenbar verfolgte der Ministerpräsident die Strategie, sich in den anstehenden Prozessen nicht zu verteidigen, sondern sich ihrer gleich ganz zu entledigen. Sogar die *Lega Nord*, die noch zu Beginn der neunziger Jahre scheinbar entschlossen gewesen war, den Korruptionssumpf in Rom auszutrocknen, schwenkte geschlossen auf die Strategie der Vertuschung ein. Der Justizminister, der *Leghista* Roberto Castelli, erging sich wiederholt in Schmähtiraden gegen die «schmutzigen Togen»; Carlo Taormina, der Anwalt aus Sizilien, ging noch einen Schritt weiter, indem er forderte, die Richter, die Berlusconi weiterhin verfolgten, ihrerseits strafrechtlich zu belangen. Auf seinen Auslandsreisen versuchte Berlusconi mit allen Mitteln, auf seine Lage aufmerksam zu machen: «Wir haben in Italien Jakobinerrichter», sagte er in Spanien. «Seit zehn Jahren», erklärte er in einem Interview mit einem seiner eigenen Blätter, «wütet ein Bürgerkrieg in Italien.» In einer Maßnahme, die anscheinend der Einschüchterung dienen sollte und deren volle Tragweite sich erst Monate später zeigen sollte, ließ er den Personenschutz für Richter drastisch reduzieren. Anfang Dezember trat der Vorstand des «Nationalen Richterbunds» nach wochenlangem Sperrfeuer geschlossen zurück, erstmals wieder seit 1924.

Ein paar Tage später kamen die Partner der Europäischen Union zusammen, um den geplanten Europäischen Haftbefehl für zweiunddreißig Schwerstverbrechen zu diskutieren, darunter Terrorismus, Waffenschieberei und Kinderpornographie. Alle erwarteten, dass das Treffen problemlos über die Bühne gehen würde, aber Italien war zum ersten Mal in seiner Nachkriegsgeschichte plötzlich auf Distanz gegangen zur Idee einer europäischen Staatengemeinschaft. Die italienische Delegation weigerte sich, das Abkommen zu unterzeichnen. Die Motive dafür lagen im Dunkeln, aber hinter vorgehaltener Hand munkelte man, dass die Reaktion nur logisch sei: Zu einer Zeit, in der die italienische Regierung versuchte, die eigene Justiz auszutricksen, würde sie kaum hingehen und einen internationalen Strick um den Hals des Ministerpräsidenten legen. Justizminister Roberto Castelli kehrte aus Brüssel zurück, angetan mit der grünen *Lega-Nord*-Krawatte, und verkündete auf einer Versammlung in Mailand unverzüglich, dass ein Europäischer Haftbefehl der sichere Weg zu einer von Kommunisten beherrschten Justiz sei; niemand, so Umberto Bossi, Vorsitzender der *Lega Nord* und Minister für Reformen, wäre mehr vor den linken «Scharfrichtern» sicher gewesen, hätte Castelli die Vereinbarung unterschrieben. Schließlich kam man doch noch zu einer Lösung, aber lediglich unter der Voraussetzung «beiderseitiger Strafbarkeit»: Für viele der fraglichen Verbrechen sollte der gemeinsame Haftbefehl nur dann gelten, wenn die jeweilige Straftat in beiden Ländern tatsächlich einen Straftatbestand darstellte, im ausliefernden Land und dem Land, das den Antrag auf Auslieferung stellte. Graham Watson, der Vorsitzende des Ausschusses für Justiz und innere Angelegenheiten der EU, sagte in diesem Zusammenhang später zu mir: «In Brüssel führte die ganze Geschichte dazu, dass man sich erneut die Frage stellte, wie sauber die Regierung Berlusconi eigentlich sei. Dass ein Regierungschef so weit geht, quasi sein Veto gegen die Verhaftung von Schwerstkriminellen einzulegen, ist höchst besorgniserregend.»

In der Zwischenzeit gingen die Verfahren gegen Berlusconi und seine Anhänger weiter – und natürlich auch die Angriffe auf die Richterschaft. Wie immer waren die einzigen ernst zu nehmenden Hinweise auf Berlusconis Schuld oder Unschuld die Begleitumstände: die grobe Eile, in der seine Regierung den Verfahren, in die er selbst verwickelt war, die Grundlagen entzog, die Weigerung, internationale Haftabkommen zu unterstützen. In Italien gibt es in

Bezug auf alle möglichen Aktionen, vor allem jedoch in Bezug auf Aktionen der Regierung, die wunderbar zynische, unvermittelt gestellte Frage: *Chi giova?*, was so viel heißt wie: «Wem nutzt es?» Stellte man diese Frage zu irgendeinem der von der Regierung erlassenen Gesetze, gab es immer nur eine mögliche Antwort: *Il Presidente*.

Um die Restauration des Ancien Régime komplett zu machen, wurde auch die Immunität der Abgeordneten wieder eingeführt. Die meisten Menschen setzen Immunität mit Straffreiheit gleich; es gehe dabei nicht um Schutz, sondern um Rückzug in einen straffreien Raum. Die Wiedereinführung der Immunität ist für sie ein brüskierender Akt, der letztlich nur bedeutet, dass bestimmte Leute über dem Gesetz stehen. Dagegen finden Millionen von *Forza-Italia*-Wählern, denen sich die Bilder Berlusconis als Opferlamm in die Netzhaut gebrannt haben, an der Flucht in die Immunität nichts Anstößiges, als sei sie das normale, vernünftige Verhalten eines Parlamentariers. Gewiss haben wir auch in Großbritannien Dutzende von Schurken unter den Politikern. Jedes Land hat sie. Der Unterschied ist nur, dass sie, wenn sie schuldig sind, ins Gefängnis wandern, auch wenn sie in Berufung gehen. Der ehemalige Olympiateilnehmer, Bestsellerautor und Ex-Parteivorsitzende der Konservativen, Jeffrey Archer; der ehemalige Staatssekretär und Partner von Carol Thatcher, Jonathan Aitken – die Liste der rechtskräftig verurteilten englischen Politiker ist lang. Ich empfinde keine Schadenfreude, aber es beruhigt mich, dass sie für ihre Verbrechen bestraft wurden. Diese Politiker gingen nicht einmal in Berufung: Sie wussten, wie jeder andere auch, dass sie gegen das Gesetz verstoßen hatten. In Italien ist das undenkbar. Berlusconi wurde schon so oft verurteilt und wieder freigesprochen, dass niemand mehr klar sagen kann, ob er nun schuldig oder unschuldig ist. Leonardo Sciascia charakterisierte Faschismus einmal als «andauerndes Brechen der eigenen Gesetze»; in einer Abwandlung dieser Definition könnte man von *forzismo* als einer «andauernden Gesetzgebung für Gesetzesbrecher» sprechen. Wenn eine Regierung Gesetze erlässt, die den

Tatbestand des Wahlbetrugs herabmildern – darauf steht heute nur noch eine Geldstrafe statt der bis dahin maximal vierjährigen Haftstrafe –, dann besteht wirklich höchster Grund zur Sorge.

Im Frühjahr 2002 vertiefte sich die Kluft zwischen den Anhängern und Gegnern Berlusconis dramatisch. Zum ersten Mal war in Kommentaren die Rede von «Regime» und «Widerstand». Bei der traditionellen Zeremonie zu Beginn des neuen «Justizjahres» im Januar griff der *Procuratore Generale*, der Generalstaatsanwalt von Mailand und ehemalige Vorsitzende des Ermittlerpools von *Mani Pulite*, Francesco Saverio Borrelli, zum Mikrofon. Die Reduzierung des Personenschutzes, die verbalen Attacken auf die Richterschaft, die neuen, in laufende Verfahren eingreifenden Gesetze – alles das, sagte Borrelli, trage den Stempel eines autoritären Regimes. Seine Kollegen und die italienische Öffentlichkeit rief er in einem flammenden Appell dazu auf, Widerstand gegen die Regierung Berlusconi zu leisten. Nach diesem mehr als deutlichen Verweis auf die *resistenza* beschwor er noch den Heldenmut der italienischen Verteidigung an der Piave-Front im Ersten Weltkrieg. Seine Rede wurde heftig beklatscht, und wie um den Ernst der Lage zu unterstreichen, tauschten die versammelten Richter ihre roten Roben mit dem Hermelin gegen schwarze. Gerardo Ambrosio, der *Procuratore* von Mailand, brachte die Grundstimmung im Saal auf den Punkt. In einer düsteren Anspielung auf die Regierung Berlusconi sagte er: «Dies ist der Abend der italienischen Demokratie.»

Als Nächstes konnte man die Konfrontation zwischen «Regime» und «Widerstand» sogar live im Fernsehen verfolgen. Als das «Gesetz zum Interessenkonflikt» im Parlament eingebracht wurde, kam es zu wüsten Beschimpfungen der Politiker untereinander. «Schande» und «Pinocchio» brüllten die Linken wie Fußballfans, ehe sie demonstrativ den Saal verließen. Der Leitartikler der Zeitschrift *Oggi* drückte sich da schon wesentlich sachlicher aus: «Dieses Gesetz zum Interessenkonflikt ist unehrlich. Es ist lächerlich, es ist widerwärtig.» Die Kritik entzündete sich vor allem an Artikel 2 des Gesetzes, ein paar Tage nachdem Berlusconi einen neuen «Beirat» für die RAI ernannt hatte. Er besagt, dass die «bloße Eigentümerschaft» an einem Unternehmen kein hinreichender Grund ist, einen Unternehmer von der Übernahme eines Regierungsamtes auszuschließen. Ein Interessenkonflikt besteht dem Gesetz zufolge erst dann, wenn der Betreffende die Tagesgeschäfte seines Unternehmens persönlich führt, und das besorgt im Fall Berlusconis sowieso schon seit langem einer seiner engsten Vertrauten. Wenige Tage später schrieb Umberto Eco in *La Repubblica* über die einzige noch verbliebene Möglichkeit zum Widerstand: «Eine neue Regierungsform erfordert eine neue Form der politischen Antwort. Darin bestünde die einzig wahre Opposition.» Er machte einen Vorschlag, der auf den ersten Blick etwas weltfremd wirkte: Eco forderte den Boykott aller Produkte, für die auf den Mediaset-Sendern geworben wird.

> Man kommt einem Regierungsunternehmen nicht mit Flaggen und Ideen bei, sondern indem man auf dessen schwächste Stelle zielt: das Geld. Zeigt sich das Regierungsunternehmen empfänglich für diese Art von Protest, dann werden selbst seine Wähler erkennen, dass es sich bei ihrer Regierung tatsächlich um ein Unternehmen handelt, das nur so lange überlebt, wie sein Führer Gewinne einfährt.[5]

Aber der folgenschwerste und bedauernswerteste Konflikt entzündete sich am Artikel 18 des Arbeitsrechts. In gewisser Weise hatte dieser Passus schon vor mehr als dreißig Jahren den Teufelskreis von Gewalt und Gegengewalt in Gang gesetzt, der Italien seitdem beherrscht. Das Paragraphenwerk zum Schutz der Rechte der Arbeitnehmer war 1969 vom Parlament verabschiedet worden, und vielleicht war dieses Gesetz auch einer der Gründe für reaktionäre Kräfte des Landes, den grausamen Bombenanschlag an der Piazza Fontana auszuhecken. Jetzt schienen sich die Ereignisse in umgekehrter Form zu wiederholen: Der Versuch, ebenjenes Gesetz zu reformieren, führte zu einem Wiederaufleben des Terrorismus und forderte weitere Menschenleben.

Marco Biagi, der renommierte Professor für Arbeitsrecht und Verfasser des von der Regierung in Auftrag gegebenen Weißbuchs zur Flexibilisierung der Arbeitswelt, wurde im März 2002 in Bologna auf dem Heimweg aus nächster Nähe erschossen. In dem Anschlag offenbarte sich eine Seite des Widerstands gegen das Regime Berlusconi, vor dem sich alle gefürchtet hatten, besonders jene, die mit friedlichen Mitteln kämpften. «Nach einem derart grauenvollen Ereignis», sagte der Sprecher der Abgeordnetenkammer, «müssen wir versuchen, zu einem gemeinsamen Geist zurückzufinden.» Stattdessen riss der Mord die Gräben in der italienischen Politik nur noch weiter auf. In einer ersten Reaktion erklärte Berlusconi, der Mord sei die unmittelbare Folge der gegen ihn und seine Regierung gerichteten «Kette aus Lügen und Hass». «Ich werde dem Druck der Straße und der Pistolen nicht nachgeben», sagte er später. «Die Demokratie befindet sich in Geiselhaft», lautete prompt die Antwort in einem Leitartikel der linksgerichteten *La Repubblica*.

Viele machten die Regierung zumindest zum Teil verantwortlich für den Mord: Mit der Reduzierung des Personenschutzes hatte sie das Leben einer der umstrittensten Persönlichkeiten in ihrem Umfeld leichtfertig aufs Spiel gesetzt. Noch dazu wusste man, dass Biagi gefährdet war. Eine Woche vor seinem Tod meldete Berlusconis Magazin *Panorama*, dass aus Geheimdienstkreisen durchgesickert sei, Biagi stehe ganz oben auf der Liste möglicher Terroropfer. «Mein Mann lebte in ständiger Angst», sagte Biagis Witwe. «Er wusste, dass sie ihn im Visier hatten.» Aus Bitterkeit und auch aus Protest dagegen, dass man ihren Mann einfach seinem Schicksal überlassen hatte, schlug sie das Angebot eines Staatsbegräbnisses aus.

Eine der größten Gewerkschaften, CGIL, rief prompt zum Protest auf gegen die Verwässerung von Artikel 18 und gegen Terror, und allein in Rom gingen zwei Millionen Menschen auf die Straße. Rote Fahnen ließen den *Circo Massimo*, den Schauplatz der Wagenrennen im antiken Rom, wie ein Meer voller Masten und Segel aussehen. Die Fahnen hoben und senkten sich im Sonnenlicht, blähten sich auf und fielen dann zusammen. Die ganze Stadt klang sogar wie ein Hafen: dieses Geräusch von Tuch, das im Wind flattert und knattert. «Wir sind hier, um gegen den Terrorismus zu kämpfen und um unsere Rechte zu verteidigen», sagte Sergio Cofferati, der Gewerkschaftsführer.

Ich ging den ganzen Nachmittag in der Stadt spazieren. Die Straßen waren voll gestopft mit Fahnen und Transparenten gegen Berlusconi. Kleine Bands spielten an den Straßenecken, Kinder kickten Fußbälle von Gehsteig zu Gehsteig. Bauchige Weinflaschen machten die Runde unter den Demonstranten. Jeder hatte seine eigene Erklärung für die Vorfälle. «Italien», sagte mir ein weiser alter Mann, «war schon immer so: Ein Drittel beherrscht der Vatikan, ein Drittel ausländische Mächte und ein Drittel unsere eigenen, hausgemachten Tyrannen. Aber wir haben die Tyrannen aus demselben Grund, warum wir sie auch überleben: Wir sind absolut gesetzlos.»

Ein Ladenbesitzer erklärte mir, wie sehr er diese Protestierer hasste: «Ich bin Mitglied der *Alleanza Nazionale*, und mich verbindet nichts mit diesen Idioten», sagte er. «Ich finde, dieser Artikel 18 sollte ein für alle Mal abgeschafft werden. Du kannst in diesem Land praktisch niemanden feuern. Das ist wie Hochzeit ohne Ehescheidung. Vieles, was die Regierung anpackt, bringt eine Änderung zum Besseren: Sie will, dass der Präsident vom Volk gewählt wird und nicht vom Parlament. Sie will die Justiz reformieren und die RAI. Alles gut und schön. Wenn da nur nicht dieser Mann wäre», fuhr er händeringend fort, «dem man diese Reformen nun mal nicht zutraut, der überhaupt besser die Finger davon lassen sollte, ich meine Berlusconi!»

Eine andere Szene: ein Montagmorgen, fast genau ein Jahr später, Mai 2003. Ich hatte den Frühzug von Parma nach Mailand genommen. Vom Bahnhof ging ich langsam zum *Palazzo di Giustizia*. Es war ein wunderschöner Frühlingsmorgen. Die Menschen führten ihre Hunde aus, brachten die Kinder zur Schule. So viele Banken, dachte ich. Ich kenne keine Stadt, in der es so viele Banken gibt und so viele Autos. Die vierschrötigen, eckigen Säulen des

Palazzo di Giustizia, faschistische Architektur in Reinkultur, tauchten im Blickfeld auf.

Es sollte eine ausführliche Ansprache werden, die sich direkt an die Menschen richtete. Berlusconis Anwälte hatten das Gericht – und natürlich die Fernsehstationen – wissen lassen, dass ihr Klient eine «spontane Erklärung» vor dem Gericht abzugeben gedenke. Die Türen des Gerichtssaals waren noch verschlossen, und ich wurde dagegengedrückt. Ungefähr sechzig oder siebzig Journalisten waren anwesend, viele davon aus dem Ausland. Alles schwitzte und fluchte. Ellbogen und Kamerastative rammten sich mir ins Kreuz. Mit Zurufen, Unmutsäußerungen und lauten Beschwerden machten die Leute einem hilflosen jungen *carabiniere* das Leben schwer. Schließlich durften die Kameraleute herein und dann die Journalisten. Es gab keine Sicherheitskontrollen. Niemand interessierte sich für Taschen oder mitgebrachte Bücher. Zusammen mit fünf weiteren Kollegen drängte ich mich gleichzeitig durch die enge Tür. Das Innere des Saales hatte natürlich nichts mehr mit einem Gerichtssaal gemeinsam; es wirkte eher wie ein Fernsehstudio.

Kameracrews und Tontechniker scharten sich um den Ministerpräsidenten, als er zu seinem Monolog anhob. Dabei zog er sämtliche Register. Es war wirklich gekonnt: Er begann so bescheiden, dass er kaum zu verstehen war, und betupfte sich die bronzefarbenen Schläfen mit einem blütenweißen Taschentuch. Er wirkte müde und abgekämpft. Dann, ehe man es sich versieht, wechselt er die Gangart. In elegantem, perfekt intoniertem Italienisch erklärt er seine großen geschäftlichen Coups aus den Achtzigern. Nach Art eines kompetenten Managers spult er eine Unmenge Zahlen auswendig herunter und jongliert mit ihnen, ehe er zu vernünftigen, begründeten Schlussfolgerungen kommt. Ohne Atempause und ohne Notizen schlägt er zurück, und wer ihm zuhört, ist wie hypnotisiert. Wirklich ein beeindruckendes Schauspiel. Er rattert eine Reihe von Namen berühmter Politiker herunter und spielt damit auf Bestechung im gesamten System an. Er wird lauter, mittlerweile ist jedes einzelne Wort klar zu verstehen. «Ich» kommt so gut wie nicht vor in dieser Suada, sondern ausschließlich die dritte Person: wir, die «Unterzeichneten». Als er fertig ist, brandet Applaus auf im Gerichtssaal.

Dann, als die Karawane dem Ausgang zustrebt, werden Zwischenrufe laut: «Stell dich der Justiz wie jeder andere Bürger auch, du Erzgauner! Denk an Ceauşescu!» Berlusconi schnappt sich die *carabinieri* und fordert sie auf, sich um den Mann zu kümmern. Der Vergleich mit einem hingerichteten Exdiktator war dumm und provokativ; aber die Reaktion Berlusconis war ebenso dumm und provokativ. In diesem Moment wurde, wie bei den Protesten in Rom vor einem Jahr, schlagartig erkennbar, worum es eigentlich ging: Im Blitzlichtgewitter der Fotografen zeigten sich kristallklar die Empörung angesichts dieses Übergriffs, die Aggressionen, die gegenseitige Verachtung. Das eine scheint das andere zu verstärken, und es fällt äußerst schwer, sich eine objektive Meinung zu bilden.

Auf der Rückfahrt nach Parma beschloss ich, Shelley zu lesen. In Bezug auf die vielen Tyrannen, die Italien im Lauf der Geschichte beherrscht hatten, sprach er vom «lähmenden Gift der Viper» (die Schlange war das Wappentier der Viscontis). «Gemeine Knechtschaft» und «wilde Lust», schrieb er, träten «unsere Städte mit ihren Säulen in den Staub».[6] Die Sprache ähnelt in vielem dem Ton, den heute die italienische Linke anschlägt: Pessimistisch und von Endzeitstimmung getragen, ist sie überzeugt, dass die Demokratie gefährdet ist. Ist es übertrieben, wenn man sagt, dass Berlusconi eine Gefahr für die italienische Demokratie darstellt? Ist *forzismo* wirklich Fernseh-Faschismus des einundzwanzigsten Jahrhunderts? Kann man eine derart ausgeprägte und schillernde Persönlichkeit wie Berlusconi wirklich einordnen? Walter Benjamin zufolge ist der Faschismus die Ästhetisierung der Politik und der Kommunismus, spiegelbildlich dazu, die Politisierung der Kunst. Beiden gemeinsam ist natürlich der Personenkult, die Grundlage für Aufstieg und Machterhalt aller Diktatoren. Ist also *forzismo* die Verschönerung der Politik? Oder ist er die Politisierung der Kunst des Fernsehens?

Handelt es sich dabei schlicht und einfach um einen kruden Personenkult? Oder reagieren Millionen von Italienern zunehmend hysterisch auf den demokratischen Führer einer demokratischen Partei, der auf demokratischem Weg zum Regierungsoberhaupt gewählt wurde?

Viele ausländische Beobachter finden Berlusconi faszinierend, weil er wie die leibhaftige Verkörperung gleich mehrerer literarischer Figuren wirkt, Figuren einer düsteren Zukunft, in der die Demokratie die längste Zeit bestanden hat: Der Vergleich mit *Schöne neue Welt* von Aldous Huxley, *1984* von George Orwell und mit dem Film *Citizen Kane* von Orson Welles drängt sich geradezu auf. Ausländer sehen in Berlusconi gerne einen erzreaktionären Medienmagnaten, der mit Mitteln der Propaganda Politik macht – eine Einschätzung, die weite Kreise der italienischen Linken teilen. Orwell beispielsweise beschrieb eine «Partei», die widersprüchliche Slogans in Umlauf gebracht hatte, um dem Volk das Credo des Großen Bruders einzuhämmern: «Krieg ist Frieden» oder «Unwissen ist Macht». Es handelte sich dabei um die vom Regime verordnete infame Taktik des «Doppeldenk», laut Orwell «die Fähigkeit, gleichzeitig zwei einander widersprechende Überzeugungen zu hegen und beide gelten zu lassen».[7] In den Berichten politischer Kommentatoren aus dem Ausland über die Politik Berlusconis schimmert der «Doppeldenk» immer durch. Sein ganzes politisches Denken gründet auf Widersprüchen, was nirgendwo so deutlich zum Ausdruck kommt wie in der Wahl seiner Mitstreiter: der *Lega Nord*, die den Föderalismus, wenn nicht gar die Abspaltung ganzer Landesteile propagiert, und der *Alleanza Nazionale*, einer patriotischen, zentralistischen postfaschistischen Partei. Weitere Orwell'sche Begriffe wie etwa «Denkverbrechen» (schlecht über die Partei zu denken) oder «Prolenutro» (die billigen Spiele, welche die Partei für die Massen bereithält) passen nahtlos zu Berlusconi.

Dabei ist Berlusconi ein Meister der Selbstironie. Er witzelt oft darüber, dass er an einem Überlegenheitskomplex leide, und lacht dabei über das Bild, das er der Öffentlichkeit vermittelt. Gelegentlich zieht er auf Pressekonferenzen Anhänger und Gegner mit selbstkritischen Bemerkungen auf. Überhaupt gibt er bei derartigen Medienauftrieben, umzingelt von Mikrofonen und Leibwächtern, gerne den Freund von nebenan. Ein Teil dieser forcierten Kumpelhaftigkeit ist sicherlich Berechnung: Die scherzhafte Bemerkung, er werde die Nationalmannschaft geschlossen verhaften lassen, sollte sie die Weltmeisterschaft 2002 nicht gewinnen, ist typisch für die Art, mit der er den Alarmisten im Land den Wind aus den Segeln nimmt. Über derartige, nicht besonders lustige Ausrutscher lacht niemand, aber sie tun ihre Wirkung. Sogar unter den eigenen Anhängern gilt er als Politclown, der nun wirklich kein Fettnäpfchen auslässt, und deshalb auch niemals eine ernsthafte Gefahr für die Demokratie darstellen könne.

Dennoch machen sich Millionen von Italienern große Sorgen. Von einem Regime, sagen sie, könne wirklich nicht die Rede sein, und es wäre absurd zu behaupten, Italien sei keine Demokratie. Dann jedoch zucken sie pessimistisch die Schultern und sagen, man könne aber auch nicht behaupten, dass das Land eine Demokratie *sei*. Sie sei «blockiert», «angekratzt» oder «in einer Schieflage». Die Ikonographie des Landes ändert sich von Monat zu Monat. Die verlässlichsten Barometer für den Wandel sind, wie immer, Gedenktafeln, Denkmäler und Graffiti. In den Jahren 2001 und 2002 wurde immer deutlicher, dass ein Paradigmenwechsel stattgefunden hatte, was sich an der Umbenennung gleich mehrerer Straßen ablesen lässt. Heute erinnert eine Straße in Catania an Benito Mussolini, zwei tragen den Namen von Giorgio Amarante, der zentralen Figur des Faschismus im Nachkriegsitalien. Im Friaul im Nordosten des Landes erstrahlt eine an einer Realschule angebrachte Tafel mit dem Leitspruch der Faschisten in neuem Glanz: «Glaube, gehorche, kämpfe!» In Benevent wurde die Piazza Matteotti, das Herz der Stadt, umbenannt in Santa Sofia. Die für das neue Erscheinungsbild verantwortlichen Bürgermeister waren alles Männer der *Alleanza Nazionale*, so auch der Bürgermeister von

Latina, einer Stadt, die unter Mussolini auf dem Reißbrett neu entstanden war. Er ließ die alte, nach dem Zweiten Weltkrieg entfernte marmorne Gedenktafel wieder am Kirchturm anbringen. Die Inschrift lautet: «Bauern und Landvolk, seht diesen Turm an, der die Ebene überragt, ein Symbol der Macht des Faschismus.»

Nach und nach haben sich die Konturen des Landes verändert. Der Wechsel an der politischen Spitze brachte nicht nur eine neue Politik mit sich, sondern weitreichende Veränderungen in Bereichen, die nicht in die unmittelbare Zuständigkeit Roms fallen: die Richterschaft, das öffentlich-rechtliche Fernsehen, die Lehrpläne an Schulen und Universitäten und eben auch Straßennamen. Selbst Carlo Azeglio Campi, der in jeder Hinsicht ehrenwerte Staatspräsident des Landes, erklärte unlängst, den *Ragazzi di Salò*, jenen Faschisten, die im Bürgerkrieg bis zum bitteren Ende 1945 gekämpft hatten, komme zumindest das Verdienst zu, für die Einheit Italiens gekämpft zu haben. Das kann wohl nur dahingehend interpretiert werden, dass er diese heute bedroht sieht. Prompt reagierte die Linke mit dem bitteren Vorwurf, er, der ehemalige Kämpfer der *Resistenza*, habe damit die Türen für den Faschismus noch ein Stück weiter geöffnet. Leider nährt Berlusconis Wahl seiner politischen Verbündeten noch den Verdacht, dass faschistische Kräfte erneut in Italien salonfähig werden. Zu den Mitgliedern der Mitte-rechts-Koalition gehört die *Alleanze Nazionale*, die unmittelbar aus dem *Movimento Sociale Italiano* hervorgegangen ist, der faschistischen Nachkriegspartei Italiens. Ihr Vorsitzender, Gianfranco Fini, ist Schachspieler, und dementsprechend präsentiert er sich als besonnener, ruhiger, kühler Analytiker. In seiner Partei gibt es jedoch viele Figuren mit dunkler Vergangenheit, ehemalige Faschisten, denen vorgeworfen wird, in den *anni di piombo* eine sehr aktive Rolle gespielt zu haben. Auch die Enkelin des *Duce*, Alessandra Mussolini, gehört zu den «großen Namen» der Partei. Weitaus extremer und umtriebiger ist Umberto Bossi, der Vorsitzende der *Lega Nord*. Die Farbe der Partei, Grün, und ihr Symbol, das Wagenrad, bestimmen sein äußeres Erscheinungsbild. Wie kein anderer Politiker in Italien versteht sich Bossi auf einen kruden, auf Wählerstimmen schielenden Populismus, ein Verhalten, das die Italiener *qualunquismo* nennen, «Jedermanntum». Die Hochburg seiner Partei ist der reiche, industrialisierte Norden, wo man Rom und den Süden generell gerne für all das verantwortlich macht, was falsch läuft in Italien. «Garibaldi hat nicht Italien vereint, sondern Afrika getrennt» ist einer der Sprüche, die dort die Runde machen. Als in Lodi vor einiger Zeit ein Grundstück für den Bau einer Moschee ausgewiesen wurde, protestierten Bossis *leghisti* mit Transparenten, auf denen stand: «Hier haben unsere Schweine hingepisst.»

Aber selbst seriöse politische Kommentatoren aus dem rechten Lager sind höchst besorgt. Italien, sagen sie, habe nie eine «normale» rechte Partei hervorgebracht. Mussolinis Faschismus oder die «christliche Demokratie» der Christdemokraten waren beide höchst unorthodoxe politische Bewegungen. Berlusconis Unternehmer-Partei erscheint im Vergleich dazu noch viel aparter. Indro Montanelli war ein rechts stehender Publizist hoch in den Neunzigern, in dem viele den Doyen des italienischen Journalismus sahen. Er war lange Zeit Herausgeber von Berlusconis Zeitung *Il Giornale*, trat aber dann zurück, weil er seine Unabhängigkeit verletzt sah. In den Wochen vor der Wahl nannte er den Vorsitzenden von *Forza Italia* einen «notorischen Lügner», der mit den Methoden des «Schlagstocks» arbeite, «jenen des Faschismus nicht unähnlich».

In Wirklichkeit jedoch haben *forzismo* und Faschismus sehr wenig miteinander zu tun. Berlusconi ist – auf eine komplizierte Weise, die man nur in Italien versteht – Anti-Antifaschist. Die geistige Grundlage der Ersten Republik bildete der Antifaschismus; er stellte in den Nachkriegsjahren möglicherweise den Kitt dar, der die gespaltene Gesellschaft zusammenhielt. In jüngster Zeit jedoch kamen im Zuge der atemberaubend schnellen Rehabilitierung des *Duce* auch die verquaste Geisteshaltung und die Neigung zu Kitsch und Pomp des Faschismus zu neuen Ehren. Das heißt nicht, dass der *forzismo* damit verglichen werden kann; aber es geht klar daraus hervor, dass Antifaschismus mit dem Projekt Berlusconi unvereinbar ist. Alljährlich am 25. April, dem Tag der Befreiung vom Faschismus, boykottieren Politiker der *Forza Italia* die überall im Land stattfindenden Gedenkveranstaltungen. Oder sie nehmen nur widerwillig daran teil, mit der Begründung, der wirkliche Feind sei nicht der Faschismus im eigenen Land gewesen, sondern der Kommunismus russischer Provenienz. Berlusconi trifft man am 25. April eher bei einem Fußballspiel an denn als Teilnehmer an einer der Gedenkfeiern. In den letzten beiden Jahren zumindest ist er demonstrativ ferngeblieben.

Aber seltsamerweise trifft die Trennung zwischen Kommunismus und Faschismus auf Berlusconi ohnehin nicht zu. Er verkörpert das Idealbild des Politikers jenseits aller Ideologien, bei dem die Verpackung wichtiger ist als der Inhalt. Ihm geht es nicht um politische Grundeinstellungen, gleich ob Kommunismus oder Faschismus, sondern einzig um Macht und Realpolitik. Eine der politischen Parolen Mussolinis lautete: «Ideen statt Menschen». Sie drückte die Vorstellung aus, dass die Politik wichtiger sei als die Politiker. Die gegenwärtige italienische Politik basiert jedoch auf der genauen Umkehrung dieses Slogans. Trotz aller Diskussionen über Faschisten und Kommunisten geht es in Wirklichkeit um «Menschen statt Ideen». Die politische Kultur des Landes ist eine Kultur des *clientelismo*: «Eine Hand wäscht die andere.» Ein Politiker sitzt auf der Spitze einer Pyramide von Kunden, kümmert sich um deren Wünsche und versucht gleichzeitig, mögliche Konkurrenten auszuschalten. Es handelt sich um ein ständiges Geben und Nehmen, das, angesichts der hohen Zahl der im öffentlichen Dienst Beschäftigten und angesichts der Tragweite von Stellenbesetzungen nach dem Parteibuch, alle Bereiche der Gesellschaft erfasst. Eine neue Regierung bringt automatisch Säuberungen in den Reihen der RAI mit sich sowie die Ernennung neuer Richter und Lehrer, die alle nach nur einem Kriterium ausgewählt werden:

Loyalität. Marcello Dell'Utri beispielsweise wurde Leiter eines Theaters in Mailand. Die sonst so wichtigen Merkmale Können und Leistung sind kaum gefragt. Neben diesem Persönlichkeitskult spielen offenbar zunehmend auch dynastische Erwägungen eine Rolle.

Das Merkwürdige an der Sache ist also, dass bei aller Hysterie um die Regierung von «Schwarzhemden» und «Verbrechern mit weißen Kragen» *forzismo* nichts mit der Wiederkehr des Faschismus zu tun hat. Es geht um etwas sehr viel Subtileres, weniger Greifbares, nämlich einen Regierungsstil, der einzig und allein auf Machtausübung beruht und dessen Motto ein altes sizilianisches Sprichwort sein könnte: *potere è meglio di fottere* – «Macht ist besser als Ficken». Das ist Zynismus pur. Deshalb bleibt auch die Vorstellung, die Regierung könnte Interessenkonflikte freiwillig aus der Welt schaffen, reines Wunschdenken. Es widerspräche jeder Idee von Realpolitik. Wenige Tage vor den Parlamentswahlen hatte Berlusconi demonstrativ seinen «Vertrag mit dem italienischen Volk» unterzeichnet. Darin versprach er feierlich, dass er sich innerhalb von hundert Tagen nach Amtsantritt der unpassenden Tatsache annehmen werde, dass ein Politiker mit seinem Fernsehimperium eine Monopolstellung in der Medienlandschaft seines Landes einnimmt. Jahre später war noch immer nichts geschehen. Der Interessenkonflikt trat deutlich zutage, als der Kommunikationsminister ein Angebot aus Amerika über 400 Millionen Euro für eine 49-prozentige Beteiligung an der Infrastruktur der RAI brüsk abwies. Kaum war dieser lukrative Deal fehlgeschlagen, schoss der Kurs für Mediaset-Aktien in schwindelerregende Höhen.

Machtpolitik um ihrer selbst willen ist eine italienische Spezialität. Orwell drückt es so aus: «Die Partei strebt nur aus eigenem Interesse nach der Macht. Das Wohl anderer interessiert uns nicht; uns interessiert einzig die Macht. Weder Reichtum noch Luxus noch langes Leben und Glück: nur Macht, reine Macht. Was reine Macht bedeutet, werden Sie gleich verstehen. Wir unterscheiden uns von allen Oligarchien der Vergangenheit dadurch, dass wir wissen, was wir tun.»[8] In Italien gibt es ein Verständnis von Macht und ihrer Anwendung, das Politiker der meisten anderen Länder wie Waisenkinder aussehen lässt. Die Worte eines katholischen Priesters am Beginn dieses Kapitels bringen die Sache auf beinahe unheimliche Weise auf den Punkt, gerade weil sie schon 1881 geschrieben wurden. Sie beschreiben ein politisches System, das geradezu durchtränkt ist von Ideologie, in dem aber nichts ideologisch ist, geschweige denn idealistisch. Deshalb fühlen sich ausländische Beobachter, welche die italienische Politik analysieren, auch so hilflos: Sozialisten paktieren mit Postfaschisten, knallharte Verfechter eines freien Marktes mit Postkommunisten. In genau umgekehrtem Verhältnis zu dieser Machtpolitik steht die Haltung der Machtlosen. Bei ihnen haben viele Beobachter eine merkwürdige *cupidigia di abiezione* festgestellt, eine «Gier nach Unterwerfung», welche dazu führt, dass die Mächtigen nicht kritisiert, sondern bewundert und verehrt werden.

Betrachtet man *forzismo* als politische Bewegung ohne ideologischen Hintergrund, dann erscheinen seine Konturen in scharfem Licht. Sein Ziel ist einzig und allein der Erwerb und der Erhalt von Macht. Er wird von keiner Ideologie gestützt; ohne den Spitzenmann würde das System kollabieren. Es wird oft behauptet, dieser sei das, was Margaret Thatcher für Großbritannien gewesen war, der eiserne Kanzler, der in Italien marktwirtschaftliche Prinzipien einführt. In diesem Punkt findet der *forzismo* noch am ehesten zu einer klaren Identität, aber leider ist er in seinen Aussagen auch nirgendwo weiter von der Realität entfernt. Im Ausland wird der *forzismo* von konservativen Wirtschaftsblättern heftig kritisiert, weil ebendieser Thatcher-Vergleich absurd ist. Viele der schwerwiegendsten Maßnahmen dieser Regierung – von der Entkriminalisierung gefälschter Bilanzen bis hin zur Rückführungsmöglichkeit illegalen Kapitals – sind einer transparenten, auf die Kräfte des Marktes setzenden Wirtschaftspolitik diametral entgegengesetzt. Berücksichtigt man außerdem die Tatsache, dass es vor kurzem zu einem weiteren Freispruch im Fall von Steuerhinterziehung gekommen ist, dann beginnt man zu verstehen, warum der Vergleich mit Thatcher so abwegig ist. Einer der engsten Vertrauten Berlusconis gab bei seiner Zeugenvernehmung vor einem Gericht in Mailand zu, dass Milliarden von Lire nur zu dem Zweck auf einem Schweizer Bankkonto deponiert wurden, um Steuern zu umgehen. Die Verteidigung argumentierte derart dreist, als sei Steuerhinterziehung das Normalste der Welt.

Damit kommen wir zum verlässlichsten Maßstab für die Einschätzung eines Menschen, nämlich die Gesellschaft, mit der er sich umgibt. In dieser Hinsicht schneidet Berlusconi schlecht ab. Man braucht die Geschichte mit Vittorio Mangano, dem Mafioso-Gärtner auf Berlusconis Anwesen, nicht bis zu ihrem möglicherweise schmutzigen Ende durchzudenken, um zu erkennen, dass seine Anstellung von einem gravierenden Mangel an Menschenkenntnis zeugt. Marcello Dell'Utri wurde rechtmäßig verurteilt, weil er die Preise bei Publitalia künstlich in die Höhe getrieben hatte; zurzeit steht er in Palermo wegen möglicher Kontakte zur Mafia vor Gericht. Cesare Previti säße in den meisten anderen Ländern im Gefängnis. Und das alles sind Galionsfiguren des Projekts *forzismo*. Dass die einundsechzig in Sizilien zu vergebenden Direktmandate komplett an den *forzismo* gingen, muss nicht notwendigerweise heißen, dass dieser gemeinsame Sache mit dem organisierten Verbrechen macht ... aber es wirft Fragen auf. Jedenfalls platzte immerhin der Minister für Infrastruktur 2001 mit einer Erklärung heraus, die der politischen Öffentlichkeit Schauer über den Rücken jagte: «Man muss sich arrangieren mit der Mafia und der Camorra [der neapolitanischen Variante der Mafia]», sagte er. «Mit der Kriminalität muss jeder zurechtkommen, wie er es für richtig hält. Die Mafia hat es immer gegeben, und es wird sie auch immer geben.» Sollten noch letzte Zweifel bestanden haben – diese Worte waren ein beunruhigender Hinweis darauf, welche Kreise in Zukunft mit der Unterstützung der Regierung rechnen konnten. Es war, schrieb eine Zeitung, als hätte es die ermordeten Mafiarichter nie gegeben, als sei all die Trauer über ihren Tod plötzlich vergessen. Ein Cartoon in der linksgerichteten *Unità* sprach Klartext: «Die Regierung sagt, wir sollen uns mit der Mafia arrangieren», sagt eine Figur zur anderen. Die Antwort: «Dem Wahlergebnis in Sizilien nach zu urteilen, arrangiert sich jemand prächtig mit ihr.»

Ähnlich besorgniserregend ist die Rolle der Medien. Die Möglichkeit, dass sich ein gewisser Herr jederzeit vor die Kamera setzen und sich über das Fernsehen direkt an uns wenden kann, ist sein persönlicher Trumpf im Ärmel. Er braucht nur eine Videokassette an die Sender zu expedieren, die diese meist prompt ausstrahlen, und schon bestimmt er den politischen Diskurs neu. Die Öffentlichkeit ist, wie jeder weiß, der in der Medienbranche arbeitet, erstaunlich formbar. Meinungen können gemacht werden, besonders wenn wir immer wieder mit der entsprechenden Botschaft bombardiert werden. Das Fernsehen ist nicht nur eine Propagandamaschine, es liefert auch die Ikonographie, auf welcher der *forzismo* basiert: Es idealisiert eine Phantasiewelt der Reichen und Schönen. Das Hauptproblem ist nicht das Fehlen einer unabhängigen Presse, sondern vielmehr die Tatsache, dass die Italiener offenbar am Tropf eines bestimmten Lebensstils hängen, der mit der Realität nicht das Geringste zu tun hat. Mediaset hat es wie kein anderer Sender darauf angelegt, einen bestimmten Lebensstil zu verkaufen, in dem der Parteiführer geschickt als *primus inter pares* präsentiert wird. Es gibt zum Glück keine Architektur, die man mit dem *forzismo* assoziiert: Wir bleiben verschont von den Adlern, den überdimensionierten Prachtbauten, dem anabolischen Klassizismus von vor achtzig Jahren. Auf merkwürdige Weise hat sich jedoch das Erscheinungsbild der Städte durch den *forzismo* gewandelt: Fernsehantennen und Satellitenschüsseln sind zu geheiligten Symbolen geworden, wie Flaggen, an denen wir vorbeiparadieren, um unsere Verbundenheit unter Beweis zu stellen.

In einer Abwandlung von Walter Benjamins Satz kann man sagen, *forzismo* sei nicht die Ästhetisierung der Politik, sondern ihre Sublimierung. Berlusconi wird zur Schnittstelle für Millionen täglicher geschäftlicher Transaktionen, die zunächst scheinbar außerhalb des Bereichs der Politik stattfinden. Wenn man ein Buch oder eine Zeitschrift kauft, dann ist das Produkt mit hoher Wahrscheinlichkeit Teil des Imperiums des Ministerpräsidenten. Viele der Videofilme, die wir zu Hause einlegen, werden entweder über Medusa (Berlusconis Produktionsfirma) oder Blockbuster vertrieben. Wenn wir ein Ticket lösen, um den AC Milano live im Stadio San Siro zu sehen, wenn wir uns das Endspiel der Champions League im Old Trafford auf einem der Mediaset-Kanäle zu Gemüte führen, betreten wir unweigerlich die geschäftlichen Gefilde Berlusconis. Wie der Große Bruder ist er im Hintergrund allgegenwärtig, und es ist unmöglich, finanziell nicht in seinen Einflussbereich zu geraten. Die einfachsten Entscheidungen erhalten eine politische Tragweite. Selbst Gesellschaftsklatsch wird Teil des politischen Prozesses: Wir erfahren, das Natalia Estrada, eine junge spanische Unterhaltungskünstlerin, als zukünftige Schwägerin des Ministerpräsidenten gehandelt wird, und ehe wir uns dessen bewusst sind, werden wir zu einer Neueinschätzung unseres politischen Standpunkts gedrängt. Die Information ist politisch bedeutungslos, aber sie lässt die Spitze der High Society im Licht alter Dynastien schillern.

«Ich kann einfach nicht nein sagen», witzelte Berlusconi einmal. «Zum Glück bin ich ein Mann und keine Frau.» Er hat ganz offensichtlich etwas Räuberisches und Habgieriges an sich. Sein Ehrgeiz kennt keine Grenzen, was man je nach politischem Standpunkt als gesund oder krank betrachten kann. Der Komiker Roberto Benigni sang darüber einmal einen bitterbösen Song, der in dem Refrain «alles gehört mir» kulminierte. Dem Betrachter bietet sich das Bild eines verwöhnten Kindes, das alle Spielsachen für sich haben möchte. Das ist Gier erster Ordnung, und ein Vergleich mit Cecil Rhodes, dem britischen Welteroberer aus dem neunzehnten Jahrhundert, drängt sich auf. Dieser unterwarf weite Teile Afrikas der Herrschaft des britischen Empire, und ich vermute fast,

Berlusconis Motto ist dem berühmten, unrühmlichen Leitspruch Rhodes' nicht unähnlich: «Jeder Mensch hat seinen Preis.»

Wer Berlusconi genauer beobachtet, erkennt bald, dass er die Politikerausgabe eines Fernsehverkäufers ist. Er hat dasselbe aalglatte Auftreten, den atemlosen Redefluss, das breite Grinsen, die Gestik. Er drückt jeden einzelnen Finger der einen Hand zwischen Daumen und Zeigefinger der anderen, wenn er die verschiedenen Punkte seiner Aussagen verdeutlicht. Ihm gelingen wunderbare rhetorische Meisterstücke. Sein Publikum genießt und hört gespannt zu. Wenn ich mich manchmal, etwa bei einer Pressekonferenz, im selben Raum mit ihm befinde, bin ich jedes Mal hingerissen. Er redet und redet und redet. Man wünscht sich, es würde nie aufhören. Aber zu dem Zeitpunkt ist man ihm natürlich schon auf den Leim gegangen. Es ist wie bei dem Mann, der billigen Schmuck im Fernsehen verkauft: Man ist verloren, wenn man zu lange dranbleibt. Man greift zum Hörer und bestellt die neue Schlankheitspille oder lässt sich auf monatliche Ratenzahlungen für billigen Plastikschmuck ein. Aber selbst wenn der Regierungschef nur aus den Tarot-Karten lesen würde, wäre ich dennoch hingerissen. Sein Genie besteht eben darin, seine Selbstdarstellung als Engagement für das Gemeinwohl auszugeben, die beiden miteinander zu verschmelzen, als ginge eines mit dem anderen Hand in Hand. Und wahrscheinlich muss erst selbst dem Blindesten klar werden, dass der Vorteil des einen nicht unbedingt auch der Vorteil des anderen ist, damit der Vorhang in diesem Theater endlich fällt.

Im Ausland reagiert man mit absolutem Unverständnis darauf. Natürlich freuen sich ausländische Journalisten auf jeden Auftritt Berlusconis, weil er sie bei ihrer Aufgabe, Nachrichten zu produzieren, niemals im Stich lässt. Ausgerechnet während eines Besuchs in Israel, wo er mit einem der sensibelsten Themen der Weltpolitik konfrontiert ist, lässt sich Berlusconi auf das zynische Spiel von Journalisten ein, die von ihm wissen wollen, ob er denn nun David Beckham kaufen wolle oder nicht. Berlusconi tappt in die Falle: Er lächelt, freut sich, wie wichtig ihn alle finden, und macht ein paar Witzchen. Er fährt in die Türkei, und seine diplomatische Kunst besteht darin – wie zuvor schon in Frankreich –, den einheimischen Politikern zu erklären, dass er die Türkei mag, weil er einmal eine türkische Freundin hatte. In Bulgarien verkündet er, wer demnächst bei der öffentlich-rechtlichen RAI gefeuert werde. Enzo Biagi, der zu diesem Personenkreis gehörte, stellte nach seinem Rausschmiss auf der Titelseite des *Corriere della Sera* offen einen Vergleich her zwischen dem Verhalten Berlusconis und dem des deutschen Kanzlers zwischen 1933 und 1945.

Im Ausland kann man darüber lachen. Vielen Italienern bleibt das Lachen jedoch förmlich im Halse stecken. Im Juli 2003 übernahm Italien die Ratspräsidentschaft der EU. In seiner Antrittsrede als neuer Ratspräsident vor dem Europäischen Parlament bescheinigte Berlusconi dem deutschen Vize-Fraktionschef der Sozialdemokraten, er sei perfekt geeignet als KZ-Aufseher. Wenige Monate später erklärte er in einem Interview, Mussolini habe nie jemanden getötet, sondern die Leute nur an die italienische Grenze auf Urlaub geschickt.

Man kann natürlich unmöglich voraussagen, wohin das alles noch führen wird. Ich vermute, Berlusconi wird noch zehn bis fünfzehn Jahre an der Macht bleiben; mit an Sicherheit grenzender Wahrscheinlichkeit wird er sich danach für das Amt des Staatsoberhaupts bewerben, zumindest lässt sein ganzer Charakter darauf schließen, dass er diese Rolle unwiderstehlich finden würde. Sollte er je Staatspräsident werden, würde er sich sicher nicht mit rein repräsentativen Aufgaben begnügen, sondern das Amt politisieren. Das Fernsehen wird, nach und nach und ohne dass man es merkt, eine immer regierungsfreundlichere Haltung einnehmen. Kritik an der Regierung und an deren Entscheidungen wird immer seltener werden. Jede Opposition wird in zunehmendem Maße schrill verunglimpft und mit Terrorismus gleichgesetzt werden. Alle wichtigen Positionen im Land werden nach und nach der Kontrolle des *forzismo* unterstellt werden. Und wir alle werden im Grunde so weitermachen wie bisher. Nichts wird sich letztlich groß ändern.

Die Justiz wird langsam und unberechenbar bleiben. Arbeitgeber und Arbeitnehmer werden weiterhin über Löhne und Arbeitsbedingungen streiten. An der Regierung wird sich, wie immer in Italien, außer an den Gesichtern kaum etwas ändern.

Ist Berlusconi eigentlich *una bella persona*? Erst jetzt wird mir klar, wie sehr ich mich geirrt habe. Als ich nach Italien kam, dachte ich, die Italiener seien derart süchtig nach Schönheit, dass dabei die Moral, die Unterscheidung zwischen Gut und Böse, auf der Strecke bleibt. Wenn ich jetzt darüber nachdenke, was mit *bellezza* wirklich gemeint ist, wird mir klar, dass im Schönheitsbegriff der Italiener Ästhetik und Moral zusammenfallen. Ich verstehe nun jenes Zitat von Burckhardt, in dem er sagt: «Die Rasse hat uns aus den Schranken ihrer Sitte und Religion entlassen.»[9] Das Schönheitssyndrom hat nichts mit der Eitelkeit und Oberflächlichkeit zu tun, die ich dahinter vermutet habe; es dient vielmehr dazu, auf sehr viel nuanciertere Weise, als es das Moralisieren der Nordeuropäer je könnte, den Charakter eines Menschen zu beschreiben.

Zu sagen, jemand sei hässlich, ist kein rein äußerliches Urteil, sondern ein moralisches. Der Begriff *bruttezza*, «Hässlichkeit», bedeutet im Italienischen immer auch Abneigung, die sich nicht nur auf die Beurteilung von Äußerlichkeit erstreckt, sondern auch ein Urteil über den Charakter enthält. Eine *bella persona* sieht nicht nur gut aus, sondern ist auch eine «gute Person», eine attraktive Persönlichkeit. Weil die Wörter «gut» und «schlecht» so selten verwendet werden, bildet Schönheit sozusagen den Lackmustest, nach dem man Mitmenschen beurteilt. In seiner Verfeinerung ist der Begriff Schönheit dem der Moral überlegen, weil er irgendwie umfassender ist. Die Beschreibung von «Schönheit» nimmt mehr Raum ein als «Güte», weil damit eine größere Bandbreite von Eigenschaften erfasst wird: nicht nur Rechtschaffenheit, sondern auch Höflichkeit, Würde und Haltung. *Bellissimo* wird nicht nur verwendet, um Äußerlichkeiten zu beschreiben, sondern auch für den *gesto*, die «Geste». Jemand vollbringt nicht eine «gute» Tat, sondern eine «schöne». Man muss sich das in etwa wie die Vorstellung der alten Griechen von *kaloskagathos* denken: Schönheit und Güte schließen einander nicht aus, sondern sind in Wirklichkeit ein und dasselbe.

Aus dem Grund hat es auch wenig Sinn, in Italien über unmoralisches Verhalten zu sprechen; damit würde man nur anmaßend und oberlehrerhaft wirken. Sobald linksgerichtete Politiker, ausländische Journalisten und Teile der italienischen Öffentlichkeit Berlusconi der Unmoral bezichtigen, kann man sicher sein, dass seine Popularitätskurve bei der anderen Hälfte der italienischen Bevölkerung steil ansteigt. Tatsache ist, dass er von schweren Vorwürfen und Moralpredigten sogar profitiert. Seltsamerweise hat aber noch nie jemand behauptet, er sei eine *bella persona* – obwohl er für sein Alter verdächtig gut aussieht. Daran zeigt sich, was Schönheit in Italien tatsächlich bedeutet: Mit ihr verbunden ist immer auch eine moralische Beurteilung.

Ein Abend im Spätfrühling. Ich saß in einer Bar und sah mir ein Fußballspiel an. Den blonden Burschen in der Ecke erkannte ich sofort. Er hatte vor fast zwei Jahren in einem meiner Kurse gesessen. Marco war einer dieser stillen Typen, die sich selten zu Wort meldeten. Wenn er doch den Mund aufmachte, dann meist, um eine denkwürdige Spitze gegen Mitstudenten loszulassen. Er war nicht arrogant, nur sehr fleißig, ein wenig sarkastisch und abgehoben. Ich mochte ihn sehr gern, auch wenn ich ihn eigentlich nicht kannte.

«Zio Tobia!» Er rief mich an seinen Tisch, und ich nahm ihm gegenüber Platz. «Schreibst du noch immer an diesem Buch?», fragte er.

«Ich fürchte, ja», erwiderte ich.

«Womit beschäftigst du dich im Moment?»

«Mit der Regierung.»

Er sah mich an und verfiel in Schweigen. Dann schüttelte er den Kopf und verzog das Gesicht. «*Ma tu, non ti rendi conto?*», zischte er. «Kapierst du es denn nicht?» Es war, als würde er mir einen Vorwurf machen, und indirekt tat er das auch. «Ihr ausländischen Journalisten seid so herablassend und witzig. Ihr schreibt immer nur, wie schrecklich unser Land ist.»

«Aber ich wiederhole doch nur, was ihr alle mir sagt! Und du hast Recht, es ist wirklich schrecklich.»

«Ich weiß. Aber genau darum geht ihr ausländischen Journalisten mir so auf den Sack. Ihr kommt hierher und lacht euch schief über die Farce, ohne zu erkennen, dass es für uns eine Tragödie ist. Du mit deiner britischen Überheblichkeit bist da keinen Deut anders. Solltest du den Wunsch haben, in Italien zu bleiben, dann gewöhn dir bitte das Lachen ab», sagte er erregt. «Wir leben in einem schrecklichen Land, und Berlusconi ist eine Tragödie für Italien. Überhaupt ist alles eine unfassbare Tragödie. Klar sind die Italiener Idioten, weil sie den Erstbesten wählen, von dem sie glauben, dass er sie reicher macht. Klar appelliert Berlusconi nur an die niedersten Instinkte. Aber du musst aufhören zu lachen. Du musst schreiben, dass Italien auch eine andere Seite hat!» Er hatte sich in Rage gesprochen. Tränen kullerten ihm über die Wangen, als er mir mit dem Finger auf die Brust klopfte. «Du musst schreiben, dass es auch ein ganz anderes Italien gibt, eines, das Berlusconi samt seinem korrupten Gefolge hasst. Für unsereins wird das Leben in Zukunft ziemlich schwierig werden. Das verstehst du nicht, aber du wirst es verstehen.»

Keiner von uns sagte mehr etwas, fünf Minuten lang. Wir ignorierten einander und taten so, als würden wir das Spiel verfolgen. Er hatte natürlich Recht. Nach Jahren im Ausland sehnte ich mich mittlerweile danach, wieder nach England zurückzugehen. Ich hatte die Nase voll nicht nur von dem, was sich abspielte, sondern auch davon, wie bereitwillig man all das hinnahm. Gesättigt von Mediaset-TV, reagierten die Italiener nur noch mit Gleichgültigkeit. Ich selbst reagierte im Gegensatz dazu zunehmend verbittert und fühlte mich sehr fremd. Mir war klar, dass ich böse Sätze schreiben und als Autor mich selbst und auch andere nicht schonen würde. Marco jedoch wusste irgendwie, dass ich bleiben würde, und er wusste auch, dass es da noch «ein ganz anderes Land» gab, ein Land, das der *Cavaliere* noch nicht im Griff hatte, und das ich in meinem Buch völlig ignoriert hatte.

Er bemerkte, wie ich ihn ansah, und begann sich zu entschuldigen: «Tut mir Leid, Tobia», sagte er. «Entschuldige bitte. Es ist nur so, dass Berlusconi unser Land in Verruf bringt, und du brauchst nicht noch eins draufzusetzen. Du musst über die andere Seite Italiens schreiben …»

«Mach ich, Marco. Ich versprech's dir. Das werde ich als Nächstes schreiben. Und ich wollte auch nicht sagen, dass alles hier schrecklich ist. Ich bin gern hier, wenn nur nicht …»

«… alles so schrecklich wäre», sagte er und lächelte.

Penisola Felice

Die Umgebung von Parma ist einzigartig schön,
wie ein Garten, oder besser ein wildes kultiviertes Gefilde,
in dem Getreide und Gras unter hohen, weit ausladenden
Bäumen wachsen, welche ein gemeinsames Band von
Girlanden des Lebens eint.[1]
Shelley

Vor ein paar Monaten war ich wieder einmal im Stadion. Es war eine internationale Partie, und eine Bläsercombo gab scheppernd die Nationalhymne zum Besten, den *Inno di Mameli.* Ich weiß nicht warum, aber ich war zutiefst bewegt. Irgendwie vermittelten die pathetischen Worte eine Vorstellung vom Leiden und dem Heldenmut der Italiener, und zusammen mit dem ganzen Stadion stimmte ich ein. *Siam pronti alla morte, pronti alla morte …* – «Wir sind bereit zu sterben! Wir sind bereit zu sterben! Italien hat uns gerufen!»

Ich erkenne, dass ich mich, was ich nie für möglich gehalten hätte, zu einem Patrioten entwickelt habe und stolz darauf bin, Neu-Italiener zu sein. Um ehrlich zu sein, es gibt sogar Momente, in denen mir klar wird, dass ich dieses Land wahrscheinlich nie werde verlassen können. Diese Sehnsucht, wegzugehen, und die Unfähigkeit, sich loszureißen, sind im Lauf der Jahrhunderte immer wieder beschworen worden. Der große Patriot Massimo D'Azeglio schrieb mit einem Rückgriff auf die bekannte Prostitutionsmetapher: «Ich kann außerhalb von Italien nicht leben, was merkwürdig ist, weil ich mich ständig aufrege über die Unfähigkeit, Missgunst, Ignoranz und Faulheit der Italiener. Ich bin wie einer von den Leuten, die sich in eine Prostituierte verlieben.» Und genau so fühlt es sich an, wenn man hier lebt: Man ist ständig genervt und wird schier verrückt, aber weggehen kann und will man auch nicht. Alles ist einfach *troppo bello*, «zu schön», und das Essen und die Gespräche sind wunderbar. Man hat den Eindruck, dass das Leben außerhalb Italiens einfach langweiliger ist, die Emotionen kühler. Stendhal schrieb, dass das Lebensgefühl in Italien «dem des Verliebtseins gleichkommt», und es ist unschwer zu verstehen, was er damit meinte. Man ist verzaubert, schwebend, zuweilen unsicher und traurig. Und als Stendhal über die heftigen Anfälle von Eifersucht und Paranoia in Italien schrieb, wusste er nur zu gut, dass es sie genau deshalb gibt, weil «die Freuden weitaus größer und andauernder sind». Das eine ist ohne das andere nicht denkbar.

Beim Absingen der Nationalhymne erkannte ich, dass meine patriotischen Gefühle ihren Grund in einem ganz bestimmten, wenn auch makabren Themenbereich haben: *I Morti*, «die Toten». Trauerrituale und Erinnerungskultur hierzulande sind auf eine Weise einzigartig, anrührend, verbindend und vornehm, wie es andernorts undenkbar wäre. Wenn man lange genug im Land gelebt hat, beginnt man zu verstehen, dass es mit dem Tod in Italien etwas ganz Besonderes auf sich hat. Einen ersten Eindruck davon bekam ich gleich in den ersten Tagen nach meiner Ankunft. Es war in einer Bar, man fragte einander nach dem Geburtstag – das Gespräch drehte sich, wie so oft, um Horoskope. Als ich dran war, sagte ich brav mein Geburtsdatum. In Großbritannien war ich mit meinem Geburtstag, der auf Allerseelen fällt, nie sonderlich aufgefallen. Hier dagegen runzelten alle sofort die Stirn, die Männer wandten sich ab und griffen sich an die Testikel, um Unglück abzuwehren, oder sie lachten, klopften mir auf den Rücken und sagten, ich sei wohl ein wenig *sfigato*, «verhext». Mein Geburtstag, wurde mir gesagt, sei *I Morti*, der Tag der Toten.

Normalerweise bin ich ja immer wieder überrascht angesichts der kollektiven Amnesie, der Rasanz, mit welcher die Italiener die jüngsten Ereignisse in ihrem Land unter den Teppich kehren. Wenn es aber um *I Morti* geht, haben sie ein sehr langes Gedächtnis. In Städten und Dörfern herrscht eine Stimmung wie in Shelleys «verwitwetem» Genua, wo «das Mondlicht altehrwürdige Grabmäler entziffert».[2] Aus allen Richtungen blicken einen die Gesichter der Toten an, entweder als Fotografien oder in Form gemeißelter Büsten. Natürlich hat jedes Land seine Erinnerungen, aber in Italien hat man das Gefühl, geradezu in den Fußstapfen anderer zu wandeln. Das liegt wohl zum einen an der katholischen Vorstellung des Fegefeuers, weshalb man die Toten begleitet und für sie betet, zum anderen an einer Art Ahnenkult, wie er besonders im Süden betrieben wird.

Fast jede Gasse, so scheint es, hat ihre eigene Gedenktafel oder Gedenkstätte. Ich bin oft davor stehen geblieben, was unweigerlich zur Folge hatte, dass sich jemand zu mir gesellte und mir lang und breit erklärte, wer der Verblichene war und wie er zu Ruhm und Ehren gekommen war. Es ist dieser öffentliche, dieser gemeinschaftliche Aspekt des Todes, der so anders ist. Besonders in Sizilien, aber nicht nur dort, sieht man handschriftliche Danksagungen an die Wände von Pfarrhäusern gepinnt: «Die Familie Gambino bedankt sich bei allen, die ihr in der Trauerzeit beigestanden haben.» Selbst Fußballfans, in Italien wegen ihrer Gewalttätigkeit und ihres rüpelhaften Auftretens ständig unter Beschuss, erweisen mit – wie sie es nennen – «Ehrenbekundungen» dem Tod ihre Reverenz. Bei jedem Heimspiel des AS Roma werden in der Südkurve Transparente mit den Namen jener Fans entrollt, die in der betreffenden Woche gestorben sind oder deren Tod sich genau an diesem Tag zum x-ten Mal jährt. Ein derart nobles Verhalten ist auf den Rängen britischer Stadien nicht zu finden.

Wenn man die letzten Seiten der ältesten Zeitung Italiens aufschlägt, der *Gazetta di Parma*, blicken einem Dutzende Gesichter daraus entgegen: *I Morti*, die Toten. Einige sind erst kürzlich verstorben, andere verdanken die Veröffentlichung ihres Konterfeis zum Todestag Freunden oder Verwandten. In vielen anderen überregionalen Zeitungen oder Provinzblättern nehmen die Todesanzeigen genauso viel Platz ein wie der Wirtschafts- oder der Sportteil. Stirbt gar ein Mitglied einer Fernseh- oder Zeitungsredaktion oder auch nur ein Verwandter dieses Personenkreises, dann erstrecken sich die Klagegesänge oftmals über Tage und Wochen.

Beerdigungen sind Schauspiele der besonderen Art. Bei besonders berühmten Todesfällen wird die Beerdigung fast immer im Fernsehen übertragen. Flaggen und Fäuste ragen in den Himmel, Menschenmassen applaudieren dem Sarg. Es spielt keine Rolle, ob es sich bei dem Verstorbenen um einen berühmten Schauspieler oder um das anonyme Opfer eines kaltblütigen Mordes handelt – die Beerdigung ist mehr als nur ein hastiges Aufwiedersehen, sie ist ein Festzug. Millionen von Fernsehzuschauern verfolgen den Aufmarsch der Politiker, die mit ihrem Erscheinen dem Toten die letzte Ehre erweisen. Der Sarg ist offen, Kameras laufen, Mikrofone recken sich schluchzenden Müttern entgegen. In entlegeneren Gebieten Italiens gibt es noch heute die so genannte *prefica*, ein Klageweib, das gegen Bezahlung für gebührendes Heulen und Wehklagen sorgt.

Aber die Toten sind nicht nur sichtbar, sondern auch «hörbar». Man legt in Italien den Toten gerne Worte in den Mund, als würden sie direkt aus dem Grab zu uns sprechen. So, wie ihre Gesichter auf Fotografien fortleben, leben auch ihre Stimmen weiter. Sie kommen aus jenem unheimlichen Übergangsbereich, in dem sich Leben und Tod überlappen. Auf einem Friedhof in Neapel hinterließ jemand in den achtziger Jahren, nach jenem fulminanten ersten Meisterschaftsspiel mit Diego Maradona, folgendes Graffiti im örtlichen Dialekt: *Guagliò, che ve site persi!* – «Junge, da hast du was verpasst!» Der Legende zufolge soll ein paar Wochen später die Antwort auf einem anderen Teil der Friedhofsmauer erschienen sein: «Kein bisschen hab ich verpasst!» Kann sein, dass sich da jemand nur mit einem Graffiti verewigen wollte, aber «Stimmen aus dem Grab» sind auch das beliebteste poetische Genre in Italien. Die Anthologie *Die Toten von Spoon River* gehört seit Jahren zu den meistverkauften Gedichtsammlungen hierzulande. Offenbar hören die Italiener die darin versammelten Stimmen aus dem Jenseits förmlich, wenn sie diese kurzen Berichte aus dem Leben der Toten lesen. Als Pino Pinelli 1980 endgültig die letzte Ruhe fand – nachdem man seine Leiche ein zweites Mal exhumiert hatte –, wurde er auf dem Friedhof von Carrara in der Anarchistenecke bestattet, mit einer Inschrift aus *Spoon River* auf dem Grabstein. Fabrizio De André, der schwermütige Sänger aus Genua, gab einmal eine Platte mit Songs heraus, deren Texte auf freien Übersetzungen aus *Spoon River* basierten. Abgesehen von der Tatsache, dass die Wahl der Themen mit der merkwürdigen Ästhetik rund um den Tod zu tun hatte, hatte ich immer eine besondere Beziehung zu dieser Platte. Das letzte Lied trägt den Titel *Il Suonatore Jones*:

Libertà l'ho vista svegliarsi
ogni volta che ho suonato,
per un fruscio di ragazze
a un ballo,
per un compagno ubriaco.[3]

Auf Deutsch klingt das vergleichsweise dröge:

Freiheit, ich sah sie erwachen
immer wenn ich
für die rauschenden Röcke der Mädchen
beim Tanz
oder für einen betrunkenen Kameraden spielte.

Die letzten Ruhestätten der *Morti* gehören seit jeher zu den großen architektonischen Ereignissen des Landes. Grüfte, Grabmäler und Katakomben sind Orte immenser Prachtentfaltung. Sie haben sich sogar zu Haupt-Touristenattraktionen entwickelt. Das Anfangsstück der Via Appia, der Straße, die von Rom nach Brindisi führt, war schon bei den alten Römern ein beliebtes Ausflugsziel; dort bewunderten und genossen sie die beiderseits der Straße neu errichten Mausoleen. Ein unerlässlicher Bestandteil der Grand Tour reicher und gebildeter Engländer im neunzehnten Jahrhundert war der Besuch der Grabmäler berühmter Dichter – trotz der Tatsache, dass viele Gräber, darunter die von Vergil und Nero, wahrscheinlich

Fälschungen sind. Für heutige Reisende ist das Grabmal Dantes in Ravenna noch immer einen Zwischenstopp wert, und die Katakomben in Palermo ziehen wahrscheinlich mehr Besucher an als jede andere Touristenattraktion in ganz Sizilien.

Der 1. November, der Tag vor Allerseelen, ist einer der vielen Feiertage des Landes und Anlass, den auf den Friedhöfen ruhenden Vorfahren einen Besuch abzustatten. Gegen Ende Oktober tauchen plötzlich Knochen in den Konditoreien auf. Der Tag der Toten ist natürlich nicht nur ein Anlass zur Trauer; er hat auch eine große kulinarische Tradition. Die Knochen, mit grellfarbenen Cremes umhülltes Gebäck, stellen die Gebeine der Toten dar. Jedes Schulkind in Italien weiß aus der Lektüre eines der berühmtesten Gedichte des Landes, «Die Grabmäler», dass die bombastischen Nekropolen Italiens auf Napoleon zurückgehen. Er schrieb per Gesetz vor, dass Begräbnisse fortan nur mehr außerhalb der Stadtmauern stattzufinden hatten. Das hatte zur Folge, dass überall in Europa große Gräberfelder vor den Städten entstanden. Im Gegensatz zu Großbritannien, wo es eher üblich war, die Toten direkt bei der Kirche zu bestatten, entstanden vor den Toren italienischer Städte riesige Vororte allein für die Toten. Sie gehören zu den schönsten und beschaulichsten Orten im ganzen Land. Der Friedhof von Genua beispielsweise liegt auf einem Hügel im Nordosten der Stadt.

Am 1. November machte ich mich als Tourist dorthin auf den Weg. Da die Genueser zu Tausenden auf den Friedhof strömten, muss der örtliche Blumenhändler wohl die Hälfte seines Jahresumsatzes innerhalb weniger Stunden gemacht haben. An vier Lastwagen standen die Trauernden Schlange, um sich mit Blumengebinden einzudecken. Den Mittelpunkt der Nekropole bildet ein von Arkaden umsäumter Platz, von dem aus man direkt zum Pantheon gelangt. Die lateinische Inschrift über dem Eingang lautet: «Dem Ruhm Gottes und dem Angedenken an die berühmten Söhne Genuas.» Auf dem Friedhof von Staglieno ist auch der italienische Freiheitskämpfer Giuseppe Mazzini bestattet. Er ruht in einem niedrigen, grün überwucherten Tempel direkt neben seiner Mutter.

Die Inschriften ihm zu Ehren sind eher politisch denn religiös. Heute schmücken sein Grabmal an die zwei Dutzend frische Sträuße. David Lloyd George widmete ihm 1922 die Worte: «Dem Kämpfer für die Unterdrückten und dem Propheten eines friedlichen Europas.» Ironischerweise starb Mazzini, wie Dante und viele andere heute gefeierte Helden der Feder oder des Schwertes, außerhalb seiner Heimatstadt in der Verbannung. Er beendete sein Leben unter dem Decknamen John Brown in Pisa. Auf dem englischen Teil des Friedhofs findet sich eine Huldigung des Empire an die im Ersten Weltkrieg gefallenen Italiener: «Das Britische Empire mitsamt der Schar seiner Kinder, die für ihr Land gefallen sind, wird sich für alle Zeiten der Italiener erinnern, die ihr Leben im Großen Krieg von 1914–1918 hingegeben haben.»

Der Friedhof von Staglieno gehört zu den großartigsten Nekropolen überhaupt. Im Jahr darauf, wieder an Allerheiligen, besuchte ich einen der kleineren Friedhöfe auf dem Land bei Parma. Dieser war für weniger illustre Geister gedacht und wirkte wie ein Komplex riesiger Aktenschränke. *I Morti* werden provisorisch in Fächern verstaut und dann, je nach Sterbedatum und Preisklasse, in tiefen Wänden, die oft drei oder vier Meter hoch sind, zur letzten Ruhe gebettet. Bei der eigentlichen Bestattung versiegeln Maurer das vordere Ende der Box mit Zement; diese nennt man *loculo*, «Nische». Das Verfahren wirkt vielleicht kalt und seelenlos, ist es aber nicht: Man kann die Toten jederzeit besuchen, weiß, wo sie zu finden sind. Fast alle Grabsteine, in diesem Fall ist es die Platte vor der Box, tragen Fotos. An Allerseelen besucht man dort seine Vorfahren und kann sogar einen Blick auf die eigene Box werfen, die natürlich im Fächerareal der Familie bereits gebucht ist. Worauf es ankommt, ist, dass die Toten gegenwärtig sind. Silvio Berlusconi hat sich auf seinem Anwesen in Arcore sogar ein eigenes Mausoleum bauen lassen. Das Design ist an die Bauweise etruskischer Totenstädte angelehnt. Im Inneren befinden sich sechsunddreißig Begräbnisboxen, die für Familienangehörige und für geschäftliche und politische Wegbegleiter reserviert sind.

PENISOLA FELICE

Bevor Italien zu einem Symbol für Lebensfreude und Vitalität wurde – die Klischeevorstellung der Edwardianischen Zeit –, stand es für das komplette Gegenteil: das Land der Toten und der Sterbenden. Henry James bezeichnete Venedig als «das schönste aller Grabmäler». «Nirgendwo sonst», schrieb er, «wurde die Vergangenheit derart zärtlich zur Ruhe gebettet, voll trauriger Entsagung und Erinnerung.» Das außerirdische Flair der schwimmenden Geisterstadt Venedig ließ James die Stadt als eine Art Avalon sehen, einen Ort, an dem die Toten in Gondeln zu ihrer letzten Ruhestätte gebracht werden:

> … die kleine geschlossene Kabine dieses vollkommenen Fahrzeugs, die Bewegung, die Dunkelheit und das Plätschern, das unmerkliche Drehen und Wenden, alles, was man sieht, und alles, was man fühlt – jede dunkle Wahrnehmung und jeder unerklärliche Stillstand ist das mögliche Pochen des Bewusstseins davon, dass man seinem Verhängnis entgegengleitet.[4]

Aufgrund seines «hohes Alters» wurde Italien während und unmittelbar nach dem Ersten Weltkrieg zum bevorzugten Reiseziel schwermütiger Schriftsteller. Die Autoren der Moderne sahen in dem Land ein metaphorisches Mausoleum, einen Ort, an dem sie der Frage nachsinnen konnten, was es heißt, alt zu sein und zu sterben. James Joyce schrieb *Die Toten* in Triest. Thomas Manns Erzählung *Der Tod in Venedig*, in welcher der «bleiche und liebliche Psychagog» lächelt und den Protagonisten in den Tod winkt, war das offensichtlichste Beispiel dieses Genres.

In Anbetracht der Bürgerkriege hat der Tod in Italien jedoch oft etwas eher Trennendes als Verbindendes, und Gedenkstätten und Hinterbliebene geraten oft in den Sog schwerer politischer Auseinandersetzungen. An der *piazza* im Zentrum von Bologna gibt es eine Fotocollage aller ehemaligen Einwohner der Stadt, die zwischen 1943 und 1945 als Partisanen ihr Leben ließen. Es ist, als würde man in eine unheimliche Versammlung von Toten blicken: eine ganze Wand mit Hunderten von Gesichtern in Schwarzweiß, die dem Betrachter mit dem unbedingten Willen zum Widerstand entgegenblicken. Zu Füßen dieser Gedenkstätte finden sich immer wieder frische Blumen oder Kerzen. Wer wissen möchte, wo das politische Herz der Stadt schlägt, braucht nur hierher zu kommen. Einen guten Kilometer weiter befindet sich der Bahnhof Bolognas. Die Uhr ist um 10 Uhr 25 stehen geblieben. Pläne seitens der italienischen Staatsbahnen, die Bahnhofsuhr wieder ins Laufen zu bringen, wurden aufgrund massiver Proteste in der Bevölkerung auf Eis gelegt. 10 Uhr 25 war genau die Zeit, als im Jahr 1980 eine Bombe im Wartesaal des Bahnhofs hochging und fünfundachtzig Menschen in den Tod riss. Später gab es Bestrebungen, das Wort «faschistisch» aus der Inschrift des Mahnmals für die Opfer zu entfernen; das Anliegen – entweder ein achtenswerter Versuch, Wunden zu heilen, oder aber ein plumper Versuch von Geschichtsfälschung – wurde jedoch durch den Bürgermeister der Stadt, der von der *Forza Italia* gestellt wird, vereitelt. Nicht anders verhält es sich mit jenem Mahnmal in Pisa: «Anarchist, im Alter von zwanzig Jahren bei einer Demonstration gegen den Faschismus von der Polizei tödlich verletzt.» Die Wirkung der Inschrift ist je nach Standpunkt provokativ und versöhnlich zugleich.

In engem Zusammenhang mit der Politisierung des Todes steht seine Ästhetisierung. Der Tod hatte in Italien zu bestimmten Zeiten eine Art ästhetischen Mehrwert, besonders in Zeiten des Terrorismus. Nichtitalienische Autoren haben immer wieder auf die verführerische Sogwirkung von Gewalt und Terror hingewiesen – Yeats sprach von der «schrecklichen Schönheit», Shelley vom «überwältigenden Entzücken des Terrors»; aber erst Umberto Eco hat den politischen Aspekt des Todes genauer untersucht und dabei die politischen Hintergründe dafür herausgearbeitet, wie und warum Tod und Terror in Italien ihre besondere Anziehungskraft entwickeln konnten. Er stellte fest, dass der Tod zum Gegenstand von Ästhetisierung und Bewunderung geworden war; zudem identifizierte er den Flirt mit dem Tod als entschieden faschistisch:

… es ist nur schwer greifbar (…), aber an einem Merkmal ist Faschismus in Reinkultur zu erkennen. Wo immer es auftritt, kann man sich absolut sicher sein, dass es sich um ein Menetekel des Faschismus handelt: Ich spreche vom Totenkult.[5]

Das Gefallen daran, zu töten und getötet zu werden, war für Eco Faschismus in Reinkultur. Die Ästhetisierung des Terrorismus in Italien, die bereits Generationen von Autoren vor ihm erkannt hatten, sagte für ihn mehr aus als jede dezidierte politische Stellungnahme. Faschismus bedeutete, den Tod zu bewundern und ihm zu dienen, sei es in der Rolle des Täters oder des Opfers:

Vom Tod fasziniert zu sein bedeutet, dass es schön ist, zu sterben und sein Leben zu riskieren, und dass die größte und heiligste Faszination darin besteht, ihn weiterzutragen (…) Dieser Geruch des Todes, dieses ekelhafte Bedürfnis nach dem Tod ist in diesen Tagen [1981] in Italien spürbar. Wenn es das ist, was der Terrorismus gewollt hat, dann hat er sein Ziel erreicht.[6]

Faschismus war für Eco eine Form des politischen Nihilismus: der Wunsch nach Märtyrertum, der Wunsch, sich dem Tod zu unterwerfen.

Vielleicht hängt es mit dieser Nähe zum Tod zusammen, dass man in Italien eine besondere Art von Spiritualität zu verspüren meint. Man kann kaum darüber schreiben, weil es etwas schwer Greifbares ist, aber das Land scheint wirklich, wie so viele ausländische Beobachter immer wieder festgestellt haben, paradiesisch im wahrsten Sinn des Wortes, eine Mischung aus natürlicher Schönheit und menschlicher Versuchung. Die «alten Bräuche», von denen Fellini spricht, bestehen weiter fort. Im Vergleich zu anderen Ländern war der mit der Moderne einhergehende Bruch in Italien minimal. Es besteht eine intime Nähe zur Vergangenheit und zu den Verstorbenen; eine Nabelschnur verbindet das Heute mit zurückliegenden Zeitaltern. Vergangene Jahrhunderte sind geistig und physisch nahe. Vielleicht ist diese lange Geschichte und dieses Volk mit seinem einzigartigen und schwierigen Schicksal der Grund dafür, dass manche Autoren die Italiener mit den Juden verglichen haben. Sciascia begrenzt diesen Vergleich auf Sizilien und schreibt, beide, Juden und Sizilianer, sprächen

> über die Dinge nur nebenbei, in Andeutungen, Parabeln und Metaphern. Es war, als befänden sich in ihren Köpfen die gleichen Kreisläufe und die gleichen logischen Prozesse. Computer des Misstrauens, des Verdachts, des Pessimismus. Juden und Sizilianer: eine atavistische Ähnlichkeit der Lebensumstände, der Energien, der Defensive und des Schmerzens.[7]

Merkwürdig ist, dass ich mich nirgendwo mehr so richtig zu Hause fühle. Nathaniel Hawthorne hat diese Schwermut des Heimatlosen beschrieben, der zum globalen Vagabunden wird, entwurzelt und jenseits der Realität.

> Denn schließlich bekommen die Jahre etwas Leeres, wenn wir allzu viele davon an fremden Küsten zubringen. In solchen Fällen verzögern wir die Wirklichkeit des Daseins bis zu jenem künftigen Moment, in dem wir wieder unsere Heimatluft atmen. Nach und nach jedoch gibt es keine zukünftigen Momente mehr oder aber, wenn wir dennoch zurückkehren, merken wir, dass die Heimatluft das Stärkende eingebüßt und das Leben seine Realität an jenen Platz verschoben hat, an dem wir nur vorübergehende Bewohner zu sein gedachten. So haben wir dann, zwischen zwei Ländern, überhaupt keines mehr oder im einen von ihnen nichts als den kleinen Fleck, an dem wir zum Schluss unsere ruhelosen Gebeine niederlegen.[8]

Aber das allein ist es nicht. Wenn man außerhalb des eigenen Sprachraums lebt, hat das Folgen für die gesamte Persönlichkeit. Wir werden zu anderen Menschen, wenn wir in eine fremde Sprache eintauchen, irgendwie verändert sich dadurch unsere Psyche. Dem Einfluss des Italienischen kann man sich nicht entziehen. Man gewöhnt sich an den Klang der Sprache und bemerkt allmählich Nuancen und Feinheiten, die das Englische in seiner Sperrigkeit so nicht zu bieten hat. Selbst jene unscheinbaren Wörter, kurze Einwürfe, die Gesprächen auf Italienisch die Würze verleihen – *ma, boh, mica, allora* –, können allein durch den Tonfall, in dem man sie ausspricht, eine bestimmte Meinung zum Ausdruck bringen. Sie haben ein Dutzend unterschiedliche Bedeutungen, sie können ernst oder komisch gemeint sein, je nachdem, welche Färbung man ihnen verleiht. Ein einziges Wort kann das Gesprächsklima entspannen oder jede Diskussion abrupt beenden. Aus dem Grund fällt Ausländern immer zuerst die Musikalität der italienischen Sprache auf: Wörter sind wie Instrumente, auf welchen der Musiker sich ausdrücken kann. Wie überhaupt der Klang der Wörter nicht zu unterschätzen ist. Sie sind in einer Weise lautmalerisch, dass man die Bedeutung auch ohne Wörterbuch erahnen kann. Angesichts der federnden Leichtigkeit eines Wortes wie *solletico* weiß man schon fast von alleine, dass es «der Kitzel» heißt. Und ein Wort wie *rigogliosità* mit seinen plumpen, schwerfälligen Vokalen kann nur etwas wie «Üppigkeit» bedeuten.

Dann gibt es Wörter, die ganz und gar unübersetzbar sind, sodass man beim Lernen der Fremdsprache in eine ganz andere Vorstellungswelt eintaucht. Silvio Berlusconi beispielsweise wird gerne mit dem Adjektiv *spregiudicato* charakterisiert, für das es im Englischen und im Deutschen keine genaue Entsprechung gibt. Es beschreibt jemanden, der «ohne Vorurteil» ist, der die Dinge aus seiner eigenen Sicht sieht und sie ohne Umschweife anpackt. Daneben hat es aber noch eine ganz andere Bedeutung: eine gewisse Skrupellosigkeit, eine Art und Weise, sich unbekümmert über die Feinheiten von Gut und Böse hinwegzusetzen. In seiner Doppeldeutigkeit drückt *spregiudicato* und das dazugehörige Substantiv *spregiudicatezza* auch ein Stück Bewunderung für das Machiavellistische aus, ein augenzwinkerndes Anerkennen des leicht Verwegenen, das dem Englischen völlig fremd ist.

Noch eine andere Eigenart des Italienischen gibt es, die ich aber nicht als Ehrlichkeit bezeichnen würde, weil das zu wertend klingt. Es ist mehr eine Offenheit, eine instinktive Direktheit. Die in Großbritannien übliche Höflichkeit hat zur Folge, dass Gespräche oft so geführt werden, als würde man mit angezogener Handbremse Auto fahren. Dabei hat schon Shakespeare in seinem «König Lear» die Briten zu mehr Offenheit angehalten: «Lasst uns, der trüben Zeit gehorchend, klagen. / Nicht, was sich ziemt, nur, was wir fühlen, sagen.»[9] Die gewollte Höflichkeit der Briten und das strenge Einhalten der Etikette driften oft in Heuchelei ab: Niemand sagt offen, was er denkt. Zwischen Gedachtem und Gesagtem gibt es gewissermaßen einen Filter, und wenn man sich mit jemandem unterhält, muss man sich im Klaren darüber sein, welche Art von Filter der Gesprächspartner benutzt, und ob er gerade mehr zur Offenheit oder mehr zur Höflichkeit neigt. *Non fare complimenti* gehört dagegen zu den Standardsätzen in Italien und bedeutet so viel wie: «Keine falsche Bescheidenheit!» Also stopft man ein paar Tage lang die Unmengen von Essen in sich hinein, die einem großzügigerweise angeboten werden, nur um sich anhören zu müssen: «*Porco cane*, Zio Tobia, bist du fett geworden! Du siehst aus wie ein Heißluftballon!» Es hat etwas unglaublich Erfrischendes, nicht wie in Großbritannien im Gespräch ständig auf Eierschalen gehen zu müssen, nicht auf die Gefühle der anderen anstatt auf die eigenen achten zu müssen. Dabei ist die Direktheit der Italiener so selbstverständlich, so herzerfrischend unverblümt, dass sie nie verletzend wirkt.

Wenn ich schon beim Thema Essen bin: Allmählich verstehe ich, was «Verdauung» ist. Die meisten Menschen außerhalb Italiens haben davon überhaupt keine Ahnung. Ich selbst habe das Wort, ehe ich nach Parma kam, nie gehört. An einem meiner ersten Abende in Parma saß ich in einem Restaurant zufällig neben einem ausgewachsenen Mannsbild, das sich einen Schal um den Bauch wickelte. Er erklärte mir, dass ihm die «kalte Zugluft» Sorgen bereite, um mir dann lang und breit aufzuzählen, was er in den letzten vier Tagen alles gegessen habe, und welche Folgen das alles für seine Eingeweide gehabt habe. Damals dachte ich mir, er sei ein hoffnungsloser Fall von Hypochondrie, heute aber weiß ich, dass den Eingeweiden hierzulande eine metaphysische Bedeutung zukommt, ähnlich wie in Großbritannien dem Rasen. Sich über die Verdauung zu unterhalten kommt einer Metapher für unseren

Glückszustand gleich. Und das Essen schmeckt nicht nur wegen der hervorragenden Rezepte so erstaunlich gut: Es umfasst immer auch Familie, Gesellschaft, gute Gespräche, gemeinsame Verdauung, Siesta und natürlich die Frage, was es zum Abendessen gibt. All das ist für die Italiener das Selbstverständlichste der Welt: für englischsprachige Länder klingt das hingegen merkwürdig fremd, gibt es doch dort, wiederum zum großen Erstaunen der Italiener, keinerlei Entsprechung für die Worte *buon appetito*.

Parma hat den Beinamen *l'isola felice*, «die glückliche Insel». Von der Zeit vergessen, wirkt die Stadt wie eine Oase der Ruhe. Es gibt zwar Touristen, aber im Vergleich zu anderen bekannten Städten hält sich der Andrang in Grenzen. Vielleicht gerade weil sich Parmas Charme so schwer greifen lässt, ist es bisher noch keinem Reiseführer gelungen, den friedvollen, beschaulichen Lebensrhythmus dieser Stadt zu beschreiben; oder es liegt daran, dass Parma kein einzelnes grandioses Bauwerk aufzuweisen hat, das, wie der Schiefe Turm von Pisa oder die Kuppel Brunelleschis, auf der ganzen Welt als Wahrzeichen bekannt ist. Dennoch ist die Stadt wirklich eine Art *isola felice*. Zweifelsohne gibt es viele andere Städte dieser Art in Italien; in diesem Sinn kann ich nur hoffen, dass das Besondere, das ich hier beschreibe, auf das Allgemeine übertragbar ist.

Ich bin also auf dem Weg vom Bahnhof nach Hause. Es ist erst Mai und doch schon drückend heiß. Die Menschen am Bahnhof sind alle gut gelaunt. Ich überquere die Straße und beuge mich über die niedrige Mauer. Der Fluss, ironischerweise *torrente*, Wildbach, genannt, ist ausgetrocknet. Im Uferbereich wachsen kleine Bäume, wo sich noch vor einem Monat braune Wassermassen und ganze Stämme von Treibholz aus den Bergen in Richtung Süden wälzten. Die Berge sind fast das ganze Jahr über in Nebel und Wolken gehüllt, aber nun kann man sie sehen, majestätisch vor einem tiefblauen Himmel. An den Ufern beginnen die Frösche ihr ohrenbetäubendes Quaken, blähen die Kehle auf, um potenzielle Partner zu beeindrucken. Kästen mit Petunien zieren das Brückengeländer. Es ist die Stunde kurz vor Einbruch der Dunkelheit, die Stunde der *passeggiata*, in der jeder zu einem Spaziergang nach draußen geht. Die Menschen bummeln gemütlich die Straßen auf und ab: Liebespärchen auf den Wegen oben auf der Zitadelle, Jugendliche auf der via Cavour, Rentnerpaare Arm in Arm auf den breiten Gehwegen entlang des Flusses. Kinder sind mit ihren Großeltern unterwegs, wie jeden Abend.

Ich gehe in den *Parco Ducale*. Die Kieswege dort sind strahlend weiß. Die Statuen sind schon alle im Schatten, aber es gibt noch Stellen, an denen die Sonne durch die Bäume hindurch den Gips küsst. Dort ist der *Palazzo Ducale* mit der Farnesegalerie. Vor Jahren war ich einmal drin und habe den freundlichen *carabiniere* gestört, der an der Empfangstheke eingeschlafen war. Auf dem Heimweg treffe ich zufällig meinen Metzger. Der große Vanni, Hände wie Baggerschaufeln. Er lächelt über das ganze Gesicht. Eine ehemalige Studentin kommt vorbei, schiebt einen Kinderwagen; ich bleibe stehen, schwatze mit ihr, bewundere das Baby und will wissen, warum sie nie nach London gegangen ist, was sie doch ursprünglich so gerne wollte. Dann ist da noch dieses Mädchen, das mir immer so gefallen hat, mit den Sommersprossen auf der Nase; mit den Schuhen in der Hand geht sie barfuß über die Wiese, und ich winke ihr zu.

Die Schaufenster sind sehr beeindruckend. Es lohnt sich stehen zu bleiben, nicht nur wegen der Waren, sondern wegen der Dekoration insgesamt. Im Plattenladen gibt es zwar jede Menge Poster, aber Luca hat einfach Eiswürfelbeutel, die man sonst ins Gefrierfach legt, an der Decke aufgehängt. Sie sind mit blauem Schaum gefüllt. Ich habe keine Ahnung, warum, und leider ist der Laden schon geschlossen, sodass ich nicht hineingehen kann, um zu fragen. Aber sie machen sich in jedem Fall ziemlich gut. Ein Augenschmaus: Man *muss* den Laden einfach betreten, und genau das ist beabsichtigt. Dann kommt der Einrichtungsladen, der Tischler, schließlich der Rahmenhändler und der Schuster. All diese kleinen

Künstlerläden: eine wunderbare Mischung aus traditionellem Handwerk und modernem Design.

Ich gehe in einen Lebensmittelladen, in dem die Kunden Schlange stehen. Dennoch plaudert jeder entspannt mit jedem und wartet geduldig, bis er dran ist. Eine Dame erklärt mir, wie ich mit leeren Schneckenschalen meine Einfahrt illuminieren kann. Man füllt sie wohl mit Öl und Sand und legt sie im Abstand von je einem Meter den Weg entlang bis zur Haustür. «Sie brauchen sie nur anzuzünden, und schon sieht die Einfahrt wie eine superelegante Startbahn aus», sagt sie und lacht. Als ich dran bin, achtet die Inhaberin genau darauf, was ich kaufe, und gibt mir Ratschläge für die Zubereitung des Essens. Der Kochkurs dauert zehn Minuten, aber niemand stört sich daran. Eher geben sie noch selbst den einen oder anderen Tipp. Entsetzt bemerke ich, dass ich nicht genügend Geld dabeihabe, aber sie lacht nur und meint, ich solle ein anderes Mal vorbeikommen. «Pressiert nicht», sagt sie.

Ich nehme den Bus, stehe neben dem Fahrer, und das Gespräch dreht sich unvermeidlich um Fußball. Da ich der einzige Fahrgast bin, nimmt er nicht die normale Route, sondern quetscht das Ding durch enge Seitenstraßen wie einen Korken durch ein Schlüsselloch, um mich direkt vor meiner Tür abzusetzen. *Ci vediamo* sagt er fröhlich, «bis zum nächsten Mal».

An meinem Haus steht der Fotograf vor der Tür seines kleinen Ateliers. Er beklagt sich über die Hitze, ich ziehe ihn auf und sage, die *parmigiani* würden sich ständig über das Wetter beschweren. Immer ist es entweder zu heiß oder zu kalt oder zu schwül. «Ihr sprecht mehr über das Wetter als wir Engländer!» Dabei kommt mir dieser Satz von Guareschi über die *parmigiani* in den Sinn:

> Hier erreicht die politische Leidenschaft oft eine besorgniserregende Intensität; und doch sind die Leute dort sympathisch, gastlich und großzügig und haben einen ausgeprägten Sinn für Humor. Es muss die Sonne sein, eine verdammte Sonne, die den ganzen Sommer lang die Gehirne martert. Oder der Nebel, ein dicker Nebel, der den ganzen Winter lang auf den Gehirnen lastet.[10]

Humor, Gastfreundschaft, Leidenschaft für Politik: Von allem bekomme ich etwas mit, als ich neben dem Fotografen im Schatten seiner Markise auf dem Gehsteig sitze. Der Kellner aus der Bar nebenan bringt uns frisch gepressten Grapefruitsaft. Wir plaudern zwanzig Minuten lang.

Ich schließe die Wohnungstür hinter mir und sehe, dass der Anrufbeantworter blinkt. Ein Rückruf erübrigt sich, da ich ohnehin weiß, wo meine Freunde heute Abend zu finden sind. Ich erinnere mich daran, wie erstaunt ich unmittelbar nach meiner Ankunft über das Ausgehverhalten der Leute hier war. Sie sind immer in Gruppen unterwegs, immer zusammen mit denselben Leuten, und das jede Woche. In England wären die meisten schon froh, wenn sie enge Freunde öfter als einmal im Monat sähen. Die Freundschaft muss deshalb nicht unbedingt weniger eng sein, aber es ist doch sehr anders. Die Leute leben so weit voneinander entfernt. Man schreibt sie einen nach dem anderen ab, weil sie wegziehen oder ins Ausland gehen, und nur wenn jemand heiratet, kommen alle zusammen. In Parma dagegen kommt jedes Treffen unter Freunden schon beinahe einem Ritual gleich: dieselben Orte, dieselben Gesichter. Man braucht auch nichts fest auszumachen. Es ist so, als würde eine glückliche Mischung aus Zufall und Gewohnheit alle immer wieder zusammenführen. Selbst Rentner treffen sich täglich mit den Leuten, mit denen sie schon die Schulbank gedrückt haben. Die Dauerhaftigkeit von Freundschaften in Italien ist einzigartig.

Am nächsten Abend gehe ich ins Stadion. In der *Curva Nord* stehe ich neben einer Frau, die aussieht wie eine gut erhaltene Mittneunzigerin: Ihr Gesicht ist verhutzelt wie eine Rosine. Aber sie ist guter Dinge, besonders als wenige Minuten vor dem Anpfiff die Aufstellung der gegnerischen Mannschaft verlesen wird. Bei jedem Namen macht sie unübersehbar die «Regenschirm-Geste». Dabei greift man mit der linken Hand an den Ellbogen des ausgestreckten rechten Arms, wobei dieser, die Hand zur Faust geballt, nach oben schnellt: die italienische Version des Stinkefingers. Gleich nach dem

Anstoß entdecke ich Pino. Er ruft: «*Vè*», und meint damit den Angriff, den seine Mannschaft eben gestartet hat. «Adriano ist eine Eidechse, ihn erwischt keiner.» Der Brasilianer weicht nach innen aus, kommt auf dem rechten Fuß zu stehen und landet einen Volltreffer. Das gesamte Stadio Tardini liegt sich in den Armen. Die alte Dame wiederholt grinsend ihre Lieblingsgeste und zeigt damit dem Gegner, was sie von ihm hält.

Die Fans tragen grundsätzlich Sonnenbrillen. Sie sehen aus wie Ausflügler auf einem Vergnügungsdampfer, alle tragen die gleichen Farben, skandieren dieselben Sätze im Chor. Ich kenne das mittlerweile seit Jahren. Der Hang zur Uniformierung ist stark ausgeprägt – nicht nur auf dem Fußballplatz, sondern überall: Politische Positionen finden ihren Ausdruck eher in der Einfachheit der Farbwahl – rot, weiß, blau usw. – als in der Feinheit der Argumentation. Worauf es ankommt, ist die Verbundenheit mit der Flagge, die Zugehörigkeit zu einem visuellen Code. In Italien und besonders in Parma habe ich oft den Eindruck, dass man von mir erwartet, «den Mönch nach seiner Kutte zu beurteilen». Und genau zu diesem Zweck sind Kleidercodes ja da: Sie müssen entschlüsselt werden. Exzentrizität in der Mode ist jedenfalls selten. Selbst ihren Protest bringen die Leute optisch zum Ausdruck, wie an den Regenbogenfahnen zu erkennen ist, die auch Monate nach dem Ende des zweiten Irakkriegs noch immer millionenfach in der heißen Sommerluft flattern. Es ist also nicht der Hang zum Ästhetizismus alleine; der Punkt ist, dass es für fast jeden Zweck eine Art Kleiderordnung gibt, sodass man sich als Ausländer des Eindrucks einer gewissen Uniformität kaum erwehren kann.

Aber das ist ein Trugschluss. Ich bin auf dem Weg vom Stadion nach Hause, nur ein kurzer Fußmarsch. Gegenüber von meinem Haus, auf der anderen Straßenseite, ist ein Altenheim. Zwei Fußballfans um die zwanzig wollen gerade hineingehen. Ich rufe ihnen etwas zu, und sie drehen sich um. Ich frage sie, was sie in dem Altenheim wollen. Da ich noch immer meinen blaugelben Schal trage, sind sie mir wohlgesinnt und erklären, es sei Sonntagabend, sie seien an der Reihe, sich um die Alten zu kümmern. «Weißt du», sagt einer von ihnen, «sie können das nicht alleine.»

«Was können sie nicht?»

«Essen. Wir müssen sie füttern, mit dem Löffel. Das dauert ewig, sie sind wie Babys. Aber irgendwie macht's auch Spaß. Danach quatschen wir noch ein bisschen, über alles Mögliche. Da, nimm das.» Und sie geben mir ein Merkblatt des Freiwilligen Hilfsdiensts hier am Ort, der Hunderte von jungen Leuten in die Altenheime der ganzen Provinz schickt. Nicht zum ersten Mal empfinde ich unglaublich viel Respekt vor der Menschlichkeit, die es hier noch gibt.

Es wird langsam dunkel. In meine Wohnung fällt ein Rest von Licht durch die Rollläden. Ich ziehe sie hoch und gehe auf den Balkon. Die Nachbarn gegenüber sitzen auch draußen und grüßen mich mit «*salve*». Überall sind Kinder. Das Licht hat etwas sehr Besonderes: Es ist die Grenze zwischen Tag und Nacht, und die Schwalben machen allmählich den Fledermäusen Platz. Dieses Licht ist einzigartig. Es strahlt von den in «Parma-Gelb» gehaltenen Mauern ab. Alles wirkt sanft, gedämpft, zurückgenommen. Die aus dem achtzehnten Jahrhundert stammenden Gemälde von Thomas Jones sind deshalb so anrührend, weil auf ihnen deutlich zu sehen ist, dass der Maler, der aus Wales stammte, in Italien ein völlig neues Licht kennen gelernt hat. Die Farben sind wahrscheinlich unverändert, aber sie sind durchdrungen von diesem weichen, elegischen Licht, nach dem sich die Menschen in nördlicheren Gefilden ein Leben lang sehnen.

Aber es gibt noch mehr Dinge, die mich noch vor Jahren stutzen ließen, mir aber heute das Gefühl geben, zu Hause zu sein. Zu meinen häuslichen Pflichten gehört es, einmal pro Woche zur Reinigung zu gehen. Und jedes Mal, wenn ich die Sachen auf die Theke lege, fragt die freundliche Dame dahinter nach meinem Namen.

«Jones», sage ich, worauf sie mir, irritiert wegen des ausländischen Namens, den Kugelschreiber rüberschiebt. Dabei kennt sie mich schon lange.

«Warum sagen Sie nicht einfach Calebich?», sagt sie und sieht mich fragend an.

«Weil das der Name des Großvaters meiner Frau ist», sage ich lachend. «Warum um alles in der Welt sollte ich diesen Familiennamen verwenden?»

«Weil die Familie Calebich schon seit fünfzig Jahren zu meinen Stammkunden gehört», antwortet sie voller Hochachtung.

Genau das, was mich noch vor Jahren so irritiert hat, gefällt mir jetzt besonders. Damals echauffierte ich mich über die Geriokratie in Italien, über den Kniefall, den man vor Tradition und Alter macht. Am Anfang wirkte die Gesellschaft auf mich unglaublilch statisch und verkrustet. Heute wäre ich traurig, wenn es nicht so wäre.

Natürlich gibt es auch in England Traditionen und soziale Bindungen. Es ist nur alles sehr anders. Die Gesellschaft dort ist weniger kohärent und deshalb vielleicht flexibler. Die Menschen sind mobiler. Undenkbar, dass einer meiner Freunde seine Sachen in dieselbe Reinigung bringen würde, in der schon sein Großvater Kunde war. Ich vermute, viele wissen nicht einmal, was eine chemische Reinigung ist.

Das alles hat zur Folge, dass das Leben in Italien sehr verfeinert ist. Italien ist viel vornehmer, viel eleganter. Wenn ich in die Berge fahre und abends vor dem Haus in der Sonne sitze, höre ich, wie jemand Freunden auf der Gitarre alte Volkslieder vorspielt. Normalerweise fahre ich in die Berge, um Billard zu spielen, oder vielmehr *boccette*, die italienische Version. Dann sitze ich auf der Terrasse des alten Bauernhauses mit Blick auf die Stadt in der Ferne und unterhalte mich stundenlang. Je nach Jahreszeit mache ich noch einen Spaziergang durch die Wälder, um Erdbeeren, Brombeeren oder Pilze zu sammeln. Anschließend gehe ich nach oben in den ersten Stock. Wie immer legt Maurino, kaum dass ich da bin, Musik auf. Dann, und das ist der springende Punkt, fragt er mich, ob die Temperatur in Ordnung sei.

«Wunderbar», sage ich und genieße die Sonne.

«Nein, nein», antwortet er und legt die Handfläche auf den Filz. «Diese Temperatur.» Endlich begreife ich, wovon er spricht.

«Unglaublich! Ihr habt einen beheizbaren Billardtisch? In England haben so etwas nur die vornehmsten aristokratischen Familien!» Da sitze ich irgendwo am Ende der Welt, in einem ehemaligen Bauernhaus – im Garten gackern die Hühner –, und spiele Billard auf einem beheizbaren Tisch. Und zu trinken gibt es nicht, wie in heruntergekommenen Pubs in Großbritannien, lauwarmes Ale aus Zinnhumpen, sondern eisgekühlten *Erba Luigia* aus fingerhutgroßen Gläschen. Bei den Tipps, die mir Maurino zum Spiel gibt, wird mir klar, wie viel ich noch zu lernen habe. «Sie beheizen den Tisch», flüstere ich voller Bewunderung, während ich einen Stoß nach dem anderen versiebe. Diese Selbstverständlichkeit, diese Leichtigkeit, mit der man hier ein geselliges Zusammensein unter Freunden genießt, ist nirgendwo sonst auf der Welt zu finden. Und bei allen Schwierigkeiten kann das Leben in Italien manchmal auch unglaublich leicht sein. Mir fällt ein Spruch von Cesare Pavese ein. Als einer seiner Studenten ihn fragte, ob er Italien möge, antwortete er nach kurzem Zögern: «Nein, nicht Italien. Aber die Italiener.»

Dank

Das Buch erschien als Vorabdruck auszugsweise in der *London Review of Books*, in *Prospect* und *Diario*. Dafür bedanke ich mich bei den Redakteuren Mary-Kay Wilmers, David Goodhart, Enrico Deaglio und ihren Mitarbeitern.

Meine Agentin Georgina Capel bei Capel & Land hat dafür gesorgt, dass es mir nie an Essen und Kleidung mangelte. Ihr, aber auch Ulrike Kloepfer und Christian Kennerknecht, schulde ich großen Dank. Ich hatte das überaus große Glück, viele Jahre lang vom großen Geist der Professoren Diego Saglia, Jeremy Elston, Hugh Jones und Niall Ferguson profitieren zu dürfen. In schweren Zeiten an ihrer Weisheit teilzuhaben war von unschätzbarem Wert. Filippo Ziveri war mein Begleiter auf vielen Reisen und als solcher immer großzügig und anregend. Außerordentlich glücklich darf ich mich schätzen, Glenn Alessi, einen Einzelgänger mit dem Gespür für das Besondere, kennen gelernt zu haben; er ließ mich teilhaben an seine Kontakten und seinem katholischem Glauben. Hätte es die *moschettieri* des Sommers 1998 nicht gegeben, wäre ich niemals in Italien geblieben: «*L'Albe*», «*Il Davo*» und «*Il Gallo*» waren sehr, sehr *grandi*.

Folgende Menschen waren immer für mich da, wenn es darauf ankam: Gerald Siegmund, Rainer Emig, Loni Setecki, Paolo Zaninoni, Massimo Birattari, Chicca Galli, Jonathan Galassi, Katharina Schlott, Duncan Boothby, Lucia Sbravati, Carlo Torinesi, Philip Purchase, Gloria Saccò, Maurino Levati, Steven Lukes, Giovanni De Mauro, Jacopo Zanchini, John Lloyd, Paolo Garimberti, Jeff Biggers, Rebecca Nicolson, Pino Colombi, Betta Salvini, Richard

Beecham, Katharine Fogarty, Giovanni Granatiero, Norah Wallace, Marco Mazzoli, Mette Rudvin, John Foot, Giuseppe Lavagetto, Marcello Ziveri, Mario Casartelli, Stefano Mercurio, Livio Lacchini, Joe McGinniss, Luca Fontana, Nicola Clerici, Anthony Fernandez, Anna Pallai, Manu Dazzi, Erica Scroppo, Richard Newbury, Pierleone Ottolenghi und Giovanni Camattini.

Zu überaus großem Dank bin ich meiner italienischen Familie verpflichtet. Herzlicher Dank geht an Francesca Lenzi, an Raul Lenzi und Daniela Calebich, an alle Geschwister Calebich, an Familie Diena und an Enrico Basaglia. Die außergewöhnliche Unterstützung aus Großbritannien hat mir sehr geholfen. Die Großzügigkeit meiner Eltern, Bob und Jane, und meiner Geschwister, David, Vandana und Paul ist unbeschreiblich. Jill Wallace war, auf ihre sanfte Art, unerschütterlich wie ein Fels. Dank an sie und an alle anderen Jones, Wallaces und Ramrakhas.

Was gut ist an diesem Buch, habe ich allein den oben Stehenden zu verdanken; mögliche Fehler gehen selbstverständlich voll und ganz zu meinen Lasten.

Quellenangaben

Vorwort

1 Zitiert nach Stendhal: *Rome, Naples and Florence. Preface.* Translated by Richard N. Coe. John Calder, London 1959
2 Adriano Sofri: *Memoria.* Sellerio, Palermo 1990

Parole, Parole, Parole

1 Giorgio Tourn: *Italiani e protestantesimo. Un incontro impossibile?* Claudiana, Turin 1997
2 James T. Boulton (Hg.): *The Cambridge Edition of the Letters and Works of D. H. Lawrence.* Cambridge University Press, Cambridge 1979
3 Fabrizio De André: *Parole e canzoni.* Einaudi, Turin 2000
4 Italo Calvino: *Una pietra sopra.* Mondadori, Mailand 1995
5 Dante Alighieri: *Die Göttliche Komödie.* Aus dem Italienischen von Wilhelm G. Hertz. Artemis & Winkler, Düsseldorf und Zürich 1957
6 Aldo Francesco Massèra (Hg.): *Rime di Giovanni Boccacci*, Romagnoli-Dall'Acqua, Bologna 1914
7 Niccolò Machiavelli: *Il Principe. Der Fürst. Italienisch/Deutsch.* Aus dem Italienischen von Philipp Rippel. Reclam, Stuttgart 1986
8 Neville Rogers (Hg.): *The Complete Poetical Works of Percy Bysshe Shelley: 1814–17.* Oxford University Press, Oxford 1975
9 Jerome J. McGann (Hg.): *The Complete Poetical Works. George Gordon, Lord Byron.* Oxford University Press, Oxford 1980
10 Marco Rogari: *Burocrazia Fuorilegge.* Sperling & Kupfer, Mailand 2001
11 Corrado Stajano: *L'Italia nichilista.* Mondadori, Mailand 1982
12 Jacob Burckhardt: *Die Kultur der Renaissance in Italien.* Phaidon, Essen o. J.
13 Luigi Barzini: *Die Italiener.* Aus dem Englischen von Margrit Bode. Scheffler, Frankfurt a. M. 1964
14 Ernesto Galli della Loggia: *L'identità italiana.* Il Mulino, Bologna 1998
15 Dante Alighieri: op. cit.
16 Carlo Ginzburg: *Der Richter und der Historiker. Überlegungen zum Fall Sofri.* Aus dem Italienischen von Walter Kögler. Wagenbach, Berlin 1991

17 Stendhal: *Die Kartause von Parma.* Aus dem Französischen von Arthur Schurig. Propyläen, Berlin 1978
18 Luigi Pirandello: «So ist es (Wenn es Ihnen so scheint). Die frühen Stücke». In: Verf.: *Gesammelte Werke in sechzehn Bänden.* Aus dem Italienischen von Georg Richert. Propyläen, Berlin 1998
19 Maurizio Dianese, Gianfranco Bettin: *La strage.* Feltrinelli, Mailand 1999
20 Pier Paolo Pasolini: *Lutherbriefe.* Aus dem Italienischen von Agathe Haag. Medusa, Berlin und Wien 1983
21 Leonardo Sciascia: *Die Affäre Moro.* Aus dem Italienischen von Peter O. Chotjewitz. Athenäum, Frankfurt a. M. 1989
22 Umberto Eco: *Sette anni di desiderio.* Bompiani, Mailand 1983
23 Donald Sassoon: *Contemporary Italy.* Longman, London 1997
24 Carlo Levi: *Le mille patrie. Uomini, fatti, paesi d'Italia.* Donzelli, Rom 2000

Das Rätsel der Piazza Fontana

1 Eugenio Montale: *Gedichte. 1920–1954.* Zweisprachige Ausgabe. Aus dem Italienischen von Hanno Helbling. Hanser, München und Wien 1999
2 Giovanni Fasanella, Corrado Sestieri, Giovanni Pellegrino: *Segreto di Stato.* Einaudi, Turin 2000
3 Leonard Weinberg, William Lee Eubank: *The Rise and Fall of Italian Terrorism.* Westview Press, Boulder 1987
4 Claudio Pavone: *Una guerra civile.* Bollati Boringhieri, Turin 1992
5 Leonard Weinberg, William Lee Eubank: op. cit.
6 Franco Ferraresi: *Minacce alla democrazia.* Feltrinelli, Mailand 1995
7 Robert D. Putnam: «Atteggiamenti politici dell'alta burocrazia nell'Europa occidentale». *Rivista Italiana di Scienza Politica* 3, 1, 1973
8 Sergio Zavoli: *La notte della Repubblica.* Nuova Eri/Mondadori, Rom/Mailand 1992
9 Alessandro Silj: *Mai più senza fucile.* Vallechi, Florenz 1979
10 Alessandro Silj: op. cit.
11 Maurizio Dianese, Gianfranco Bettin: *La strage.* Feltrinelli, Mailand 1999
12 *Corriere della Sera*, 13. Dezember 1969
13 Maurizio Dianese, Gianfranco Bettin: op. cit.
14 Fabrizio Calvi, Frédéric Laurent: *Piazza Fontana. La verità su una strage.* Mondadori, Mailand 1997
15 Maurizio Dianese, Gianfranco Bettin: op. cit.
16 Giorgio Bocca: *Il filo nero.* Mondadori, Mailand 1995
17 Ernesto Galli della Loggia: *L'identità italiana.* Il Mulino, Bologna 1998

Strafstöße und Straffreiheiten

1 Gianni Brera: *Storia critica del calcio italiano.* Baldini & Castoldi, Mailand 1998
2 Antonio Ghirelli: *Storia del calcio in Italia.* Einaudi, Turin 1990
3 Gianni Brera: op. cit.
4 Antonio Papi, Guido Panico: *Storia sociale del calcio in Italia.* Il Mulino, Bologna 2002
5 Vittorio Malagutti: *I conti truccati del calcio.* Il Mulino, Bologna 2002
6 *Una storia italiana.* Mondadori, Mailand 2001
7 *Una storia italiana.* Mondadori, Mailand 2001
8 *La Stampa*, 19. Dezember 1993
9 Zitiert nach Giovanni Ruggeri: *Berlusconi e gli affari del Presidente.* Kaos, Mailand 1995

Der Fall Sofri

1 Leonardo Sciascia: *Der Tag der Eule.* Aus dem Italienischen von Arianna Giachi. Walter-Verlag, Olten und Freiburg 1964
2 Dario Fo: «Zufälliger Tod eines Anarchisten». In: Verf.: *Zufälliger Tod eines Anarchisten. Die Frau zum Wegschmeißen. Bezahlt wird nicht!.* Aus dem Italienischen von Peter O. Chotjewitz. Henschel, Berlin 1980
3 Zitiert nach Sergio Zavoli: *La notte della Repubblica.* Nuova Eri/Mondadori, Rom/Mailand 1992
4 Pietro Calderoni: *Servizi segreti.* Pironti, Neapel 1986
5 Adriano Sofri: *Memoria.* Sellerio, Palermo 1990
6 Daniele Biacchessi: *Il caso Sofri.* Editori Riuniti, Rom 1998
7 Adriano Sofri: op. cit.
8 Antonio Carlucci in *L'Espresso*, 4. Januar 2001
9 Alberto Arbasino: «In questo Stato (1978–1998)». In: Verf. (Hg.): *Paesaggi italiani con zombi.* Adelphi, Mailand 1998
10 Giorgio Bocca in *La Repubblica*, 21. Juli 1982
11 Leonardo Sciascia: *Die Affäre Moro.* Aus dem Italienischen von Peter O. Chotjewitz. Athenäum, Frankfurt a. M. 1989
12 Giulio Bollati: *L'italiano.* Einaudi, Turin 1996
13 *La Repubblica*, 18. Dezember 2000
14 *Il Giornale*, 11. Mai 1978
15 Maurizio Dianese, Gianfranco Bettin: *La strage.* Feltrinelli, Mailand 1999
16 Maurizio Dianese, Gianfranco Bettin: op. cit.
17 Giovanni Fasanella, Corrado Sestieri, Giovanni Pellegrino: *Segreto di Stato.* Einaudi, Turin 2000
18 Franco Ferrarotti: *L'ipnosi della violenza.* Rizzoli, Mailand 1980

Die Mittel der Verführung

1 Umberto Eco: *Apocalittici e integrati. Comunicazioni di massa e teorie della cultura di massa.* Bompiani, Mailand 1965
2 Italo Calvino: *La speculazione edilizia.* Einaudi, Turin 1958
3 Zitiert nach Roberta Gisotti: *La favola dell'Auditel.* Editori Riuniti, Rom 2002
4 Jerome J. McGann (Hg.): *The Complete Poetical Works. George Gordon, Lord Byron.* Oxford University Press, Oxford 1980
5 Zitiert nach Edward Murray: *Fellini the Artist.* F. Ungar, New York 1976
6 Pier Paolo Pasolini: *Lutherbriefe.* Aus dem Italienischen von Agathe Haag. Medusa, Berlin und Wien 1983
7 Italo Calvino: op. cit.
8 Zitiert nach Ernesto Galli della Loggia: *L'identità italiana.* Il Mulino, Bologna 1998
9 Ernesto Galli della Loggia: op. cit.
10 Aldous Huxley: *Schöne neue Welt und Wiedersehen mit der Schönen neuen Welt.* Aus dem Englischen von Herbert E. Herlitschka. Piper, München 1960
11 Zitiert nach *Diario*, 30. März 2001
12 Aldous Huxley: op. cit.

La Parola e la Pietra

1 Padre Pio da Pietrelcina: *Brief an Padre Benedetto*, 22. Oktober 1918
2 I Millenari: *Wir klagen an. Zwanzig römische Prälaten über die dunklen Seiten des Vatikans.* Aufbau, Berlin 1999
3 Leon Edel (Hg.): *Henry James. Letters.* Harvard University Press, Cambridge und London 1984
4 Charles Dickens: *Bilder aus Italien.* Herausgegeben und ins Deutsche übertragen von Ulrich C. A. Krebs. Büchergilde Gutenberg, Frankfurt a. M., Wien und Zürich 1981
5 *L'Espresso*, 4. Oktober 1981
6 Paul Ginsborg: *L'Italia del tempo presente.* Einaudi, Turin 1998
7 Tina Anselmi: *Relazione della Commissione parlamentare d'inchiesta sulla loggia massonica P2.* Senato, Camera dei Deputati, Rom 1984
8 Friedhelm Kemp, Werner von Koppenfels (Hg.): *Englische und amerikanische Dichtung.* C. H. Beck, München 2000
9 Zitiert nach Mario Infelise: *Libri proibiti.* Laterza, Rom und Bari 1999
10 Giorgio Tourn: *Italiani e protestantesimo. Un incontro impossibile?* Claudiana, Turin 1997

Weniger Steuern für alle

1 Salvatore Bragantini: *Capitalismo all'italiana*. Baldini & Castoldi, Mailand 1996
2 Eurostat: *Enterprises in Europe*. Brüssel 1996
3 Zitiert nach: *The New York Review of Books*, 18. Oktober 2001
4 *Italia moderna. 4: 1960–1980. La difficile democrazia*. Electa, Mailand 1985
5 Stendhal: *Die Kartause von Parma*. Aus dem Französischen von Arthur Schurig. Propyläen, Berlin 1978
6 Luigi Barzini: *Die Italiener*. Aus dem Englischen von Margrit Bode. Scheffler, Frankfurt a. M. 1964
7 *Italia moderna. 4: 1960–1980. La difficile democrazia*. Electa, Mailand 1985
8 Salvatore Bragantini: op. cit.
9 *Corriere della Sera*, 3. Mai 1992
10 *L'Espresso*, 7. Februar 2002
11 *Corriere della Sera*, 29. Mai 1992
12 *Il Giornale*, 27. Januar 1994
13 Pindar: *Oden. Griechisch/Deutsch*. Aus dem Griechischen von Eugen Dönt. Reclam, Stuttgart 1986
14 Diogenes Laertius: *Leben und Meinungen berühmter Philosophen*. Aus dem Griechischen von Otto Apelt. Meiner, Hamburg 1967
15 Italo Calvino: «Das Baugeschäft». In: Verf.: *Das giftige Kaninchen. Erzählungen*. Aus dem Italienischen von Caesar Rymarowicz. Volk und Welt, Berlin 1964
16 Leonardo Sciascia: *Candido oder Ein Traum in Sizilien*. Aus dem Italienischen von Heinz Riedt. Benziger, Zürich und Köln 1979

Forzismo

1 Giulio Bollati: *L'italiano*. Einaudi, Turin 1996
2 *Corriere della Sera*, 19. Januar 2002
3 William Makepeace Thackeray: *Jahrmarkt der Eitelkeit. Roman ohne Helden*. Aus dem Englischen von Christoph Friedrich Grieb. Rütten & Loening, Berlin 1988
4 Niccolò Machiavelli: *Il Principe. Der Fürst. Italienisch/Deutsch*. Aus dem Italienischen von Philipp Rippel. Reclam, Stuttgart 1986
5 *La Repubblica*, 20. April 2002
6 Neville Rogers (Hg.): *The Complete Poetical Works of Percy Bysshe Shelley: 1814–17*. Oxford University Press, Oxford 1975
7 George Orwell: *1984. Roman*. Aus dem Englischen von Michael Walter. Ullstein, Berlin 1984
8 George Orwell: op. cit.
9 Jacob Burckhardt: *Die Kultur der Renaissance in Italien*. Phaidon, Essen o. J.

Penisola Felice

1 Neville Rogers (Hg.): *The Complete Poetical Works of Percy Bysshe Shelley: 1814–17*. Oxford University Press, Oxford 1975
2 Neville Rogers (Hg.): op. cit.
3 Fabrizio De André: *Parole e canzoni*. Einaudi, Turin 2000
4 Henry James: *Italian Hours*. Penguin, London 1995
5 Umberto Eco: *Sette anni di desiderio*. Bompiani, Mailand 1983
6 Umberto Eco: op. cit.
7 Leonardo Sciascia: *Der Ritter und der Tod*. Aus dem Italienischen von Peter O. Chotjewitz. Paul Zsolnay Verlag, Wien 1990
8 Nathaniel Hawthorne: *Der Marmorfaun. Roman*. Aus dem Englischen von Gisela Günther. Insel, Frankfurt a. M. 1961
9 *William Shakespeare's Dramatische Werke*. Aus dem Englischen von August Wilhelm von Schlegel und Ludwig Tieck. Reimer, Berlin 1855
10 Giovanni Guareschi: ... *aber Don Camillo gibt nicht auf* ... Albert Müller Verlag, Rüschlikon–Zürich 1983